HISTOIRE CRITIQUE

DE L'ÉCOLE

D'ALEXANDRIE

PAR

E. VACHEROT,

Directeur des études à l'École normale.

OUVRAGE COURONNÉ PAR L'INSTITUT
ACADÉMIE DES SCIENCES MORALES ET POLITIQUES).

TOME TROISIÈME.

PARIS.

LIBRAIRIE PHILOSOPHIQUE DE LADRANGE,
41, RUE SAINT-ANDRÉ-DES-ARTS.

1851.

HISTOIRE CRITIQUE

DE L'ÉCOLE

D'ALEXANDRIE

—

TOME TROISIÈME.

Paris. — Imprimerie de L. MARTINET, rue Mignon, 2.

HISTOIRE CRITIQUE

DE L'ÉCOLE

D'ALEXANDRIE

PAR

E. VACHEROT,
Directeur des études à l'Ecole normale.

OUVRAGE COURONNÉ PAR L'INSTITUT
(ACADÉMIE DES SCIENCES MORALES ET POLITIQUES).

TOME TROISIÈME.

PARIS.
LIBRAIRIE PHILOSOPHIQUE DE LADRANGE,
41, RUE SAINT-ANDRÉ-DES-ARTS.
1851.

AVANT-PROPOS.

Ce volume devait suivre à peu d'intervalle les deux premiers ; il était prêt, et allait être publié au commencement de l'année 1848, lorsque la révolution de février éclata. Ce n'était pas le moment d'entretenir le public de l'école d'Alexandrie, déjà connue d'ailleurs par le savant et ingénieux ouvrage que M. Jules Simon a fait paraître avant l'impression de mon Mémoire. Je ne sais si la situation actuelle est plus favorable aux publications de la science, la profonde préoccupation de l'avenir ne laissant guère plus de liberté aux esprits que l'agitation populaire des premiers jours de la République. Mais je ne pouvais ajourner indéfiniment sans manquer à une promesse : j'ai dû en finir.

Ce troisième volume comprend deux parties : 1° l'histoire des doctrines alexandrines, depuis la clôture des écoles païennes par Justinien jusqu'à notre époque ; 2° la critique des diverses théories du Néoplatonisme.

J'ai suivi la trace des doctrines néoplatoniciennes partout où j'ai cru la retrouver, dans les livres hermétiques, dans la théologie de l'église d'Orient, dans la philosophie arabe, dans le mysticisme du moyen âge, dans la philosophie de la Renaissance, et jusque dans les œuvres les plus récentes de la philosophie moderne.

Dans ma critique, je me suis surtout appliqué à faire revivre les vérités immortelles que récèle le Néoplatonisme, en les dégageant des abstractions, des fictions et des subtilités qui les enveloppent.

Ma conclusion n'est pas d'un esprit aventureux et ami du paradoxe. J'y professe la conciliation des méthodes et des principes, dont l'histoire de la philosophie ne nous a montré jusqu'ici que les luttes et les contradictions. J'y explique comment, à mon sens, cette œuvre de synthèse, annoncée au début de ce siècle avec éclat, poursuivie avec succès, suffisamment préparée d'ailleurs par les sérieux travaux d'érudition qui en ont interrompu le cours, peut être définitivement accomplie [1].

Ce livre, ainsi que les deux précédents, est une œuvre de science, non de parti. Il ne recherche point les questions qu'une philosophie par trop circonspecte tient pour indéfiniment réservées; mais quand il les rencontre, il ne les décline pas. Si la critique

---

[1] Tout le monde a nommé MM. Cousin, Jouffroy et Damiron.

passionnée et trop souvent légère du dernier siècle n'est plus de notre temps, le respect pour une grande doctrine ne peut faire oublier à la philosophie actuelle ses droits et ses devoirs. Dans l'analyse de la théologie chrétienne, j'ai signalé les traces nombreuses et profondes de la philosophie grecque ; j'ai montré par quels travaux, par quelles luttes, et par quels progrès cette théologie était arrivée à son symbole définitif. En cela, je crois n'avoir été qu'un historien fidèle, dont la sympathique admiration égale l'impartialité. Les textes ont-ils été bien compris et bien interprétés? Là est toute la question. La science ne connaît d'autre orthodoxie que la vérité.

Qu'on me permette d'ajouter un mot à ce propos. Si la philosophie de notre temps veut être prise au sérieux, il faut qu'à l'exemple du siècle dernier, elle parle haut et clair sur toutes choses, avec plus de respect pour les doctrines du passé, mais avec non moins d'indépendance et de résolution. Il peut être habile de transiger ou de s'abstenir dans certaines questions d'histoire ou de doctrine, lorsqu'on se propose un autre but que le vrai. Mais la science n'a rien de commun avec la politique ; elle n'en connaît ni les ménagements ni les compromis. Tout autre intérêt que celui de la vérité lui est indifférent; tout autre joug lui est intolérable. Quoi qu'en ait dit Fontenelle, si j'avais la main pleine de vérités, je me hâterais de l'ouvrir, par respect pour le public d'abord, et aussi dans la conviction profonde que toute vérité est toujours et partout bonne à dire. La philosophie est, par la grandeur et l'importance de ses problèmes, la première des sciences, pourvu qu'elle porte dans toutes ses recherches cette sincérité inflexible qui est la probité du savant. Mais pour peu qu'elle obéisse à des intérêts de parti ou à des convenances de situation, elle perd tous ses titres à l'estime et à la sympathie du public. *Odi profanum et arceo!* L'homme qui se croit la mission de chercher et de répandre la vérité est coupable de la taire, plus coupable encore de l'ajuster à ses calculs. Mieux vaut la passion que l'intérêt dans le domaine de la philosophie. La passion égare et trouble la science, mais elle ne la dégrade pas ; l'illusion qu'elle produit peut tromper une conscience honnête, sans la fausser.

Et, sans faire ce honteux métier de sophiste, si le philosophe, par amour de la paix, souci du repos, goût de la discipline, respect mal entendu des croyances générales, ajourne, atténue ou voile ses opinions, il manque à son premier devoir. Il ne faut pas confondre la modestie avec la faiblesse, ni la sagesse du penseur avec le mensonge de l'écrivain. Autant la recherche de la vérité exige de prudence dans les méthodes, d'oubli de soi-même dans la contemplation de la réalité, de déférence aux grandes traditions, autant l'expression de cette vérité si laborieusement conquise doit être ferme, loyale et libre. Nulle ambition personnelle, nul orgueil, nul souci de notre propre originalité ; mais une confiance intrépide dans les forces de la raison humaine, un désir insatiable de lumière, et, par-dessus tout, le goût de la libre méditation. L'écueil de la philosophie, dans ces tristes jours, n'est pas la témérité, mais l'équivoque et la fausse prudence. Il ne s'agit plus, hélas! de modérer la fougue de la pensée individuelle, mais de la ranimer, de la relever de son déplorable abattement. Qu'est-ce que la règle sans la liberté? qu'est-ce que l'unité sans la vie? Rien ne serait plus propre à maintenir l'anarchie des esprits, sous l'apparente discipline des volontés. Est-ce que la science a fini son œuvre? est-ce qu'elle n'a plus laissé de nuages, de mystères, d'incertitudes, d'objections, sur les éternels problèmes de la pensée, Dieu, l'homme, le monde? Le progrès des solutions n'en doit pas faire méconnaître les imperfections et les lacunes. Chaque grande époque philosophique a repris ces solutions pour les développer, les approfondir, les transformer. Dans un temps où l'indifférence la plus complète se cache sous les convictions officielles, où l'impuissance abuse de l'autorité du sens commun, il est urgent de ramener sur la scène philosophique les questions que la politique en a écartées, et de les résoudre, avec le respect des traditions, mais avec le dévouement dû à la science et à la vérité. Que toute doctrine se produise librement; que toute idée se fasse jour. La vérité est au prix de l'erreur. D'ailleurs l'erreur passe, et la vérité reste.

La société des esprits n'arrive à l'unité que par la liberté, à la paix que par le concours de toutes les pensées indépendantes. Pourquoi s'inquiéter outre mesure de la divergence des doctrines? La vérité est comme la lumière; toutes les intelligences ne la voient pas sous le même aspect, et, lors même qu'il y a égale intuition, elles ne la réfléchissent pas également. Mais qu'importent les différences? En créant le monde des esprits, Dieu lui a imposé des lois auxquelles nulle liberté ne peut se soustraire; il lui a tracé des limites que la spéculation la plus hardie ne peut guère dépasser, à moins d'insigne extravagance. Que les ennemis de la philosophie se défient de ses œuvres, s'alarment de ses efforts, eux qui proclament la raison humaine impuissante et déchue; qu'à tout propos ils évoquent le spectre de l'anarchie et la fausse image de l'autorité, pour décourager et *abêtir*[1] les intelligences, ils sont dans

---

[1] Pascal a dit : « C'est en faisant tout comme s'ils croyaient, en prenant de l'eau bénite, en faisant dire des messes, etc. Naturellement même cela vous fera croire et vous abêtira. — Mais c'est ce que je crains. — Et pourquoi? qu'avez-vous à perdre? » (Édit. Faugère, t. II, p. 169.) Le sceptique Montaigne avait dit avant Pascal : « Il nous faut *abestir* pour nous assagir. » (Liv. II, ch. 12.)

leur rôle, et nul ne s'étonnera ni ne s'indignera de leur jeu. Mais que la philosophie elle-même, par crainte de l'erreur et de la discorde, en vienne à renoncer à la recherche sérieuse de la vérité ; que pour ne pas tomber elle se tienne immobile ; qu'elle se condamne au silence pour n'effrayer ou n'inquiéter personne, qu'elle consente à ne plus vivre pour faire tolérer sa passive et inutile existence, c'est une sagesse que ses amis ne lui conseilleront jamais.

Paris, le 23 octobre 1850.

HISTOIRE CRITIQUE
DE
L'ÉCOLE D'ALEXANDRIE.

TROISIÈME PARTIE.

LIVRE PREMIER.
HISTOIRE DU NÉOPLATONISME.

CHAPITRE PREMIER.

Règles de critique à suivre dans l'histoire du Néoplatonisme. Origine douteuse des livres hermétiques. Influence du Néoplatonisme sur la théologie de l'Église d'Orient. Eunomius. Athanase. Grégoire de Nysse. Némésius. Synésius. Denis l'Aréopagite. Jean de Damas. Église latine. Saint-Augustin. Boèce. Scot Érigène et ses disciples.

Comme toutes les grandes écoles, le Néoplatonisme a exercé une longue et profonde influence sur les travaux ultérieurs de la pensée. L'historien peut en retrouver la trace, tantôt éclatante, tantôt obscure, toujours réelle, dans la théologie de l'Église d'Orient, dans la philosophie arabe, dans le mysticisme du moyen âge, dans la philosophie de la Renaissance, et jusque dans les doctrines de la philosophie moderne. Il est facile de reconnaître cette influence d'une manière générale ; mais s'il s'agit d'en faire exactement la part, d'en déterminer la mesure dans les doctrines qui l'ont subie, rien n'est plus difficile. L'historien ne court jamais le risque de confondre le Péripatétisme avec tout autre système; c'est une philosophie dont l'originalité ne permet aucune confusion. Si elle a des antécédents, elle n'a point de tradition; elle commence un mouvement tout à fait nouveau dans l'histoire de la pensée, et, pour le fond comme pour la forme, tranche nettement avec tout ce qui la précède et ce qui la suit. Aussi en reconnaît-on partout sans peine les idées et le langage. La pensée d'Aristote se trahit toujours à travers les alliances, les métamorphoses et les altérations qu'il lui faut subir; si peu qu'il en reste, si effacée qu'elle soit, elle se révèle encore par son incomparable vertu.

Il en est tout autrement du Néoplatonisme. Philosophie essentiellement éclectique et traditionnelle, le Néoplatonisme continue et accomplit un mouvement commencé. Plus nouveau et plus original au fond qu'il n'affecte de le dire, il est tout autre chose qu'un commentaire du Platonisme; mais enfin, s'il va plus loin et plus haut que Platon, il y prend sa base et son point de départ. Sur beaucoup de points, tels que les *idées*, la nature et la destinée des *âmes*, la *réminiscence*, etc., il confond sa pensée avec celle du Maître. Cela fait que l'historien ne peut pas toujours bien discerner si telle doctrine ultérieure vient de Platon ou des Alexandrins. D'une autre part, il est dans le Néoplatonisme des doctrines qui lui sont communes avec certaines croyances de l'Orient, et qu'il faut plutôt attribuer au génie oriental qu'à l'initiative des Alexandrins; par exemple, la doctrine du Dieu ineffable et inintelligible, l'hypothèse de l'émanation, la théorie de l'extase, la doctrine de la hiérarchie des essences et des puissances, etc. Cette communauté de conceptions rend très difficile la distinction des influences : elle fait que, dans l'histoire, les traces de Platon, de l'Orient et des Alexandrins se trouvent mêlées et confondues. Pour se reconnaître, dans cette complication d'éléments divers, l'historien ne doit jamais s'écarter des règles suivantes : 1° Ne point compter parmi les emprunts faits au Néoplatonisme les doctrines qui lui sont communes, soit avec Platon, soit avec l'Orient. 2° Ne s'arrêter qu'aux théories qui, pour le fond et pour la forme, appartiennent en propre à l'école d'Alexandrie.

S'il est un monument auquel cette méthode soit particulièrement applicable, c'est la philosophie dite *hermétique*. On ne connaît ni l'origine, ni la date de ces livres ; on sait seulement que tous les traités compris sous le même titre ne sont pas de la même époque. Le *Pœmander* et le *Dialogue sur la montagne* contiennent des idées et des expressions sans doute empruntées au Néoplatonisme et semblent postérieurs à Jamblique. Mais beaucoup d'autres traités appartiennent à une époque antérieure à l'école d'Alexandrie. Saint Clément en compte quarante-deux[1]. Cette prétendue philosophie d'Hermès, cette sagesse mystérieuse et supérieure que l'ignorance et la superstition ont fait remonter à une origine surnaturelle, n'est qu'une compilation incohérente, où toutes les doctrines grecques et orientales viennent se mêler, sans art, sans critique, sans une idée supérieure qui rallie et coordonne en système tous ces éléments hétérogènes. Tout s'y rencontre, surtout le Néoplatonisme.

[1] Stromat., iv, p. 633.

Dieu y est conçu comme un principe supérieur à l'intelligence, à l'âme, à tout ce dont il est cause[1]. Le Bien n'est pas un de ses attributs, mais sa nature même ; Dieu est le Bien, comme le Bien est Dieu. Il est le non-être, en tant qu'il est supérieur à l'être. Dieu produit tout ce qui est et contient tout ce qui n'est pas encore. Absolument invisible en soi, il est le principe de toute lumière[2]. L'Intelligence n'est pas Dieu ; elle est seulement de Dieu et en Dieu, de même que la Raison est dans l'Intelligence, l'Ame dans la Raison, la Vie dans l'Ame, le Corps dans la Vie[3]. L'Intelligence est distincte et inséparable de Dieu, comme la lumière de son foyer ; elle est aussi bien que l'Ame l'acte de Dieu, son essence, s'il en a une[4]. Pour Dieu, produire et vivre sont une seule et même chose[5]. Enfin le caractère propre de la nature divine, c'est que rien de ce qui convient aux autres êtres ne peut lui être attribué ; il est la substance de tout, sans

---

[1] Patrizzi Hermès Trismegist., *Sermo universalis*, ix. Ὁ οὖν Θεὸς οὐ νοῦς ἐστίν, αἴτιος δὲ τοῦ εἶναι νοῦν· οὐ δὲ πνεῦμα, αἴτιος δὲ τοῦ εἶναι πνεῦμα. Οὐχὶ φῶς, αἴτιος δὲ τοῦ φῶς εἶναι. — Ibid., *Hermetis Clavis*, iv. Ὁ δὲ Θεὸς ὑπὲρ πάντα καὶ περὶ πάντα.

[2] Herm. Trism., *Quod manifestus sit Deus*, v. Τὰ ἄλλα πάντα φανερὰ ποιεῖ αὐτὸς, ἀφανὴς ὤν. — Ibid. Τὰ μὲν γὰρ ὄντα ἐφανέρωσε, τὰ δὲ ὄντα ἔχει ἐν ἑαυτῷ.

[3] Ibid., *Clavis*, iv. Ὁ νοῦς ἐν τῷ λόγῳ, ὁ λόγος ἐν τῇ ψυχῇ, ἡ ψυχὴ ἐν τῷ πνεύματι, τὸ πνεῦμα ἐν τῷ σώματι.

[4] Herm. Trismeg., *De mente communi*, xi. Νοῦς ἐξ αὐτῆς τῆς τοῦ Θεοῦ οὐσίας ἐστίν, εἴγε τίς ἐστιν οὐσία Θεοῦ... Ὁ νοῦς οὖν οὐκ ἐστιν ἀποτετμημένος τῆς οὐσιώτητος τοῦ Θεοῦ, ἀλλ' ἡνωμένος καθάπερ τὸ τοῦ ἡλίου φῶς. — Ibid., *De pietate et philosophia*, iv, 1. Ὁ νοῦς ἐν τῷ Θεῷ· ὁ λόγος ἐν τῷ νοΐ.

[5] Ibid., *Mens ad Hermet*. Ὥσπερ γὰρ ὁ ἄνθρωπος χωρὶς ζωῆς οὐ δύναται ζῆν, οὕτως οὐδὲ ὁ Θεὸς δύναται ζῆν μὴ ποιῶν τὸ ἀγαθόν.

être aucune chose [1]. A ce signe, on reconnaît le Père de tous les êtres, le Bien, Dieu. C'est l'éclat du Bien qui illumine l'Intelligence, puis l'Ame, puis l'homme tout entier, et le convertit en une essence vraiment divine [2]. Toute cette théologie semble, au premier abord, empruntée au Néoplatonisme.

Mais un examen plus attentif fait bientôt naître le doute à cet égard. Le Néoplatonisme avait aussi élevé la nature divine au-dessus de l'Ame, de l'Intelligence et de toute essence ; il l'avait conçue également comme ineffable et inintelligible. Mais il s'était bien gardé de la confondre, de l'identifier avec la vie universelle. Il l'en séparait au contraire par un abîme infranchissable, et la reléguait dans les profondeurs de son unité immobile, à une distance infinie du monde et même de la première de ses hypostases. L'Idéalisme alexandrin répugnait profondément au panthéisme. Il n'en est pas de même dans la philosophie hermétique. Dieu n'y est conçu comme ineffable et inintelligible qu'en vertu de son universalité ; il n'est ni intelligence, ni âme, ni aucune essence déterminée, parce qu'il est tout à la fois [2]. Il est la Vie universelle, le Tout, dont les êtres individuels ne sont que des parties; il est le principe et la fin, le centre et la circonférence, la base de toutes choses, la source qui surabonde, l'âme qui vivifie, la vertu qui produit, l'intelligence qui voit, l'esprit qui

---

[1] Herm. Clav., IV. Τοῦτο ὁ Θεὸς, τοῦτο ὁ πατήρ, τοῦτο τὸ ἀγαθόν, ᾧ μηδὲν πρόςεστι τῶν ἄλλων· καὶ τὸ ἀγαθόν, ἢ τὸ τῶν πάντων εἶναι, οὐκέτι ὄντων, ἀλλὰ ὕπαρξιν αὐτὴν τῶν ὄντων.

[2] Herm. Clav., IV. Περιλάμψαν δὲ (τὸ κάλλος τοῦ ἀγαθοῦ) πάντα τὸν νοῦν, καὶ τὴν ὅλην ψυχὴν ἀναλάμπει, καὶ ἀνέλκει ἀπὸ τοῦ σώματος, καὶ ὅλον αὐτὸν εἰς οὐσίαν Θεοῦ μεταβάλλει.

inspire[1]. Dieu est tout, tout est plein de lui, tout est lui ; il n'est rien dans l'univers qui ne soit Dieu[2]. Tous les noms lui conviennent, comme au Père de l'univers; mais parce qu'il est Père de toutes choses, aucun n'est son nom propre[3]. L'Un est le Tout, le Tout est l'Un ; unité et totalité sont des termes synonymes en Dieu[4]. N'est-ce pas la pensée et le langage du panthéisme stoïcien ? En supposant que toute cette doctrine sur la nature ineffable et inintelligible de Dieu soit une tradition du Néoplatonisme, elle perd dans la philosophie hermétique sa vraie portée ; car elle conclut à l'identité de Dieu et du monde. Et encore n'est-il pas parfaitement certain que le Néoplatonisme ait passé par là. Il ne faut pas oublier que les idées reproduites dans les livres d'Hermès sur la nature divine ne sont pas absolument propres à l'école d'Alexandrie, et qu'on les retrouve à une époque antérieure dans certains monuments de théologie orientale, notamment dans Philon. Ce qui ferait douter de leur origine néoplatonicienne, c'est la présence de certaines locutions qui appartiennent plutôt à cette théologie qu'au Néoplatonisme. Pour expliquer la production des êtres par la puissance di-

---

[1] Ibid., Asclepius, I. Καὶ μόρια τοῦ Θεοῦ πάντα ἐστίν· εἰ πάντα μόρια, πάντα ἄρα ὁ Θεός. — Ibid., ad Asclep., xx. Πάντων γὰρ ἐστὶ κύριος καὶ πατήρ, καὶ Θεὸς, καὶ πηγὴ, καὶ ζωὴ, καὶ δύναμις, καὶ φῶς, καὶ νοῦς, καὶ πνεῦμα.

[2] Ibid., De mente communi, xi. Καὶ τοῦτο ἐστὶν ὁ Θεός, τὸ πᾶν· ἐν δὲ τῷ παντὶ οὐδὲν ἐστιν, ὁ μὴ ἐστὶν ὁ Θεός. — Ibid., Mens ad Herm., x. Πάντα γὰρ πλήρη τοῦ Θεοῦ.

[3] Ibid., Quod manif. sit Deus, v. Πάντα γὰρ μόνος οὗτος ἐστί· καὶ διὰ τοῦτο αὐτὸς ὀνόματα ἔχει ἅπαντα ὅτι εἷς ἐστι πατήρ, καὶ διὰ τοῦτο αὐτὸς ὄνομα οὐκ ἔχει, ὅτι πάντων ἐστὶ πατήρ.

[4] Ibid., Asclepius, I. Καὶ πάντα ὄντα τὸν ἕνα, καὶ ἕνα ὄντα τὰ πάντα.

vine, la philosophie hermétique dit qu'elle les rend visibles[1] ; elle conçoit le principe de la vie comme un souffle (πνεῦμα) ; elle représente le monde sortant du néant, au son de la parole divine. Toutes ces expressions sont évidemment empruntées soit à Philon, soit aux livres saints.

Du reste, il n'est pas impossible que ce syncrétisme incohérent et contradictoire, où toutes les écoles, même le Péripatétisme, ont versé leur tribut, ne contienne quelques éléments de Néoplatonisme. Cela même est fort probable pour le *Pœmander* et les autres livres postérieurs à Jamblique. Mais on ne peut rien affirmer d'une manière absolue à cet égard, parce qu'il est possible d'attribuer ces éléments à une autre origine. Aussi, quelle qu'ait été l'influence des livres hermétiques sur la philosophie au moyen âge, et surtout aux xv⁰ et xvi⁰ siècles, la critique ne peut les compter au nombre des monuments de la tradition alexandrine.

Il n'en est pas tout à fait de même de la théologie de certains Pères de l'Église d'Orient, sur laquelle l'influence du Néoplatonisme, sans être certaine, est probable. Il suffit de bien connaître le Christianisme et le Néoplatonisme, leurs antécédents, leurs traditions, leurs instincts fort divers, leur lutte, pour ne prendre au sérieux ni l'opinion qui rattache le Christianisme au Néoplatonisme, ni celle qui s'efforce d'établir le contraire. La théologie chrétienne était en possession de tous ses principes, sinon de toutes ses doctrines, avant la fondation de l'école d'Alexandrie ; mais en poursuivant le développement de ces principes, les Pères de l'Église s'inspiraient volontiers de toutes

---

[1] Ἀφανὴς, φανερὸν, ἐφανέρωσε.

les grandes doctrines qui florissaient autour d'eux. Après les magnifiques travaux des Pères alexandrins, après les conclusions du Concile de Nicée, le Christianisme, désormais sûr de sa marche, riche de son propre fonds, et libre enfin de toute tradition étrangère, commence à se suffire à lui-même et à se développer par la seule vertu de ses idées. S'il recourt encore à la science des écoles grecques, c'est plutôt pour y chercher des arguments que des inspirations. La philosophie n'est plus pour la nouvelle Religion une institutrice qui dirige la pensée et délie la langue encore incertaine de ses docteurs, c'est un interprète utile qui traduit et commente ses dogmes, comme autant d'arrêts immuables. L'influence de la philosophie grecque si puissante jusque-là n'atteint plus la substance du dogme, mais la forme seulement ; elle se révèle plutôt dans les détails que dans l'ensemble. Le Christianisme est désormais maître de sa direction ; toutes les tendances contraires cèdent à son irrésistible mouvement ; tous les éléments de la science étrangère vont se transformer et se perdre dans la forte unité de cette grande doctrine. Toutefois cette unité n'est pas absolue, même après le Concile de Nicée. La lutte entre les directions diverses, terminée au sein de l'Église par l'arrêt du Concile, continue sourdement dans les écoles théologiques. C'est dans cette lutte que l'influence du Néoplatonisme se laisse encore apercevoir.

Fils du même principe, types du même esprit, le Christianisme et le Néoplatonisme, si on les considère dans leur essence métaphysique, appartiennent également à la grande famille des doctrines idéalistes. Même point de départ, mêmes principes, même conclusion : tous deux, du fond de cette triste prison qu'ils nomment le corps et le monde, aspirent vers l'éternel, l'immuable, l'invisible, et rappellent sans cesse à l'âme sa vraie patrie ; tous deux, sous des noms divers, embrassent les trois côtés de la nature divine, et par leur doctrine de la Trinité répondent au même besoin de la pensée ; tous deux enfin emportent l'âme dans le sein de Dieu, sur les ailes d'une même faculté qu'ils nomment Foi, Raison ou Intelligence. Mais sous ces ressemblances générales, les deux doctrines cachent de profondes différences. Dans l'idéalisme alexandrin, Dieu est l'Unité incompréhensible et incommunicable qui engendre toutes choses par un développement naturel de ses puissances. Sa bonté n'est autre chose que son inépuisable fécondité ; sa Providence n'est que l'admirable nécessité qui soumet tout à l'empire du bien. Toutes les intelligences, toutes les âmes individuelles coexistent de toute éternité au sein de la nature divine et y tiennent encore indissolublement par leur essence, lors même qu'elles habitent une demeure corporelle. Le mal n'est qu'un moindre degré du bien ; la matière, source du mal, n'est qu'une dernière émanation de la vie divine. Le monde a pour cause l'expansion irrésistible des puissances cachées dans les profondeurs de l'Unité. Toute substance, l'âme comme l'intelligence, la matière comme l'âme, procède de Dieu nécessairement et éternellement ; la hiérarchie des œuvres ou plutôt des émanations divines n'exprime qu'une antériorité logique ; le monde est éternel et même coéternel à Dieu, en ce sens qu'il n'a point commencé et ne finira point ; les individus qui en renouvellent sans cesse la scène mobile sont seuls soumis à la loi du temps. Dans l'idéalisme chrétien, au contraire, Dieu est une cause intelligente et libre, qui veut, prévoit, choisit ; il crée véritablement, c'est-à-dire fait sortir toutes choses du néant par un acte de sa volonté : c'est toujours le Jéhovah des livres saints ; sa providence est à la fois générale et individuelle ; elle interrompt ou suspend le cours des choses, change à son gré les lois de la nature qu'elle a faites. Œuvre éphémère de sa puissance, le monde rentrera tôt ou tard dans le néant. La matière, sortie comme tout le reste des mains de Dieu, n'est devenue impure et mauvaise que par la chute de l'homme ; une seule faute a suffi pour corrompre l'œuvre entière de la création. Toute âme est immortelle, mais non éternelle ; elle est créée par Dieu au moment même où elle entre dans un corps. Ainsi, tandis que l'idéalisme chrétien conçoit Dieu, la Trinité, la Providence, la création, le principe du mal, l'origine des âmes d'après des types empruntés évidemment à la nature humaine, l'idéalisme néoplatonicien répugne à toute représentation anthropomorphique, et cherche dans les spéculations les plus abstraites la solution de tous ces problèmes. Ces deux doctrines puisent à des sources différentes les éléments de leur théologie ; le Dieu de la première est surtout le Dieu de la raison pure [1] ; celui de la seconde est surtout le Dieu de la conscience. La théologie chrétienne est essentiellement psychologique ; son écueil est l'anthropomorphisme. La théologie alexandrine, au contraire, est toute métaphysique ; son écueil est le panthéisme.

[1] Ce qui ne veut pas dire le vrai Dieu. On verra dans la critique de leur théologie combien les Alexandrins ont abusé de la méthode rationnelle.

L'anthropomorphisme et le panthéisme sont les deux pôles entre lesquels oscille perpétuellement l'esprit humain. L'Église, avertie par un sentiment pratique, n'a jamais hésité ; elle a vu de quel côté était l'abîme, et par ses arrêts sévères a fermé la voie au panthéisme. Mais la théologie, plus préoccupée des difficultés logiques, plus portée à voir dans les croyances religieuses la vérité que la règle, se ressentit des incertitudes de la science et flotta comme elle entre les deux directions contraires, tantôt inclinant au panthéisme, tantôt se rejetant dans l'anthropomorphisme. Voilà ce qui fit que le Néoplatonisme put avoir prise sur les plus grands théologiens du Christianisme. Il répondait à un profond besoin de l'esprit théologique, et prêtait ses riches théories à tous ceux qui craignaient par-dessus tout d'abaisser la théologie chrétienne aux représentations anthropomorphiques. Sans influence sur les décisions de l'Église, il dut inspirer tous les grands docteurs de l'Orient, et fortifier leur tendance naturelle aux spéculations purement métaphysiques. Déjà les Pères alexandrins, soit qu'ils aient subi l'influence des leçons d'Ammonius, soit (ce qui est plus probable) qu'ils aient puisé de telles idées dans les livres de Philon, inclinaient aux conceptions théologiques du Néoplatonisme. Saint Clément et Origène expliquent l'origine du monde à la manière de Plotin. « Dieu produit, de même que le feu brûle, parce que telle est sa nature [1]. » Tous deux professent l'ineffable nature du Père, l'inégalité essentielle des Hypostases, la nécessité de la création qu'ils représentent comme une sorte d'émanation, la préexistence des âmes,

---

[1] *Voy.* le 1er vol., liv. ii, ch. 5.

l'anéantissement final de la matière et du mal, l'absorption de toutes les créatures en Dieu. Methodius protesta énergiquement contre ces spéculations hardies, et s'attacha à réfuter Origène sur tous les points qui viennent d'être indiqués [1]. Le Symbole de Nicée fixa la théologie chrétienne dans un sage milieu, à égale distance des conceptions abstraites et des représentations anthropomorphiques de la Divinité. Le Dieu de ce Symbole est une seule et même nature en trois Hypostases ; de là l'égalité essentielle du Père, du Fils et du Saint-Esprit. Sans doute pour expliquer cette diversité de Personnes au sein de la Nature divine, une et indivisible, les docteurs orthodoxes commencent à se servir d'exemples empruntés à la nature humaine ; mais l'Église refuse de s'associer aux tendances ultra-psychologiques de Sabellius, lequel réduisait les trois hypostases à de simples attributs de la Nature divine.

La lutte entre les deux esprits contraires n'en continua pas moins après le Concile de Nicée. La prédominance du point de vue métaphysique engendra l'hérésie du *Trithéisme*, de même que la prédominance du point de vue métaphysique donna naissance à l'hérésie du *Monothéisme*. Si toute comparaison tirée de l'Ame humaine ramenait la théologie au sentiment de l'Unité divine, toute spéculation de la raison pure devait au contraire, par la distinction d'Hypostases logiquement inégales, aboutir à la division du Principe divin. Malgré l'arrêt des Conciles, la doctrine qui professait l'inégalité essentielle des Hypostases se soutient longtemps encore. Un des plus profonds docteurs de l'Arianisme, Eunomius, rentre dans la tradition toute méta-

---

[1] Method., *De creat.*

physique des Pères alexandrins et l'exagère encore, sous l'influence manifeste du Néoplatonisme. Dans sa pensée, la première Hypostase est supérieure aux autres; seule elle possède en propre la Divinité; seule elle est véritablement Dieu [1]. Sa nature est ineffable, incomparable, incommunicable [2], même aux deux autres Hypostases de la Trinité. Aucun nom, pas même celui de Père, ne lui convient [3]. Le Fils tient sa divinité du Père et n'est qu'un instrument de la volonté divine dans l'œuvre de la création [4]. Eunomius n'hésite pas à le considérer comme une créature qui a commencé et qui finira. Quant au Saint-Esprit, il est à une bien plus grande distance encore du Père; il est inférieur en nature aussi bien qu'en dignité aux deux premières Hypostases [5]. Il ne possède la Divinité ni par essence ni même par participation; dépourvu de toute vertu créatrice [6], il ne fait que transmettre aux créatures les dons de la bonté divine. Ni le Fils ni le Saint-Esprit ne peuvent révéler la nature du Père, puisqu'ils ne la contiennent pas. L'âme peut atteindre le Père, sans passer par les deux autres Hypostases; elle le peut par une intuition directe et immédiate [7] : c'est en regardant en elle-même qu'elle découvre cet objet suprême de son aspiration [8]. Mais alors il faut

---

[1] S. Basile, *Cont. Eunom.*, i, 3, §§ 4, 5.
[2] Ibid., i, § 4. Le Père y est dit ἀσύγκριτος.
[3] Grég. de Nyss., *Cont. Eunom.*, xii, 736.
[4] Ibid., xii.
[5] S. Basile, *Cont. Eunom.*, iii, 4. Φύσει καὶ ἀξιώματι.
[6] Ibid., iii, 5.
[7] Grég. de Nysse, *Cont. Eunom.*, xii, 743. Ἴσμεν γὰρ τὸ φῶς τὸ ἀληθινόν, ἴσμεν τὸν κτίσαντα τὸ φῶς.
[8] Socrat., *Eccl. hist.*, iv, 7. Τοῦτο εὑρήσεις ἀπαραλλάκτως ἐν ἡμῖν.

que dans sa contemplation elle franchisse toute essence même intelligible, et que s'élevant au-dessus du Verbe lui-même, elle aille droit au vrai Dieu [1]. Eunomius conçoit le monde des créatures comme un système d'émanations dont l'énergie et la vertu diminuent à mesure qu'elles s'éloignent du foyer suprême [2]. La Trinité du docteur arien, on le voit, se rapproche singulièrement de celle de Plotin. Son Dieu n'est plus une seule et même essence en trois Hypostases, telle que l'avait formulée Athanase. La nature divine, simple, indivisible, est tout entière dans le Père; les deux autres Hypostases en dérivent absolument comme l'Intelligence et l'Ame dérivent de l'Unité alexandrine. En outre, la théorie de la création réduite à une émanation naturelle et nécessaire du principe divin, la doctrine de l'intuition directe de Dieu, l'application toute métaphysique du Γνῶθι σεαυτὸν sont autant de réminiscences évidentes du Néoplatonisme. On pourrait rapporter à la même source sa théorie de l'Incarnation, dans laquelle il soutient que le Verbe divin tient au corps par ses puissances seulement et non par son essence. C'est, en effet, par cette distinction de l'essence et des puissances que le Néoplatonisme explique comment les substances incorporelles se mêlent aux corps sans s'altérer [3].

[1] Grég. de Nysse, *Cont. Eunom.*, xi, 6, 74. Ὁ γὰρ νοῦς τῶν εἰς τὸν κύριον πεπιστευκότων πᾶσαν αἰσθητὴν καὶ νοητὴν οὐσίαν ὑπερκύψας οὐδὲ ἐπὶ τῆς τοῦ υἱοῦ γεννήσεως ἵστασθαι πέφυκεν, ἐπέκεινα δὲ ταύτης ἵεται πόθῳ τῆς αἰωνίου ζωῆς ἐντυχεῖν τῷ πρώτῳ γλιχόμενος.

[2] Ibid., i, 347. Ἀνάγκη δήπου πάσας τὰς ἑκάστῃ τῶν οὐσιῶν ἑπομένας ἐνεργείας ἐλάττους τε καὶ μείζους εἶναι, καὶ τὰς μὲν πρώτην, τὰς δὲ δευτέραν τάξιν ἐπέχειν.

[3] Nemes., edit. *Matth.*, 136.

La doctrine du Concile de Nicée fut maintenue par saint Grégoire de Nazianze, saint Basile et saint Grégoire de Nysse ; bien que tous trois fussent sortis des écoles néoplatoniciennes, saint Grégoire de Nysse est le seul chez lequel l'influence de la philosophie alexandrine se laisse apercevoir. La théologie de ces trois illustres docteurs, par une réaction excessive contre l'hérésie arienne, incline au Sabellianisme. Selon eux, la diversité des Hypostases n'atteint pas le fond de la nature divine et n'exprime que des différences de rapport[1]. Le principe de toutes leurs discussions sur la Trinité est la distinction radicale de l'Essence et de l'Hypostase. L'Essence est la nature même et la substance de l'être ; l'Hypostase n'en est que le caractère propre et en quelque sorte l'attribut distinctif[2]. Saint Grégoire de Nysse est le premier Père qui ait cherché l'explication de la Trinité dans la psychologie. A son sens, la nature humaine est le miroir fidèle qui réfléchit les traits du divin modèle ; il suffit d'y bien regarder pour connaître à fond tous les mystères de la théologie[3] ; car dans ce petit tableau de la nature humaine brillent les images des propriétés ineffables de la Divinité[4]. L'Ame n'est-elle pas aussi une et multiple tout à la fois, une dans son essence, multiple dans ses facultés? Pourquoi serait-il plus difficile de concilier l'unité avec la diversité en Dieu que dans l'homme?

---

[1] *Voy.* S. Basile.

[2] Grég. de Nysse, *De differ. essent. et hypost.*

[3] Ibid., *De anima et resurrect.*, 222. Καὶ οἶον ἐν κατόπτρῳ καὶ εἰκόνι διὰ τοῦ οἰκείου κάλλους πρὸς τὸν ἀρχέτυπον βλέπουσα.

[4] Ibid., 196. Ἐν τῇ βραχύτητι τῆς ἡμετέρας φύσεως τῶν ἀφράστων ἐκείνων τῆς θεότητος ἰδιωμάτων αἱ εἰκόνες ἐκλάμπουσιν.

Engagée dans cette direction toute psychologique, la théologie chrétienne s'éloigne de plus en plus des tendances alexandrines de l'Arianisme; la Trinité des Pères se distingue nettement et profondément de la Trinité néoplatonicienne. Toutefois la doctrine de Grégoire de Nysse renferme des traces sensibles de Néoplatonisme. Ainsi on y retrouve les idées et le langage de Plotin sur la nature divine et sur les conditions de l'union de l'âme avec Dieu. Par une contradiction habituelle aux docteurs les plus orthodoxes, Dieu y est conçu comme l'absolue Unité, que l'âme humaine ne peut atteindre qu'en se faisant semblable à elle, c'est-à-dire simple et une, autant que possible[1]. C'est seulement quand l'âme s'est dépouillée de toutes ses propriétés qu'elle est digne d'entrer dans le sanctuaire de la Divinité.

Jusqu'ici la trace du Néoplatonisme, malgré l'analogie des doctrines, n'est que probable : elle est évidente dans le traité de Némésius, évêque d'Emesse, sur la nature de l'homme. Ce livre, fort étranger d'ailleurs aux discussions théologiques auxquelles il est postérieur, est curieux en ce qu'il contient des emprunts considérables faits à la psychologie alexandrine. Presque toutes les démonstrations de l'école d'Ammonius touchant l'essence de l'âme et son union avec le corps y sont exactement reproduites. Némésius cite, à l'appui de sa propre doctrine, un argument en faveur de l'immatérialité de l'âme, attribué dans

---

[1] Ibid., 223. Ἐπειδὰν οὖν καὶ ἡ ψυχὴ πάντα τὰ ποικίλα τῆς φύσεως ἀποσκευασμένη κινήματα θεοειδὴς γίνεται. — Ibid., 224. Ὅταν οὖν ἡ ἁπλῆ καὶ μονοειδὴς καὶ ἀκριβῶς θεοείκελος ἡ ψυχή. — Ibid., 202. Καὶ σπουδὴ τοῦ μονωθῆναι τὴν ψυχήν.

l'École d'Alexandrie à Numénius et à Ammonius[1]. Il cite également une théorie du chef de l'École sur la communication des substances immatérielles et corporelles et emprunte aux Ennéades la plupart de ses explications sur ce sujet[2]. Selon Némésius, de même que la lumière du soleil se mêle avec l'air qu'il illumine, sans se confondre ni se corrompre ; de même l'âme se communique au corps, sans rien perdre de sa pureté primitive[3]. Il y a seulement cette différence, que le soleil, étant un corps, est circonscrit dans un espace et ne se trouve pas partout où brille sa lumière, tandis que l'âme, en vertu de sa nature incorporelle, ne rencontre de limites nulle part, et suit partout son action et sa lumière. Elle n'est pas contenue dans le corps comme dans un vase ; c'est elle au contraire qui contient le corps[4]. Le propre des essences intelligibles est de résider en elles-mêmes ou dans leurs principes[5]. Ainsi l'âme est tantôt en elle-même lorsqu'elle raisonne, tantôt dans l'intelligence lorsqu'elle pense. Elle n'est pas dans le corps comme dans un lieu; elle est seulement en rapport avec lui; elle habite le corps, de même que Dieu l'âme humaine. Sa présence n'est qu'une action ; son union n'est qu'une

---

[1] *Voy.* II, III, 1. — Nemes., édit. *Matth.*, 70.

[2] Ibid., 129.

[3] Nemes., édit. *Matth.*, 133. Ὡς γὰρ ὁ ἥλιος τῇ παρουσίᾳ αὐτοῦ τὸν ἀέρα εἰς φῶς μεταβάλλει, ποιῶν αὐτὸν φωτοειδῆ, καὶ ἐνοῦται τῷ ἀέρι τὸ φῶς, ἀσυγχύτως ἅμα καὶ κεχυμένως.

[4] Ibid., 135. Οὐδὲ ἐν τῷ σώματί ἐστιν, ὡς ἐν ἀγγείῳ ἢ ἀσκῷ, ἀλλὰ μᾶλλον τὸ σῶμα ἐν αὐτῇ.

[5] Ibid., 135. Νοητὰ γὰρ ὄντα, ἐν νοητοῖς καὶ τόποις ἐστίν, ἢ γὰρ ἐν ἑαυτοῖς ἢ ἐν τοῖς ὑπερκειμένοις νοητοῖς, ὡς ἡ ψυχὴ, ποτὲ μὲν ἐν ἑαυτῇ ἐστιν, ὅταν λογίζεται, ποτὲ δὲ, ἐν τῷ νῷ, ὅταν νοῇ.

inclination et ressemble à celle des amants que rapproche la disposition sympathique des âmes[1]. Il est impossible de ne pas reconnaître ici les comparaisons et les images de Plotin.

Némésius explique par cette théorie toute néoplatonicienne de la communication des substances le mystère de l'incarnation du Verbe. Le Verbe divin n'éprouve aucune altération de son union avec le corps et l'âme; il ne participe point à leur faiblesse; en leur communiquant sa divinité, il ne fait qu'un avec eux; il n'en garde pas moins sa propre essence, comme avant son union. Il n'est point en communication de sentiment, mais d'action avec les natures inférieures; il les fortifie sans s'affaiblir, les amplifie sans s'amoindrir; il est essentiellement immuable et distinct, n'étant soumis à aucune cause de changement[2]. Némésius cite à ce sujet Porphyre, en faisant observer que le témoignage d'un adversaire a d'autant plus d'importance. « Il est hors de doute qu'une essence peut devenir le complément d'une autre; qu'elle fait alors partie de cette substance sans changer elle-même de nature, et qu'en la complétant, elle ne fait qu'un avec elle, tout en conservant elle-même son unité[3]. » Némésius ajoute que si ce raisonnement est vrai pour l'âme, parce qu'elle n'est pas corporelle, il l'est bien plus encore pour le Verbe divin,

---

[1] Ibid., 135. Ἐπὰν οὖν ἐν σώματι λέγεται εἶναι, οὐχ' ὡς ἐν τόπῳ τῷ σώματι λέγεται εἶναι, ἀλλ' ὡς ἐν σχέσει, καὶ τῷ παρεῖναι, ὡς Θεὸς ἐν ἡμῖν· καὶ γὰρ τῇ σχέσει, καὶ τῇ πρὸς τι ῥοπῇ καὶ διαθέσει, δεδέσθαι φαμὲν ὑπὸ τοῦ σώματος τὴν ψυχήν. — Ibid. Δέον γὰρ λέγειν, ἐκεῖ ἐνεργεῖ, λέγομεν, ἐκεῖ ἐστιν.

[2] Ibid., 136.

[3] Ibid., 136.

lequel est plus essentiellement simple et incorporel. C'est ainsi que Némésius croit fermer la bouche à ceux qui rejettent comme impossible l'union de la Divinité avec une nature mortelle.

La théologie alexandrine reparaît avec éclat dans les hymnes de Synésius, disciple de la célèbre Hypathie. On sait que Synésius, en passant au Christianisme, avait fait ses réserves en faveur de Platon[1]. Or le Platonisme dont il avait été nourri dans les écoles du temps était tout alexandrin. La théologie des *Hymnes* n'est guère plus platonicienne qu'orthodoxe. Le Dieu qu'elles célèbrent est l'Unité absolue, la Monade ineffable et supra-intelligible, l'Unité des unités, la Monade des monades[2]. Bien que retiré dans les profondeurs inaccessibles de sa nature, au-dessus des Dieux et des Intelligences qui habitent le monde intelligible[3]; Dieu remplit tout de sa puissance et de son action[4]. Il est

---

[1] Sur Synésius, voyez le *Tableau de l'éloquence chrétienne au* IVe *siècle*, par M. Villemain. Ce beau livre appartient à l'histoire et à la philosophie, non moins qu'à la critique littéraire.

[2] Synésius, hymn. 1 :

ἑνοτήτων ἑνὰς ἁγνὴ,
Μονάδων μονάς τε πρώτη.

Ibid., hymn. 2 :

ἓν ἑνὸς πρότερον.

[3] Ibid., hymn. 3 :

πρὸ νοητοῦ
ἐπέκεινα θεῶν,
ἐπέκεινα νόων,

[4] Ibid., hymn. 1 :

ἀλλ' ἐκείνων
ὅλος οὗτος εἷς τε πάντη
ὅλος εἰς ὅλον δεδυκώς,
χύτος οὐρανῶν ἑλίσσει.

partout et il est tout ; il est le centre de toutes choses, la Monade mystérieuse des nombres supérieurs aux essences [1] ; il est la racine de toute existence, la source unique de la vie universelle [2]. Dans sa description de la Trinité, Synésius fait ressortir la profonde infériorité du Fils, et c'est à peine s'il fait mention du Saint-Esprit : les trois Personnes ressemblent singulièrement aux trois principes de la Trinité alexandrine : Dieu, l'Intelligence et l'Ame. Pour exprimer la procession des Hypostases divines, il emprunte les images de la théologie orientale. Dieu produit son Fils en le tirant des profondeurs de sa nature ineffable [3] ; ce Fils est le plus pur rayon de la majesté divine, et resplendit avec elle de toute éternité [4]. L'œuvre de la création est représentée comme une émanation perpétuelle. L'étincelle de l'Intelligence jaillissant du sein de son Père [5]

---

[1] Ibid., hymn. 2 :

  Μέγα χαῖρε κέντρον ὄντων,
  Μονοῖς ἀμβρότων ἀριθμῶν
  προανουσίων ἀνάκτων.

[2] Ibid., hymn. 2 :

  μία παγὰ, μία ῥίζα.

[3] Ibid., hymn. 3 :

  τὸν (παιδὰ) ἀπ' ἀρρήτων
  ἔχεας κόλπων.

[4] Ibid., hymn. 5 :

  αὐτὸς φῶς εἶ παγαῖον,
  συλλάμψασ' ἀκτὶς πατρί.

[5] Ibid., hymn. 3 :

  σὸν σπέρμα φέρω,
  εὐηγένεος
  σπινθῆρα νόου,
  ἐς βάθος ὕλας
  κατακεκλιμένον.

descend à travers les puissances de l'Ame jusque dans l'abîme de la matière ; l'Ame s'échappe à flots de l'Intelligence, comme d'une source inépuisable [1]. L'âme humaine, dans ses ardentes aspirations, vient se fondre en Dieu, et palpite dans le sein de son Père [2]. La cosmologie de Synésius (si l'on peut donner ce nom à quelques vagues conceptions exprimées par d'éclatantes images) est alexandrine. L'univers y est connu comme un tout dont les parties, profondément sympathiques entre elles, vivent également du souffle de l'Ame universelle [3]. Sa psychologie est évidemment de la même École. Dans le livre Περὶ ἐνυπνίων, l'âme est définie une essence mixte, tenant le milieu entre l'Intelligence et la Nature. De même que l'Intelligence est le principe de l'*être*, de même l'Ame est le principe du *devenir* [4]. C'est en se recueillant dans sa noble essence que l'homme peut atteindre la vérité ; alors elle est pure et radieuse. En cet état, l'âme est un dieu ; elle en a toutes les vertus, entre autres le don de prophétiser. Mais si elle se dissipe au dehors, elle s'obscurcit, s'égare et perd l'intuition de la vérité [5]. L'imagination est une faculté intermédiaire ; inférieure à l'Intelligence

---

[1] Ibid., hymn. 3 :

ἐπὶ τοὺς κόλπους·
ὅθεν ἁ ψυχὰς
προρέει παγὰ.

[2] Ibid., hymn. 4 :

Τάχα δ' ἂν μιγεῖσα πατρὶ
Θεὸς ἐν Θεῷ χορεύσοις.

[3] Περὶ ἐνυπνίων, 3 :
[4] Ibid., 5.
[5] Ibid., 6.

pure, supérieure au sens, elle est en quelque sorte le miroir où l'intelligible vient se réfléchir dans le sensible [1]. Il est facile de reconnaître dans cette définition la théorie de Plotin.

On voit, par cette rapide analyse, combien Synésius est resté alexandrin. Sans doute la langue des hymnes a ses hardiesses, et l'on peut croire que les images du poëte exagèrent un peu la pensée du théologien ; mais toutes ces images sont empruntées à un ordre de conceptions étranger au Christianisme. C'est l'École alexandrine qui inspire l'imagination de Synésius. Les poésies de saint Grégoire de Nazianze respirent un esprit tout différent.

Énée de Gaza, disciple du philosophe alexandrin Hiéroclès, conserva aussi, mais à un bien moindre degré, les traditions néoplatoniciennes. Il assimile la troisième Hypostase de la Trinité au troisième terme de la triade alexandrine : « la fonction du Saint-Esprit est de ramener au Père [2]. » Tout en réfutant la doctrine de l'éternité du monde, incompatible avec le dogme chrétien de la création, il soutient (avec beaucoup de force, du reste) que Dieu n'a jamais cessé de produire, et que, si le monde visible a été créé dans le temps, le monde-intelligible a été engendré de toute éternité [3]. Quant à la matière, Énée en fait une œuvre de la création divine, et cite Plotin et Porphyre à l'appui de son opinion. A l'exemple d'Origène et des Néoplatoniciens, Énée réduit le corps, après la mort, à une simple forme

---

[1] Ibid., 6.

[2] Æneas, edit. Barth., Lipsiæ, 1655. — Theophr., 55. Ἐπιστρέφει γὰρ ἀεὶ πρὸς τὸν πατέρα τὸ πνεῦμα.

[3] Ibid., Theophr.

incorruptible, impérissable, immatérielle, comme l'Ame dont elle est le véhicule inséparable (ὄχημα), raison et type de tout corps matériel [1]. Enfin, en expliquant les désordres et les anomalies qui troublent l'ordre du monde, et dont certains Pères ne croyaient pouvoir rendre compte que par la doctrine de la préexistence des âmes, Énée entre dans des considérations qui semblent empruntées au traité de Proclus sur la Providence [2].

Le monument le plus complet et le plus curieux de l'influence du Néoplatonisme sur la théologie chrétienne, c'est la collection des traités attribués à Denys l'Aréopagite. Depuis longtemps la critique a démontré par des raisons sans réplique la fausseté de la tradition qui fait remonter ces livres jusqu'à l'apôtre des Gaules. Il est à remarquer qu'aucun des écrivains supposés postérieurs, théologiens, philosophes, historiens ou polygraphes, n'a fait mention de ces livres. Ce n'est qu'en 532, c'est-à-dire plus de quatre cents ans après leur prétendue apparition, qu'ils se trouvent cités pour la première fois dans une lettre d'Innocentin, évêque de Maronia [3]. Ce silence unanime et absolu de tant d'auteurs sur des traités d'une telle importance est sans exemple dans les annales bibliographiques, et, à défaut d'autres considérations, suffirait pour infirmer la tradition [4]. Mais pour peu qu'on parcoure ces livres, le

[1] Ibid., Theophr.
[2] Ibid., Theophr.
[3] *Concil.*, Labb. et Cossart, iv. Paris, 1671.
[4] M. l'abbé Darboy, ancien professeur de théologie au séminaire de Langres, a publié une traduction des œuvres de Denys l'Aréopagite, avec une introduction fort étendue sur l'authenticité et l'histoire des doctrines qu'elles renferment. Ce double travail est d'un

doute n'est plus permis. L'analogie frappante des doctrines qu'ils contiennent avec les spéculations les plus abstraites du Néoplatonisme révèle l'influence de l'École d'Alexandrie. Ce qui reste obscur et douteux, c'est la date précise de l'apparition de ces livres. Comme il n'en est pas fait mention avant le vi^e siècle, il est à croire que l'origine n'en remonte pas au-delà de la dernière moitié du ve siècle. L'auteur semble un chrétien contemporain des derniers philosophes de l'École d'Athènes. L'analyse des doctrines, en montrant les traces nombreuses de la philosophie de Proclus, confirmera cette conjecture.

La science humaine ne peut atteindre les choses divines, suprême objet des aspirations de l'âme. Toujours fausse dans ses affirmations, elle n'est vraie, et encore en un certain sens, que dans ses négations et ses abstractions[1]; elle peut dire ce que Dieu n'est pas, sans pouvoir jamais affirmer ce qu'il est. Ici bas les puissances divines ne nous apparaissent que sous le voile des formes sensibles ; le monde visible, qui en est l'œuvre, les cache plutôt qu'il ne les révèle[2]. Il est vrai que l'intelligence pénètre à travers les formes jusqu'à

esprit élevé, pénétrant, familier avec les idées et le langage de la théologie la plus abstraite. L'auteur y fait d'ingénieux efforts pour rétablir l'autorité de ces livres dont la critique depuis longtemps a démontré la non-authenticité. Nous regrettons qu'il ait mis au service d'une solution impossible une érudition et une dialectique dignes d'une meilleure cause.

[1] Dionys., *De cœlest. hierarch.*, II. Εἰ τοίνυν αἱ μὲν ἀποφάσεις ἐπὶ τῶν θείων ἀληθεῖς, αἱδὲ καταφάσεις ἀνάρμοστοι.

[2] Ibid., *De nomin. divin.*, I, 4. Νῦν δὲ, ὡς ἡμῖν ἐφικτὸν, οἰκείοις μὲν εἰς τὰ θεῖα συμβόλοις χρώμεθα. — Epist. IX, 2. Καὶ αὐτὴ δὲ τοῦ φαινομένου παντὸς ἡ κοσμουργία, τῶν ἀοράτων τοῦ Θεοῦ προβέβληται.

l'être et atteint les essences spirituelles dans leur simplicité et leur unité[1] ; mais toute pensée a l'être pour objet propre et pour limite ; elle ne peut saisir ce qui est au-dessus de l'être[2]. Dieu est incompréhensible, inintelligible, ineffable ; il est au-dessus de toute essence et de toute vie ; aucune lumière, aucune parole, aucune pensée ne peut en déterminer la nature[3]. Il n'est aucun des êtres et ne peut être connu dans aucun d'eux. Tout le manifeste, sans le faire intimement connaître. Toutes choses parlent de lui ; aucune n'en parle bien ; on le connaît par science et par ignorance tout à la fois. On le comprend, on le définit, on le nomme ; et pourtant il ne peut être ni compris, ni défini, ni nommé. Ce n'est que par une trompeuse analogie qu'on lui prête les attributs des êtres dont il est le principe[4] : il n'est ni Ame, ni Intelligence, ni Verbe, ni Esprit ; il n'a ni imagination, ni raison, ni entendement. Le nombre, l'ordre, la grandeur ou la petitesse, l'égalité ou l'inégalité, la similitude ou la diversité, le repos ou le mouvement, le temps ou l'éternité répugnent également à sa nature[5]. Il n'est ni puissance, ni vie, ni lumière, ni essence ; il n'est

---

[1] Ibid., *De divin. nom.*, I, 4. Ἐκ τούτων αὖθις ἐπὶ τὴν ἁπλῆν καὶ ἡνωμένην τῶν νοητῶν θεαμάτων ἀλήθειαν ἀναλόγως ἀνατεινόμεθα.

[2] Ibid., I, 4. Εἰ γὰρ αἱ γνώσεις πᾶσαι τῶν ὄντων εἰσὶ, καὶ εἰς τὰ ὄντα τὸ πέρας ἔχουσιν, ἡ πάσης οὐσίας ἐπέκεινα, καὶ πάσης γνώσεώς ἐστιν ἐξῃρημένη.

[3] *De cœlest. hierarch.*, II. Ἔστι γὰρ ὑπὲρ πᾶσαν οὐσίαν καὶ ζωὴν, οὐδενὸς μὲν αὐτὴν φωτὸς χαρακτηρίζοντος, παντὸς δὲ λόγου καὶ νοῦ τῆς ὁμοιότητος αὐτῆς ἀσυγκρίτως ἀπολειπομένων.

[4] *Theol. myst.*, V, 1. Οὔτε ψυχή ἐστιν, οὔτε νοῦς· οὔτε φαντασίαν, ἢ δόξαν, ἢ λόγον, ἢ νόησιν ἔχει.

[5] Ibid., V, 1.

même, à proprement parler, ni unité, ni divinité, ni bonté [1].

Bien qu'il y ait une certaine analogie entre les effets et leurs causes, toute induction serait téméraire. La cause conserve sur ses effets une supériorité incomparable, en tant que cause. Ainsi, le feu réchauffe et brûle sans être lui-même ni chaud ni brûlant; l'âme vivifie sans être vivante. Quand on dit que le feu est brûlant, que l'âme est vivante, que la lumière est éclatante, on indique simplement par là que la cause possède essentiellement et par excellence ce qui est dans l'effet. C'est en ce sens qu'on peut attribuer à Dieu la vie, l'essence, l'intelligence [2], etc. Toute cette doctrine semble un simple commentaire de la théologie alexandrine. D'une autre part, si l'on ne peut rien affirmer de la nature divine, on n'en peut rien nier non plus d'une manière absolue; aucune affirmation touchant Dieu n'est absolument fausse, aucune négation n'est absolument vraie. Il est tout ce qui est, et n'est rien de ce qui est [3]; s'il n'est ni vie, ni essence, ni intelligence, ni âme, il n'en est pas une simple négation; il surpasse et comprend toutes ces choses. Unité mère de toute unité, Essence suressentielle, Intelligence inintelligible,

---

[1] Ibid., v, 1. Οὐδὲ ἕν, οὐδὲ ἑνότης οὐδὲ θεότης, ἢ ἀγαθότης.

[2] *De divin. nomin.*, ιι, 8. Οὐδὲ γάρ ἐστιν ἀκριβὴς ἐμφέρεια τοῖς αἰτιατοῖς καὶ τοῖς αἰτίοις· ἀλλ' ἔχει μὲν τὰ αἰτιατὰ τὰς τῶν αἰτίων εὐδεχομένας εἰκόνας, αὐτὰ δὲ τὰ αἴτια, τῶν αἰτιατῶν ἐξῄρηται καὶ ὑπερίδρυται..... τὸ πῦρ θερμαίνειν καὶ καίειν, οὐ λέγεται καίεσθαι καὶ θερμαίνεσθαι.

[3] *De divin. nomin.*, ι, 6, 7. Πάντα τὰ ὄντα, καὶ οὐδὲν τῶν ὄντων· οὕτως οὖν, τῇ πάντων αἰτίᾳ καὶ ὑπὲρ πάντα οὔσῃ, καὶ τὸ ἀνώνυμον ἐφαρμόσει, καὶ πάντα τὰ τῶν ὄντων ὀνόματα.

Verbe ineffable, la nature divine comporte toutes les oppositions et toutes les contradictions[1].

La science n'est pas moins impuissante sur les mystères de la Trinité divine, de la création et de la Providence, réduite qu'elle est à n'en parler jamais que par comparaison et par induction. L'unité n'est en Dieu ni un accident, ni même un attribut essentiel; Dieu n'est pas simplement un, mais l'Un ; il est l'Unité des unités. Comment l'unité peut-elle devenir multiple? Ici encore les mots manquent et la pensée fait défaut. L'unité en Dieu précède et domine la trinité; la distinction que cette trinité suppose ne brise pas l'unité[2]. Le rapport logique des trois Hypostases est évident, bien qu'ineffable. Le Père est la racine, le germe, le foyer de toute divinité; le Fils et le Saint-Esprit en sont des rejetons, des fleurs, des rayons[3]. Quant à la création divine, ce n'est encore que par des images qu'on peut l'exprimer. Dieu est essentiellement bon, ou plutôt il est le Bien. Par un mouvement nécessaire et naturel, sa bonté s'épanche incessamment. De même que le soleil, sans raisonnement ni choix, par cela seul qu'il existe, éclaire tout ce qui peut recevoir sa lumière, de même le Bien, ce soleil du monde intelligible, engendre, éclaire, échauffe tout de ses

---

[1] *De divin. nomin.*, I. Ὑπέρκειται τῶν οὐσιῶν ἡ ὑπερούσιος ἀοριστία· καὶ τῶν νοῶν, ἡ ὑπὲρ νοῦν ἑνότης· καὶ πάσαις διανοίαις ἀδιανόητον ἐστὶ τὸ ὑπὲρ διανοίαν ἓν ἄρρητόν τε λόγῳ παντὶ τὸ ὑπὲρ λόγον ἀγαθὸν, ἑνὰς ἑνοποιὸς ἁπάσης ἑνάδος, καὶ ὑπερούσιος οὐσία, καὶ νοῦς ἀνόητος καὶ λόγος ἄρρητος· ἀλογία καὶ ἀνοησία καὶ ἀνωνυμία, κατὰ μηδὲν τῶν ὄντων οὖσα.

[2] *Ibid.*, II, 4.

[3] *Ibid.*, II. Πηγαίου θεότης ὁ Πατήρ· ὁ δὲ Υἱὸς καὶ τὸ ἅγιον Πνεῦμα βλαστοὶ, καὶ ἄνθη καὶ φῶτα ὑπερούσια.

puissants rayons[1]. De cette bonté, comme d'une source inépuisable, découlent directement les natures éternelles, immuables, incorruptibles qui composent la première hiérarchie du monde céleste ; ces premières unités communiquent la lumière divine aux essences angéliques, lesquelles la transmettent aux âmes, et par les âmes aux rangs inférieurs de l'ordre universel, aux animaux, aux plantes, aux simples corps, à la matière elle-même. Les types de toutes ces choses coexistent de toute éternité dans l'unité féconde du Principe suprême [2]. La volonté divine n'est autre chose que la réalisation nécessaire de ces types en êtres individuels [3]. La Bonté ou l'Amour qui produit tout bien s'épanche sur les êtres, sans que la nature divine elle-même se divise ou se communique [4]. Cette distinction de la nature incommunicable et de la bonté expansive en Dieu s'explique symboliquement dans les livres saints par le *sommeil* et le *réveil divin* [5].

L'être est le premier don de la bonté divine [6] ; puis vient la vie, puis l'intelligence. Le monde est une

---

[1] Ibid., iv, 1. Καὶ ὅτι τῷ εἶναι τὸ ἀγαθὸν, ὡς οὐσιῶδες ἀγαθὸν, εἰς πάντα τὰ ὄντα διατείνει τὴν ἀγαθότητα· καὶ γὰρ ὥσπερ ὁ καθ' ἡμᾶς ἥλιος, οὐ λογιζόμενος ἢ προαιρούμενος, ἀλλ' αὐτῷ τῷ εἶναι φωτίζει πάντα τὰ μετέχειν τοῦ φωτὸς αὐτοῦ.

[2] Ibid., iv, 2, 3.

[3] Ibid., v, 9. Παραδείγματα δέ φαμεν εἶναι, τοὺς ἐν Θεῷ τῶν ὄντων οὐσιοποιοὺς καὶ ἑνιαίως προϋφεστῶτας λόγους, οὕς ἡ θεολογία προορισμοὺς καλεῖ, καὶ θεῖα καὶ ἀγαθὰ θελήματα.

[4] Ibid., ii, 11. Μένοντος δὲ οὐδὲν ἧττον ἐκείνου, καὶ ἑνὸς ἐν τῷ πληθυσμῷ, καὶ ἡνωμένου κατὰ τὴν πρόοδον.

[5] Epist. ix, 6.

[6] *De divin. nomin.*, v, 6. Πρώτην οὖν τὴν τοῦ αὐτὸ εἶναι δωρεὰν ἡ αὐτοπεραγαθότης προβαλλομένη.

vaste hiérarchie d'essences de tout ordre et de tout rang ; le principe de cette hiérarchie est que les essences supérieures purifient, illuminent, perfectionnent les essences inférieures[1]. Le premier ordre se compose des Chérubins, des Séraphins, des Trônes ; il tourne, sans jamais s'écarter, autour du Dieu suprême qu'il environne immédiatement ; il reçoit les premiers rayons de la splendeur divine, et seul est initié d'une manière intime aux mystères de la Divinité[2]. Le second ordre, composé des Vertus et des Puissances, s'élève, par une énergie qui lui est propre, vers l'ordre archétype, et s'incline à l'exemple de Dieu vers les essences inférieures pour les transformer et les rallier à leur Principe suprême[3]. Les Principautés, les Archanges, les Anges appartiennent au troisième ordre[4], et tout en remontant vers la puissance, descendent jusqu'à l'humanité pour la relier au système céleste. Ainsi l'ange préposé à chaque nation attire vers la Divinité, comme vers leur propre Principe, ceux qui le suivent avec résolution[5]. Du reste, tous ces ordres, distincts et même séparés, quant à leur essence propre, se réunissent en Dieu, comme divers flambeaux se confondent dans une même lumière[6].

---

[1] *De hierarch. cœlest.*, III, 2. Τάξις ἱεραρχίας ἐστι, τὸ τοὺς μὲν καθαίρεσθαι, τοὺς δὲ καθαίρειν· καὶ τοὺς μὲν φοτίζεσθαι, τοὺς δὲ φωτίζειν. C'est là reproduction littérale de la doctrine de Proclus. *Voy.* Plotin, Ennéad., VI, IX, 8.

[2] *Ibid.*, VII, 4 ; X, 1.

[3] *Ibid.*, VIII, 1, 2.

[4] *Ibid.*, IX.

[5] *Ibid.*, IX, 4.

[6] *De divin. nomin.*, II, 4. Καθάπερ φῶτα λαμπτήρων ὄντα ἐν οἴκῳ ἑνὶ, καὶ ὅλα ἐν ἀλλήλοις ὅλοις ἐστὶν ἀκραιφνῆ καὶ ἀκριβῆ.

Tous s'allient et se pénètrent sans se confondre, et participent dans la mesure de leur perfection aux dons divins; tous s'unissent au Dieu suprême, à divers degrés d'intimité[1]. Ils s'élancent vers l'ordre immédiatement supérieur, et, entraînant avec amour les intelligences inférieures, ils travaillent d'un côté à se rapprocher de la Puissance suprême, et de l'autre en réfléchissent les rayons sur les ordres angéliques[2]. C'est ce qu'enseigne la tradition : la communication de la parole divine à un ange par un autre ange est un symbole de la transmission des dons divins, lesquels semblent perdre de leur éclat à mesure que, s'éloignant de leur origine, ils s'abaissent sur des êtres inférieurs[3]. L'infinie Sagesse a voulu que les grâces divines ne fussent communiquées aux inférieurs que par le ministère des supérieurs; elle appelle chaque ordre à la participation de sa bonté, mais en proportionnant l'énergie de ses bienfaits à la nature des essences qui les reçoivent[4]. C'est ainsi que toute la hiérarchie des êtres intelligibles et sensibles s'ébranle à la fois et remonte incessamment vers Dieu. Les démons eux-mêmes participent à ce mouvement d'ascension; car la bonté divine descend par les intermédiaires jusqu'à eux. Le mal n'est nulle part, même dans la matière qui passe pour en être le siége et le foyer[5]. Le bien seul existe substantiellement; le mal

---

[1] *De hierarch. cœlest.*, VIII.

[2] Ibid., VIII.

[3] Ibid., VIII, 2. Τοῦτο γάρ ἐστι καθόλου τῇ θείᾳ ταξιαρχίᾳ θεοπρεπῶς νενομοθετημένον, τὸ διὰ τῶν πρώτων τὰ δεύτερα τῶν θεαρχικῶν μετέχειν ἐλλάμψεων.

[4] Ibid., IV, 1.

[5] *De divin. nomin.*, IV.

n'en est qu'un degré moindre[1]. Toute cette description rappelle Proclus mot pour mot.

Voilà tout ce que la science humaine nous apprend de Dieu, de la Trinité et du monde céleste. Elle n'affirme quoi que ce soit sur les choses divines que sur la foi de l'analogie et de l'induction. Ses négations seules sont vraies, mais à la condition de n'exprimer rien de déterminé. La science sacrée, la parole sainte instruit-elle davantage? Notre théologien ne le pense pas. La tradition cache l'intelligence sous le sensible, et ce qui surpasse tous les êtres sous le voile de ces êtres mêmes; elle donne forme et figure à ce qui n'a ni l'une ni l'autre[2]. D'ailleurs, quand on écarterait l'enveloppe symbolique qui recouvre la parole sainte, on ne pourrait encore y retrouver la pure image de la nature divine, par cela même qu'elle a dû traverser, pour arriver jusqu'à nous, toute la hiérarchie des ordres célestes. La tradition, plus sûre que la science, plus claire que la nature, n'est encore qu'une révélation fort imparfaite des choses divines. Cette connaissance, tantôt approximative, tantôt négative des mystères de la divinité, ne suffit point. Nommer Dieu, ce ténébreux abîme de l'être, Vie, Essence, Lumière ou Verbe, c'est ne faire connaître (et encore par comparaison) que les dons que sa bonté inépuisable verse sur nous pour nous communiquer l'existence, la vie, la sagesse et même la divinité. La nature humaine possède des puissances de premier, de second et de troisième degré, telles que l'âme pro-

---

[1] Ibid., IV. Λείπεται ἄρα, τὸ κακὸν ἀσθένεια καὶ ἔλλειψις τοῦ ἀγαθοῦ εἶναι.

[2] Ibid., IV.

prement dite, la raison, l'intelligence, qui correspondent aux divers ordres de la hiérarchie céleste ; pour s'avancer vers Dieu, il lui faut d'abord traverser ces ordres [1]. C'est alors qu'elle entre vraiment dans les voies d'une théologie supérieure.

La *théologie mystique* a pour but d'atteindre la nature même de Dieu ; elle seule répond au désir de l'âme. La théologie symbolique a besoin de beaucoup de mots, parce qu'elle explique ; la théologie rationnelle s'en sert moins pour ses définitions ; la théologie mystique peut s'en passer entièrement, parce qu'elle s'interdit, non seulement toute explication et toute définition, mais encore toute pensée. Quand on descend de Dieu aux produits de sa bonté, le discours doit s'étendre et se développer comme la nature divine elle-même : mais si l'on veut remonter des hypostases à leur Principe, il faut que le discours se resserre à mesure qu'il s'élève, et qu'il finisse par se perdre dans l'unité de l'extase, de même que la multitude des manifestations de la Divinité vase confondre dans l'unité de la nature divine [2]. La théologie mystique procède donc par concentration d'abord, puis par suppression de la pensée. Tout symbole n'est qu'une révélation indirecte de la nature divine ; toute définition n'en est qu'une expression négative ou seulement approximative. Pour connaître Dieu, il faut cesser de penser à lui. La lumière de la pensée, si vive qu'elle soit, n'est

---

[1] *Hierarch. cœlest.*, x, 3. Ἕκαστος ἀνθρώπειος νοῦς, ἰδικὰς ἔχει καὶ πρώτας καὶ μέσας καὶ τελευτάιας τάξεις τε καὶ δυνάμεις, πρὸς τὰς εἰρημένας τῶν καθ' ἕκαστον ἱεραρχικῶν ἐλλάμψεων οἰκείας ἀναγωγὰς ἀναλόγως ἐκφαινομένας.

[2] *Theol. myst.*, ii.

qu'un nuage épais qui nous cache sa vraie nature ; pour arriver à la vision de Dieu, il faut que l'âme, détachée de tout et d'elle-même, simple et nue, silencieuse et immobile, comme l'initié des mystères, s'enfonce dans l'obscurité mystique de l'ignorance [1] ; alors, à l'éblouissement qu'elle éprouve, elle peut reconnaître que cette obscurité, où Dieu habite, est la vraie lumière [2] dont l'éclat de la pensée n'est que l'ombre, lumière incomparable au sein de laquelle se plonge et s'abîme l'âme toute resplendissante. A cette profondeur, l'âme voit Dieu, mais sans avoir conscience de sa vision, et sans se distinguer de l'objet qu'elle voit [3]. Car l'amour est extatique, il ravit l'amant à lui-même et le confond avec l'objet aimé. Dans l'extase, l'âme fait mieux que de connaître Dieu ; elle le sent, le reçoit, s'en pénètre jusqu'à ce qu'elle arrive à cette véritable transformation de l'homme en Dieu dont parle saint Paul : « Ce n'est plus moi qui vis, c'est le Christ qui vit en moi [4]. » Ainsi l'amour seul accomplit

---

[1] *Theol. myst.*, I, 3. Καὶ τότε καὶ αὐτῶν ἀπολύεται τῶν ὁρωμένων καὶ τῶν ὁρώντων, καὶ εἰς τὸν γνόφον τῆς ἀγνωσίας εἰσδύνει τὸ ὄντως μυστικόν.

[2] Epist. Doroth. Θεῖος γνόφος ἐστὶ τὸ ἀπρόσιτον φῶς, ἐν ᾧ κατοικεῖν ὁ Θεὸς λέγεται. — *Theol. myst.*, I. Κατὰ τὸν ὑπέρφωτον τὰ μυστήρια τῆς θεολογίας ἐγκεκάλυπται τῆς κρυφιομύστου σιγῆς γνόφον, ἐν τῷ σκοτεινοτάτῳ τὸ ὑπερφανέστατον ὑπερλάμποντα, καὶ ἐν τῷ πάμπαν ἀναφεῖ καὶ ἀοράτῳ τῶν ὑπερκάλων ἀγλαιῶν, ὑπερπληροῦντα τοὺς ἀνομμάτους νόας.

[3] Epist. I. Καὶ εἴ τις ἰδὼν Θεὸν συνῆκεν ὃ εἶδεν, οὐκ αὐτὸν ἑώρακεν, ἀλλά τι τῶν αὐτοῦ τῶν ὄντων καὶ γινωσκομένων.

[4] *De divin. nomin.*, IV, 13. Ἔστι δὲ καὶ ἐκστατικὸς ὁ θεῖος ἔρως, οὐκ ἐῶν ἑαυτῶν εἶναι τοὺς ἐραστάς, ἀλλὰ τῶν ἐρωμένων..... Διὸ καὶ Παῦλος ὁ μέγας, ἐν κατοχῇ τοῦ θείου γεγονὼς ἔρωτος, καὶ τῆς ἐκστατικῆς αὐτοῦ δυνάμεως μετειληφώς, ἐνθέῳ στόματι, Ζῶ ἐγώ, φησίν,

cette union mystique que la pensée n'a pu que préparer.

L'orthodoxie de ces doctrines théologiques est plus que douteuse. A la place d'un Dieu vivant, intelligent et libre, Créateur et Père du monde dont il n'est séparé que par son Verbe et son Esprit, d'une Trinité si peu inaccessible qu'il suffit à l'âme humaine de regarder en soi pour en pénétrer le mystère, d'une révélation directe et immédiate de la nature divine par son Verbe incarné, d'un monde qu'un acte de la volonté divine a suffi pour tirer du néant, et qu'un acte semblable doit y replonger un jour, œuvre éphémère et fragile qui n'a guère d'autre sens que de faire ressortir par sa misère la grandeur infinie de Jéhovah, d'une vie bienheureuse, où l'âme, conservant les attributs et les facultés de sa nature spirituelle, jouira enfin de la présence de son Dieu, sans perdre ni la conscience de son être propre ni même le souvenir de sa vie passée, le théologien anonyme nous montre un Dieu retiré dans les profondeurs de sa nature ineffable, à une distance infinie de l'âme humaine qui n'en reçoit les grâces et les vertus vivifiantes qu'à travers les degrés innombrables de la hiérarchie céleste, une Trinité abstraite, inintelligible, dont les deux hypostases inférieures, le Verbe et l'Esprit, ne sont que les premiers rayons de la nature divine concentrée entièrement dans le Père, un monde sorti, non du néant, mais du sein même de Dieu dont il est une émanation nécessaire, incessante, et (si l'auteur est conséquent) éternelle, enfin une destinée finale

οὐκ ἔτι, ζῇ δὲ ἐν ἐμοὶ Χριστός · ὡς ἀληθὴς ἐραστὴς καὶ ἐξεστηκὼς τῷ Θεῷ, καὶ οὐ τὴν ἑαυτοῦ ζῶν, ἀλλὰ τὴν τοῦ ἐραστοῦ ζωὴν, ὡς σφόδρα ἀγαπητήν.

où l'âme, réduite à l'abstraction de l'être, sans pensée et sans conscience, se plonge et se perd dans le divin abîme. Nous voilà bien loin du vrai Christianisme. Dans cet étrange monument de la théologie chrétienne, la doctrine par excellence du Christianisme, celle qui en fait le fond et l'essence, la théorie du Verbe, se trouve singulièrement réduite. Le Verbe y est toujours le Fils de Dieu, faisant partie intime de la nature divine; mais il n'est plus le parfait révélateur de Dieu ; car nulle essence, pas même celle du Verbe, ne réfléchit pleinement et directement la nature divine. Il n'est plus ce médiateur unique qui relie l'âme humaine à la Divinité, et qu'il suffit de posséder, pour être en possession de la nature divine elle-même. Enfin il n'est plus la vraie, l'unique voie ouverte à l'âme pour parvenir à sa suprême destinée. La théologie du faux Denys multiplie à l'infini les intermédiaires de la Divinité, et ne fait arriver les effets de la bonté divine à l'âme humaine qu'à travers les mille degrés de la hiérarchie céleste. Or le vrai Christianisme a toujours répugné à cette méthode de communication, comprenant bien que c'était détruire l'admirable vertu du Verbe, cette manifestation directe et vivante de Dieu au monde, affaiblir et en quelque sorte effacer dans l'œuvre la trace du Créateur, et retomber dans le mysticisme de l'Orient. S'il a toujours reconnu la hiérarchie céleste, sur la foi des saintes Écritures, il s'est appliqué à réduire et à subordonner à la doctrine fondamentale du Verbe une tradition peu conforme au véritable esprit de la Religion nouvelle. Il a accepté les Anges comme les intermédiaires accidentels, non comme des organes nécessaires et permanents de la communication divine. Pour lui, le vrai, l'unique, le parfait médiateur entre Dieu et l'âme humaine, c'est le Verbe incarné, le Christ; avec le secours de l'Esprit-Saint seulement, l'âme s'unit au Christ, et par le Christ elle est initiée à tous les mystères de la nature divine. Dans la théologie du faux Denys, au contraire, l'âme humaine ne se rattache à son principe que par une chaîne immense dont le premier anneau est l'ordre des Séraphins, et le dernier l'ordre des Anges. Il est vrai que pour franchir brusquement la distance et se confondre intimement avec Dieu, l'extase lui reste. Mais, d'une autre part, en supprimant toute vertu, toute pensée, toute conscience, en supposant l'absorption de l'âme en Dieu, l'extase n'est pas moins contraire au Christianisme, dont le caractère propre est de rapprocher l'homme de la Divinité sans le confondre avec elle, de l'établir et de le fixer dans le Verbe seul, vrai révélateur de la nature divine, de manière qu'il ne puisse se perdre ni dans la mystérieuse unité du Principe suprême ni dans la diversité infinie de ses manifestations inférieures.

Une telle doctrine ne peut être qu'un produit du Néoplatonisme, et encore du Néoplatonisme de l'École d'Athènes. De même que l'orthodoxie chrétienne n'a jamais reconnu d'autres médiateurs divins que l'Esprit-Saint et le Verbe; de même, dans son idéalisme sévère, Plotin, fidèle au principe de la philosophie grecque, n'admit d'autres intermédiaires pour atteindre jusqu'à Dieu que l'Ame et l'Intelligence. Ce n'est que plus tard que, cédant de plus en plus aux influences orientales, le Néoplatonisme, sous Jamblique d'abord, puis sous Proclus, interposa entre Dieu et la Nature, immédiatement au-dessous du monde intelligible, cette vaste hiérarchie de puissances de tout ordre et de tout rang qui joue un si grand rôle dans les religions de l'Orient et dans toutes les doctrines de la Gnose. Le faux Denys semble un néoplatonicien des derniers temps, qui, en passant au Christianisme, a gardé, comme avait déjà fait Synésius, ses doctrines philosophiques, en les fondant habilement avec les principes de sa nouvelle croyance. La distinction des trois méthodes, rationnelle, symbolique et mystique, pour parvenir à Dieu, est empruntée à Proclus, ainsi que la théorie de l'extase; la doctrine de la *Hiérarchie céleste* n'est que la théorie des *Ordres divins* assez heureusement adaptée à la théologie chrétienne; le traité de la *Hiérarchie ecclésiastique* rappelle la description du culte païen restauré par le Néoplatonisme. La théologie du faux Denys n'est pas même un mélange des idées alexandrines et chrétiennes; sous des formules et des noms empruntés au Christianisme, le fond en est tout néoplatonicien. Il y a tels chapitres du *De divinis nominibus* ou de la *Theologia mystica* qu'on croirait extraits textuellement des livres de Proclus. Quant à sa psychologie, elle est trop peu développée pour laisser voir clairement l'empreinte du Néoplatonisme; toutefois le principe de cette psychologie, à savoir, la correspondance symétrique supposée par le théologien anonyme entre les facultés de l'âme et les ordres divers de la hiérarchie céleste, est encore une tradition alexandrine. Ainsi l'influence de cette philosophie, sensible, sur quelques points théologiques, dans Eunomius, dans Grégoire de Nysse, dans Némésius, profonde et générale dans Synésius, domine dans le faux

Denys au point de transformer à son profit la théologie chrétienne.

Toutes ces idées d'origine orientale sur la théologie mystique, sur l'extase, sur la hiérarchie céleste, sur l'intervention incessante et nécessaire des Anges, devaient convenir à l'Église d'Orient ; aussi les livres du faux Denys y furent-ils accueillis avec enthousiasme, immédiatement après leur apparition. Dès la fin du vi° siècle, Jean Philopon cite ses livres avec les plus grands éloges ; il est le premier auteur qui en ait fait mention. Le moine saint Maxime le martyr fit une paraphrase des œuvres de saint Denys, et en reproduisit timidement, il est vrai, les doctrines dans ses divers traités. On voit qu'il n'ose toucher lui-même à ces redoutables mystères de la nature divine[1], et tout en reconnaissant l'autorité des mystiques inspirations de son modèle, il se tient prudemment dans la région moyenne du Verbe et des essences intelligibles. Une connaissance de Dieu, telle qu'en possèdent les Anges[2], suffit à son amour. Selon saint Maxime, l'âme humaine ne peut aspirer plus haut dans sa condition actuelle, à moins d'être inspirée dès ce monde directement par l'Esprit divin, comme le fut le bienheureux Denys. Ce n'est que dans une autre vie que l'âme, édifiée par la grâce de l'Esprit-Saint, peut pénétrer les mystères de la nature divine[3]. A l'exemple du faux Denys, il place la Divinité au-dessus de la vie, de l'être et de l'intelligence, dans une sphère inaccessible à la science et à la pensée. C'est la pensée

---

[1] Max., *Quæst. in script.; Quæst.*, ii, 29, édit. Combefis.
[2] Ibid., *Expos. in orat. Dom.*, 347.
[3] Ibid., *Mystag.*, 24, 526, *Quæst. in script.; Quæst.*, 6, 22.

sans doute qui guide l'âme d'abord dans son aspiration vers Dieu; mais, parvenue à une certaine hauteur, l'âme, pour s'unir à Dieu, doit, par un élan d'amour, franchir l'être et toute pensée relative à l'être[1]. L'amour est la voie la plus courte du salut; seul il ravit l'âme dans le sein de la Divinité. L'incarnation du Verbe divin dans une nature humaine est le type de cette union ineffable. Avec le faux Denys, avec Grégoire de Nysse, avec tous les Pères alexandrins, saint Maxime nie l'existence substantielle du mal, et le considère comme un accident éphémère que le règne de Dieu doit faire disparaître un jour. Alors toutes les âmes déchues seront réhabilitées; car le Christ est venu pour le salut de tous[2]. Saint Maxime emprunte au faux Denys sa distinction de la théologie mystique et de la théologie symbolique, et applique aux saintes Écritures sa méthode d'interprétation.

L'autorité du faux Denys est encore reconnue, et fréquemment invoquée par les théologiens du VIIIe siècle, et notamment par Jean de Damas, le docteur par excellence de la théologie orientale à cette époque. Ce théologien reproduit la pensée et le langage de Denys sur les mystères impénétrables de la nature divine. Quand on parle de Dieu, la négation est plus vraie que l'affirmation[3]. L'essence de Dieu est au-dessus de toute essence, sa divinité au-dessus de toute divinité, sa bonté et sa puissance au-dessus de toute puissance

---

[1] Ibid., *Quæst. in script. præm.*, 6.
[2] Ibid, II.
[3] *De fid. orthodox.*, 1, 12. Διὸ τῶν Θεῶν ὀνομάτων, τὰ μὲν ἀποφατικῶς λέγεται, δηλοῦντα τὸ ὑπερούσιον· οἷον ἀνούσιος, ἄχρονος, ἄναρχος, ἀόρητος.

et de toute bonté[1]. L'obscurité de la nature divine, loin d'être ténébreuse, n'a rien qu'on puisse comparer à une véritable obscurité; car elle éclipse la plus éclatante lumière[2]. Mais il est loin de suivre le mysticisme du faux Denys dans tous ses excès. Il ne parle point de l'extase; au contraire, il proclame bien haut que ni homme, ni ange, ni aucune puissance de la hiérarchie céleste n'atteindra directement la nature divine. Dieu ne peut être connu que par son Verbe et son Esprit[3]. Jean de Damas décrit à peu près comme Denys la hiérarchie des puissances célestes[4]; mais nulle part il ne paraît considérer les Anges comme des intermédiaires nécessaires entre la nature humaine et la Divinité, et il repousse énergiquement la doctrine des Gnostiques sur la vertu créatrice des Anges[5]. Il admet la prescience divine; mais en niant la prédétermination, il sauve la liberté de l'homme[6]. On reconnaît le sage théologien qui, tout en subissant l'influence des doctrines du faux Denys, toute-puissante alors sur l'Église d'Orient, maintient avec fermeté la théologie chrétienne dans les limites du bon sens et de la pratique. La phrase suivante témoigne de la profonde sagacité historique de cet excellent esprit : « Ce qui subsiste de bon de ces deux *hérésies* (le *judaïsme* et l'*hellénisme*), c'est, de la doctrine juive, l'unité de la na-

---

[1] Ibid., I, 12. Ἡ ὑπερούσιος οὐσία, ἡ ὑπέρθεος θεότης, ὑπεράρχιος ἀρχή.

[2] Ibid., I, 12. Οἷον σκότος· οὐχ' ὅτι ὁ Θεὸς σκότος ἐστιν, ἀλλ' ὅτι οὐκ ἔστι φῶς, ἀλλ' ὑπὲρ τὸ φῶς.

[3] Ibid., I, 1.

[4] Ibid., II, 3.

[5] Ibid., II, 3.

[6] Ibid., II, 30.

ture divine, et de la doctrine grecque, seulement la distinction des Hypostases (Personnes) [1]. » A l'exemple des grands théologiens alexandrins, saint Jean Damascène aime à reconnaître partout la vérité, quelle qu'en soit l'origine.

L'autorité du livre du faux Denys ne fut sans doute ni moins générale, ni moins puissante dans les dernières écoles théologiques du Bas-Empire; la paraphrase de George Pachymère, historien byzantin de la dernière moitié du xiiie siècle, prouve que la science du théologien mystique était toujours cultivée avec la même ardeur. Du reste, du viiie siècle jusqu'à la chute de l'empire d'Orient, en 1453, aucun monument ne révèle l'influence directe ou indirecte du Néoplatonisme sur les doctrines théologiques. Les théories alexandrines sont recueillies dans quelques traités des deux Psellus, dans les commentaires de Magentin et de George de Chypre, surtout dans la *Bibliothèque* du célèbre Photius; mais tous ces érudits les citent sans se les approprier. Peut-être pourrait-on retrouver dans les vers de Psellus l'ancien, *Sur l'âme*, et dans le *Traité sur les Démons*, qui lui est attribué, de faibles traces de Néoplatonisme. Ainsi, la distinction profonde de l'intelligence et de l'âme [2], la doctrine de l'âme conçue comme intermédiaire entre l'intelligible pur et le sensible, et surtout l'énumération des divers ordres de démons et la description de leurs apparitions et de leurs métamorphoses semblent empruntées aux Alexan-

---

[1] Ibid., 1, 7. Ἑκατέρας τε αἱρέσεως παραμένει τὸ χρήσιμον· ἐκ μὲν τῆς Ἰουδαϊκῆς ὑπολήψεως, ἡ τῆς φύσεως ἑνότης· ἐκ δὲ τοῦ Ἑλληνισμοῦ ἡ κατὰ τὰς ὑποστάσεις διάκρισις μόνη.

[2] Psell. Περὶ ψυχῆς, édit. Boisson.

drins[1] ; mais rien ne saurait être affirmé à cet égard. Il est évident qu'à partir du viiiᵉ siècle, toute influence du Néoplatonisme a cessé avec le mouvement théologique des esprits. Toute tradition va se perdre avec toute pensée philosophique dans les puériles controverses qui agitent les derniers jours de la théologie grecque. Quand l'Église d'Orient en est réduite à disputer sur la lumière incréée du mont Thabor, elle a entièrement perdu le sens des hautes questions de la théologie, et n'est plus capable de suivre une direction spéculative, vraie ou fausse. A ce degré de corruption et d'abaissement, on ne peut dire ce qu'elle est devenue, si elle est orthodoxe ou hérétique, mystique ou rationnelle, ni à quelle influence elle obéit ; car elle ne donne plus réellement signe de vie théologique.

Ainsi, dans toutes les phases de son développement, l'Église d'Orient subit plus ou moins le contact des doctrines néoplatoniciennes ; Eunomius, Grégoire de Nysse, Némésius, Synésius, et surtout le faux Denys, sont les principaux organes de communication. Cette influence ne s'explique pas seulement par le voisinage des doctrines ; née sur le sol de l'Orient, tant qu'elle fut cultivée par des Orientaux, la théologie chrétienne devait incliner invinciblement vers une école qu'un même-génie avait inspirée. Au fond, ce qu'elle recherche le plus dans le Néoplatonisme, ce sont les idées propres à l'Orient, telles que le *Bythos* divin, l'union mystique de l'âme avec Dieu, le principe de l'émanation, la hiérarchie céleste, la matière conçue comme un dernier effluve de la bonté divine, le mal réduit à

---

[1] Ibid., Περὶ ἐνεργείας Δαιμόνων.

n'être qu'une simple défaillance du bien. L'Orient [1] pèse sur la théologie chrétienne, comme une fatalité invincible. Son panthéisme mystique, aussi antipathique à la tradition judaïque qu'à la philosophie grecque, pénètre au cœur de la doctrine nouvelle et finit par la corrompre. Telle devait être la destinée de toute doctrine soumise à cette irrésistible influence. La pensée grecque y périt, tout comme la pensée judaïque. Le Néoplatonisme s'était formé, sous le feu de ses ardents rayons, d'éléments empruntés à la science grecque. Grec d'origine, il fut tout d'abord oriental d'esprit : Platon, Aristote, le Stoïcisme y furent transfigurés dans une pensée supérieure due à l'Orient, et qui se révèle particulièrement par la théorie de l'Un, le principe de la procession, la théorie des émanations, l'absorption des principes contraires dans le sein de l'Unité suprême. Toutefois, en adoptant les grandes conceptions du génie oriental, les fondateurs de l'École, Ammonius, Plotin, Porphyre, en repoussent les folles imaginations. Il suffit de rappeler la polémique de Plotin contre les Gnostiques, et la lettre de Porphyre sur les démons. Avec Jamblique et ses disciples, les superstitions orientales pénètrent dans le Néoplatonisme. L'École d'Athènes, d'ailleurs si sage et si sévère, emploie tous ses efforts à ériger en théorie certaines croyances de l'Orient, telles que la hiérarchie des puissances célestes et l'influence des astres et des démons. Quand cette philosophie s'éteignit, elle n'avait guère conservé de

[1] Sous le mot *Orient*, il ne faut pas comprendre la théologie juive, dont le caractère psychologique et presque anthropomorphique répugne profondément au panthéisme de la théologie orientale proprement dite.

la science grecque que la forme ; le fond en était devenu tout oriental. Il en fut de même pour la théologie chrétienne. L'influence de l'Orient planait déjà comme une ombre délétère sur le berceau du Christianisme, et menaçait d'en corrompre la pensée naissante, lorsque le génie des Pères alexandrins, heureusement inspirés par la philosophie grecque, dissipa les fantômes dont l'imagination orientale obscurcissait la pure lumière du Verbe, et supprimant cette immense série d'intermédiaires divins, qui reléguait le Principe suprême dans une sphère inaccessible, ne laissa plus entre Dieu et l'homme qu'un médiateur, le Verbe. Le Dieu du symbole de Nicée, avec ses trois Hypostases égales en essence comme en dignité, ce Dieu tout à la fois invisible et visible, abstrait et vivant, mystérieux et intelligible, si éloigné et si voisin du monde, dont notre raison ne peut pénétrer la nature, mais dont notre âme sent l'action, c'est le Dieu du vrai Christianisme. La Gnose est la première et la plus puissante, mais non l'unique manifestation de l'influence orientale. Dans tout le cours des controverses théologiques, les doctrines de l'Orient jouent un rôle et trouvent des organes ; elles y figurent constamment, quelquefois sous leur forme propre, le plus souvent sous la forme des théories néoplatoniciennes. Elles finissent par dominer et absorber l'Église d'Orient ; la théologie chrétienne ne leur échappe qu'en changeant de patrie.

La théologie de l'Église latine contient bien peu de traces de l'influence néoplatonicienne. Toute communication immédiate entre les deux doctrines était impossible, vu la distance des lieux et l'ignorance où étaient les docteurs latins de la langue grecque. Le seul grand théologien de cette Église, saint Augustin, ne savait pas le grec et ne put connaître que par des traductions et des analyses latines la philosophie de Platon et des Alexandrins[1]. Néanmoins sa doctrine est essentiellement platonicienne ; les idées, les démonstrations, la méthode, l'esprit de Platon se montrent partout dans ses nombreux traités sur Dieu, sur l'âme humaine, sur le monde. Il est beaucoup plus difficile d'y distinguer la trace du Néoplatonisme. On rencontre pourtant, çà et là, des expressions qui sentent plus l'École d'Alexandrie que Platon. Ainsi saint Augustin, sans se perdre dans la mystique théorie du Dieu ineffable et incompréhensible, élève la nature divine fort au-dessus de toute expression et même de toute pensée humaine. Son Traité de la *Trinité* contient une démonstration qui, depuis longtemps, était fort en usage dans les écoles, mais qui remonte évidemment à Plotin. Dieu est le principe de tout bien, le Bien par excellence. Tout aspire au bien ; tout n'aspire pas à la vie ou à l'intelligence ; donc le Bien est le seul principe universel, enveloppant et dominant la vie, l'être, l'intelligence [2]. Lorsqu'il ajoute : « Ce bien suprême n'est pas loin de nous ; c'est en lui que nous avons la vie, le mouvement et l'être, » cette doctrine, parfaitement conforme d'ailleurs à la théologie des *Ennéades*, ne paraît être qu'une inspiration des livres saints. Mais saint Augustin semble s'inspirer seulement des Alexandrins, quand il emprunte les images les plus fortes pour exprimer l'union

---

[1] *Voy.* le livre de M. Villemain, cité plus haut.
[2] S. August., *De Trinit.*, VIII, 4.

intime de l'âme avec Dieu[1], quand il affirme que Dieu est d'autant mieux connu qu'on a moins conscience de le connaître[2], surtout quand il montre que, Dieu étant l'absolue unité, l'âme ne peut l'atteindre que par l'amour[3] : la théologie orthodoxe ne va point jusque-là. Enfin, tout en reconnaissant comme essentiellement chrétienne la doctrine qui nie l'existence indépendante du principe du mal, on peut croire que le fond métaphysique de la polémique de saint Augustin contre le Manichéisme est emprunté, au moins indirectement, au Néoplatonisme. Il définit le mal, comme Plotin et tous les Alexandrins, une simple défaillance du bien, et démontre avec eux que le bien, faisant tout l'être des choses, le mal, comme mal, ne peut exister véritablement[4]. Sauf ces analogies, assez rares du reste et peu frappantes, la théologie de saint Augustin est trop chrétienne et trop platonicienne pour se perdre dans le panthéisme mystique des Alexandrins. Ce grand docteur ne montre pas de goût pour les spéculations abstraites. Son Dieu est le Dieu vivant et intelligible du vrai Christianisme, triple dans son unité comme la nature humaine, véritable créateur du monde que sa volonté tire du néant. Un médiateur unique, le Verbe, révèle la nature divine à notre pensée et à notre amour ; en s'unissant à ce Verbe incarné,

---

[1] Ibid., *De ordin.*, ii, 6. Cohærens Deo anima.

[2] Ibid., *De Trinit.*, vii, 7. Verius enim cogitatur Deus, quam dicitur, et verius est quam cogitatur.

[3] *De ordin.*, ii, 48.

[4] *De civit. Dei*, xii, 7. Malum est defectus. — *Confess.*, vii, 12. Malum illud quod quærebam unde esset, non est substantia ; quia, si substantia esset, bonum esset.

l'âme s'unit sûrement et véritablement à Dieu. Dans cette union, rien ne rappelle l'extase alexandrine ou orientale ; la nature humaine n'y perd aucune des facultés qui lui sont propres. L'objet de ses aspirations n'est point une vérité abstraite et vide, à laquelle l'âme ne puisse ressembler qu'en se dépouillant de tous ses attributs ; c'est un Dieu personnel, l'idéal même de la nature humaine, dont l'âme se rapproche par l'exaltation de ses facultés : vertu, intelligence, amour.

En un mot, le caractère de la théologie de saint Augustin est essentiellement psychologique. Du reste, entre les deux directions qui, dans l'Eglise d'Orient, se disputent la théologie chrétienne, l'Église latine n'a jamais hésité. Moins subtile et moins profonde, mais plus pratique que l'Église d'Orient, elle ne s'élève point assez haut pour risquer de se perdre ; elle n'engage point la pensée chrétienne dans des problèmes redoutables qui plaisent tant aux grands docteurs orientaux. Saint Augustin est le seul métaphysicien de l'Église latine ; et encore n'a-t-il approfondi qu'une seule question métaphysique, l'origine du mal. Mais, en général, l'esprit des Latins soupçonne à peine l'existence de ces mystères, qui sont le sujet constant des méditations de l'Eglise d'Orient ; il n'aspire même pas vers ces sommets de la théologie que la pensée orientale habite. Une telle sobriété, une telle mesure dans les controverses théologiques n'a pas seulement pour cause la faiblesse spéculative et le sens pratique de l'Église latine, mais encore une invincible répugnance pour le mysticisme de l'Orient et de l'École d'Alexandrie. Le génie de l'Occident n'a jamais adoré un Dieu abstrait, produisant le monde par l'effusion nécessaire d'une bonté qui surabonde, et séparé de son produit par une immense hiérarchie de puissances intermédiaires. Il ne connaît qu'un Dieu vivant, libre, personnel, qui crée, dirige, change, détruit le monde par un acte de sa volonté. Si le sens exagéré du divin et de l'universel fait oublier au génie de l'Orient le sentiment de l'humanité et de l'individualité, l'esprit de l'Occident, au contraire, perd dans la préoccupation de l'individuel et de l'*humain* le sentiment du divin et de l'universel. C'est ainsi que, par ce côté, l'esprit de l'Occident est beaucoup plus sympathique que le génie oriental à la théologie anthropomorphique du Judaïsme et du Christianisme primitif, et devait en être un gardien plus fidèle, un interprète plus sûr.

Saint Augustin est le seul théologien latin dont les livres renferment quelques traces de Néoplatonisme. Boèce a puisé directement à cette source ; il savait le grec, et avait fréquenté l'école d'Athènes. Mais Boèce ne peut être compté parmi les docteurs de l'Église latine, lors même qu'on admettrait, sur le titre d'un livre qui lui est attribué, qu'il a sincèrement embrassé le Christianisme. Chrétien ou païen, il est avant tout disciple d'Aristote et de l'antiquité. Il est facile de voir, par l'esprit et la forme de ses principaux traités, que la philosophie est sa véritable religion. Dans quelques uns, l'empreinte des idées néoplatoniciennes est évidente. La substance des démonstrations qui remplissent le *De unitate et uno* est un mélange de Péripatétisme et de Néoplatonisme. Tout participe de l'unité ; c'est l'unité qui fait l'être : plus un être est un, plus il a d'être. En effet, c'est la forme qui constitue l'être : or la forme est pour la matière un principe d'unité. Toute unité vient d'une unité première qui est l'unité en soi, unité créatrice, en tout différente de l'unité créée [1]. Boèce reproduit la théorie alexandrine des divers degrés de la substance matérielle. Plus cette substance se rapproche de son principe, plus elle devient limpide, et mieux elle reçoit les rayons de la lumière intelligible : au contraire, plus elle s'en éloigne, plus elle devient dense et obscure, et par suite moins elle laisse pénétrer la lumière dans son sein [2]. La pensée qui ressort de cette description, bien que sous-entendue, est assez claire : c'est que la lumière intelligible est partout égale à elle-même, et que la matière seule fait l'inégalité des êtres. Ailleurs Boèce s'applique à prouver que tout ce qui est bon ne l'est que par la participation, et que par conséquent tout bien revient au Bien en soi [3] : démonstration platonicienne plutôt qu'alexandrine. Enfin, dans le traité *De trinitate et unitate Dei*, Boèce recommande sans cesse de s'élever au-dessus des choses physiques et mathématiques. Selon lui, la nature de Dieu est supérieure à toutes les catégories de l'être ; son essence est au-dessus de toute essence : ce qui fait que ce qui est absurde et contradictoire au point de vue de l'être,

---

[1] Boet., *De unitate et uno*.

[2] Ibid. Quo enim materia fuerit sublimior, fit subtilior, et penetratur tota a lumine, et ideo substantia ipsa sapientior et perfectior, sicut intelligentia et rationalis anima. Et e converso quo materia fuerit inferior, fit spissior, et obscurior, et non ita penetratur a lumine, quo materia magis descendit, constringitur, et spissatur et corpulentatur, et partes ejus mediæ prohibent ultimas perfecte penetrari a lumine.

[3] *De bono*.

devient simple et vrai au point de la nature divine [1]. Toutes ces théories de Boèce sur l'identité de l'un, de l'être et du bien, rappellent la doctrine des Ennéades, à tel point que Ficin en a fait la remarque dans l'un de ses arguments. Elles offrent aussi une analogie frappante avec les premières démonstrations de la Στοιχείωσις θεολογική. On sait que Boèce a fréquenté les écoles d'Athènes, et a pu entendre les dernières leçons de Proclus. D'une autre part, il ne faudrait pas exagérer l'influence des doctrines néoplatoniciennes sur sa philosophie. Sans originalité et sans grande portée métaphysique, Boèce préfère les recherches logiques et morales aux spéculations théologiques ; ses vrais maîtres sont Aristote et Cicéron. S'il a rapporté de son séjour à Athènes quelques lambeaux de néoplatonisme, il est évident qu'il n'en a conservé ni le goût ni l'esprit. Boèce n'est pas de la famille des théologiens orientaux ; il est peu mystique et répugne invinciblement à tout ce qui ressemble au panthéisme. Il sépare profondément les êtres créés de la Cause suprême, et n'admet ni pour la nature, ni même pour l'âme humaine, l'absorption en Dieu, fin dernière de toute créature, selon les docteurs de l'Église d'Orient. « Bien que l'âme humaine soit une émanation divine, elle ne se transforme point en divinité. Or, si aucun corps, si aucune âme ne peut revêtir la nature divine, il est impossible que l'humanité se transforme en Dieu [2]. »

Pendant que la théologie grecque se perdait en Orient dans les controverses d'une scolastique puérile, un monument considérable de cette théologie, traduit

---

[1] *De trinit. et unit. Dei.*
[2] Boetius, *De trinitate*, II.

et propagé en Occident, inspirait des esprits pleins de zèle et d'ardeur. Au commencement du ixᵉ siècle, Louis le Débonnaire reçut de l'empereur Michel le Bègue les œuvres de Denys l'Aréopagite, avec les Commentaires de saint Maxime le martyr. C'était le moment où les premiers rayons de la scolastique essayaient de percer les épaisses ténèbres qui couvraient l'Occident; où la scolastique, faible et ignorante comme l'esprit humain lui-même, était réduite à répéter, sans les comprendre, les formules de la foi qu'elle devait plus tard expliquer avec tant d'autorité. La théologie orientale, répandue en Occident par la traduction des traités du faux Denys, était trop antipathique au génie de l'Église latine pour y faire de nombreux prosélytes. Elle eut toutefois, au début de la scolastique, un disciple éminent qui en reproduisit les doctrines avec une rare audace et une haute intelligence. Scot Érigène vivait à la cour de Charles le Chauve, prince fort instruit pour le temps, et initié, grâce aux présents de Michel le Bègue, à toutes les subtilités de la théologie byzantine. Scot savait le grec et connaissait à fond les théologiens grecs, Origène, Grégoire de Nazianze, Grégoire de Nysse, et surtout le faux Denys dont il traduisit les œuvres.

Rien n'annonce [1] dans les écrits de Jean Scot un docteur né en Occident et appartenant à la première époque de la scolastique. Par l'étendue et l'élévation de sa pensée, par la hardiesse de ses interprétations, par l'esprit de sa méthode théologique, comme par

---

[1] *Voy.*, sur Scot Erigène, l'excellente thèse de M. Saint-Réné Taillandier, et une remarquable leçon de M. Guizot, *Histoire de la civilisation en France*, I.

le fond de ses doctrines, il rappelle les plus grands théologiens de l'Église grecque. La haute sagesse des saint Clément, des Origène, des Grégoire de Nysse, se retrouve dès le début de sa doctrine [1]. Il n'y a pas de mort pire que l'ignorance. La philosophie et la religion ne forment qu'une seule et même science. N'ont-elles pas le même objet, Dieu, cause suprême de toutes choses? La vraie philosophie se confond donc avec la vraie religion, et la vraie religion avec la vraie philosophie [2]. La vraie autorité n'est jamais contraire à la droite raison, et réciproquement, puisque toutes deux découlent d'une même source, la sagesse divine. L'autorité livre à la pensée et à la parole humaine ses dogmes sur la nature incompréhensible et ineffable de la Cause première, pour en nourrir les fidèles, entretenir en eux le sentiment religieux, et enfin les armer d'une manière invincible contre les tentatives de l'impiété. La raison interprète, éclaircit, développe les traditions qui, sans son secours, resteraient équivoques, obscures, insuffisantes pour les faibles et les ignorants [3]. Du reste, l'autorité et la raison ayant une commune origine, l'une a besoin de la grâce, de

---

[1] *De divis. natur.*, p. 209, édit. 1838. Nulla pejor mors est, quam veritatis ignorantia.

[2] *De prædestin. divin.* (collect. Mauguin, 1, 444). Non aliam esse philosophiam aliudve sapientiæ studium, aliamve religionem... Quid est de philosophia tractare nisi veræ religionis, quæ summa et principalis omnium rerum causa, Deus, et humiliter colitur et rationabiliter investigatur, regulas exponere? Conficitur inde philosophiam veram religionem, conversimque veram religionem esse veram philosophiam.

[3] *De division. natur.*, 1, 68, p. 72. Vera auctoritas rectæ rationi non obstitit, neque recta ratio veræ auctoritati. Ambo siquidem ex

même que l'autre de la révélation. Sans la divine lumière de la grâce, les mystères de la divinité resteraient impénétrables à la raison. Aucune créature ne peut par elle-même franchir les limites de son essence ni atteindre jusqu'à Dieu; cette vertu appartient à la grâce, et non à la nature [1].

Mais quelle est la faculté dans la nature humaine qui, soutenue par la grâce, atteint la Divinité? Scot distingue dans l'âme trois *mouvements*, lesquels correspondent à l'esprit ou intelligence pure, à la raison proprement dite et aux sens [2]. Le premier, vraiment simple et supérieur à l'essence de l'âme, nous fait connaître Dieu en soi et dans toute l'excellence de sa nature. Le second, simple encore et propre à la nature même de l'âme, nous découvre Dieu, non plus en soi, mais comme cause de l'univers et principe de toutes les raisons dont le monde est formé. Le troisième, simple en lui-même, mais complexe dans son objet, nous mène à Dieu par induction ; à travers le spectacle des

uno fonte, divina vis, sapientia, manare dubium non est. Una quidem de natura incomprehensibili ineffabilique pie quærentibus multa concessit, ac tradidit et cogitare et dicere; ne veræ religionis studium in omnibus sileat, ut et rudes adhuc in fidei simplicitate doctrinæ nutriat, et catholicæ fidei æmulis, instructa armataque divinis propugnaculis munita respondeat. Altera vero, ut simplices adhuc in cunabulis Ecclesiæ nutritos pie casteque corrigat, ne quid indignum de Deo vel credant, vel æstiment.—La seconde phrase est incorrecte.

[1] Ibid., II, 2, 3, p. 134. Nulli conditæ substantiæ naturaliter inest virtus, per quam possit et terminos naturæ suæ superare, ipsumque Deum immediate per seipsum attingere ; hoc enim solius est gratiæ, nullius vero virtutis naturæ. — Ibid., II, 30, p. 159.

[2] Ibid., II, 130, 131, 132. Tres universales motus animæ sunt. Quorum primus est secundum animum, secundus secundum rationem, tertius secundum sensum.

choses visibles et finies, il fait entrevoir l'invisible et l'infini [1]. Telle est l'échelle des degrés de la connaissance humaine; au plus bas, le sens qui perçoit les objets extérieurs; immédiatement au-dessus, l'imagination qui en abstrait et en recueille les formes immatérielles; puis le raisonnement, qui divise, réunit, combine les conceptions épurées de l'imagination; puis la raison qui remonte aux *raisons* primordiales des formes; enfin l'intelligence qui atteint le principe suprême des choses, de leurs formes et de leurs raisons éternelles [2].

Où l'intelligence doit-elle chercher Dieu? Dans l'âme humaine, image de la nature divine [3]. La Divinité se réfléchit dans toutes ses œuvres; mais son image, obscure et confuse dans la nature, se concentre dans l'âme comme dans son foyer, et y brille du plus vif éclat. « Contemple, dit Scot Érigène, et après que ton regard pénétrant a percé le nuage qui te couvrait la

---

[1] Ibid., ibid. Primus quidem motus simplex est, et supra ipsius animæ naturam, per quem circa Deum incognitum mota, nullo modo eorum quæ sunt, ipsum propter sui excellentiam cognoscit secundum quod sit. Secundus vero motus est, quo incognitum Deum cognoscimus, secundum quod causa omnium sit. Diffinit enim Deum causam omnium esse, et est motus iste intra animæ naturam, per quem ipsa naturaliter mota omnes naturales rationes omnium formatrices operatione scientiæ sibi ipsi imponit. Tertius motus est compositus, per quem, quæ extra sunt, animæ tangens veluti ex quibusdam signis apud seipsam visibilium rationes reformat; qui compositus dicitur, non quod in seipso simplex non sit, quemadmodum primus et secundus simplices sint, sed quod non per se ipsas sensibilium rerum rationes incipit cognoscere.

[2] Ibid., ibid.

[3] Liv. v, 30, p. 508. Nulla alia via est ad principalis exempli purissimam contemplationem, præter proximæ sibi suæ imaginis certissimam notitiam.

vérité, vois avec quelle clarté et quelle pureté la triple essence de la bonté divine se révèle à l'observation dans les divers mouvements de l'âme humaine, et se manifeste comme dans un miroir à ceux qui la recherchent avec recueillement [1]. Essence séparée de toute créature par une distance infinie, inaccessible à toute intelligence, c'est par son image et sa ressemblance qu'elle se fait connaître et comprendre aux yeux de l'intelligence, qu'elle se rend présente en quelque sorte, et purifie la petite image dans laquelle elle se réfléchit, afin d'y faire resplendir dans tout son éclat sa divinité en trois personnes ; car la lumière infinie de cette divinité, trop éclatante pour les regards de l'intelligence, et toujours invisible par elle-même, ne se laisse apercevoir que dans son image. C'est ainsi que le Père se montre clairement dans l'intelligence, le Fils dans la raison, le Saint-Esprit dans le sens. » La méthode que décrit Scot Érigène n'est pas nouvelle ; saint Grégoire de Nysse l'avait développée avec

[1] Liv. II, 24, p. 137. Intuere acieque mentis, tota ambiguitatis caligine depulsa, cognosci quam clare, quam expresse divinæ bonitatis substantialis trinitas in motibus humanæ animæ recte eos intuentibus arridet, seque ipsam pie quærentibus se, veluti in quodam proprio speculo ad imaginem suam facto, limpidissime manifestat ; et cum sit ab omni creatura remota, omnique intellectui incognita, per imaginem suam et similitudinem veluti cognitum et comprehensibilem intellectualibus oculis, ac veluti præsentem seipsam depromit, ultroque specillam, in qua relucet, purificat, ut in ea clarissime resplendescat una essentialis bonitas in tribus substantiis, quæ unitas et trinitas in seipsa per seipsam non appareret, quia omnem intellectum effugit eximia suæ claritatis infinitate, nisi in sua imagine vestigia cognitionis suæ imprimeret : Patris siquidem in animo, Filii in ratione, sancti Spiritus in sensu apertissima lucescit similitudo.

beaucoup de force dans son Traité sur *la nature humaine*.

Selon Scot, l'objet de la science est la nature, laquelle, dans le sens le plus large du mot, comprend quatre divisions : 1° la nature qui crée et n'est pas créée ; 2° la nature qui est créée et qui crée ; 3° la nature qui est créée et ne crée pas ; 4° la nature qui n'est pas créée et ne crée pas [1]. La première est Dieu, conçu comme principe ; la quatrième est Dieu, conçu comme fin du monde ; la seconde est l'ordre des causes premières par lesquelles Dieu accomplit son œuvre ; la troisième est le monde, œuvre de la création.

Le premier et le plus évident résultat des recherches de la raison sur Dieu, c'est qu'aucune affirmation ne convient à sa nature d'une manière absolue : elle surpasse toute qualification sensible ou purement intelligible, toute catégorie, toute pensée [2]. « Ainsi que le dit saint Augustin, dès qu'il s'agit de théologie, c'est-à-dire de recherches ayant pour objet la divine essence, la vertu des catégories s'évanouit tout à fait [3]. » Moins on sait de Dieu, mieux on sait ; l'ignorance, en théologie, est le signe de la vraie sagesse. La théologie est infaillible, tant qu'elle nie ; dès qu'elle affirme, elle

---

[1] Liv. i, 4.

[2] Liv. i, 68, p. 71. Ratio in hoc universaliter studet ut suadeat, certisque veritatis indagationibus approbet, nil proprie de Deo posse dici, quum superat omnem intellectum, omnesque sensibiles intelligibilesque significationes ; qui melius nesciendo scitur cujus ignorantia vera est sapientia, qui verius fideliusque negatur in omnibus quam affirmatur. Quodcumque enim de ipso negaveris, vere negabis. Non autem omne quodcumque firmaveris, vere firmabis.

[3] Liv. i, 17, p. 22. Ut ait sanctus pater Augustinus in libris *De Trinitate*, dum ad theologiam, hoc est divinæ essentiæ investigationem pervenitur, categoriarum virtus omnino extinguitur.

court le risque de se tromper. Toute négation qui a Dieu pour objet est absolument vraie ; au contraire, toute affirmation n'est vraie que d'une manière relative [1]. Nier que Dieu soit corps, nature, âme, intelligence ; qu'il habite un lieu et vive dans un temps, est absolument vrai ; affirmer qu'il est bonté, vérité, essence, lumière, justice, esprit, n'est vrai que dans une certaine mesure, vrai quant à ses manifestations, et faux quant à son essence [2]. Toute dénomination positive exprime une essence, et par suite implique un contraire : le bien, le vrai, la lumière, la justice, ont pour contraires le mal, le faux, les ténèbres, l'injustice. Mais Dieu ne peut avoir de contraire ; autrement il serait limité. Or le propre de la nature divine est d'être infinie, de comprendre et de dominer tous les contraires. Rien ne peut lui être opposé, parce que rien n'existe hors d'elle-même. En ce sens Dieu n'est proprement ni bonté, ni sagesse, ni justice, ni amour, mais un principe supérieur à toutes ces essences. Sa nature n'est aucune essence, précisément parce qu'elle est le principe de

---

[1] *Vid.* loc. cit., 1, 68, p. 74.
[2] Liv. I, 14, p. 17. — Ibid., 16, p. 18. Si prædicta divina nomina respiciunt, necessario etiam res, quæ proprie eis significantur, oppositas sibi contrarietates obtinere intelliguntur, ac per hoc de Deo cui nihil est oppositum, aut cum quo coeternaliter natura differens nihil inspicitur, proprie prædicari non possunt. Prædictorum enim nominum aliorumque sibi similium nullum vera ratio reperire potest, cui non ex adversa parte, aut secum in eodem genere differens, aliud ab ipso discedens nomine reperiatur. Essentia dicitur Deus, sed proprie essentia non est, cui opponitur nihil : ὑπερουσίος igitur est, id est, superessentialis. Item bonitas dicitur, sed proprie bonitas non est ; bonitati enim malitia opponitur : ὑπεράγαθος igitur, plus quam bonus.

toutes. Quand on le nomme Être, Bonté, Sagesse, Amour, on corrige aussitôt ce que ces dénominations pourraient avoir de trop positif en ajoutant que cet Être, cette Bonté, cette Sagesse, cet Amour sont au-dessus de toute essence, de toute bonté, de toute sagesse, de tout amour [1]!

Maintenant ce Dieu invisible, ineffable, inintelligible, incommunicable en soi, n'est pas resté stérilement enfermé dans les profondeurs de sa nature. Le monde est là pour attester sa fécondité expansive, sa puissance créatrice. Or tout ce qu'il a produit et créé le révèle et le manifeste [2]. Toute œuvre de Dieu est une image de sa nature, image d'autant plus pure que l'œuvre est plus parfaite. L'univers forme une série hiérarchique de *théophanies* dont le premier degré est l'âme et le dernier la matière. L'ordre des Anges et des Archanges est une théophanie supérieure. Jean Scot ne voit dans la Trinité elle-même que la suprême Théophanie; c'est pour cela que tout homme peut la com-

---

[1] Liv. i, 14, p. 17, 66.—Ib., 70, p. 73. Deus per metaphoram amor dicitur, dum sit plus quam amor, unumquemque superat amorem.

[2] Liv. iii, 19, p. 240. In nullo intelligitur existentium, quia superat omnia; cum vero per condescensionem quamdam ineffabilem in ea quæ sunt multis obtutibus inspicitur, ipsa sola invenitur in omnibus esse, et est, et erat, et erit; dum ergo incomprehensibilis intelligitur, per excellentiam nihilum non immerito vocitatur. At vero in suis theophaniis incipiens apparere, veluti ex nihilo aliquid, dicitur procedere, et quæ proprie supra omnem essentiam existimatur, proprie quoque in omni essentia cognoscitur, ideoque omnis visibilis, et invisibilis creatura *Theophania*, id est, divina apparitio potest appellari; omnis siquidem ordo naturarum a summo usque deorsum, hoc est, ex cœlestibus essentiis, usque ad extrema mundi hujus visibilis, in quantum occultus intelligitur, in tantum divinæ claritati appropinquare videtur.

prendre, en étudiant sa propre nature, créée à l'image de Dieu. L'âme humaine est comme Dieu, une et triple; comme Dieu elle est essence, puissance et acte. Cette triple nature se marque en l'âme par des facultés, comme en Dieu par des personnes. A l'intelligence, à la raison, au raisonnement correspondent le Père, le Fils, le Saint-Esprit. Dieu le Père est la cause créatrice; le Fils, ou Verbe, ou image du Dieu invisible, est l'unité qui contient les types et les raisons de toutes les créatures; le Saint-Esprit est la puissance (opératrice) qui réalise ces types et ces raisons immuables en êtres vivants dans le temps et dans l'espace, qui reçoit du Verbe pour les distribuer et les disséminer partout, les dons de la bonté suprême, contenus virtuellement dans la Sagesse divine[1].

Les théophanies sont le vrai, l'unique mode de révélation. Nulle créature de Dieu, ange ou homme, prophète ou philosophe, n'a jamais vu la face de son Créateur. La théologie ne peut, dans le mystère de la Divinité, pénétrer au delà de la Trinité, qui n'est qu'une première manifestation de Dieu. La nature divine ne se laisse voir que dans son image; et toute théologie affirmative en est réduite à procéder par analogie et par induction. Dieu est partout et nulle part; en toutes ses œuvres on retrouve sa trace, sans jamais saisir sa présence. La lumière de la grâce, impuissante à nous découvrir sa nature, nous montre partout son image. Toute créature est un symbole, la Nature, aussi bien que l'âme et l'intelligence; mais pour que le symbole devienne une révélation divine, une véritable théophanie, il faut que Dieu descende par un mouvement

[1] Liv. ii, 22, p. 121, 122, etc.

d'amour et que l'homme s'élève sur les ailes de la grâce[1].

L'existence du monde démontre la création. Mais créer, c'est agir. Comment l'immuable peut-il agir? La difficulté n'est que dans les mots. Pour Dieu, créer et agir sont une même chose [2]. Est-ce simplement tirer du néant? Mais le néant n'est qu'un mot. Dieu tire du néant en ce sens seulement qu'il fait être en un moment donné ce qui n'existait pas auparavant [3]. Ici le mot *rien* ne signifie point la privation de toute *habitude* et de toute forme positive. Autrement, toute privation impliquant une *habitude*, il faudrait supposer un antécédent à la création [4]. Dieu ne tire la création [5] ni de rien, ni d'aucune chose; il la tire de lui-même. Comment? Jean Scot l'explique très catégoriquement.

[1] Liv. i, 9, p. 8. Scot cite saint Maxime : « Ait enim theophaniam effici non aliunde nisi ex Deo ; fieri vero ex condescensione divini Verbi, hoc est, unigeniti Filii qui est sapientia Patris veluti deorsum versus ad humanam naturam a se conditam atque purgatam; et exaltationes sursum versus humanæ naturæ ad prædictum Verbum per divinum amorem. » Scot ajoute : « Condescensionem dico hic, non eam quæ fit per theosim ; id est per deificationem creaturæ. Ex ipsa igitur Dei condescensione ad humanam naturam per gratiam, et exaltatione ejusdem naturæ ad ipsam sapientiam per dilectionem, fit theophania. »

[2] Liv. i, 74, p. 78. Non aliud est Deo esse et aliud facere.

[3] Liv. iii, 15, p. 224. Ac per hoc nihil aliud datur intelligi, dum audimus omnia de nihilo creari, nisi quia erat quando non erant.

[4] Ibid., 20, p. 244.

[5] Ibid., ibid. Si quidem semper erant in verbo Dei causaliter vi et potestate, ultra omnia loca, et tempora, ultra omnem generationem localiter et temporaliter factam, ultra omnem formam ac speciem sensu et intellectu cognitam, ultra omnem qualitatem et quantitatem, cæteraque accidentia per quæ substantia uniuscujusque creaturæ intelligitur esse.

Les créatures ont toujours préexisté virtuellement à l'état de raisons primordiales, dans le Verbe de Dieu, par de là le temps, l'espace et le monde de la génération, par de là les accidents de la substance et les formes perçues par le sens ou l'entendement. Dieu n'a fait que les réaliser, par l'opération de l'Esprit-Saint, dans le temps et dans l'espace. Le Verbe est, selon Jean Scot, la nature même des choses [1]. Les êtres individuels ne sont que les raisons établies en Dieu de toute éternité et produites extérieurement [2]. Dieu contient et résume tout en lui, mais sans distinction et sans différence de nombre et de matière; le Verbe contient tout en idées, c'est-à-dire à l'état de raisons immuables et parfaites, mais déjà essentiellement distinctes et différentes entre elles en vertu de leur détermination. C'est ce monde idéal que reçoit le Saint-Esprit, pour le développer, le réaliser, le produire, le créer véritablement.

Du reste, la création est continuelle. La bonté, l'essence, la sagesse, l'intelligence, la vie, qui surabondent dans la source suprême et en découlent perpétuellement, passent dans les causes premières et de là dans leurs effets, parcourent tous les degrés de l'être, descendent des supérieurs aux inférieurs et remontent à leur source, par un cours irrésistible, à travers les pores les plus secrets de la nature [3]. Ainsi

[1] Liv. III, 24, p. 245. Et ut certius cognoscas Verbum naturam omnium esse.

[2] Ibid., 8, p. 199. Nihil aliud nos sumus, in quantum sumus, nisi ipsæ rationes nostræ æternaliter in Deo substitutæ. — C'est la doctrine de Plotin.

[3] Liv. III, 4, p. 191. Siquidem ex fonte totum flumen principaliter manat, et per ejus alveum aqua quæ primo surgit in fonte,

la création n'est qu'une émanation des rayons de la lumière divine, une procession des causes cachées dans son sein, un développement naturel et nécessaire de ses puissances intérieures [1]. Jean Scot le dit clairement, la création n'est point un accident, elle est co-éternelle à Dieu; Dieu la précède seulement dans l'ordre logique, de même que la cause précède l'effet, dont elle est du reste inséparable [2]. La vertu divine remplit, enveloppe, pénètre tout et ne laisse rien en dehors d'elle; toute créature subsiste en Dieu et n'est qu'une théophanie. Tout ce qui tombe sous le sens ou la pensée est la manifestation visible de l'invisible, l'hypostase de l'Essence Hyperhypostatique [3]. Dieu

in quantamcumque longitudinem protendatur, semper ac sine ulla intermissione defunditur : sic divina bonitas, et essentia, et vita, et sapientia, et omnia quæ in fonte omnium sunt primo, in primordiales causas defluunt, et eas esse faciunt; deinde per primordiales causas in earum effectus ineffabili modo per convenientes sibi universitatis ordines decurrunt, per superiora semper ad inferiora defluentia, iterumque per secretissimos naturæ poros occultissimo meatu ad fontem suum redeunt.

[1] Ibid., 9, p. 205. Processio ejus et ineffabilis motus omnium effectus peragit : porro ejus participatio et assumptio nil aliud est nisi omnium essentia.

[2] Liv. 3, 8, p. 198. Dominus et universitatem creaturarum condidit, eamque condidisse non est ei accidens. Deum præcedere universitatem credimus, non tempore, sed ea sola ratione, qua causa omnium ipse intelligitur; si enim tempore præcederet, accidens ei secundum tempus facere universitatem foret.

[3] Ibid., 8, p. 199. Extra eam (divinam virtutem) nihil est, sed intra se; ambit enim omnia et nihil intra se est, in quantum vere est, nisi ipsa, quia sola vere est. Cætera enim quæ dicuntur esse, ipsius theophaniæ sunt, quæ etiam in ipsa vere subsistunt, Deus est itaque omne quod vere est, quoniam ipse facit omnia et fit in omnibus, ut ait sanctus Dionysius Areopagita.

lui-même s'étend à tout et descend en toute chose; l'univers n'est que l'effusion de la vie divine et l'expansion de ses puissances intimes [1]. Dieu est tout ce qui est véritablement, puisqu'il fait tout et se fait tout en tout. Il est tout à la fois la cause et l'effet, l'être et le devenir, le principe et la fin, le créateur et la créature; c'est de son essence que participent, c'est de sa vie propre que vivent tous les êtres créés par lui. Par un mystère ineffable, Dieu se crée en quelque sorte dans sa créature. Quel être pourrait être créé en dehors de Dieu, puisque rien n'existe *essentiellement* que lui-même? Le Dieu caché se révèle, l'invisible se fait voir, l'incompréhensible se laisse comprendre, l'essence pure prend des formes, l'esprit se fait chair, l'éternel tombe dans le temps, l'infini dans l'espace, l'immuable dans le mouvement, Dieu dans le monde [2].

Mais, s'il en est ainsi, qui empêchera de dire que Dieu est tout et que tout est Dieu? Jean Scot cherche dans les nombres la réponse à l'objection. Dieu n'est pas plus le

---

[1] Ibid., 9, p. 202. Manet in se ipso universaliter et simpliciter, quoniam in ipso unum sunt omnia. Attingit ergo a fine usque ad finem, et velociter currit per omnia, hoc est, sine mora facit omnia, et fit in omnibus omnia, et dum in seipso unum perfectum et plus quam perfectum et ab omnibus segregatum substitit, extendit se in omnia et ipsa extensio est omnia.

[2] Ibid., 17, p. 238. Nam et creatura in Deo est subsistens, et Deus in creatura mirabili et ineffabili modo creatur, se ipsum manifestans, invisibilis visibilem se faciens, et incomprehensibilis comprehensibilem, et occultus apertum, et incognitus incognitum, et forma et specie carens formosum..... et omnia creans in omnibus creatus, et æternus cœpit esse, et immobilis movetur in omnia. — Liv. i, 13, p. 13. Creatur autem, quia nihil essentialiter est præter ipsam (divinam essentiam).

monde que le nombre n'est l'unité ; il reste distinct des êtres qu'il crée, de même que l'unité des nombres qu'elle engendre. Les nombres existent dans la monade, ce qui n'en détruit pas l'existence propre et distincte ; de même tous les êtres subsistent en Dieu, sans se confondre avec lui [1]. Et qu'y a-t-il d'étrange à célébrer la divinité du monde? Quiconque ne le voit que par les sens, traitera ce langage de folie, ne comprenant pas que le Dieu invisible, incorporel, incorruptible, descende des hauteurs de sa nature et se crée lui-même en toute chose, de manière à être tout en tout et à pénétrer jusque dans les plus misérables détails de cet univers. C'est que dans l'aveuglement où les retiennent les grossières voluptés de la vie sensuelle, la plupart des hommes ne voient que laideur, mal, erreur, injustice là où l'œil de l'intelligence découvre la beauté, le bien, la vérité, la justice, sous les vaines apparences qui les cachent. L'essence et la vertu divine descendent du Père des lumières, de la source de tout bien, et se répandent à flots sur l'ordre entier des créatures [2].

[1] Ibid., 10, p. 210. Nam si sic est, quis non confestim erumpat in hanc vocem et proclamet, Deus itaque omnia est, et omnia Deus. — P. 213. Numeri in monade sunt, in monade ergo infiniti sunt, ex qua infinitus omnis numerorum cursus procedit, et in quam desinit.

[2] Liv. III, 20, p. 244. Quis enim carnaliter viventium, claramque sapientiæ lucem cernere nolentium talia audiens non continuo erumpat, et proclamet? Insaniunt qui hæc dicunt. Quomodo enim supra omnia Deus invisibilis, incorporalis, incorruptibilis potest a seipso descendere, et seipsum in omnibus creare, ut sit omnia in omnibus, et usque ad extremas hujus mundi visibiles turpitudines, et corruptionis formas et species procedere, ut ipse etiam in eis

Après Dieu et les Personnes divines, viennent les causes premières, *prototypes*, *idées*, *volontés divines*, *raisons coéternelles* à Dieu et au Verbe, au sein duquel elles subsistent. L'existence de ces causes est clairement [1] reconnue dans les Livres saints, ainsi que l'a fait remarquer Grégoire de Nysse. C'est cette terre invisible et vide dont parle la Genèse dans le premier chapitre de la création [2]. Ces causes forment une hiérarchie en tête de laquelle est la bonté qui comprend tout; puis vient l'essence, puis la vie, la raison, l'intelligence, la sagesse, la vertu, la béatitude, la vérité, l'éternité, l'amour, la paix, enfin l'unité [3]. Scot Érigène classe ces causes selon l'ordre de généralité, adoptant ainsi le principe des derniers néoplatoniciens qui mesuraient l'excellence des choses sur leur degré d'extension. L'ordre contraire est le seul vrai et le seul conforme à la nature et à la dignité des causes; dans cet ordre, c'est l'unité, l'amour, la sagesse, l'intelligence qui doivent occuper les premiers rangs.

Le monde est le produit des causes premières. Sorti de Dieu, il doit y rentrer. Il est immortel et destiné à la perfection comme tout ce qui est œuvre divine. Ce n'est pas seulement la substance universelle qui est

---

sit... Turpiter quidem viventibus, et a veritate errantibus turpia honesta, mala bona, errantia recta, prava justa putantur esse. Quorum turpitudine, et malitia et errore sublatis, omnia pie intelligentibus, pura, perfecta, impolluta, valde bona, omni errore carentia remanent. Substantia videlicet et virtus, de sursum descendit a Patre luminum, hoc est, ex fonte omnium bonorum, Deo qui in omnia quæ sunt et quæ non sunt profluens, in omnibus fit, sine quo nihil esse potest.

[1] Liv. II, 2, p. 89.
[2] Liv. II, 17, p. 107 et seq.
[3] L. III, 4, p. 17.

immortelle, c'est aussi l'individu. Nulle essence ne meurt véritablement; la mort n'est jamais qu'une métamorphose qui ne détruit ni n'altère en rien la nature même des êtres [1]. La résurrection universelle n'est pas un accident, c'est une conséquence naturelle et nécessaire de l'ordre primitivement établi. Jean Scot, à l'exemple d'Origène, de Grégoire de Nysse et de tous les grands docteurs de la théologie grecque, fait rentrer les miracles dans l'ordre universel. Rien ne se fait contrairement aux lois de la nature [2]. Le monde, œuvre de Dieu, aspire vers la perfection et y atteindra infailliblement; car l'obstacle à la perfection, le mal n'est point absolu. Le mal n'existe pas substantiellement comme le bien; c'est ce qui fait que Dieu ne le connaît point, l'être seul pouvant devenir l'objet de la connaissance divine. Le mal a commencé et finira; il aura la destinée de tout phénomène, laquelle est de décroître graduellement et enfin de s'évanouir. Il a pour cause, non l'essence même des choses, mais un accident, un abus de la volonté, une simple défaillance d'un principe bon en soi [3].

L'homme, comme toute créature, a son type parmi les idées contenues dans le Verbe. Ce type étant la première des essences intelligibles, la créature dans laquelle il se réalise, l'homme terrestre est le premier des

---

[1] Liv. v, 8, p. 443.

[2] Liv. v, 23, p. 469. Nullum miraculum in hoc mundo contra naturam Deum fecisse legimus, sed causis naturalibus administrativis et effectricibus jussu Dei movente factas esse quascumque virtutum theophanias divina narrat historia.

[3] Liv. v, 27, p. 492. Divinus itaque animus nullum malum nullamque malitiam novit; nam si posset, substantialiter extitissent, neque causa carerent.

êtres créés. C'est la plus parfaite image, en ce monde, de l'unité divine. Il est le terme, le but, le sommet de la création, l'œuvre par excellence du sixième jour; il résume la nature et la transfigure en l'absorbant. C'est par ce médiateur seul que la nature peut monter jusqu'à Dieu, principe de toute division et fin de toute réunion des êtres créés [1]. Pour rentrer dans l'unité universelle, il faut que la nature passe tout entière par l'humanité ; c'est au sein de l'homme seulement que la matière se fait esprit et que la terre devient l'Éden [2].

Tel est l'homme mis en regard de la nature. Qu'est-il en soi? Une âme unie à un corps, mais non dans un corps ; c'est l'âme, au contraire, qui contient le corps, de même que Dieu contient le monde [3]. L'âme seule fait l'essence de la nature humaine : image la plus parfaite en ce monde de la Trinité [4], elle est comme Dieu, à un degré infiniment moindre, il est vrai, essence, puissance et action, essence par l'intelligence,

---

[1] Liv. ii, 5, p. 92. Itaque quoniam clare vides divisionem naturalem omnium, a Creatore et creatura inchoantem. et in homine, qui in summitate divinæ operationis veluti in senaria quadam perfectione est conditus, desinentem; jam nunc substantiarum omnium adunatam collectionem ab homine inchoantem, et per hominem ascendentem usque ad ipsum Deum, qui est totius divisionis principium, totiusque adunationis finis, prædicti patris maximi verba considerantes videamus. — Ibid., 9, p. 96.

[2] Liv. ii, 9. Omnis terrena in eo esset paradisus, hoc est, spiritualis conversatio.

[3] Ibid., ibid.

[4] Ibid., 23, p. 125. Trinitatem nostræ naturæ te latere non facile crediderim..... Nonne nobis visum est nullam naturam esse quæ non in his tribus terminis intelligitur subsistere, qui a Græcis οὐσία, δύναμις, ἐνέργεια, appellantur. — Jean Scot nomme cette trinité considérée dans l'âme humaine : νοῦς, λόγος, διάνοια.

puissance par la raison, action par le raisonnement. La nature divine est Dieu par la vertu même de son essence; la nature humaine est Dieu par la grâce. L'une crée sans avoir été créée elle-même; l'autre est une créature qui crée son instrument, ce corps mortel qu'elle s'adjoint après sa chute, faible image de l'image de Dieu [1]. Enfin, de même que Dieu, l'âme humaine reste une dans sa trinité ; c'est une seule et même essence en trois facultés, comme Dieu est une seule et même nature en trois Personnes. Seulement l'âme étant déchue par le péché de cette unité qui fait le fonds de sa nature, elle n'y rentre que par le secours de la grâce. La plus haute faculté de l'âme, l'intelligence, est la seule qui perçoive réellement la vérité ; elle seule, en effet, la comprend et la possède, ou plutôt elle est la vérité même; au fond l'intelligible et l'intelligence ne font qu'un; la connaissance de la vérité n'est pas distincte de la vérité même [2].

On ne peut soutenir sérieusement que l'homme, en sortant des mains du Créateur, ait habité seul quelque temps le paradis[3], et qu'ensuite la femme ait été formée d'une de ses côtes. Avant le péché, Adam était sans sexe

---

[1] Liv. ɪɪ, 29, p. 156. Divina natura Deus est excellentia essentiæ; humana vero Deus est divinæ gratiæ largitate : et quod illa creatrix sit, et a nullo creata ; ista vero ab illa creata est, et ea quæ suæ naturæ infra se adhærent, creat, corpus hoc mortale dico, post peccatum animæ adjunctum, quod etiam imago imaginis vocatur.

[2] Liv. ɪɪ, 8, p. 95. Intellectus rerum veraciter ipsæ res sunt, dicente sancto Dionysio : Cognitio eorum quæ sunt, ea quæ sunt, est. — C'est mot pour mot la doctrine de Plotin et de toute l'École d'Alexandrie.

[3] Liv. ɪv, p. 372. Fuisse Adam temporaliter in paradiso priusquam de costa ejus mulier fabricaretur, dicere quis potest?

comme les anges; après, la nature humaine, parfaite et complète dans son unité, s'est brisée; d'où la distinction et la séparation des sexes. L'homme dès lors s'est trouvé assujetti aux lois de la reproduction matérielle. Auparavant, il se reproduisait spirituellement comme les autres essences célestes avec lesquelles il vivait dans le sein de Dieu [1]. Mais pourquoi l'homme a-t-il failli? Parce qu'il s'est séparé de son principe pour se renfermer en lui-même. Ce n'est pas la nature en lui qui a failli, c'est la volonté pervertie par l'orgueil. Or l'orgueil n'est pas une loi de la nature, une essence, une vertu, c'est un pur accident, un défaut de vertu, un faux appétit de domination [2].

L'homme, une fois tombé, ne pouvait ni se relever, ni relever la Création, impuissante à remonter d'elle-même à son principe, et en outre corrompue par la chute d'Adam. De là, la nécessité de l'incarnation du Verbe. Jésus-Christ est venu reprendre la mission qu'Adam n'avait pu remplir par sa faute [3]. C'est lui qui relèvera l'homme, et avec l'homme la nature entière; c'est lui qui les ramènera dans le sein de Dieu. Ce retour à l'unité divine s'accomplira en l'homme par diverses transformations successives [4]. D'abord le corps

[1] Liv. i, 9, p. 96. — Liv. iv, 12, p. 362. — Ibid, 19, p. 400.

[2] Liv. v, 31, p. 511. Videat eam (superbiam) in natura rerum non subsistere; neque enim essentia est, neque virtus, neque operatio, neque accidens ullum naturale; est autem intimæ virtutis defectus, perversusque dominationis appetitus. — C'est exactement la doctrine d'Origène.

[3] Scot cite S. Maxime : *Ostendens magnum consilium implere Dei et Patris in seipsum recapitulans omnia, id est, recolligens quæ in cœlo sunt, et quæ in terra.*

[4] Liv. v, 8, p. 441. Prima humanæ naturæ reversio est, quando

doit se décomposer et se résoudre en ses quatre éléments : terre, eau, air et feu ; puis viendra la résurrection dans laquelle chacun doit reprendre son propre corps perdu dans la fusion universelle des éléments ; puis le corps ainsi ressuscité se changera en esprit ; puis l'esprit, ainsi que tout le reste de la nature humaine, retournera aux causes premières qui subsistent en Dieu de toute éternité. Enfin la Nature tout entière avec ses causes se transformera en Dieu, de même que l'air se convertit en lumière ; et alors Dieu sera tout en tout, ou plutôt tout sera Dieu [1].

Ce n'est pas à dire toutefois que l'essence des choses doive périr. Toute vraie substance se conserve dans le sein de Dieu ; mais en même temps tout s'y transforme et s'y perfectionne. La métamorphose de l'homme en Dieu ne détruit pas son essence ; au contraire, elle lui rend cette pureté primitive qu'il avait perdue par sa faute. Jean Scot insiste fortement sur cette conservation des substances que

---

corpus solvitur, et in quatuor elementa sensibilis mundi ex quibus compositum est revocatur. Secunda in resurrectione implebitur, quando unusquisque suum proprium corpus ex communione quatuor elementorum recipiet. Tertia, quando corpus in spiritum mutabitur. Quarta, quando spiritus et, ut apertius dicam, tota hominis natura in primordiales causas revertetur, quæ sunt semper et incommutabiliter in Deo. Quinta, quando ipsa natura cum suis causis movebitur in Deum, sicut aer movetur in lucem. Nec per hoc conamur adstruere substantiam rerum perituram, sed in melius per gradus prædictos redituram. Mutatio itaque humanæ naturæ in Deum non in substantiæ interitu æstimanda est, sed in pristinum statum quem prævaricando perdiderat, mirabilis atque ineffabilis reversio.

[1] Ce passage est reproduit de saint Grégoire de Nysse, lequel avait lui-même emprunté sa doctrine à Origène.

sa doctrine générale met en péril, et sur laquelle beaucoup de théologiens n'ont pas fait les réserves nécessaires. Il pense, avec saint Augustin et Boèce, que l'homme ne perd rien de son essence propre, après son retour en Dieu ; mais il n'en croit pas moins, avec Origène, Grégoire de Nysse, saint Maxime et saint Ambroise, qu'il se transforme, tout en ne laissant dans cette métamorphose que ce qui ne tient pas essentiellement à sa nature. Dans cette vie nouvelle et toute divine, chaque substance conservera ses propriétés essentielles, l'essence propre ne faisant pas obstacle à l'unité, ni l'unité à l'essence propre[1]. C'est une loi de la hiérarchie universelle que les inférieurs soient attirés et absorbés par les supérieurs, non pour y périr, mais pour y revivre plus parfaits dans une véritable unité. L'air ne perd point sa substance, en passant dans la lumière solaire ; le fer, ou tout autre métal fondu par le feu, conserve sa substance propre, tout en prenant la couleur du feu. Il en est de même de l'âme : si elle se change en intelligence, c'est pour s'y conserver plus pure et plus semblable à Dieu[2]. Toute substance créée se conserve donc ; seulement elle subsiste

---

[1] Liv. v, 8, p. 443. Naturæ manebit proprietas et earum erit unitas, nec proprietas auferet naturarum adunationem, nec adunatio naturarum proprietatem.

[2] Ibid., ibid. Inferiora superioribus naturaliter attrahuntur, et absorbentur, non ut non sint, sed ut in eis plus salventur, et subsistant, et unum sint. Nam neque aer suam perdit substantiam, cum totus in solare lumen convertitur. Ferrum aut aliud aliquod metallum in igne liquefactum, in ignem converti videtur, ut ignis purus videatur esse, salva metalli substantia permanente..... Similiter de ipsa anima intelligendum : quod ita in intellectum movebitur, ut in eo pulchrior Deoque similior conservetur.

immuablement fixée au sein des causes premières auxquelles elle a fait retour après sa chute, de même que ces causes elles-mêmes subsistent dans le Verbe, consubstantiel au Père ; en sorte qu'en définitive toute la création rentre en Dieu[1]. Mais cette condition nouvelle des êtres créés n'entraîne ni anéantissement, ni absorption, ni confusion ; les lois de la hiérarchie sont maintenues dans ce monde supérieur ; la créature reste subordonnée aux causes premières, ces causes au Verbe, le Verbe à Dieu. Toute la création rentre dans l'unité universelle, sans perdre autre chose que ses misères et ses imperfections [2].

Dans cette doctrine reparaissent les idées, les théories, le langage de la théologie orientale. Scot Érigène n'est pas un simple traducteur du mysticisme du faux Denys et de saint Maxime ; c'est un admirable interprète de tous les grands théologiens de l'Église grecque : Origène, Grégoire de Nazianze, Grégoire de Nysse. Il les cite perpétuellement et les commente en même temps que les traités du faux Denys. Il est vrai qu'il s'inspire aussi de saint Augustin, mais en ne lui empruntant que des idées qui rentrent dans l'esprit général de la théologie grecque. La trace la plus visible dans les œuvres de Jean Scot est sans doute celle de Denys et de Maxime. C'est de leurs livres évidemment qu'il a tiré sa distinction de la théologie négative et de la théologie affirmative, ainsi que tous les développements qui s'y

---

[1] Ibid., 14, p. 452. Ut ipsæ causæ primordiales non deserunt sapientiam, sic ipsæ substantiæ non deserunt causas, sed in eis semper subsistunt.

[2] C'est la doctrine des Pères alexandrins.

rattachent, l'explication de la création divine par l'hypothèse de l'émanation, la doctrine des théophanies aboutissant à l'identité de Dieu et du monde. Mais Scot est fort loin de suivre Denys dans ses mystiques écarts. Après avoir sondé, à son exemple, les ténèbres redoutables de la nature divine, il ne cherche point, comme lui, à y pénétrer par la vertu transcendante de l'extase. Il laisse là tout ce vain et faux mysticisme qui a égaré son guide, et revient à la vraie théologie du Christianisme sur les traces d'Origène, de Grégoire de Nazianze, et surtout de Grégoire de Nysse. C'est à ces grands flambeaux de la théologie grecque qu'il emprunte les plus belles conceptions de sa doctrine, la méthode psychologique qui prescrit de chercher Dieu dans l'âme humaine, la division des facultés, la comparaison de la Trinité humaine avec la Trinité divine, la définition de l'homme considéré comme le sommet de la nature et l'intermédiaire de la transformation en Dieu de tous les êtres créés, l'hypothèse de la préexistence des âmes, l'explication de leur chute par l'orgueil, la création conçue comme nécessaire, coéternelle à Dieu, réduite à un simple développement des idées contenues dans le Verbe, la doctrine du salut commun et du retour de toutes les créatures à Dieu, le règne de l'unité universelle où toute créature sera tout à la fois conservée et transfigurée. Ainsi, ce n'est pas seulement une théorie mystique de Denys et de Maxime, qui se retrouve dans l'œuvre de Jean Scot, c'est la théologie orientale elle-même, en ce qu'elle contient de plus profond, de plus élevé et de plus rationnel.

De pareilles doctrines devaient, par leur hardiesse et leur nouveauté, causer des ombrages à l'autorité religieuse. Si l'Église de Rome ne condamna pas sur-le-champ les écrits de Jean Scot, c'est qu'elle n'en comprit pas tout d'abord toute la portée ; peut-être aussi la sainteté du docteur couvrit-elle, aux yeux de l'autorité, l'hérésie des doctrines. Tant que Jean Scot resta dans les hautes régions de la théologie, il n'encourut aucune censure ; le pape se contenta d'exprimer à Charles le Chauve le regret que la traduction des œuvres de Denys ne lui eût pas été soumise. Mais l'application que fit Erigène de ses principes théologiques à certains dogmes, tels que l'Eucharistie et surtout la prédestination, souleva contre lui les théologiens du temps. Un certain docteur, Gotteschalk, exagérant la doctrine de saint Augustin sur la prédestination, soutenait que ni le don de la grâce divine, ni l'effort de la liberté humaine, ne peuvent prévenir les effets irrésistibles de la prédestination. Rien n'étant plus contraire à la théologie de Jean Scot, il s'empressa de répondre par un livre sur la matière, dans lequel il reproduisit ses considérations sur l'origine et la fin des êtres créés. « O éternelle vérité ! ô charité véritable ! montre-toi à ceux qui te cherchent partout où tu es ! Montre, ô créatrice très sage, qu'il n'y a rien hors de toi, que tout ce qui est existe en toi, et que ces choses-là seulement ont pu être prévues, prédestinées, voulues et connues d'avance par toi !... O Seigneur très miséricordieux ! tu n'as point fait le péché, ni la mort, ni le néant, ni le châtiment, et c'est pourquoi ils ne sont pas !... Jésus-Christ est l'éternelle vie, il est la mort de l'éternelle mort !... » Et encore : « Je crois à une seule prédestination, qui est ce qu'est Dieu lui-même, étant sa loi éternelle et immuable ; et comme elle ne prédestine personne au mal, car elle est le Bien, elle ne prédestine personne à la mort, car elle est la Vie[1]. » Une telle conclusion n'était que la conséquence toute naturelle de la doctrine du salut universel, laquelle dérivait elle-même de la négation du mal et de l'identité substantielle du Créateur et de la créature. Cette doctrine et beaucoup d'autres, telles que l'identification de la prescience et la prédestination, la fin des peines de l'enfer, la transfiguration du monde dans une vie supérieure, le changement des corps en esprits, qu'il développe avec tant d'éclat et de force dans le *De divisione naturæ*, devaient exciter un profond étonnement et une répugnance presque universelle dans une époque si peu préparée à cette sublime interprétation du dogme. La théologie du temps, qui était restée muette devant des spéculations métaphysiques fort au-dessus de sa portée, s'émut en faveur du dogme compromis par une telle philosophie, et attaqua l'audacieux penseur avec beaucoup de violence. « A nous, dit Flore au nom de l'Église de Lyon, sont parvenus les écrits d'un certain homme, vain et bavard, qui, disputant sur la prescience et la prédestination divine, à l'aide de raisonnements purement humains, et, comme il s'en glorifie lui-même, philosophiques, a osé, sans en rendre nulle raison, sans alléguer aucune autorité des Écritures ou des saints Pères, affirmer certaines choses comme si elles devaient être reçues et adoptées sur sa seule et présomptueuse assertion. » Le livre de Scot Erigène sur la prédestination fut condamné, de son vivant, par les Conciles de Valence et de Langres, en 855 et en 859. Scot se rendit encore suspect à l'au-

---

[1] *De prædestin.*, cap. 18, ap. Mauguin, t. I, p. 184.

torité ecclésiastique par son opinion sur le sacrement de l'Eucharistie. Tandis que la plupart des théologiens soutenaient que le corps sacramentel est absolument le même que celui de Jésus-Christ, Scot n'y voyait qu'un corps mystique, une simple figure. Cette doctrine, renouvelée deux siècles plus tard par Bérenger, fut condamnée au Concile de Rome, en 1059.

Mais toutes ces censures n'atteignaient pas la doctrine générale de Jean Scot. Pour que l'Église en comprît bien la portée et le danger, il fallait que cette doctrine eût été poussée à ses dernières conséquences par des esprits aventureux. Le panthéisme d'Amaury de Chartres et de David de Dinant, n'eut pas d'autre origine que le livre *De divisione naturæ*; le témoignage de Gerson ne permet pas d'en douter. « Tout est Dieu, Dieu est tout. Le Créateur et la créature sont une même chose. Les idées créent et sont créées. Dieu est appelé la fin de toutes choses, parce que toutes doivent retourner en lui pour y reposer éternellement, et ne plus former qu'une seule substance indivisible et immuable. Et, de même qu'Abraham et Isaac n'ont pas chacun une nature qui leur soit propre, et que la même nature leur est commune à tous deux, de même, selon Amaury, tout est un et tout est Dieu ; Dieu, ajoute-t-il, est l'essence de toutes les créatures. Cette doctrine impie a été puisée dans Jean Scot, qui lui-même l'a empruntée à un certain moine grec nommé Maxime [1]. » Quand même Gerson n'en eût pas indiqué

---

[1] Gerson., *De concordia metaph. cum logic.*, IV, p. 11, 826. Omnia sunt Deus : Deus est omnia. Creator et creatura idem. Ideæ creant et creantur. Deus ideo dicitur finis omnium quod omnia reversura sunt in ipsum ut in Deo immutabiliter conquiescant, et

l'origine, l'analogie des formules la rendait évidente. Jean Scot avait dit : « Rien ne subsiste dans les créatures, si ce n'est Dieu seul, lequel n'est point ceci plutôt que cela, mais tout. » Il avait dit aussi : « Dieu crée et est créé ; il est et il devient tout à la fois [1]. » Amaury force un peu la pensée du Maître, en soutenant que Dieu est tout, que tout est Dieu, que le Créateur et la créature ne font qu'un. Scot entendait autrement les mêmes formules : il n'en a pas moins ouvert la voie au panthéisme.

David de Dinant, disciple d'Amaury, alla plus loin encore dans un livre qui portait à peu près le même titre que celui de Jean Scot. Au témoignage d'Albert le Grand, David concevait Dieu comme le principe matériel de toutes choses. Le raisonnement que cite Albert à l'appui de cette thèse n'est pas très facile à saisir. « En effet, dit-il, *Noys*, c'est-à-dire la substance intellectuelle, est la première capable d'une forme, et d'une forme incorporelle. Or la première substance capable d'une forme est relativement à cette forme la première matière. Donc la Noys est le premier principe des substances incorporelles [2]. »

unum individuum atque incommutabile permanebunt. Et sicut alterius naturæ non est Abraham, alterius Isaac, sed unius atque ejusdem : sic dixit omnia esse unum et omnia esse Deum. Dixit enim, Deum essentiam omnium creaturarum.

[1] Scot Erig., III, 20, p. 242. — Ibid., III, 17, p. 238.

[2] *Albert. oper.*, t. XVIII, tract. IV, quæst. 29. Alexander etiam in quodam libello quem fecit de principio incorporeæ et corporeæ substantiæ, quem secutus est quidam David de Dinanto in libro quem scripsit de Tomis, hoc est de divisionibus, dicit Deum esse principium materiale omnium. Quod probat sic : quia *Nois*, hoc est substantia mentalis primum formabile est in omnem substantiam

David confond évidemment la matière avec la substance, et veut dire que Dieu est le principe *substantiel* de toutes choses. Saint Thomas expose plus clairement et avec plus de détail l'opinion du disciple d'Amaury. « Il divise les choses en trois catégories : les corps, les âmes et les substances éternelles séparées des choses sensibles. Il appelle *Yle* le principe indivisible dont sont formés les corps ; *Noys*, le principe indivisible qui constitue les âmes ; Dieu, le principe indivisible des substances éternelles. Et ces trois principes ne feraient, selon lui, qu'une seule et même chose ; d'où il suit que tout a la même essence [1]. »

Ces doctrines extrêmes, issues indirectement de Jean Scot, révélèrent enfin la dangereuse portée de sa théologie. Vers le même temps, un mysticisme hardi, répandu dans quelques sectes, attaquait ouvertement les dogmes fondamentaux du Christianisme, l'Eucharistie, la résurrection du corps, le paradis et l'enfer, annonçant un nouvel Evangile et le règne du Saint-Esprit. Ce mysticisme venait-il de la même source que

incorpoream. Primum autem formabile in res alicujus generis, primum materiale est ad illas : *Nois* ergo primum principium est ad omnes incorporeas substantias : materia autem possibilis ad tres dimensiones, primum formabile est in omnes corporales substantias : ergo est primum materiale ad illas.

[1] S. Thomas, *Oper.*, t. VI, lib. secund. sentent. distinct. xvii, quæst. 1, art. 1. Divisit (David de Dinanto) res in partes tres, in corpora, animas, et substantias æternas separatas. Et primum indivisibile ex quo constituuntur corpora, dixit *Yle*. Primum autem indivisibile ex quo constituuntur animæ, dixit *Noym*, vel mentem. Primum autem indivisibile in substantiis æternis, dixit Deum. Et hæc tria esse unum et idem, ex quo iterum consequitur esse omnia per essentiam unum.

les doctrines d'Amaury et de David, c'est ce qu'il serait impossible d'affirmer. On ne peut méconnaître toutefois une certaine analogie entre ces nouveautés et les doctrines théologiques de Jean Scot. Selon ces aventureux mystiques, le corps du Christ n'est pas plus dans le pain de l'autel que dans tout autre objet ; Dieu est dans l'âme d'Ovide, aussi bien que dans l'âme de saint Augustin. Il n'y a ni paradis, ni enfer ; l'homme porte en lui-même le paradis ou l'enfer, suivant qu'il possède ou non la connaissance de Dieu. Quand le Saint-Esprit habite une âme, il y fait tout, et quelque péché qu'elle commette, cette âme reste pure. C'est qu'alors elle est devenue le Saint-Esprit lui-même[1]. Toutes ces propositions décèlent un même esprit et une même pensée générale, à savoir, ce panthéisme mystique qui fait le fond de la théologie orientale, et remonte d'Amaury à Jean Scot, de Scot à Denys, de Denys jusqu'aux Alexandrins.

Enfin l'Église s'émut sérieusement. Elle vit clairement l'abîme ouvert devant la théologie scolastique,

---

[1] Duboullay, *Hist. univ.* Paris, t. III, p. 48. Dicebant non aliter corpus Christi esse in pane altaris, quam in alio pane et qualibet re. Sicque Deum locatum fuisse in Ovidio, sicut in Augustino. Negabant resurrectionem corporum, dicentes nihil esse paradisum neque infernum, sed, qui haberet cognitionem Dei in se quam ipsi habebant, habere in se paradisum ; qui vero mortale peccatum, habere infernum, sicut dentem putridum in ore. Altaria sanctis statui et sacras imagines thurificari, idolatriam esse dicebant. Eos qui ossa martyrum deosculabantur, subsannabant... Si aliquis est in Spiritu sancto, aiebant, et faciat fornicationem aut aliqua alia pollutione polluatur, non est illi peccatum, quia ille Spiritus, qui est Deus, est in eo. Ille operatur omnia in omnibus. Unde concedebant, quod unusquisque eorum esset Christus et Spiritus sanctus.

et s'empressa de le fermer en condamnant à la fois les opinions d'Amaury et le livre qui les avait inspirées [1]. L'histoire n'a pas les mêmes raisons que l'Église de confondre dans une réprobation commune le maître et les disciples. Les paradoxes d'Amaury, de David de Dinant, et d'autres théologiens contemporains n'étant pas les conséquences directes et nécessaires des doctrines de Jean Scot, le maître doit être jugé autrement que sur les exagérations grossières de ses disciples. L'œuvre de ce célèbre docteur, on l'a vu, n'est point originale et personnelle; c'est un écho, mais un écho puissant de la théologie grecque. Jean Scot est le dernier descendant de cette grande famille de théologiens qui s'appliqua constamment à élever le Christianisme, à le maintenir au-dessus des représentations étroites de l'anthropomorphisme. Entre les deux directions qui se disputent la théologie chrétienne, depuis les Pères alexandrins, jusqu'à Jean Scot, l'Église a fait son choix. Sans tomber dans les excès de la méthode psychologique, elle s'est irrévocablement prononcée en faveur de cette méthode, et a répudié énergiquement les spéculations métaphysiques de la théologie orientale. La philosophie, qui retrouve ces tendances dans l'histoire des systèmes, ne s'est encore rangée d'aucun côté. Elle a pu, sous l'empire des croyances communes, et à l'exemple de l'Église, incliner vers la solution orthodoxe; mais son choix n'a rien de définitif. Entre les conclusions contradictoires de la raison pure et de l'induction psychologique, la science hésite encore. Les deux principes

---

[1] Scot Érigène fut condamné en 1220. — Duplessis d'Argentré, *Collectio judiciorum de novis erroribus*, part. II, p. 197.

contraires sont debout, et jusqu'à ce qu'une discussion approfondie mette fin au débat, l'esprit humain est condamné à flotter toujours de l'un à l'autre, prêt à les admettre tous les deux dans une certaine mesure, sans pouvoir les concilier, et d'autre part, répugnant invinciblement à en adopter un seul, et à le suivre dans ses conséquences nécessaires. La philosophie peut donc, dans sa libre impartialité, regretter que l'Église ait, par la condamnation des œuvres de Jean Scot, arrêté le cours des spéculations métaphysiques, et enfermé la théologie dans une méthode unique. Mais le salut de la société nouvelle était dans le Christianisme; le salut du Christianisme était dans l'exclusion. La théologie de Jean Scot, héritière des plus grandes conceptions de l'Église d'Orient, ne convenait pas au Christianisme du moyen âge. Elle ouvrait à la pensée religieuse d'immenses perspectives; elle répandait de hautes clartés sur les problèmes les plus difficiles de la métaphysique chrétienne; elle continuait les traditions de ces magnifiques génies, qui avaient élevé le Christianisme au sommet de la philosophie elle-même. Mais une telle lumière était trop éclatante pour les faibles yeux de la Scolastique. L'esprit humain, à cette époque, la société surtout avait plus besoin d'autorité que d'inspiration, d'une règle que d'un flambeau. La théologie orthodoxe, même en Orient, malgré l'influence des Pères alexandrins, avait toujours maintenu la pensée chrétienne dans la direction psychologique; elle avait constamment repoussé tout ce qui tendait à détruire ou à affaiblir la notion d'une cause personnelle, libre, intelligente, qui a créé le monde par un acte de volonté et peut l'anéantir de même; elle n'avait jamais admis ni la nécessité et l'éternité de la création, ni le système des émanations, ni l'explication des miracles selon les lois de la nature, ni la doctrine du salut universel, ni la transformation de tous les êtres créés en Dieu. En Occident, au moyen âge, chargée du gouvernement d'une société encore barbare, l'Église devait se montrer bien autrement sévère.

D'ailleurs, le génie de la Scolastique était d'accord avec l'Église pour répudier de pareilles doctrines. Organe d'instincts et de tendances contraires au panthéisme mystique de l'Orient, la Scolastique devait naturellement suivre les traditions orthodoxes. C'est ce que firent ses plus grands docteurs, Albert le Grand, saint Thomas, saint Bonaventure et Gerson, chacun dans la direction particulière qu'il avait adoptée. Saint Anselme est platonicien, d'après saint Augustin ; mais il serait impossible de découvrir dans sa doctrine la moindre trace de Néoplatonisme. Il conçoit la création comme l'acte volontaire d'une cause parfaitement libre de faire ce qu'elle a décidé dans sa suprême sagesse. Il explique en quel sens Dieu a tiré le monde du néant, mais sans entrer le moins du monde dans les idées orientales sur la procession et l'émanation des substances. Il répète, il est vrai, souvent que tout est en Dieu, que Dieu contient tout, que Dieu est le seul Être véritable, et que les créatures ne sont que des apparences. Mais toutes ces propositions, empruntées à saint Augustin, sont rigoureusement orthodoxes, et d'ailleurs l'explication qu'en donne saint Anselme éloigne toute pensée de panthéisme. Tout est en Dieu, selon ce théologien, en ce sens que Dieu comprend en soi les idées de toutes les choses créées. Quant à n'attribuer l'être qu'à Dieu seul, l'Être des êtres, c'est une doctrine tout à la fois conforme à la Bible et à Platon. Dans les livres saints, Dieu se définit lui-même : *Je suis celui qui est*. Saint Thomas est pénétré des idées et de l'esprit d'Aristote ; c'est assez dire qu'il est profondément antipathique à tout ce qui ressemble au panthéisme. Il n'émet pas le moindre doute sur la création *ex nihilo*, et, dans l'explication des rapports de Dieu et du monde, rejette la théorie platonicienne de la participation divine reproduite par saint Augustin et par tous les théologiens orthodoxes. Partout et toujours il maintient l'individualité des substances : ainsi il réfute la thèse d'une Ame universelle unique, dans laquelle viendraient se confondre toutes les âmes individuelles ; il réfute également une autre opinion des Néoplatoniciens sur l'essence de l'âme. Cette École soutenait, comme on sait, que l'âme humaine fait partie de l'essence divine. Saint Thomas établit le contraire, malgré l'autorité de Denys l'Aréopagite, qu'il cite en passant. Enfin Bonaventure et Gerson sont des mystiques qui, malgré leur sympathie évidente pour certaines doctrines du faux Denys, n'ont pas plus de goût que saint Anselme et saint Thomas pour les spéculations métaphysiques de la théologie orientale. En sorte que, quelle que soit la direction des docteurs de cet âge, Platoniciens, Péripatéticiens ou Mystiques, tous répugnent invinciblement à suivre les traditions théologiques condamnées par l'Église dans la personne de Jean Scot, dès le début de la Scolastique.

C'est donc à Jean Scot qu'il convient de clore l'histoire de l'influence du Néoplatonisme sur la théologie chrétienne. Les traces de cette influence se retrouveront encore dans le moyen âge ; par Denys l'Aréopagite, les mystiques de cet âge se rattachent encore à l'École d'Alexandrie, sur un point spécial, la théorie de l'amour et de l'extase. Mais toute influence générale des idées néoplatoniciennes a cessé avec Jean Scot, ce dernier écho de la théologie orientale. La théologie chrétienne, flottant jusque-là entre les deux méthodes contraires, dont l'une aboutissait au Dieu *humain* de la conscience, et l'autre au Dieu abstrait de la raison pure, s'est enfin fixée irrévocablement dans la méthode psychologique. Le Dieu des rationalistes et des mystiques, de saint Anselme, de saint Thomas et de Gerson, est une Cause libre, indépendante et séparée du monde qu'elle a créé de rien par un acte de volonté, et qu'elle fera rentrer dans le néant par un autre acte de volonté. Tous ne contemplent pas également dans cette Cause les mêmes attributs : le rationalisme des uns y voit surtout l'infinie puissance ou la suprême sagesse ; le mysticisme des autres y retrouve plutôt l'amour. Mais dans le Dieu terrible de l'Ancien Testament, comme dans le Dieu bon de l'Évangile, tous s'accordent à reconnaître la même indépendance, la même volonté, la même personnalité. Nulle tendance à rapprocher le monde de Dieu, à réduire la création à un développement nécessaire des puissances cachées dans le sein de la Nature divine ; nulle tentative pour identifier l'âme humaine avec son Principe. Aucune trace enfin des spéculations métaphysiques de la théologie orientale et du Néoplatonisme ne reparaît dans tout le cours de la théologie scolastique, après la condamnation des doctrines de Jean Scot, et de ses disciples aventureux, Amaury de Chartres et David de Dinant.

CHAPITRE II.

Influence du Néoplatonisme sur la philosophie des Arabes.

Livres néoplatoniciens traduits par les Arabes. Théologie d'un Néoplatonicien des derniers temps. *Liber de causis*. Emprunts faits au Néoplatonisme par les docteurs arabes en théologie, en cosmologie, en psychologie. Conclusion.

De tous les peuples nouveaux qui s'élevèrent sur les ruines de la société gréco-romaine, la race arabe est la première qui ait été initiée aux arts de la civilisation. Pendant que le monde occidental, plein de force et de séve, fermente sous l'action puissante du Christianisme comme un profond chaos, dont les germes lentement et péniblement élaborés promettent une organisation forte et durable, la société arabe se développe rapidement par le contact immédiat de la civilisation grecque. Littérature, sciences, arts, philosophie, tous les symptômes d'une société avancée se manifestent tout à coup comme par enchantement au milieu de la barbarie universelle. Mais les éléments de cette civilisation hâtive et superficielle furent empruntés aux Grecs, la philosophie surtout. Il suffit de parcourir les meilleurs livres qui nous aient été conservés, pour se convaincre que la philosophie arabe tient tout des écoles grecques, la forme aussi bien que le fond de sa pensée. Œuvre d'imitation, s'il en fut, cette philosophie n'a point passé par les phases qui marquent le développement des œuvres vraiment originales. Elle est sans origine, et en quelque sorte sans histoire. On la voit éclore brusquement sur le Péripatétisme, comme une plante sans racine sur un sol étranger ; les travaux de ses philosophes se succèdent à peu près sans progrès, et sans que la pensée des uns engendre la pensée des autres. Tous puisent directement à une source unique, le Péripatétisme. Cette philosophie n'est qu'un commentaire perpétuel d'Aristote, surbordonné aux croyances orthodoxes ; c'est d'Aristote qu'elle tient sa théologie, sa cosmologie, sa psychologie et sa morale spéculative. Le Platonisme est très peu sensible dans les livres arabes. Le Néoplatonisme y paraît davantage, mais profondément altéré par le double contact d'Aristote et des traditions religieuses, et fort difficile à reconnaître sous cette forme équivoque. Que les Arabes aient connu les doctrines néoplatoniciennes, c'est ce qui ne peut être mis en doute. D'abord cette philosophie, ayant pénétré dans le Péripatétisme, grâce aux commentateurs alexandrins d'Aristote, Porphyre, Ammonius, Hermias, Simplicius, Philopon, devait se retrouver à un certain degré dans les emprunts faits par les Arabes à ces commentateurs. Mais il existe des preuves d'une communication plus directe. Deux livres empreints des idées de cette École ont été traduits en arabe : à savoir, une *Théologie* attribuée à tort au fondateur du Lycée[1], et le célèbre traité *De causis* qui exerça tant d'influence sur la philosophie du moyen âge.

La *Théologie apocryphe* appartient évidemment à

---

[1] Le texte grec de ce livre est perdu ; il existait encore du temps de saint Thomas d'Aquin, qui atteste l'avoir vu : *De unitat. intellect. adv. Averr. op.*, t. XVII, p. 99. La Bibliothèque nationale (n° 994 du Supplément) possède un manuscrit de la traduction arabe. La traduction latine se trouve dans le recueil des œuvres de Patrizzi, intitulé : *Nova de universis philosophia*.

cette époque du Néoplatonisme, où la doctrine d'Aristote reprend faveur ; c'est un mélange d'idées péripatéticiennes et néoplatoniciennes, dans lequel l'élément alexandrin prédomine encore. Voici en substance la doctrine contenue dans ce livre. Dieu est l'Idée suprême du monde intelligible, le Bien absolu, principe de tous les biens, la Lumière des lumières, l'Être des êtres [1]. Il est le seul être véritable, ou plutôt il est au-dessus de l'être, étant principe, substance et fin de tout être [2]. Nul ne peut atteindre à la hauteur, nul ne peut embrasser la grandeur de la nature divine [3]. On l'appelle lumière suprême, dans l'impossibilité de découvrir son essence [4]. L'intelligence a beau poursuivre le divin par la méthode des abstractions et des négations, elle s'arrête toujours, imparfaite et fatiguée, devant les mystères de sa nature. Si Dieu n'était pas sorti des profondeurs de son essence, rien n'existerait que lui-même ; mais il ne pouvait rester solitaire et impuissant. Il fallait que la lumière qui s'échappe du foyer divin trouvât où se fixer [5] ; il fallait que l'in-

[1] *Theolog. Ægyptior.*, Patrizzi, IV, ch. 1. Ideam supremam, quæ est lux lucum, Bonum bonorum, dignitas dignitatum, atque entitas entium.

[2] Ibid., III, ch. 3. Imo (Deus) est ens verum, atque etiam supra ens, propterea quod ab eo entitas pendet, et in ipso servatur, ad illudque revertitur.

[3] Liv. IV, ch. 3.

[4] Liv. XI. ch. 1. Lucis primariæ appellatione utimur ad primum autorem nominandum, ex necessitate, quoniam nequimus ipsius essentiam qualis in seipsa existit detegere, atque attingere, et quantulum ejus mens humana intelligit abstractione, negationeque succedanea, assequitur scandendo subinde, eo usque ubi lassata sistit, ut imperfectissima.

[5] Liv. VI, ch. 2. Quare non convenit, quod Deus existat solus, neque producat aliud ens nobile receptaculum suæ lucis.

fluence du Bien répandît partout le désir, et avec le désir, le mouvement, la vie et l'essence [1]. Dans cette explication se retrouve la théologie d'Aristote, heureusement combinée avec la théologie alexandrine. Dieu, quand il crée, n'agit point par réflexion et avec un dessein ; car autrement il y aurait quelque chose d'antérieur et de supérieur à sa nature. Il a créé tout sans préméditation, sans pensée, par la seule vertu de son essence [2]. L'Auteur du temps ne crée point dans le temps ; l'acte de la création est coéternel à Dieu ; il en est inséparable, comme l'ombre, du corps qu'elle accompagne [3]. Dieu est la seule vraie cause, par la raison qu'il est la seule qui tire du néant tout ce qu'elle produit [4]. Mais comment Dieu a-t-il créé le monde, comment le multiple est-il sorti de l'un ? c'est un mystère qui a troublé tous les sages [5]. L'auteur de la *Théologie* l'explique, de même que les Alexandrins, par un système d'hypostases successives. De Dieu au monde, il y a un abîme. Mais la transition se conçoit,

---

[1] Liv. x, ch. 19. Creator enimvero primus movet creaturas, immittendo eis desiderium boni absoluti perpetuoque influentis.

[2] Liv. v, ch. 1. Deus non agit per consultationem, nec per deliberationem cogitationemque : alioquin haberet aliquid prius. — Liv. xiv, ch. 15. Et enim quis non admiretur virtutem essentiæ in illo ente nobilissimo, et supremo, quod creavit omnia alia, absque consultatione, ac secundum essentiam suam.

[3] Liv. x, ch. 19. Non enim autor temporis agit sub tempore. Verum altero modo altiore, dignioreque, creaturæ fiunt ab eo, quali videlicet umbra corporis alicujus manat ab ipso.

[4] Liv. iii, ch. 2. Deus autem est causarum omnium auctor, ratione qua eas produxit ex nihilo.

[5] Lix. x, ch. 19.

du moment qu'on suppose des intermédiaires entre les deux termes extrêmes.

L'Intelligence active est la première création de Dieu ; c'est le Verbe divin, l'image de l'Unité pure et absolue qui se contemple elle-même [1]. Dieu l'a créée par la parole ; l'Intelligence est le Verbe même de Dieu. C'est cette Intelligence qui contient et conserve les essences universelles des choses : en ce sens elle contient tout, elle est tout [2]. Mais elle contient tout sous la forme de l'universel. Tout ce qui du monde sensible remonte dans l'Intelligence, n'y rentre qu'en perdant sa particularité et en reprenant son universalité [3]. Le particulier périt dans la ruine de l'universel, mais la réciproque n'est pas vraie [4]. Par cela même que l'Intelligence comprend les essences universelles des choses, elle voit tous les êtres créés, non tels qu'ils sont, mais dans leur fond et dans leur cause, c'est-à-dire, en elle-même. Car toute chose est plus parfaite dans sa cause qu'en soi, plus parfaite dans sa Cause

---

[1] Liv. xiii, ch. 7. Siquidem hæc essentia (Deus) contemplando unitatem suam absolutissimam et veram, formavit intellectum agentem. — Liv. x, ch. 2. Idem est quod verbum Dei.

[2] Liv. xiv, ch. 1. Omnia alia entia creata consistunt, in intellectu primo. — Liv. viii, ch. 8. Intellectus, cum sit omnia, ut pote efficiens illa, agit unum per aliud. — Ibid., ch. 8. Dicimus omnia esse in intellectu, non ideo tamen quod res in eo sint absolutæ, neque ita, quod cum eo componantur, sed quod intellectus producit eas, ac servat.

[3] Liv. ii, ch. 1. Servat formas universales, particularesque dimittit.

[4] Liv. ii, ch. 2. Non enim universale aufertur, cum suum particulare auferatur, ut ablatis individuis animalibus, non aufertur animal, sed ablato universali, auferuntur omnia subparticularia.

première que dans ses causes secondes [1]. Dieu connaît les choses encore plus parfaitement que l'Intelligence, puisque c'est lui qui en est le Créateur. L'auteur de la *Théologie*, pour expliquer l'unité compréhensive de l'Intelligence, se sert d'une comparaison empruntée aux Alexandrins. Il représente l'Intelligence, tantôt comme le centre d'un cercle, tantôt comme le cercle tout entier. De même que le centre, point indivisible et sans dimensions, comprend virtuellement toutes les parties du cercle, angles, côtés, surface, lignes; de même l'Intelligence, unité indivisible, contient toutes choses idéalement [2]. Et comme les choses ne sont que les idées réalisées dans le temps et dans l'espace, on peut dire que l'Intelligence comprend tout essentiellement, et qu'elle est à la fois le centre et le cercle [3].

L'Intelligence, si elle est mue, ne peut l'être que par elle-même et vers elle-même [4]. Puisque rien n'existe en dehors d'elle et qu'elle contient d'abord

[1] Liv. ii, ch. 7. Propterea quod (intellectus) illas res speculatur, non secundum ipsas, sed altius, cum fit causa ipsarum. Res autem est altior in causa sua quam in seipsa. Conditor etiam primus, cognoscit eas non pariter intellectui, sed adhuc altius, quando ipsas quatenus creat, eas cognoscit.

[2] Liv. iv, ch. 4. Intellectus est, sicut inter punctum circuli, quod continet, quidquid angulorum, costarum, linearum, et superficierum, aliorumque imaginabilium, ipsi, cæterisque figuris inest. Ipsum est indivisibile ac indimensibile. Ideo vocatur centrum.

[3] Ibid., ibid. Nominatur quoque circulus, quod omnes illas intra ortas circumplectitur, servans ut insitas quaslibet mundi figuras.

[4] Liv. ii, ch. 4. Si movetur intellectus, movetur a seipso, et ad seipsum, non autem aliter, quare non movetur ad res extra se, et ab eis ad seipsum, cum omnes contineat, contentasque educat ad existentiam.

virtuellement tout ce qu'elle produit ensuite à l'extérieur, son mouvement ne peut être qu'intérieur. L'intelligence humaine est un rayon de l'Intelligence suprême. L'auteur de la *Théologie* ne reconnaît pas de faculté qui lui soit supérieure ; mais il trouve moyen, ici encore, de concilier Aristote et les Alexandrins, en faisant de l'amour un auxiliaire inséparable de l'intelligence. « L'intelligence ne pense pas, sans que l'amour survienne. Dépouillée de l'amour, l'intelligence devient solitaire, silencieuse, impuissante à rien comprendre ; car ce n'est que par lui que l'intelligence s'unit à son objet [1]. » Le théologien anonyme reproduit textuellement une description du monde intelligible contenue dans les Ennéades. Le monde sensible n'est en tout que l'image du monde idéal. Si l'un est vivant, l'autre possède une vie bien supérieure. Là brillent d'autres cieux et d'autres astres, d'un éclat et d'une forme imcomparables, distincts les uns des autres, mais non séparés, puisqu'ils sont incorporels. Ce monde a une terre, non pas grossière et inerte, comme celle du monde sensible, mais vivante et transparente. Les êtres animés qui habitent cette terre sont en aussi grand nombre que ceux qui vivent sur la nôtre, mais ils ont une autre forme et une autre perfection [2].

---

[1] Liv. x, ch. 14. Non enim intellectus intelligit quin adsit amor..... Si intellectus illo spolietur, fiet solitarius, silentiosus, nihilque comprehendens. Si quidem oportet intellectam rem aptari intellectui per amorem.

[2] Liv. viii, ch. 3. Hic mundus totus est imago alterius. Quare cum iste sit vividus, tanto magis oportet illum alium vivere... Illic igitur superstant alii cœli, adepti virtutes stellares, quales cœli hujus mundi. Propter quod, illi sunt altioris speciei, lucidiorisque ac

Dieu, en créant l'Intelligence, lui a confié la création de tout le reste [1]. La première et la seule production immédiate de l'Intelligence est l'Ame [2]. L'Intelligence produit par la même raison que Dieu ; ne pouvant rester solitaire et impuissante, elle s'est créé un miroir où sa lumière vînt se réfléchir [3]. L'Ame est par essence inséparable de l'Intelligence ; mais le désir de l'indépendance et de l'individualité fait qu'elle s'en détache dans ses opérations [4]. Dans le monde supérieur, la science n'est sujette ni à l'oubli ni aux interruptions. L'Ame y contemple les formes hors du temps ; elle connaît les choses simultanément : la succession de ses pensées est purement logique. Elle voit les conséquences en même temps que les principes, tout en reconnaissant la priorité des principes sur les conséquences, de même que nous apercevons à la fois les racines et les branches d'un arbre, tout en remarquant la priorité des racines dans l'ordre de la nature [5].

---

majoris. Neque inter se distant, sicut isti, quandoquidem sunt incorporei. Illic quoque existit terra, non inanimata substantia, sed vivida. In ea sunt animalia cuncta naturalia terrestriaque, quot istic, sed alterius speciei ac perfectionis. — Conf. Plotin, Ennead. vi, liv. viii, ch. 12 et 13.

[1] Liv. iii, ch. 2. Deus creavit intellectum primum et constituit procreatorem rerum aliarum.

[2] Ibid. Intellectus autem fuit causa animæ.

[3] Liv. vi, ch. 2. Sic etiam non decet, quod præter Deum, solus intellectus extet, et non subsit opus recipiens ejus luminis splendorem. Ideo formavit animam.

[4] Liv. i, ch. 2. Anima universalis, non separatur substantia a mundo intellectuali, sed desiderans particularia sub universali opere, recedit ab illo.

[5] Liv. ii, ch. 1. Omnis scientia in mundo altiore est perpetua

L'Ame universelle comprend rationnellement tous les êtres animés, comme l'Intelligence contient toutes les essences intelligibles [1]. Quant à son action extérieure, elle crée les corps pour en faire le siége de ses développements, et se répand ensuite dans tous les sens, imprimant sa trace à tout ce qu'elle touche, pénétrant les êtres qui la reçoivent, dans la mesure de leur désir, descendant ainsi jusqu'aux plus vils détails de la réalité, tandis qu'elle ne cesse pas de communiquer par en haut avec l'Intelligence active, ce modèle dont elle est l'inséparable image, et sur lequel elle tient son regard attaché [2]. C'est dans l'Ame seule que réside la beauté : la beauté de la nature nous échappe, parce que nous ne pénétrons pas l'intérieur, c'est-à-dire l'âme des corps. La beauté de l'âme, principe de la beauté de la forme, lui est supérieure. L'âme est toujours belle dans son essence; elle reste belle, malgré les souillures du corps, de même que l'or sous la rouille

Anima ibi speculatur formas sine tempore. Dicimus id verum esse, sed cognoscit hæc non cum medio temporario, sed tantum ordinario. Quod patet in visu, arborem cernente. Licet namque radices, et ramos simul cernat, tamen cognoscit radices prius, medio ordine, non tempore, quam ramos. — Comparaison empruntée à Plotin.

[1] Liv. viii, ch. 9. Sicuti omnia subexistentia intellectui sunt in ipso intellectu per rationem, sic etiam omnia animalia, universalia sunt in animali universali per rationem.

[2] Liv. xiii, ch. 7. Si quidem hæc (anima) expanditur in omnes substantias inferiores, ut plantas quarum natura existit opus ejus, ut ad quas descendit figuras, impressura secundum desiderii impetum, progrediens usque ad particularia, et ignobilia. Anima igitur, quatenus est simulacrum intellectus agentis, non avertitur ab intuitu in eum, aliter tamen aversa descendit ab illo bono principali creato donec attingit infimum. — Plotin, Ennead. iv, liv. iii, ch. 9.

qui le couvre[1]. Par la même raison, la beauté de l'Intelligence est supérieure encore à celle de l'Ame [2].

De même que Dieu produit l'Intelligence, que l'Intelligence sous l'influence de la cause première produit l'Ame, de même l'Ame produit la Nature, sous la double influence de l'Intelligence et de Dieu. La Nature est la cause immédiate des individus dont se compose le monde sensible [3]. Chaque âme produit son corps ; aussi, loin d'être contenue par lui, c'est elle qui le contient [4]. Ce monde est l'image du monde intelligible ; il en exprime les puissances supérieures et parfaites[5]. Ainsi, tout émane directement ou indirectement de la Cause première ; les êtres forment une grande hiérarchie d'essences d'autant moins simples et moins pures, qu'elles s'éloignent davantage de leur Principe, semblables aux rayons du soleil qui perdent en force et en éclat, à mesure qu'ils s'écartent de leur foyer [6]. L'influence de

---

[1] Liv. iv, ch. 5. Pulchritudo consistit in anima tantum... Latet autem nos pulchritudo naturæ, quoniam interiora corporum non intuemur. Pulchritudo animæ existit melior, ut a qua formositas naturæ procedit.— Pure reproduction du Traité de Plotin Περὶ κάλλους.

[2] Ibid.

[3] Liv. iii, ch. 2. Anima vero causa naturæ. Natura denique principium individuorum generabilium.

[4] Liv. ii, ch. 10. Siquidem anima continet corpus, non autem continetur ab eo, cum sit causa corporis.— Conf. Plotin, Enn. iv, liv. iii, ch. 20.

[5] Liv. vi, ch. 4. Mundus sensibilis est imago intellectualis. Exprimuntur per eum potestates magnæ, nobilesque ac perfectæ, supernæ, quæ immittunt influentiam illi honorabilem.

[6] Liv. x, ch. 6. Cum simplicitas compositioque substantiarum existat major, minorve, pro ratione distantiæ, propinquitatisve, ad verbum divinum, ex consequenti quodlibet creatum, prius est ve-

Dieu est universelle, comme la lumière du soleil ; seulement chaque être la reçoit, selon sa capacité, de même que chaque objet est éclairé, selon son degré de visibilité. L'auteur de la *Théologie* emprunte aux Alexandrins leurs principes et leur langage sur l'harmonie intime des diverses parties du monde. Il montre comment, de même que, dans un corps humain, la sensation d'un mouvement éprouvée par un membre provoque le mouvement d'un autre, et que, dans une lyre, une seule corde fait vibrer toutes les autres, de même tout mouvement particulier, dans le monde, provoque un mouvement universel, en raison de l'union sympathique de toutes les parties entre elles [1].

Toutes ces idées sur Dieu, sur les hypostases divines, l'Intelligence, l'Ame universelle, la Nature, toutes ces images servant à expliquer d'une manière sensible les plus subtiles difficultés d'une métaphysique transcendante, telles que la création divine, l'action des causes intelligibles, l'unité de la vie universelle, rappellent l'École d'Alexandrie, et particulièrement Plotin, dont notre auteur anonyme reproduit exactement un assez grand nombre de chapitres.

rius in simplicitate spirituali, absoluta, ut pote propinquius illi, quod autem est distantius, existit minoris simplicitatis, propinquiorisque ad corporalitatem meritam. Sic luminis inflexus quoque inexistit cunctis, pro capacitate singulorum. — C'est mot pour mot la doctrine de Plotin.

[1] Liv. vi, ch. 1. Moventur aliquo modo, sicut in corpore humano, membrum unum movetur percipiendo motum alterius, utque in cythara (mota una corda) movetur altera. Sic enim adhuc quidam movet aliquas partes mundi, et propter eas aliæ moventur, percipiendo motum illarum. Si quidem partes mundi sunt subordinatæ, secundum seriem mutuam, et qua ratione partes animalis habent consensum motuum accidentium propter magnam unionem.

Dans le *De causis*[1], la trace des doctrines néoplatoniciennes n'est pas moins claire. La plupart des propositions et des démonstrations qu'il contient sont textuellement extraites de la Στοιχείωσις θεολογική, de Proclus ; quant au reste, là où la reproduction n'est pas complète, l'imitation est évidente.

La Cause suprême est ineffable, non parce que les mots manquent pour la nommer, mais parce que sa nature répugne à toute dénomination ; supérieure à tout principe, elle ne peut être définie que par les causes secondes qu'elle illumine de ses rayons[2]. Cette Cause, principe de tout, est au-dessus de tout, et à une telle hauteur, que ni la parole, ni la raison, ni l'intelligence pure ne peuvent l'atteindre[3] Elle seule est riche par elle-même, et l'est d'autant plus[4] : elle est riche en vertu de sa bonté, c'est-à-dire de sa nature, car toute bonté est unité, et toute unité est bonté[5]. La Cause

---

[1] Ce livre, attribué à un Juif nommé David, passe pour un extrait des commentaires composés sur les théorèmes (reproduits textuellement de Proclus) par Alfarabi, Avicenne et Algazel. *Voy.* Albert le Grand, *De causis et process. univers. op.*, t. V, et S. Thomas, *in libr. De causis præf. op.*, t. IV. Selon ce dernier, le livre aurait été composé en arabe.

[2] Lect., 6. Causa prima superior est omni narratione, et non deficiunt linguæ a narratione ejus, nisi propter narrationem esse ipsius, quoniam ipsa est super omnem causam, et non narratur nisi per causas secundas, quæ illuminantur a lumine causæ primæ.

[3] Lect., 6. Causa prima est supra res omnes, quoniam est causa eis ; propter illud fit ergo quod ipsa non cadit sub sensu et meditatione et cogitatione, et intelligentia et loquela : non est ergo narrabilis.

[4] Lect., 21. Primus est dives per seipsum et est dives magis.

[5] Lect., 21. Res simplex, quæ est bonitas, et bonitas est una,

suprême contient tout ce qu'elle a créé ; distincte et inséparable tout à la fois du monde qu'elle gouverne, en devenant Providence, elle ne cesse pas d'être l'absolue Unité[1]. Il est facile de reconnaître, dans cette théorie de la nature divine, la pensée et le langage même des Alexandrins.

La théorie de Proclus sur la succession et la génération des hypostases est résumée tout entière dans ce Traité. Toute cause première influe davantage sur son produit qu'une cause seconde[2] ; et, alors même que celle-ci a cessé son action, celle-là continue la sienne. Ainsi, l'humanité a pour cause seconde la vie, et pour cause première l'être. Or, l'être étant cause de la vie, est doublement cause de l'humanité, laquelle est le produit de la vie[3]. C'est d'ailleurs la cause première qui seule rattache le produit à sa cause prochaine[4].

et unitas ejus est bonitas, et bonitas est res una. — Procl., *Elem. theol. prop.*, 13. Πᾶν ἀγαθὸν ἑνωτικόν ἐστι τῶν μετεχόντων αὐτοῦ, καὶ πᾶσα ἕνωσις ἀγαθὸν, καὶ τ' ἀγαθὸν τῷ ἑνὶ ταὐτόν.

[1] Lect., 20. Causa prima regit res creatas omnes, præterquam commisceatur cum eis.

[2] Lect., 1. Omnis causa primaria plus est influens supra causatum suum quam causa universalis. Cum ergo removet causa universalis secunda virtutem suam a se, causa universalis prima non aufert virtutem suam ab ea. — Procl., *Elem. theol. prop.*, 56. Πᾶν τὸ ὑπὸ τῶν δευτέρων παραγόμενον, καὶ ἀπὸ τῶν προτέρων καὶ αἰτιωτέρων παράγεται μειζόνως, ἀφ' ὧν καὶ τὰ δεύτερα παρήγετο.

[3] Lect., 1. Vivum est causa homini propinqua : et esse est causa ejus longinqua. Esse ergo vehementius est causa homini quam vivum : quoniam est causa vivo quod est causa homini. — Procl., *Elem. theol. prop.*, 57. Ὅσων μὲν αἰτία ψυχὴ, καὶ νοῦς αἴτιος · οὐχ' ὅσων δὲ νοῦς, καὶ ψυχὴ αἰτία.

[4] Lect., ibid. Non figitur causatum causæ secundæ, nisi per virtutem causæ primæ.

Sur l'Éternité et le Temps, sur l'Intelligence et l'Ame, on retrouve également les idées de Proclus. L'Être proprement dit est supérieur non seulement au Temps, mais même à l'Éternité. En effet, toute éternité *est*, mais tout être n'est pas éternel ; donc l'Être comprend l'Éternité dans son idée [1]. La Cause suprême est supérieure à l'Éternité qu'elle engendre ; l'Intelligence est parallèle à l'Éternité qui lui sert de mesure ; l'Ame est supérieure au temps ; bien qu'éternelle, elle n'est ni identique, ni égale comme l'Intelligence à l'Éternité [2].

La première des choses créées par la Cause suprême est l'Être [3] ; l'Être supérieur à la Nature, à l'Ame, à l'Intelligence, est le seul intermédiaire possible entre celle-ci et la Cause première : c'est à cette proximité de l'Un que l'Être doit son unité et sa pureté [4]. Immédiatement après l'Être vient l'ordre des intelligences. Ici l'auteur de la théologie reproduit mot pour mot la théorie de Proclus sur les propriétés de l'Intelligence. C'est une essence indivisible [5], et pour-

[1] Lect., 2. Omnis æternitas est esse ; sed non omne esse est æternitas. Ergo esse est plus quam commune æternitas.

[2] Lect., 3, ibid. Causa prima est supra æternitatem, quoniam æternitas est causatum ipsius. Et Intelligentia opponitur vel parificatur æternitati, quoniam extenditur cum ea, et non alteratur neque destruitur. Et anima annexa est cum æternitate.

[3] Lect., 4. Prima rerum creatarum est esse, et non est ante ipsum creatum aliud.

[4] Ibid. Quod est, quia esse est supra sensum, et super animam et supra intelligentiam, et non est post causam primam latius neque prius causatum ipso, propter illud ergo factum est superius causatis rebus omnibus et vehementius unitum.

[5] Lect., 7. Intelligentia est substantia quæ non dividitur. —

tant multiple dans son unité, car elle est riche de formes de toute espèce : c'est le lien des essences intelligibles [1]. L'Intelligence connaît ce qui est au-dessus d'elle parce qu'elle en participe, et ce qui est au-dessous parce qu'elle en est le principe [2]. Seule, elle comprend sa propre essence et y retourne spontanément [3]. Tout participe de la Cause première ; ce qui distingue l'Intelligence, c'est qu'elle en participe directement. Les intelligences supérieures qui suivent la Cause première engendrent des formes immuables et indestructibles ; les intelligences secondes n'engendrent que des formes variables et séparables comme l'âme [4]. Toute intelligence divine connaît en tant qu'intelligence et gouverne en tant que divine [5]. Sur la théorie des âmes, l'imitation de Proclus n'est pas moins évidente. Enfin le livre

Procl., *Elem. theol. prop.*, 171. Πᾶς νοῦς ἀμέριστός ἐστιν οὐσία. — Procl., *Elem. theol. prop.*, 177. Πᾶς νοῦς, πλήρωμα ὢν εἰδῶν, κ. τ. λ.

[1] Lec., 10. Omnis intelligentia plena est formis.

[2] Lect., 8. Omnis intelligentia scit quod est supra se, et quod est sub se. Scit quod est sub se, quoniam est causa ei. Et scit quod est supra se, quoniam acquirit bonitates ab eo. — Procl., *ibid.*, prop. 173. Πᾶς νοῦς νοερός ἐστι, καὶ τὰ πρὸ αὐτοῦ, καὶ τὰ μεθ' αὐτόν. Τὰ μὲν γάρ ἐστι κατ' αἰτίαν, ὅσα μετ' αὐτόν· τὰ δὲ κατὰ μέτεξιν, ὅσα πρὸ αὐτοῦ.

[3] Lect., 13. Omnis intelligentia intelligit essentiam suam. — Ibid., 15. Omnis sciens qui scit essentiam suam, est rediens ad essentiam suam reditione completa. — Procl., *ibid.*, prop. 167. Πᾶς νοῦς ἑαυτὸν νοεῖ.

[4] Lect., 5. Intelligentiæ superiores primæ, quæ sequuntur causam primam, imprimunt formas secundas stantes, quæ non destruuntur. Intelligentiæ autem secundæ imprimunt formas declives et separabiles, sicut est anima.

[5] Lect., 23. Omnis intelligentia divina scit res, per hoc quod ipsa est intelligentia, et regit eas per hoc quod est divina.

De causis reproduit exactement sur les propriétés des diverses substances les propositions et les démonstrations de la Στοιχείωσις θεολογική. Ainsi toute essence qui subsiste par elle-même est simple, indivisible, non sujette à la génération et à la corruption [1] ; d'une autre part, toute essence destructible, n'est pas éternelle et ne subsiste point par elle-même.

La *Théologie* et le *De causis* résument à peu près toute la philosophie des Alexandrins. On y retrouve leurs théories originales sur l'Un, sur l'Intelligence, sur l'Ame, sur la hiérarchie, la procession et la conversion des hypostases. Le Néoplatonisme n'eût-il été connu des Arabes que par ces deux traités, il n'en fallait pas davantage pour assurer l'influence de ses doctrines sur leur philosophie. Eurent-ils en outre la connaissance directe des monuments du Néoplatonisme, des livres de Plotin, de Porphyre, de Jamblique, de Proclus? Rien n'est plus probable, puisque ces livres étaient encore fort répandus dans les écoles grecques du Bas-Empire, au moment où les Arabes commencèrent à cultiver la philosophie. Il est certain que Plotin et Proclus jouissaient d'une grande faveur auprès des Arabes, surtout le premier, qu'ils nomment le Platon égyptien. Mais il ne reste aucune traduction des originaux, pour démontrer qu'il y ait eu communication directe.

---

[1] Lect., 25. Omnis substantia existens per essentiam suam, non est generata ex re alia. — Ibid., 26. Omnis substantia stans per essentiam suam, non est generata ex re alia. — Ibid., 26. Omnis substantia stans per seipsam, non est cadens sub corruptione. — Procl., *ibid.*, prop. 45. Πᾶν τὸ αὐθυπόστατον ἀγέννητόν ἐστιν. — Ibid., 46. Πᾶν τὸ αὐθυπόστατον ἄφθαρτόν ἐστιν.

Quoi qu'il en soit, comme il suffisait aux philosophes arabes de connaître indirectement le Néoplatonisme, pour s'en inspirer, il y a lieu de rechercher si cette influence des idées alexandrines sur le génie arabe est réelle, et jusqu'à quel point elle existe. Bien qu'il soit assez difficile de discerner dans la philosophie toute péripatéticienne d'Avicenne, d'Algazali, d'Averroès et autres docteurs, les emprunts faits au Néoplatonisme, on y rencontre certaines idées qu'il semble impossible d'attribuer à une autre origine. La philosophie arabe, on l'a déjà dit, n'est autre chose qu'un commentaire d'Aristote ; elle ne s'écarte guère de la doctrine du Maître qu'en ce qui répugne invinciblement aux croyances orthodoxes. De toutes les doctrines de la philosophie grecque, le Péripatétisme est assurément celui qui offre le plus d'affinités avec l'Islamisme et aussi avec le génie spéculatif de la race arabe. La religion de Mahomet est avant tout fille du Mosaïsme : son Dieu est Jéhovah, le Tout-Puissant qui a créé, qui conserve et gouverne le monde à son gré, et peut le détruire, comme il l'a créé, par un signe de sa volonté. La sagesse de l'Éternel n'est pas moins grande que sa puissance ; mais elle est impénétrable dans ses desseins ; quand il lui plaît de changer le cours naturel des choses et de violer les lois de la justice humaine, il y aurait témérité pour notre faible raison de s'en plaindre ou même de s'en étonner ; sa puissance est sans limites, et sa sagesse, qui est la seule vraie, n'a rien de commun avec la nôtre. Tel est le Dieu de Moïse ; tel est le Dieu de Mahomet. Dans la doctrine des croyants, l'âme est immatérielle ; mais bien que distincte du corps, elle en est inséparable : l'homme tout entier, âme et corps, est immortel, et les voluptés de la vie future s'adressent à sa double nature. La doctrine d'Aristote est tout autre sans doute. Son Dieu n'est que le Moteur suprême d'un système d'êtres subsistant en vertu d'une puissance mystérieuse qu'il appelle Nature; faisant partie lui-même de ce système, il n'en peut changer ni les lois, ni le cours. Il n'a pas créé le monde; il ne fait que le diriger, non par une volonté qui lui soit propre, mais par une nécessité de sa nature, par l'attraction invincible et incessante du Bien pour tout ce qui dans le monde a mouvement et vie. Loin d'attribuer l'immortalité à l'homme tout entier, Aristote la refuse à l'âme proprement dite, qui n'est que la forme inséparable du corps, et ne l'accorde qu'à la pensée, émanation coéternelle à son principe, l'Intelligence divine. Enfin il fait consister dans la vie spéculative, dans le plein et pur exercice de la pensée, toute perfection et toute félicité. Nonobstant ces différences profondes, la philosophie d'Aristote devait convenir au génie arabe et à ses croyances par un côté essentiel. S'il est une philosophie, parmi les diverses doctrines grecques, qui répugne invinciblement au panthéisme, c'est celle d'Aristote, dont le caractère propre est, comme on sait, de ne reconnaître aucune existence en dehors des individus. L'idéalisme de Platon ruine les existences individuelles; le naturalisme des Stoïciens les confond à peu près avec le Tout, avec l'Ame universelle; le panthéisme mystique des Néoplatoniciens les fait rentrer dans le sein de l'Unité suprême. Au contraire toute la métaphysique d'Aristote est fondée sur l'individualité de l'être; toute existence, même celle de Dieu, y est conçue comme individuelle; c'est l'individualité qui, pour Aristote, est la mesure de l'être et de la perfection, contrairement à la Dialectique qui mesure l'être au degré de généralité de ses abstractions. Or telle est aussi la tendance du génie arabe. Plus subtil que puissant, plus ingénieux qu'élevé, cet esprit ne se complaît pas, comme le génie du haut Orient, dans ces vastes horizons de la pensée, où l'intuition de l'infini et de l'universel fait perdre de vue les détails du monde et les existences particulières. Ce qui le frappe dans le monde, c'est plutôt la variété des individus que l'unité du Tout ; il conçoit Dieu tout à fait en dehors du monde, œuvre accidentelle et éphémère de la puissance divine. Enfin il incline irrésistiblement à l'anthropomorphisme dans toutes ses spéculations théologiques. Cet instinct psychologique commun à tous les enfants d'Abraham, à la race de Jacob, aussi bien qu'à la race d'Ismaël, a toujours résisté aux puissantes influences du haut Orient, et protesté énergiquement contre le panthéisme de l'Inde et de l'Égypte. C'est ce qui explique surtout la répugnance des écoles philosophiques, juives ou arabes, pour le Néoplatonisme, et la sympathie profondes des principaux philosophes de l'Islamisme pour Aristote. Sans doute l'adoption du Péripatétisme tient à d'autres causes encore : par exemple, à la grande popularité de son *Organum*, au caractère didactique de tous ses traités, enfin à cette subtilité d'idées qui devait charmer l'esprit plus délié qu'étendu des Arabes. Mais la première raison est l'affinité des doctrines et des tendances.

Le fond de la philosophie arabe est le Péripatétisme. Tant que la doctrine d'Aristote peut se concilier avec les croyances orthodoxes, les docteurs arabes s'en tiennent à leur philosophe de prédilection et ne vont point chercher d'inspirations ailleurs. Mais, sur plusieurs points essentiels, la foi des croyants ne pouvait se plier aux théories d'Aristote; d'où la nécessité de puiser à d'autres sources. Le Platonisme et le Néoplatonisme n'interviennent dans la philosophie arabe que pour suppléer à l'insuffisance du Péripatétisme. Or, dès le début de la théologie, cette insuffisance se révèle. Le Dieu d'Aristote, Pensée abstraite qui meut le monde sans le créer, ne pouvait tenir la place de Jéhovah. Il fallait donc chercher dans une autre philosophie une conception plus haute du principe divin. C'est alors que reparaît le Dieu des Néoplatoniciens, Unité absolue, Bonté surabondante, Unité et Bonté tout ensemble [1], Cause première infiniment supérieure à toute essence, à l'âme, à la raison, à l'intelligence qu'elle éclaire de sa lumière suprême, Unité indivisible, nature ineffable, puisqu'elle est sans qualités et sans forme [2]. Mais si le Dieu d'Aristote reste au-dessous de Jéhovah, le Dieu des Alexandrins le dépasse. La philosophie arabe le sent, et s'empresse de rentrer dans les limites de la théologie orthodoxe. Dieu se connaît par cela seul qu'il vit, et cette conscience de sa propre nature est la science

---

[1] Avicenne, *De philosophia prima*, liv. vii, ch. 3. Unitas bonitas est.

[2] Ibid., *De intelligentiis*, ch. 10. Causa prima est super omnem intellectum et rationem. — Ibid., *De philosoph. prima*, ix, ch. 1. — Ibid., *De intelligentiis*, ch. 1. Principium principiorum Deus cu entitas est ineffabilis, unitas indivisibilis, principium pluritatis omnis... Prima unitas pura simplicitas. — Dans un résumé de philosophie arabe, traduit par Abraham Echellensis, et publié en 1641, Dieu est représenté comme la lumière qui produit la vérité, *Lumen existentiæ veritatis*, prop. 5.

parfaite ¹. Sa sagesse est infinie, sa volonté immuable, sa puissance sans limites. Du reste, la Cause première est impénétrable et incommunicable; il n'est pas possible de l'atteindre, même par la pensée, la plus haute des facultés de la nature humaine. Ce que la pensée peut saisir, c'est le second principe, l'Intelligence ², création immédiate de la Sagesse divine ³, laquelle est identique avec la nature même de Dieu ⁴. L'Intelligence, multiple dans son unité, est le principe du monde intelligible, le type de toutes les essences éternelles et de tous les exemplaires immuables des choses⁵; elle n'est pas simplement éternelle, mais identique avec l'Éternité.

Vient enfin un troisième principe contenu dans l'Intelligence ⁶, de même que celle-ci l'est dans la Sagesse suprême, le Verbe ⁷, la Vie, l'Ame, manifestation

---

¹ Algazali, *De Deo*, tract. 3. — Averroès, *Epitom. in libr. metaph.*, tract. 4. Et ideo non intelligit nisi unam rem simplicem, scilicet ejus essentiam, et non potest intelligere aliquam pluralitatem, neque in essentia sua, neque extra suam essentiam. — C'est le Dieu d'Aristote.

² Avicenne, *De intelligentiis*, ch. 1. Causam primam sequitur Intellectus.

³ Ibid., ch. 4. Prima creaturarum est intellectualis.

⁴ Ibid., ch. 2 et 3. Primordiales causæ in sapientia prima factæ sunt. — Partout Avicenne distingue la Sagesse divine, qui est Dieu même, de l'Intelligence, type du monde intelligible, laquelle, primitivement contenue dans la Sagesse divine, en sort par une procession naturelle et nécessaire.

⁵ Ibid., *De intelligentiis*, ch. 2 et 3.

⁶ Ibid., *De intelligentiis*, ch. 7. Intelligentia continet et animam et vitam.

⁷ Ibid., *De intelligentiis*, ch. 1. Intellectus quem sequitur loquela.

extérieure de l'Intelligence dans le temps et dans l'espace. Toute cause produit en vertu de sa bonté ; toute génération, dans l'ordre des principes, se réduit à une procession [1]. L'Intelligence procède directement de la Cause première, et l'Ame de l'Intelligence. Dieu crée la première Intelligence immédiatement, puis par l'intermédiaire de celle-ci, toute la hiérarchie des Intelligences secondes, puis enfin l'Ame qui préside au ciel des étoiles fixes, et ainsi de suite, jusqu'à la dixième Intelligence, aux neuf ciels et aux âmes célestes proprement dites [2]. Toute cause perfectionne en même temps qu'elle produit ; l'Intelligence et l'Ame doivent à Dieu, avec l'être, la perfection [3]. On voit comment le Néoplatonisme est venu en aide à la théologie arabe. Du reste, cette théorie des trois Principes en est une inspiration plutôt qu'une reproduction exacte. Dans la Trinité arabe, les attributs des deux premiers principes ne sont point aussi nettement définis que dans la Trinité alexandrine ; Dieu ou la Cause première y retient quelque chose de l'Intelligence. C'est que la théologie arabe, aussitôt qu'elle sort d'Aristote, tombe dans l'incertitude et la contradiction, et

---

[1] Averroès, *Epitom. in libr. metaph.*, tract. 4. Procedit ex essentia. — Fréquemment répété.

[2] Abraham Echellens., prop. 5. Primam intelligentiam absque medio creavit : mediante vero Intelligentia illa prima, intelligentiam secundam, cœlum rasum, animamque ejus : mediante autem Intelligentia secunda, Intelligentiam tertiam, cœlum fixarum et animam ejus. Et juxta hunc ordinem existunt Intelligentiæ, et cœli, et animæ, usque ad Intelligentiam decimam et cœlos novem, et productionem animarum cœlestium.

[3] Algazali, *De philos. prima*, vii, ch. 3. Causæ sunt perfectivæ.

n'emprunte ailleurs qu'avec répugnance. Il faut dire aussi que ces emprunts ne se retrouvent point chez beaucoup de philosophes arabes, auxquels la théologie d'Aristote suffit pleinement. Du reste, tout en adoptant les trois principes de l'École alexandrine, l'Un, l'Intelligence, l'Ame, la théologie arabe modifie doublement cette théorie, au profit de ses croyances orthodoxes et de ses doctrines péripatéticiennes. Elle y fait rentrer la doctrine d'Aristote sur la hiérarchie des intelligences et des âmes qui gouvernent le monde astronomique. D'une autre part, elle sépare la Cause première de ses hypostases, plus que n'avaient fait les Néoplatoniciens. Enfin elle maintient avec une grande fermeté l'unité du principe divin contre la théologie chrétienne. Averroès s'applique à démontrer que les distinctions que l'esprit conçoit en Dieu sont purement logiques et repousse d'une manière absolue la Trinité des personnes divines [1].

La nécessité de recourir au Néoplatonisme n'était pas moindre en cosmologie qu'en théologie, Aristote n'ayant pas même soupçonné le problème de l'origine des choses. La doctrine religieuse en donnait, il est vrai, la solution; elle concevait Dieu comme créateur du monde. Mais comment s'opérait cette création, c'est ce qu'elle n'expliquait point. Le plus souvent la philosophie arabe s'en tient à la doctrine orthodoxe. Toutefois, afin de faire comprendre combien la création divine diffère de toute opération analogue attribuée aux puissances finies,

---

[1] Averroès, *Comment.*, xii, ch. 13. Est igitur unus, Deus, sapiens. Et hoc putaverunt Antiqui trinitatem esse in Deo in substantia, et voluerunt evadere per hoc, et dicere quia fuit trinus, et unus Deus, et nescierunt evadere.

certains docteurs ont recours quelquefois à l'hypothèse de l'émanation. « Les principes, dit Averroès, produisent naturellement, de même que le soleil illumine [1]. » Mais cette hypothèse de l'émanation aboutissait au panthéisme, doctrine profondément antipathique au génie et aux croyances religieuses des Arabes. Aussi voit-on les philosophes qui l'ont émise, effrayés de leur audace, rentrer aussitôt dans la doctrine orthodoxe, en présentant l'émanation comme une effusion volontaire de Dieu. « De ce Dieu dérivent tous les êtres, dit encore Algazali, non pas à cause de sa nature, comme les rayons émanent du soleil, mais à cause de sa volonté [2]. » Toutes les écoles arabes sont d'accord sur ce point : nécessaire ou libre, la création divine suppose volonté et conscience [3]. Enfin c'est encore par une hypothèse alexandrine que la philosophie arabe explique l'origine du mal. Le bien émanant de son principe, Dieu, se répand par le canal des ordres angéliques sur tout ce qui fait partie du monde. Tout ce qui *est* est bon ; car le bien est la mesure de l'être ; le mal n'est que la négation, la privation d'essence et par suite de perfection. Le bien ou l'être des choses diminue à mesure qu'elles s'éloignent de leur principe [4].

---

[1] Averr., *Epitom.*, tract. 4. Principia sunt agentia naturaliter, quemadmodum sol illuminat naturaliter.

[2] Voy. l'*Essai sur les écoles philosophiques chez les Arabes*, par Auguste Schmoëlders. — Algazali, *Manusc.*, n° 884, tract. 5.

[3] Algazali, *De Deo lib.*, tract. 2. Differt etiam ab hoc alio modo scilicet quod lux venit ab ipso sole naturaliter, sic ut sol nullo modo habeat scientiam quod sit causa adventus ei.

[4] Ibid., *Manusc.*, n° 884, tract. 5.

La psychologie des philosophes arabes est empruntée à peu près tout entière à Aristote. Même définition de l'âme, même théorie des facultés. D'après lui, les docteurs arabes font de l'âme, proprement dite, une entéléchie, c'est-à-dire une forme inséparable du corps[1]. Ils repoussent avec énergie l'hypothèse d'une Ame universelle où viendrait se confondre, après en être sortie, toute âme individuelle[2]. A l'exemple d'Aristote, ils séparent de la nature humaine l'âme rationnelle, l'intelligence, et la considèrent comme un rayon de l'Intelligence divine. C'est l'âme rationnelle seule qui, après la séparation qu'on appelle la mort, reçoit, par émanation, les influences de cette Intelligence[3]. La félicité suprême de l'homme est dans le plein exercice de l'intellect actif, dans l'acte parfait de la pensée pure[4]. Le tourment de l'âme damnée est le désir incessant et non satisfait de connaître. Dans la vie présente, l'âme, distraite par le soin du corps, ne sent pas autant ce tourment[5]. L'Intelligence ouvre à

---

[1] Avicenne (*De anima*, ch. 2) se sert, pour définir l'âme, des expressions péripatéticiennes : *Forma, perfectio corporis*. Venise, 1550, t. IX, p. 40.

[2] Averroès, dans sa réfutation d'Algazali, cite une opinion de ce philosophe : « Si autem dixerit opinionem Platonis esse veram, et » quod anima sit antiqua et una, dividitur tamen in corporibus, et » cum separetur ab eis, redit ad fontem et radicem et fit una, dici- » mus quod est magis abominabile et magis absurdum. » Averroès, il est vrai, réfute Algazali sur ce point, mais sans admettre le moins du monde l'opinion attribuée à Platon.

[3] Avicenne, *Aphorism.*, 24. Quando vero animæ sunt separatæ, tunc habent dispositionem appropriatam ad recipiendum emanationem, seu cognitionem infusam ab intellectu agenti.

[4] Algazali, *De intelligentia*, II, ch. 4.

[5] Ibid., II, ch. 5.

l'âme un horizon nouveau; celle-ci voit toute la hiérarchie des sphères intelligibles, et de sphère en sphère s'élève jusqu'à la Cause suprême. Ici la psychologie arabe quitte Aristote pour les régions plus élevées du mysticisme alexandrin. L'âme humaine, parvenue jusqu'à Dieu, s'unit intimement et se confond avec la nature divine; elle y perd toute science des choses créées, toute intuition des essences supérieures, et enfin la conscience d'elle-même. Le but de la philosophie est d'élever l'homme jusqu'à l'Intelligence divine, et, par une intime union, de l'identifier avec elle[1]. Un docteur enthousiaste, Tophaïl, a décrit, avec les vives couleurs de l'imagination orientale, les visions de l'âme en extase. Il la représente, en cet état vraiment divin, détachée de tout le reste, et plongée dans la contemplation de la nature divine, mais sans avoir encore dépouillé sa propre essence, et n'arrivant à posséder Dieu qu'après avoir perdu toute pensée, toute mémoire, et jusqu'à cette conscience qui troublait la pureté de sa vision par l'introduction d'une essence étrangère[2].

---

[1] Averroès, *De beatitud. anim.*, introd. Intentio est declarare in futuro mundo principalem intentionem philosophorum in ascensu supremo ipsius. Et quum dico ascensum, intelligo quod perficiatur (anima) et nobilitet, ita ut jungatur cum intellectu abstracto et uniatur cum eo : ita ut cum eo fiat unum.

[2] Tophaïl, *Philosophus autodidactus*. Oxonii, 1671, trad. Pocoke, p. 156. Illa autem (ipsius essentia) ab eo non amovebatur. eo tempore quo visione Entis illius primi, veri existentis, profunde immergebatur, et hoc ipsum male habuit; cum sciret hoc etiam mixturam esse in simplici illa visione, et alterius admissionem in isto intuitu; nec desiit conari, ut ipse a se evanesceret, et totus esset in visione ista veri illius Entis, donec illud esset assecutus, et terra et quæ inter ea sunt, et omnes facultates a materia separatæ, quæ

C'est alors seulement que l'âme est vraiment absorbée en Dieu, et que commence l'extase. Mais ce ravissement divin n'est point un état permanent en ce monde. Tout en restant dans les visions du monde céleste, l'âme retombe à la conscience de soi, à la contemplation des choses créées. En sortant de la nature divine, elle rencontre une première sphère, distincte, mais non séparée de la Sphère divine, et qui s'en distingue comme l'image du soleil réfléchie dans un miroir, puis immédiatement au-dessous, une seconde sphère, éclatante aussi de beauté et de perfection comme la première, dont elle est le reflet [1], et ainsi de suite, descendant, à travers tout un système de sphères resplendissantes, jusqu'à la sphère sensible dont la pâle lumière n'est plus que l'ombre du monde céleste [2]. Dans cette description, le mélange de Péripatétisme et de Néoplatonisme est sensible : au premier, le philosophe arabe emprunte la théorie de la contemplation des sphères célestes ; au second, la doctrine de l'extase.

En récapitulant les théories néoplatoniciennes semées çà et là dans les livres arabes, à savoir, la doctrine des trois Principes, la théorie de la procession et de la création nécessaire, l'hypothèse de l'émanation et de la série hiérarchique des hypostases, enfin la

---

sunt essentiæ illæ quæ notitiam habent entis illius, ex ipsius memoria et cogitationibus subducerentur, quin et inter illas essentias etiam sua ipsius essentia subducta est, omniaque ad nihilum redacta evanuere.

[1] Ibid., 165.

[2] Ibid., 172. Licet mundus sensibilis mundum divinum tanquam ipsius umbra sequatur.

doctrine de l'enthousiasme extatique et de l'anéantissement complet de la nature humaine en Dieu, on serait tenté d'en conclure que le Néoplatonisme a profondément pénétré dans la philosophie arabe : ce serait une erreur. L'autorité d'Aristote est toute puissante auprès des docteurs arabes; la trace de sa doctrine est visible à chaque ligne de leurs livres; son esprit inspire et dirige presque toutes leurs recherches. Beaucoup de docteurs s'en tiennent exclusivement au Péripatétisme modifié selon les nécessités de l'orthodoxie musulmane. Un petit nombre, plus hardis, comme Avicenne et Algazali, s'égarent, sur quelques points, à la suite du Néoplatonisme, sauf à rentrer bien vite, par une contradiction, dans la doctrine du Maître. Pour découvrir les quelques traces de philosophie alexandrine que contiennent les livres arabes, il faut les lire avec la plus grande attention. Quelquefois même l'origine de ces doctrines empruntées est douteuse; comme elles ne sont qu'indiquées, on ne peut savoir d'une manière certaine si elles viennent de l'École d'Alexandrie ou de l'Orient en général; car une doctrine se reconnaît plus sûrement à ses formules qu'à ses conclusions. Quoi qu'il en soit, la substance de la philosophie arabe est évidemment un mélange de Péripatétisme et de Mosaïsme; sur ce fonds, les idées néoplatoniciennes ne pouvaient pousser de profondes racines. Toute doctrine inclinant au panthéisme devait rencontrer un triple obstacle dans la discipline d'Aristote, dans l'orthodoxie musulmane et surtout dans les tendances anthropomorphiques de l'esprit arabe.

Il est une secte pourtant qui, infidèle à cet esprit,

professe un panthéisme très décidé[1]. Selon les docteurs du Çoufisme, l'univers est Dieu lui-même se reproduisant au dehors ; c'est le reflet du regard que la Divinité a porté sur sa propre essence. Primitivement Dieu n'avait pour témoin que lui-même, et il voyait en soi l'être et le non-être ; par la production de l'univers, il s'est vu dans tous les objets de la nature comme dans autant de miroirs. Le non-être est la représentation de l'Être divin. Le non-être des Çoufis[2] n'est ni la matière revêtue de formes, ni la matière informe et inerte, ni le lieu où la matière a reçu l'existence ; c'est la négation pure et absolue de l'être. Selon eux, Dieu seul est tout ; hors de lui il n'y a que le néant, une pure illusion, comme le cercle enflammé que l'œil croit voir, lorsqu'on agite en rond un point lumineux. De même, les formes ou qualités de la substance matérielle ne sont que des reflets, *des splendeurs* de Dieu, sans réalité individuelle. La conservation du monde n'est qu'une série non interrompue de productions successives qui ne diffèrent en rien de la première production[3]. Ce qui fait dire aux Çoufis que Dieu a produit le monde *pour jouer avec lui-même*[4]. Tout procède de Dieu par émanation, l'Intelligence d'abord, puis l'Ame, puis la Nature, enfin la matière. Le monde n'est postérieur à Dieu que par

---

[1] *Voy.* M. Tholuck, *Sufismus, sive Theosophia Persarum pantheistica.* Berlin, 1821. — *Voy.* aussi M. Sylvestre de Sacy, *Journal des savants*, décembre 1821 et janvier 1822, notice sur l'ouvrage de M. Tholuck.

[2] Plus connus sous le nom de *Sophis*, *Sofis* ou *Safis*.

[3] Sylvestre de Sacy, *Journal des savants*, janvier 1822.

[4] Ibid.

la nature de son existence et non dans le temps ; il est donc coéternel à son Auteur.

Le but suprême de la contemplation est l'union intime de l'âme avec Dieu. En cet état, l'homme sent ce que sa raison ne lui avait jamais fait comprendre que d'une manière vague, l'unité et l'identité de tous les êtres en Dieu. « Tout homme dont le cœur n'est agité d'aucun doute sait avec certitude qu'il n'y a aucun autre être qu'un seul. Le *moi* ne convient qu'à Dieu, parce que c'est lui qui est le secret caché à l'imagination et à la pensée. En Dieu, il n'y a point de qualités : dans sa divine majesté, le *moi*, le *nous*, le *toi*, ne se trouvent point : *moi*, *nous*, *toi* et *lui* ne sont qu'une même chose ; car, dans l'unité, il ne saurait y avoir aucune distinction. Tout être qui est anéanti et qui s'est entièrement séparé de lui-même, entend retentir au dedans de lui cette voix et cet écho : « Je suis Dieu. » Il a un mode d'exister durable à toujours, et n'est point sujet à périr : *la voie*, *l'action d'y marcher*, *celui qui marche*, tout cela n'est qu'un. Le *Holoul* et l'*Ittihad* (c'est-à-dire l'union supposée avoir lieu ou par *infusion* de la divinité, ou par *jonction* de l'homme avec Dieu) ne peuvent venir que d'un autre (c'est-à-dire supposent l'existence de deux êtres distincts avant que l'union s'opère) ; mais l'unité naît tout entière de la marche (c'est-à-dire sans doute de la pratique de la vie spirituelle). Le *Holoul* et l'*Ittihad* ne peuvent pas avoir lieu ici ; car admettre la dualité dans l'unité, c'est détruire l'essence de l'unité [1]. » Le Çoufi pousse le panthéisme à ses dernières conséquences. « Il est permis à un arbre de dire : *Je suis Dieu ;* pour-

---

[1] *Voy.* Sylvestre de Sacy, *Journal des savants*, janvier 1822.

quoi un homme favorisé du bonheur ne pourrait-il pas le dire[1] ? » L'extase dispense l'âme qui en est saisie de l'accomplissement de ses devoirs ordinaires. Toute religion lui est indifférente, et il n'y a plus de bien ni de mal dans ce qu'elle fait. « C'est dans le *Toi* ni le *Moi* (c'est-à-dire dans cet état où l'homme se croit un être distinct) qu'ont leur source tous les commandements de la loi sous le joug desquels sont captivés son âme et son corps : quand il n'y a plus de *Moi* ni de *Toi*, qu'importent alors la *caaba* du musulman, ou la synagogue du Juif, ou le couvent des chrétiens? Celui qui n'a pas d'existence qui lui soit propre ne peut être par lui-même ni bon ni mauvais[2]. »

Le Çoufisme, s'il était un produit pur du génie arabe, en révélerait une face nouvelle, contraire à tout ce qu'on en a vu jusqu'ici. Mais cette doctrine eut pour berceau et pour principal théâtre de ses développements la Perse, foyer d'idées purement orientales, point intermédiaire entre les nations arabes et l'Inde, entre l'anthropomorphisme de Mahomet et le panthéisme mystique des Brahmes. Le Çoufisme n'a jamais compté qu'un petit nombre de prosélytes parmi les philosophes arabes ; ceux même qui en ont reçu les inspirations sont fort loin d'en avoir embrassé toutes les doctrines. Algazali, le mystique le plus renommé, est resté fidèle à la discipline d'Aristote. Tophaïl est le seul qui ait dépassé la doctrine péripatéticienne de la contemplation, et qui, inspiré par le Çoufisme, ait poussé l'extase jusqu'à l'anéantissement de la nature humaine en Dieu. Mais pas plus que les

[1] Ibid.
[2] Ibid.

autres mystiques arabes, il ne s'engagea dans le panthéisme des Çoufis de la Perse et du haut Orient. Le mysticisme est propre à toutes les races de l'Orient ; il convient à l'exaltation enthousiaste du génie arabe, comme à l'esprit profondément spéculatif de l'Inde. Il n'est point contraire à l'orthodoxie musulmane, si antipathique aux spéculations panthéistes. Mahomet n'avait-il pas dit : *J'ai des moments où il n'est ni chérubin, ni prophète qui puisse m'atteindre ?* N'avait-il pas eu dans ces moments des ravissements extatiques où il disait tout oublier et s'oublier lui-même en Dieu ? Quand donc les mystiques arabes, comme Algazali, comme Tophaïl, exagéraient la contemplation jusqu'à l'extase, et parlaient de l'anéantissement de l'homme en Dieu, ils ne s'écartaient en cela ni des principes de l'orthodoxie, ni des instincts anthropomorphiques de leur race. La seule doctrine qui répugne invinciblement au génie arabe, c'est le panthéisme.

Du reste, le panthéisme des Çoufis décèle une tout autre origine que le Néoplatonisme. Les Alexandrins ne font point de la création divine un jeu, ni du monde une illusion ; ils présentent l'œuvre divine comme l'émanation naturelle d'une Bonté surabondante, et le monde comme un système de substances réelles, distinctes entre elles, distinctes du Dieu suprême qui est le principe, le fond et la fin de leur existence. Ces substances, individuelles ici-bas et tant que dure la vie sensible, conservent dans l'extase et dans la vie bienheureuse leur essence, tout en se dépouillant des misères de l'individualité. Dans la doctrine des Çoufis, tous les êtres sont indifférents au regard de la majesté divine ; l'animal, la plante, la pierre se perdent, comme l'homme, dans l'Unité divine, et peuvent dire au même titre que lui : *Je suis Dieu*. Au contraire, le Néoplatonisme conçoit le monde comme une hiérarchie d'essences dont l'intelligence est le sommet et la matière le degré infime ; la loi de toutes ces essences est de rentrer en Dieu, mais d'y rentrer sans mélange ni confusion, en conservant leur nature, leur rang, leurs relations avec ce qui les précède et ce qui les suit ; en sorte que, dans cette condition nouvelle, dans cette vie purement divine, rien ne périt, mais tout se transforme et se transfigure. Cette différence radicale des deux doctrines est une raison suffisante de ne point rattacher le Çoufisme à l'École d'Alexandrie. Il n'existe d'ailleurs aucune preuve extérieure et historique d'une pareille filiation. Ce qui paraît très probable, c'est que le Çoufisme, qui est né et s'est développé surtout dans la Perse, n'est qu'une émanation de ce panthéisme mystique dont l'Inde est l'éternel foyer.

CHAPITRE III.

Influence du Néoplatonisme sur les mystiques du moyen âge.

Bernard de Chartres. Mystiques français. École de Saint-Victor. Hugues et Richard. Saint Bonaventure. Gerson. L'Imitation de J.-C. Mystiques allemands. Maître Eckart. Tauler. Suso. Ruysbrock. Différence de ces deux écoles mystiques, quant aux doctrines et aux traditions. Comment le mysticisme allemand se rattache au mysticisme alexandrin. Antipathie de la théologie chrétienne pour les mystiques spéculatifs.

Du VIe au XVe siècle, pendant toute la durée du moyen âge, le Néoplatonisme ne paraît avoir exercé aucune influence immédiate sur les écoles de l'Occident. On sait que les monuments de cette philosophie n'y furent répandus qu'au xve siècle, après la chute de l'empire d'Orient. Jusque-là l'Occident ne connut les doctrines alexandrines que par des intermédiaires plus ou moins sûrs. Les ouvrages de saint Grégoire de Nysse, de saint Augustin, de Macrobe, de Boèce, de Denys l'Aréopagite, de Maxime le Moine, de Scot Érigène, le livre *De causis*, la *Théologie égyptienne*, les *Livres hermétiques*, telles étaient les sources indirectes, et pour la plupart fort impures, de la philosophie néoplatonicienne, où pouvaient puiser les docteurs du moyen âge.

Toutefois, cette communication médiate des idées alexandrines aurait suffi pour en propager et développer l'influence, si l'esprit humain en eût alors éprouvé le goût et le besoin. Mais la philosophie, enfermée dans les formules de la logique péripatéticienne, s'agitait vainement et s'épuisait sur le problème des universaux, sans même en comprendre la portée métaphysique. La théologie, esclave d'Aristote et de la tradition orthodoxe, empruntant à l'un sa méthode, son organisation, son langage, à l'autre le fond même et l'esprit de ses doctrines, ne songeait plus aux spéculations abstraites de la tradition orientale, depuis la condamnation des doctrines de Scot Érigène. Les livres de l'Aréopagite, source principale de ces doctrines, conservaient leur prestige auprès des écoles et de l'Église ; protégés par la sainteté de leur auteur, ils étaient recherchés des plus grands docteurs de la scolastique. Albert le Grand et saint Thomas les citent, mais avec plus de respect pour le nom qu'ils portent que de sympathie pour les doctrines. Les vrais maîtres de la théologie scolastique sont Aristote et saint Augustin.

Quelques traces douteuses de Néoplatonisme semblent se révéler chez un petit nombre de docteurs que l'imagination entraînait, au delà de la logique péripatéticienne, vers la région des *idées*. Bernard de Chartres, poëte autant que philosophe, avait essayé de concilier Aristote et Platon [1]. Puisant dans la lecture de Macrobe les doctrines du Timée sur l'origine et la formation du monde [2], Bernard expliquait l'univers à la manière de Platon. Il admettait à son exemple la matière et l'idée, comme principes élémentaires des choses, au-dessous de la Cause suprême, Dieu [3]. L'idée est éternelle en soi, sans être coéternelle à Dieu, auquel du reste elle n'est postérieure que comme l'effet à la cause; cachée de toute éternité dans les profondeurs de la pensée divine, elle n'a besoin, pour être, d'aucune cause extérieure [4]. Les idées forment un monde à part, le monde intelligible, vrai miroir des perfections divines, type du monde réel et vivant. Tout ce qui est compris dans le genre, dans l'espèce et dans l'indi-

---

[1] Sarisber., *Metalogicus*, ii, 17. Egerunt operosius Bernardus Carnotensis et ejus sectatores ut componerent inter Aristotelem et Platonem, sed eos tarde venisse arbitror et laborasse in vanum ut reconciliarent mortuos qui, quamdiu in vita licuit, dissenserunt.

[2] La doctrine cosmologique de Bernard est contenue dans un Traité divisé en deux parties, dont l'une a pour titre *Megacosmus*, et l'autre *Microcosmus*.

[3] *Metalog.*, iv, 35. Ille ideas ponit, Platonem æmulatus et imitans Bernardum Carnotensem.

[4] Ibid. Ideam vero æternam esse consentiebat, admittens æternitatem Providentiæ. — Ibid. Ideam vero, quia ad hanc parilitatem non consurgit, sed quodammodo natura posterior est, et velut quidam effectus, manens in arcano consilii, extrinseca causa non indigens, sicut æternam audebat dicere, sic coæternam esse negabat.

vidu ; tout ce qu'engendrent la matière, la Nature, les forces élémentaires de l'univers, se retrouve à l'état d'essence parfaite et idéale dans l'Intelligence divine. La succession des temps, l'ordre du monde, les vicissitudes de la vie des individus et des peuples, la sagesse des philosophes, tout ce que conçoit l'intelligence des anges et la raison des hommes, tout ce qui brille au ciel ou se traîne sur la terre, tout a son idée éternelle en Dieu. Or toute idée coéternelle à son Principe lui est identique en nature et en substance [1]. Dans la création des choses, la Providence descend des genres aux espèces, des espèces aux individus ; puis remonte aux principes, par une méthode contraire, tournant ainsi dans un cercle perpétuel. L'univers n'est sujet ni à la vieillesse ni à la mort. Du monde intelligible est sorti le monde sensible, produit parfait d'un principe parfait. Celui qui a produit était plein, et sa plénitude devait produire la plénitude. Le monde est beau parce que Dieu est beau ; il est éternel dans son exemplaire éternel. Le temps vient de l'éter-

---

[1] *Megacosm.*, *Ærarium*, *regiæ Biblioth.*, n° 6415. Yle cœcitatis sub veterno quæ jacuerat obvoluta vultus vestivit alios idearum signaculis circumscripta. — Ibid. In qua vitæ viventis imagines, notiones æternæ, mundus intelligibilis, rerum cognitio præfinita. Erat igitur videre velut in speculo tersiore quidquid operi Dei secretior destinaret affectus. Illic in genere, in specie, in individuali singularitate conscripta quidquid Yle, quidquid mundus, quidquid parturiunt elementa : illic exarata supremi digito dispunctoris textus temporis, fatalis series, dispositio sæculorum ; illic philosophorum felicior disciplina ; illic quidquid angelus, quidquid ratio comprehendit humana ; illic quidquid cœlum sua complectitur curvatura. Quod igitur tale est, illud æternitati contiguum, idem natura cum Deo, nec substantia est disparatum.

nité et y retourne ; il est l'éternité même en mouvement. Tout ce qui paraît est l'enfantement de la Volonté divine. Dieu engendre l'Intelligence (Noym) et les exemplaires éternels des choses. L'Intelligence engendre l'Ame universelle (Endelychiam), laquelle produit la Nature, mère de toutes les formes individuelles[1]. La loi du monde est la fatalité, fille de l'Intelligence. L'origine de ces idées est manifeste ; elles appartiennent à Platon, et se retrouvent textuellement dans le Timée, sauf peut-être la doctrine de la procession des principes (Dieu, l'Intelligence, l'Ame, la Nature), laquelle semble propre aux Alexandrins.

Alain des Iles reproduit le Platonisme de Bernard sous une forme beaucoup moins précise et moins systématique. Il fait de la Nature une sorte de Démiurge subalterne aux œuvres duquel il se plaît à opposer les créations de Dieu. A l'exemple de Bernard, il admet au-dessus de la Nature, l'Intelligence (Noys), siége des idées ou exemplaires que la Nature imite dans son travail. Mais dans ces conceptions vagues, plus poétiques

---

[1] Ibid. Sic igitur Providentia de generibus ad species, de speciebus ad individua, de individuis ad sua rursus principia repetitis anfractibus rerum originem retorquebat. Mundus nec invalida senectute decrepitus nec supremo est obitu dissolvendus. Ex mundo intelligibili mundus sensibilis perfectus natus est ex perfecto. Plenus erat qui genuit, plenumque constituit plenitudo. Sicut pulchrescit ex pulchro, sic exemplari suo æternatur æterno... Sicut enim divinæ semper voluntati est prægnans, sic exemplis æternarum quas gestat imaginum Noys Endelychiam, Endelychia Naturam, Noys Ymarmenem, quid mundo debeat informavit. Substantiam animis Endelychia subministrat.

Toutes ces citations sont empruntées à l'introduction que M. Cousin a mise en tête de sa publication des *OEuvres inédites d'Abélard*.

que philosophiques, il est difficile de reconnaître la trace des doctrines néoplatoniciennes. On sait seulement qu'Alain connaissait le livre *De causis*, et avait dû y puiser certaines idées de ses traités, qui ont une couleur alexandrine. Il en est de même de Gilbert de la Porée dont la doctrine n'offre rien de remarquable sous ce rapport, bien que par le *De causis* et les livres de l'Aréopagite qu'il a commentés, il ait pu recevoir quelques émanations du Néoplatonisme.

Ces analogies, très rares et fort douteuses, ne suffisent point pour attester l'influence des idées alexandrines soit sur la philosophie, soit sur la théologie scolastique. Pour en découvrir une trace sensible et profonde, il faut sortir des écoles et pénétrer dans le mystique silence des cloîtres. Là se rencontrent des âmes qui, fatiguées des vaines disputes de la Scolastique, cherchent au delà de la théologie orthodoxe, dans le recueillement de la contemplation, une science plus intime et plus vraie des choses divines. Aucune époque n'était plus favorable au développement du mysticisme que le moyen âge; le dégoût des discussions de l'école, l'habitude de la vie méditative et solitaire des cloîtres, la vertu du Christianisme, l'ardeur des croyances religieuses, y prédisposaient invinciblement les esprits et les âmes. La propagation des livres de l'Aréopagite au sein des cloîtres fournit un texte à ce sentiment. Sur la trace de ce saint personnage, on s'engagea dans les voies contemplatives avec d'autant plus de sécurité qu'il était considéré comme un Père de l'Église. La tradition de saint Denys ne créa point le mouvement mystique; mais elle fut une source d'inspirations en même temps qu'une autorité.

pour un instinct irrésistible qui devait se produire de lui-même, à défaut de tradition. Le néoplatonicien Denys est l'oracle du mysticisme au moyen âge; tous les grands mystiques, Hugues et Richard de Saint-Victor, saint Bonaventure, Gerson, maître Eckart, Tauler, Ruysbrock, l'invoquent et le citent. A la faveur de ce saint organe, certaines doctrines du Néoplatonisme s'introduisent et s'accréditent dans la théologie mystique de cette époque.

Le mysticisme de l'Aréopagite est beaucoup moins chrétien qu'alexandrin. Son Dieu est un infini où la pensée se perd, et non un idéal que la nature humaine puisse se proposer pour modèle : c'est un mystère où l'âme se plonge et s'abîme par l'extase. Entre ce Dieu et l'humanité, aucune relation possible, aucune affinité, aucune ressemblance. Pour que l'âme entre en possession de cette ténébreuse Divinité, il faut qu'elle perde tous les attributs de l'humanité, la raison, l'intelligence, la conscience, l'amour lui-même; il faut qu'elle fasse en soi le vide absolu, c'est-à-dire qu'elle se réduise au néant. Tout autre est la doctrine mystique des pieux docteurs dont nous allons rappeler la doctrine. Saint Bernard, Hugues et Richard de Saint-Victor, Gerson, n'ont ni l'intelligence, ni le goût des hautes spéculations qui ont égaré Denys. Leur mysticisme n'est pas le difficile et suprême effort d'une pensée transcendante; c'est le fruit d'un sentiment intime, d'une expérience psychologique. Aimer est tout le secret, toute la doctrine de ces mystiques; l'amour est le principe, la méthode, l'âme de toutes leurs recherches.

Au moyen âge, ce genre de mysticisme n'est pas propre à telle ou telle école; il est partout, sauf en Allemagne.

On en retrouve les accents chez les docteurs scolastiques les plus sévères : saint Thomas lui-même en parle de temps en temps le langage. Il n'est pas une âme chrétienne qui, pour se reposer des rudes labeurs de l'école, ne se recueille par instants et ne cherche par l'amour cette société intime de Dieu à laquelle la science ne peut atteindre. Saint Bernard est trop mêlé à la vie active pour trouver le loisir de faire sur lui-même et de décrire des expériences mystiques, comme certains abbés qui vivent dans la solitude et la méditation. Mais le sentiment mystique qui remplit son âme déborde dans toutes ses œuvres et dans toutes ses actions. Dans ses sermons, comme dans ses méditations, dans le tumulte de la prédication populaire, comme dans le silence du cloître, c'est toujours *l'amour* qui pense ou qui parle. Toute sa doctrine théologique est dans ce mot. L'homme ne sert pas son Dieu en esclave, ni en mercenaire, mais en fils[1]. Qu'est-ce que Dieu, a dit saint Jean, si ce n'est l'amour[2]? Il n'y a que l'amour qui puisse communiquer l'amour. L'amour est donc tout à la fois un don de Dieu et Dieu lui-même. L'amour de la créature pour Dieu n'est qu'un accident, dont la substance est l'amour de Dieu pour la créature[3]. Toutes les facultés de l'homme ont Dieu pour objet et pour but. Par la mémoire, il conserve son image[4]; par la raison,

---

[1] S. Bernard, *De diligend. Deo*, c. 13, § 36. Nec servi aut mercenarii sunt, sed filii.

[2] Ibid., c. 12, § 25. Saint Jean a dit : *Deus charitas est.*

[3] Ibid. Dicitur ergo recte et charitas, et Deus, et Dei donum. Itaque charitas dat charitatem, substantiva accidentalem.

[4] S. Bonav., *Soliloq.*, c. 1. Bernardus : Secundum interiorem hominem tria in me invenio, per quæ Deum recolo, conspicio et concupisco. Hæc tria sunt memoria, intelligentia et voluntas.

il le contemple ; par la volonté, il le désire ; par la sagesse (*sapor*), il s'unit à lui, le possède et le goûte réellement. Dans cette union, il s'oublie et se perd en Dieu, avec lequel il ne fait plus qu'un seul et même esprit [1]. Saint Bernard cite assez fréquemment l'Aréopagite, et propose sa méthode pour modèle dans la théologie contemplative.

Le mysticisme de Hugues de Saint-Victor, contemporain et ami de saint Bernard, est plus systématique. Hugues avait médité et commenté les livres de Denys, traduits par Scot Érigène. Dans une paraphrase de la *Hiérarchie céleste*, il en reproduit à peu près toutes les doctrines, la distinction de la théologie négative et de la théologie affirmative [2], la théorie de la nature divine, conçue en opposition à ses théophanies, comme ineffable, inintelligible, imparticipable [3], la création réduite à une procession nécessaire, et expliquée comme une émanation de la lumière suprême [4], la hiérarchie des essences créées, avec toutes ses conditions. Mais la vraie doctrine de Hugues n'est pas dans ce commentaire. Livré à ses propres inspirations, il abandonne

---

[1] *De amore Dei*, c. 10. Mens est quædam vis animæ, qua inhæremus Deo et fruimur. Sapientia a sapore dicitur, sapor autem iste in gustu quodam est.

[2] Hug. S. Vict. *In Dyonis. Hierarch.*, l. ıı, c. 2. Negationes (de Deo) veras esse, id est proprias ; affirmativas vero improprias et non cohærentes.

[3] Ibid., l. ıı, c. 1.

[4] Ibid., l. ı, c. 5. Et primos (ordines) quidem illuminare ; ultimos vero illuminari ; medios autem et illuminari a primis et ultimos illuminare. — Liv. ıı, c. 1. Ipsa gratia divina illuminatio est. Omnis gratia ab uno fonte descendit, et omnis illuminatio ab uno lumine : et multi sunt radii et unum lumen.

les voies spéculatives et s'enferme dans l'étude psychologique des procédés mystiques. Dieu, entrevu dans le miroir de la conscience, est de même que l'homme, vie, esprit, sagesse, surtout amour, mais avec la différence du fini à l'infini, de l'imparfait au parfait[1]. L'*amour*, dans la langue de notre mystique, exprime l'essence même de la Divinité ; il explique les rapports des Personnes entre elles, la puissance créatrice de Dieu, sa bonté, sa providence, sa grâce. Ce mot est le vrai symbole de la Trinité[2], le nom divin par excellence.

Les autres noms dont se sert notre mystique ne sont que des images empruntées à l'Aréopagite ; ils représentent par analogie les effets de la Cause suprême, sans en exprimer l'essence. Ainsi, Dieu est une lumière dont la splendeur, rayonnant à l'extérieur, sans quitter le foyer, illumine l'intelligence et produit la vérité : c'est encore un feu dont la chaleur, ne perdant rien dans la communication, porte partout la flamme et l'amour[3]. L'amour est le seul lien qui unit l'homme à Dieu ; il est tout à la fois la voie de Dieu à l'homme, et la voie de l'homme à Dieu. Telle est l'affinité de la Nature divine et de l'amour, que Dieu ne peut habiter

---

[1] Ibid., *De anim.*, l. II, c. 22. Magna convenientia est inter Deum et animam. Deus namque vita et spiritus est, sapientia et amor.

[2] Ibid., c. 25. Charitas in seipsa repræsentat Trinitatem.

[3] *De anim.*, l. II, c. 7. Intellectus et intelligentia juvantur superius quia Deus, et ignis, et lux est. Lux ergo splendorem emittens ex se quem retinet in se, illuminat intelligentiam ad agnitionem veritatis. Ignis vero de se calorem emittens, sed non amittens, inflammat affectum ad amorem virtutis.

où l'amour n'est pas[1]. C'est par amour seulement et sans aucune nécessité que Dieu a tout créé, les esprits, les âmes, le monde[2]. Ce qui prouve que Dieu et l'amour sont identiques, c'est que leur présence produit le même effet, l'union.

Pour découvrir Dieu, il faut le chercher au dedans et non en dehors; car son essence propre est d'être intérieur, comme celle du monde est d'être extérieur. Rien n'est plus intime, plus réellement présent à l'âme que Dieu; il l'est infiniment plus que toutes les choses qui sont en nous, et que nous considérons comme nôtres. C'est donc dans la conscience seulement qu'on peut atteindre Dieu. Pour l'âme, monter vers lui, c'est s'enfoncer en elle-même ; plus avant elle pénètre dans les profondeurs de son essence, plus haut elle s'élève vers la Divinité[3]. Mais cette ascension doit être graduelle. Dieu se réfléchissant dans l'intelligence, celle-ci dans la raison, et la raison dans l'imagination, il faut que l'âme monte de l'imagination à la raison, de la raison à l'intelligence, de l'intelligence à la sa-

---

[1] Ibid., c. 12. Per amorem Dei omnes ei adhæremus. Charitas est via Dei ad hominem et via hominum ad Deum..... Sic familiaris est Deo charitas, ut ipse mansionem habere nolit, ubi charitas non fuerit.

[2] Ibid., c. 30. Sola charitate nulla sui necessitate rationales spiritus creavit.

[3] Ibid., c. 10. Mundus iste exterior est, Deus autem interior. Nihil enim eo interius, et nihil eo præsentius. Interior est omni re quia in ipso sunt omnia. Ab hoc mundo ergo revertentes ad Deum, et quasi ab imo sursum ascendentes, per nosmetipsos transire debemus. Ascendere enim ad Deum, hoc est intrare ad seipsum, et non solum ad se intrare, sed ineffabili quodam modo in intimis seipsum transire.

gesse; parvenue là, elle est en Dieu[1]. Le sens perçoit les formes corporelles ; l'imagination les perçoit aussi, mais en l'absence des objets ; la raison conçoit par abstraction, les natures, raisons, puissances incorporelles dont les formes ne sont que la réalisation extérieure ; l'entendement perçoit les essences invisibles, esprits, âmes, démons ; à l'intelligence seule il est donné de contempler Dieu[2]. L'homme est un microcosme, c'est-à-dire un petit monde qui représente le monde divin. En Dieu sont trois Personnes, le Père, le Fils, le Saint-Esprit; de même trois facultés en l'homme, l'intelligence, la raison, la mémoire[3]. La connaissance et l'amour sont propres à l'intelligence; fruit de la contemplation, ils réfléchissent la Divinité[4]. Ces idées sur la recherche psychologique de la nature divine, sur l'homme considéré comme un microcosme, sur les diverses facultés de l'âme, sont anciennes et essentiellement alexandrines. Hugues a pu les rencontrer soit dans les livres de l'Aréopagite, soit dans les autres monuments de la théologie chrétienne. Ce qui

---

[1] *De anim.*, l. II, c. 7. Sic fit ascensus ab inferioribus ad superiora, et ima a summis dependent. Intellectus namque quædam imago et similitudo est intelligentiæ ; ratio intellectus, rationis phantasticus spiritus. — Ibid., c. 6. Cum ab inferioribus ad superiora ascendere volumus, prius occurrit nobis sensus, deinde imaginatio, postea ratio, intellectus, intelligentia, et in summo sapientia.

[2] Ibid., l. II, c. 6. Intellectus ea vis animæ est, quæ invisibilia percipit sicut angelos, dæmones, animas, et omnem spiritum creatum. Intelligentia ea vis animæ est, quæ immediate supponitur Deo. Cernit siquidem ipsum summum, verum, et vere incommutabilem.

[3] *De medicin. anim.*, c. 4.

[4] Ibid., c. 35.

lui est véritablement propre, c'est une description assez précise des procédés mystiques. La série de ces procédés se compose, selon Hugues, de la pensée (*cogitatio*), de la méditation, de la science, de la componction, de la dévotion et de l'oraison. La pensée est le plus simple acte de l'esprit; la méditation n'est que la pensée tournée en habitude; la science est la connaissance intime de soi-même, résultant de la méditation; la componction est la douleur profonde née de la conscience de nos maux; la dévotion est une humble et pieuse affection de l'âme pour Dieu; l'oraison est la dévotion de l'intelligence. C'est l'oraison qui ramène l'âme dans le sein de la Divinité; elle a pour principe l'amour [1]. La spéculation ne fait encore que provoquer l'admiration par la nouveauté des choses qu'elle révèle; la contemplation seule produit le goût du divin, et par suite la joie et la volupté [2]. L'amour est supérieur à la science; Dieu se laisse plutôt aimer que connaître : l'amour entre dans le sanctuaire, tandis que la science reste dehors [3]. L'âme aimante est en Dieu, et Dieu est en elle [4]; toutes ses pensées [5], toutes ses paroles

---

[1] Ibid., l. ii, c. 33.

[2] *Thesaur. nov. anecd.*, t. V, p. 887, 888.

[3] *Super septim. angelic. hierarch.* Dilectio supereminet scientiæ, et major est quam intelligentia. Plus enim diligetur Deus quam intelligatur, et dilectio intrat, et appropinquat, ubi scientia foris stat.

[4] *De laude charitatis.* Quicumque charitatem habet, non jam alienum est a Deo, sed ipse in Deo, et Deus in eo manet.

[5] *De anim.*, l. iv, c. 9. Anima quæ amat, nihil aliud potest cogitare, nihil loqui, cætera contemnit, omnia fastidit ; quidquid meditatur, quidquid loquitur, amorem sapit, amorem redolet, ita eam amor Dei sibi vindicavit.

respirent l'amour. Nul ne connaît Dieu, s'il n'aime [1]. Par l'amour, l'âme sort du monde sensible, et s'élève au-dessus de sa propre essence : ravie en Dieu, elle perd le sentiment d'elle-même. Ouvrant d'abord les yeux à la majesté du Dieu qu'elle contemple, elle les ferme bientôt à la douce volupté qu'elle en reçoit [2]. C'est l'amour qui a fait descendre Dieu vers l'homme, et qui élève l'homme vers Dieu. « Les clous et la lance me crient que par l'amour je me réconcilie vraiment avec Dieu [3]. » Hugues, pour exprimer les ardents désirs de l'âme et l'ineffable ivresse qu'elle puise dans la société de Dieu, emploie le langage brûlant du Cantique des cantiques. L'âme est l'épouse et Dieu est l'époux. Dans les traités mystiques de l'école de Saint-Victor commencent ces tendres entretiens de l'âme avec son Dieu, que Gerson, Tauler, Suson doivent continuer pendant tout le moyen âge, et qui aboutiront au *quiétisme* de sainte Thérèse, de madame Guyon et de l'archevêque de Cambrai.

Richard de Saint-Victor entre plus avant que Hugues dans la voie psychologique ouverte au mysticisme. Il décrit, avec plus de détails qu'aucun des mystiques qui l'ont précédé, les opérations contemplatives, marquant avec précision la place, la fonction, l'importance de chacune. Son oracle est saint Denys;

---

[1] Ibid., l. iv, c. 9. Qui vult habere notitiam Dei, amet.

[2] Ibid., c. 9. Anima amans fertur votis, trahitur desideriis, dissimulat merita, majestati oculos aperit, claudit voluptati. Amore anima secedit, et excedit a corporeis sensibus, ut sese non sentiat, quæ Deum sentit.

[3] Ibid., c. 10. Clavi et lancea clamant mihi, quod vere reconciliatus sim Christo, si eum amavero.

il en appelle souvent à cette sainte autorité : mais Hugues est son guide et son vrai maître. Rien ne ressemble moins à la doctrine de l'Aréopagite que le mysticisme de Richard. La conscience est le plus fidèle miroir où l'esprit puisse contempler Dieu. Si l'invisible se révèle par ses œuvres, où trouvera-t-on une trace de la divinité plus expressive que dans l'homme, son image? Que celui qui désire voir son Dieu efface les taches qui ternissent ce miroir, qu'il purifie son esprit [1]. La conscience est le sommet où il faut se placer pour découvrir le monde divin [2]. C'est en passant par sa propre nature que l'humanité peut s'élever au delà ; la science de soi-même peut seule l'initier à la connaissance de Dieu [3]. Si l'on soupire après la contemplation des choses divines, il faut s'appliquer à recueillir les forces éparses de l'âme, à la ramener de ses divagations, à la fixer et à la retenir dans les profondeurs les plus intimes de son essence [4], à oublier

---

[1] Richard de Saint-Victor, *De præpar. anim. ad contemp.*, l. II, c. 72. Præcipuum et principale speculum ad vivendum Deum, animus rationalis, absque dubio invenit seipsum. Si enim invisibilia Dei per ea quæ facta sunt, intellectu conspiciuntur, ubi quæso quam in ejus imagine cognitionis vestigia expressius impressa, reperiuntur?... Tergat ergo speculum, mundet spiritum suum, quisquis sitit videre Deum suum.

[2] Ibid., c. 78. Vis paterni secreti arcanum, ascende in montem istum, disce cognoscere teipsum.

[3] Ibid., c. 83. Ascendat per semetipsum supra semetipsum. Per cognitionem sui ad cognitionem Dei.

[4] Ibid., c. 84. Discat dispersiones Israelis conjugare, studeat evagationes mentis restringere, assuescat in intimis suis immorari, exteriora omnia oblivisci, qui ad cœlestium contemplationem anhelat.

toutes les choses extérieures dans l'exclusive préoccupation de soi-même. Si l'esprit veut s'élever au-dessus de lui-même, qu'il se détache de tout ce qui est au-dessous ; qu'il se sépare de l'âme elle-même, pour s'unir à Dieu [1]. Comment connaîtrait-il l'esprit angélique et l'esprit divin, celui qui ignore son propre esprit [2] ? Le soleil à son lever éclaire la partie inférieure du ciel, avant d'en illuminer les hauteurs.

Vient ensuite la description analytique de la faculté contemplative, des opérations qui la précèdent, des effets qui en résultent. La simple pensée (*cogitatio*), se traîne péniblement et s'égare dans les sentiers tortueux, sans jamais arriver au terme de ses pérégrinations. La méditation va au but d'un pas ferme et sûr ; mais la route qu'elle suit est escarpée ; l'esprit la gravit avec effort. Dans son essor libre et rapide, la contemplation touche sûrement au but qu'elle s'est proposé. La pensée rampe, la méditation marche et souvent court, la contemplation vole. La première s'exerce sans travail et sans fruit ; la seconde avec travail et quelque fruit ; la troisième sans aucun travail et avec grand fruit. La pensée vient de l'imagination, la méditation de la raison, la contemplation de l'intelligence [3]. Richard distingue plusieurs sortes de

---

[1] *De exterminat.*, c. 18. Spiritus ab infimis dividitur, ut ad summa sublimetur. Spiritus ab anima scinditur, ut Domino uniatur.

[2] *De contemplat.*, l. III, c. 6. Nescit quid de spiritu angelico, quid de spiritu divino sentire debeat qui spiritum suum prius non cogitat. Prius sol ortus sui confinia irradiat quam ad altiora conscendat.

[3] *De contemplat.*, l. I, c. 3. Cogitatio per devia quæque lento pede, passim huc illucque vagatur. Meditatio per ardua sæpe et

contemplations, selon que cet acte a tour à tour pour objet et pour instrument l'imagination, la raison, l'intelligence, ou un principe supérieur. C'est par cette dernière seulement que l'âme s'élève à Dieu [1]. La grâce, qu'on la cherche ou qu'elle vienne d'elle-même, est toujours nécessaire à la contemplation [2]. Le principe de la grâce en Dieu et de la contemplation chez l'homme, c'est l'amour [3]. Dieu est amour; l'aimer, c'est aimer l'amour. L'amour est un œil; aimer, c'est voir [4]. Ce qui est ténèbres pour l'intelligence, devient lumière pour l'amour. Où l'une rencontre un obstacle, l'autre pénètre sans effort [5]. La raison humaine a des limites; elle s'arrête devant les mystères de la nature divine. Quelle intelligence pourrait comprendre un Dieu en trois Personnes? L'amour explique tout, depuis la plus humble créature jusqu'à la Trinité. C'est par le lien mystérieux de l'amour que Dieu conserve

---

aspera ad directionis finem cum magna animi industria nititur. Contemplatio libero volatu quocumque eam fert impetu mira agilitate circumfertur. Cogitatio serpit, meditatio incedit, et ut multum currit. Contemplatio autem omnia circumvolat, et cum voluerit se in summis librat. Cogitatio est sine labore et fructu. In meditatione est labor cum fructu. Contemplatio sine labore cum fructu. Ex imaginatione cogitatio, ex ratione meditatio, ex intelligentia contemplatio.

[1] Ibid., c. 6.

[2] *De contemplat.*, l. iv, c. 5, 6, et seq.

[3] *De gradib. charit.*, c. 2. Deus amor est, quem qui amat, amorem amat.

[4] Ibid. Amor oculus est, et amare videre est.

[5] Ibid., c. 3. Videtur ab amantibus Deus oculo utroque, sed altero vulneratur, quia ubi intellectus caligat, amor penetrat, et ubi ille repellitur, iste admittitur.

l'unité de son essence, dans la Trinité des Personnes[1]. L'amour fait mieux que de rapprocher, il unit d'une manière indissoluble [2]. C'est par l'amour que l'âme se fait une et immuable, en recueillant ses affections engagées dans le monde extérieur, et en les fixant sur un même objet [3]. L'âme qui aime est une source toujours jaillissante, dont Dieu renouvelle sans cesse les eaux [4]. Dans cette contemplation suprême qui a Dieu pour objet, Richard compte encore plusieurs degrés. Dans le premier, l'âme rentre en elle-même, comme pour y attendre la visite de son Dieu. Dans le second, elle franchit les limites de sa propre nature et s'élève à Dieu. Dans le troisième, parvenue au terme de son exaltation, l'âme passe tout entière en Dieu ; ainsi ravie en son principe, elle ne s'appartient plus, elle est tout entière à Dieu. Dans le quatrième, elle redescend de Dieu dans sa propre nature pour la transfigurer. Recueillement, simplification, ravissement,

---

[1] *De contempl.*, l. IV, c. 2. Deum in una substantia, personaliter trinum, et in tribus personis substantialiter unum nec ullus sensus corporeus docet, nec aliqua humana ratio plene persuadet. — *De grad. charit.*, c. 4. Illa beata beatificans personarum Trinitas amore continetur æterno absque confusione et divisione, ut nec unitatem turbet personarum divinarum Trinitas, nec Unitas trinitatem redigat in singularitatem personæ.

[2] *De grad. charit.*, c. 4. Adeo tenax est amoris glutinum, ut non tam jungere, quam unire dicatur.

[3] Ibid. In se per amorem homo unus efficitur, se intra se recolligens et reductis affectibus cunctis a locis quibus captivi tenentur solum unum incommutabiliter amat, nec amplius in diversa mutatur.

[4] *In Cantico canticorum*, c. 30. Fons est animæ devota quæ manat et fluit, semper nova oritur, quia semper in Deo renovatur.

aliénation complète de l'âme, transfiguration et résurrection, tels sont les effets successifs de la contemplation [1].

Saint Bonaventure n'est pas un mystique de l'école de Saint-Victor. Plus savant que Hugues et Richard dans la théologie spéculative, il mêle à son mysticisme quelques unes des doctrines métaphysiques de l'Aréopagite et de Scot Érigène. Sur la connaissance de Dieu, il fait les mêmes réserves que ces deux docteurs. Les affirmations qui ont pour objet la Cause suprême se contredisent; les négations sont plus vraies, tout en paraissant moins significatives [2]! L'excellence de la nature divine est telle qu'on n'en peut rien affirmer qui en soit digne ou qui lui convienne véritablement. Tout nom exprime une substance; or toute substance, impliquant une qualité, est composée; donc la nature divine, en raison de son absolue simplicité, ne peut être conçue comme une substance, ni par suite recevoir une dénomination [3]. Aussi les noms divins sont-ils très nombreux, sans qu'aucun convienne propre-

---

[1] *De grad. violent. charit.* In primo gradu Deus intrat ad animum, et animus redit ad seipsum. In secundo gradu ascendit supra seipsum et elevatur ad Deum. In tertio gradu animus elevatus ad Deum totus transit in ipsum. In quarto animus exit propter Deum et descendit sub semetipsum. In primo reducitur, in secundo transfertur, in tertio transfiguratur, in quarto resuscitatur.

[2] S. Bonav. *Incendium amoris*, in fine. Quoniam, ut dicit Dionysius, affirmationes incompactæ sunt. Negationes vero, licet videantur minus dicere, plus tamen dicunt.

[3] *Compend. theol.*, l. 1, c. 24. Nihil digne vel proprie de Deo dicitur propter ejus excellentiam. Non enim per nomina propria de Deo loquimur, quia nomina significant substantiam cum qualitate.

ment à Dieu. Selon Jean de Damas, le premier nom de Dieu est l'Être ; selon saint Denys, c'est le Bien [1]. Saint Bonaventure pense que l'*Unité* est l'attribut le plus convenable, en ce qu'il exprime la simplicité parfaite de la nature divine [2]. Mais la création du monde ne répugne-t-elle pas à cette absolue simplicité? Saint Bonaventure explique la difficulté par une comparaison fort usitée dans la philosophie alexandrine. De même que l'unité engendre le nombre, et se retrouve, bien que distincte, au fond de tous ses produits, comme leur essence commune; de même Dieu crée le monde et reluit dans toutes ses créatures, sans se confondre avec aucune [3]. Dieu est l'essence de toutes choses ; il est tout, non en ce sens que les choses soient identiques avec Dieu, mais en tant qu'elles viennent de Dieu et ne subsistent que par Dieu et en Dieu [4] Dieu contient, remplit, domine, soutient tout ; c'est ce qui fait qu'on peut dire avec une égale vérité qu'il est au dedans, au dehors, au-dessus et au-dessous du monde, qu'il est tout entier en dedans et tout entier en dehors [5],

[1] *Itiner. ment. ad Deum*, c. 5.

[2] Ibid., c. 2. Est in Deo vera unitas propter simplicitatem, immutabilitatem, et singularitatem, et propter unitatis creaturæ similitudinem.

[3] Ibid. Sicut unitas a nullo descendit, et omnis pluralitas ab ea defluit, sic Deus a nullo, et omnia ab ipso. Item sicut unitas de se gignit unitatem, ita Deus Pater de se gignit alterum se — Ibid., c. 10. Relucet in creaturis vestigium beatæ Trinitatis.

[4] Ibid., c. 16. Sane esse omnium dixerim Deum, non quod illa sint quod est ipse, sed quia ex ipso et per ipsum, et in ipso sunt omnia.

[5] Ibid., c. 17. Deus est intra omnia, quia omnia replet. Item extra omnia est, quia omnia continet. Item supra omnia, quia omnibus præstat. Item infra omnia, quia cuncta sustinet.

véritable sphère intelligible dont le centre est partout et la circonférence nulle part[1].

Saint Bonaventure emprunte à la tradition orientale ses images pour exprimer les formes diverses de la production divine. La Bonté suprême engendre, inspire, crée[1]. Les deux premières émanations sont éternelles ; la troisième seule tombe dans le temps[2]. Toutes en idées sont évidemment des traces de la théologie orientale, traces légères et fugitives, il est vrai. Saint Bonaventure est trop orthodoxe pour s'engager plus avant dans les spéculations périlleuses de cette théologie. Il n'admet point au fond la doctrine de l'émanation, bien qu'il en imite parfois le langage ; il rejette l'intervention des puissances intermédiaires, des intelligences, dans la création des êtres inférieurs[3]. De même que Hugues et Richard de Saint-Victor, il ne fait point de l'âme humaine une parcelle de l'essence divine, tout en la considérant comme une vive image de la Divinité. Plus métaphysicien que les abbés de Saint-Victor, saint Bonaventure fait une part beaucoup plus large à la spéculation dans son mysticisme. Selon lui, l'intelligence, essence intime de la nature humaine, est l'image éternelle de Dieu[4]. Il faut donc que l'âme

---

[1] *Itiner. ment. ad Deum*, c. 5. Quasi simul existens earum centrum et circumferentia. Totum intra omnia et totum extra, ac per hoc est sphæra intelligibilis, cujus centrum est ubique, et circumferentia nusquam.

[2] *De operib. conditor.*, c. 1. Summæ bonitatis triplex est effluxio, scilicet per generationem, per spirationem, et per creationem. Duæ priores emanationes sunt ab æterno, tertia est in tempore.

[3] *Breviloq.*, pars II, c. 1. Excluditur error ponentium Deum produxisse inferiores creaturas per ministerium intelligentiarum.

[4] *Itiner. ment. ad Deum*, c. 1. Oportet nos intrare ad mentem

rentre en elle-même pour pénétrer en Dieu. Dieu peut être contemplé partout, au-dessous de nous, dans le monde qui porte sa trace, en nous-mêmes, dans sa pure image, au-dessus de nous, dans la lumière qui éclaire d'en haut l'intelligence [1]. Mais pourquoi chercher Dieu à l'extérieur, quand il habite au fond de notre for intérieur [2].

L'ascension qui nous transporte en Dieu compte autant de degrés que l'âme de facultés. Ces facultés sont : le sens, l'imagination, la raison, l'entendement, l'intelligence pure, et enfin la syndérèse, étincelle de l'intelligence [3]. Dans la description des procédés mystiques, saint Bonaventure multiplie les distinctions avec une subtilité qui sent la scolastique. Il compte sept opérations différentes dans l'œuvre mystique, à savoir : la simple pensée, la méditation, la contemplation, la charité, la révélation intime, puis l'avant-goût des choses divines, enfin la transformation de l'âme en Dieu [4]. Dans le suprême degré de la

nostram, quæ est imago Dei æviterna, et spiritualis, et intra nos, et hoc est ingredi in veritatem Dei.

[1] *Ibid*, c. 5. Quoniam autem contingit contemplari Deum, non solum extra nos, et intra nos, verum etiam supra nos : extra nos per vestigium, intra nos per imaginem, et supra nos per lumen, quod est signatum supra mentem nostram.

[2] *Soliloq.*, c. 1. Multi multa sciunt, et seipsos nesciunt, alios inspiciunt, et seipsos deserunt, Deum quærentes per exteriora ; deserentes sua interiora, quibus interior est Deus.

[3] *Itiner. ment. ad Deum*, c. 1. Sex gradus ascensionis in Deum, sex sunt gradus potentiarum animæ, per quos ascendimus ab imis ad summa, scilicet sensus, imaginatio, ratio, intellectus, intelligentia, apex mentis, seu synderesis scintilla.

[4] *De septem itiner. æternit.* Hugues de Saint-Victor définit le septième degré *æternorum meritoria operatio Deiformis.* C'est l'opération théurgique par excellence des Alexandrins.

contemplation, dans l'extase, l'âme, recueillie entièrement en elle-même, traverse tout l'intérieur de son être, et rencontre en sortant la source du divin amour[1]. Alors commence pour elle une vie toute divine. Mais elle n'arrive point brusquement au terme de ses aspirations. Saint Bonaventure compte sept degrés dans l'opération contemplative. L'âme s'enflamme d'abord, puis se fond au feu des choses divines, pour s'élever vers Dieu ; c'est alors qu'elle contemple l'objet de son amour, le goûte intimement et se repose dans l'ivresse ineffable de cette délectation[2]! L'opération mystique qui produit un tel effet n'est pas un simple effort de volonté. La nature n'y peut rien, et l'art n'y peut guère. Il y faut moins de spéculation que d'onction, de parole que de sentiment[3], de science que de grâce, d'intelligence que de désir, de lecture que d'oraison, de doctrine que d'amour, de lumière que de flamme ; c'est la tendresse de l'époux et non l'enseignement du maître,

---

[1] *Stimul. amor.*, part. II, c. 7. Restat ut transeat, non solum mundum istum sensibilem, verum etiam semetipsam. — *De sept. grad. contempl.* Extasis est, deserto exteriore homine, sui ipsius supra se voluptuosa quædam elevatio, ad superintellectualem divini amoris fontem.

[2] *De sept. grad. contempl.* Primo anima ignitur ; ignita ungitur ; uncta rapitur ; rapta speculatur vel contemplatur ; contemplans gustat ; gustans quiescit.

[3] *Stimul. amor.*, part. II, c. 7. Quoniam igitur ad hoc nil potest natura, modicum potest industria, parum est dandum inquisitioni, et multum unctioni : parum dandum est linguæ, et plurimum internæ lætitiæ... Si autem quæris quomodo hæc fiant? Interroga gratiam, non doctrinam ; desiderium, non intellectum ; gemitum orationis, non studium lectionis ; sponsum, non magistrum ; non lucem, sed ignem.

c'est Dieu et non l'homme qui peut opérer ce prodige. Il faut que l'âme abandonne le sensible et l'intelligible, le visible et l'invisible, l'être et le non-être, et s'élève, autant que ses forces le permettent, à la suprême unité, au-dessus de toute science et de toute essence. Alors seulement le rayon ineffable des ténèbres divines viendra l'illuminer [1]. Saint Bonaventure, dans un élan d'enthousiasme, invoque avec saint Denys cette Trinité qui domine toute essence et toute divinité, et la supplie de diriger l'âme au plus haut sommet des saints mystères, par delà toute lumière, tout mystère, toute hauteur, de la faire pénétrer dans le plus profond de la nature divine, dans cet abîme du silence et de l'obscurité qui éclipse toute lumière et absorbe toute béatitude [2]. L'âme, élevée au-dessus d'elle-même, pénètre dans les ténèbres de la Divinité et s'écrie dans son ivresse :

> Cette nuit est ma suprême lumière !

Dans ce mysticisme mêlé de descriptions psychologiques assez arbitraires et de spéculations métaphysiques, on reconnaît le disciple de l'Aréopagite plutôt que l'École de saint Victor.

Le mysticisme de Gerson n'est pas nouveau dans ses

---

[1] Ibid., c. 7. Tu autem, o amice, circa mysticas visiones corroborato itinere, et sensus desere, et intellectuales operationes et sensibilia, et invisibilia : et omne non ens, et ens, et ad unitatem (ut possibile est) inscius restitue ipsius, qui est super omnem essentiam, et scientiam. Etenim te ipso, et omnibus immensurabili, et absoluto puræ mentis excessu, ad superessentialem divinarum tenebrarum radium (assurges), omnia deserens.

[2] Ibid., c. 7. Citation textuelle de l'Aréopagite.

procédés ; c'est toujours la tradition de saint Denys avec la tendance psychologique des abbés de Saint-Victor. Seulement sa doctrine respire un sentiment mystique qui tient à une tout autre cause que l'excès de la spéculation ou le recueillement du cloître. Gerson n'est ni un théologien spéculatif comme l'Aréopagite, ni un moine comme Hugues ou Richard ; c'est un esprit pratique qui a beaucoup vécu dans le monde, qui a pris part aux plus grandes affaires politiques et religieuses du temps, chez lequel la profonde et continuelle expérience des choses et des hommes a fini par inspirer le goût de la vie solitaire et méditative. Gerson a traversé les plus mauvais jours du moyen âge ; il a assisté aux scandales inouïs de l'Église, et aux effroyables maux de sa patrie en proie à la guerre étrangère et à la guerre civile. Chancelier de l'Université, à l'époque des troubles de Paris, il faillit être victime de la fureur des partis, et eut beaucoup de peine à se soustraire aux violences des Bourguignons. Toujours impuissant dans ses conseils de paix et de concorde, mais toujours ferme et courageux, on le vit s'élever avec une égale énergie, dans le sein de l'Université, contre l'assassinat du duc d'Orléans, et au Concile de Constance, contre les prétentions des papes et les mœurs du clergé. Chassé de sa patrie par les discordes civiles, il n'y rentra qu'après un exil de deux ans, passés dans la plus profonde retraite en Bavière. C'est alors qu'il alla s'enfermer dans un couvent où il consacra à Dieu et à l'instruction de l'enfance cette charité ardente dont l'injustice des hommes n'avait pu tarir la source.

C'est ce dégoût politique, joint au dégoût non moins profond de la science des écoles, qui explique le mysticisme de Gerson. Ce grand docteur est mystique par sentiment beaucoup plus que par tradition. Denys l'Aréopagite, qu'il cite assez fréquemment, selon l'usage de tous les théologiens scolastiques, n'a ni préparé, ni inspiré la pensée de Gerson ; il ne vient qu'après et comme simple autorité pour consacrer par le prestige de son nom un sentiment qui est né et s'est développé tout entier dans le cœur de l'illustre chancelier. C'est à quoi se réduit à peu près son influence, beaucoup plus apparente que réelle. Nulle sur le sentiment mystique qui anime la pensée de Gerson, elle est sensible, en tout ce qui concerne la forme extérieure, l'appareil scientifique qui enveloppe ce sentiment. La traduction apparaît dès le début. « C'est Denys qui a trouvé la méthode théologique la plus parfaite, laquelle procédant par des négations et des spéculations transcendantes, montre Dieu jusque dans la mystérieuse obscurité de sa nature[1]. » A l'exemple de l'Aréopagite, Gerson distingue la théologie démonstrative ou scolastique, la théologie symbolique, la théologie mystique. La première a pour méthode le raisonnement, la seconde l'induction, la troisième l'expérience intérieure. La théologie mystique seule donne la connaissance intime de ce qu'elle enseigne [2]. Savoir ne suffit point à qui manque le sentiment. Or c'est par la théologie mystique seulement que la vérité peut être sentie : par les deux autres, elle n'est que connue d'une manière vague et générale. Dieu et tout ce qui est divin est une vérité intérieure

---

[1] Gerson, *Theolog. myst.*, consid. 1. Tandem addidit modum inveniendi Deum perfectiorem cæteris, quo per abnegationem, et per excessus mentales tanquam in divina caligine videatur Deus.

[2] Ibid.

et non extérieure ; or on ne connaît bien ce qui est intérieur que par le sentiment et l'expérience. Comment pourrait-on enseigner l'amour à qui n'a pas aimé [1] ?

La méthode de la théologie mystique est donc la conscience. Faut-il voir dans ces maximes un germe de cette induction psychologique qui consiste à transporter en Dieu, sous certaines restrictions, les attributs de la nature humaine ? Rien de semblable ne se révèle dans les traités de Gerson. S'il interroge la conscience sur Dieu, un seul mot lui suffit. Son expérience se renferme dans un seul phénomène, un sentiment unique de l'Ame, l'amour. « Toutes les autres sciences se fondent sur l'intelligence ; la théologie mystique seule repose sur l'amour [2]. » Par l'amour, l'âme pénètre dans le sein de Dieu : il n'y a que la forte étreinte de la charité qui puisse l'unir à son Principe [3]. La théologie mystique n'a besoin ni de science, ni de littérature ; elle se nourrit d'expériences intimes et de vertus, non de spéculations [4] ; elle exclut

---

[1] Ibid., consid. 2. Illa autem experientia, quæ intrinsecus habetur, nequit ad cognitionem intuitivam, vel immediatam deduci illorum qui talium inexperti sunt ; quemadmodum nullus posset docere perfecta intuitivaque cognitione, quæ res est amor, apud illum qui nunquam amasset.

[2] *Theol. myst. practic.*, cons. 8. Habet hanc proprietatem theologia mystica, quod in affectu reponitur, omnibus aliis scientiis repositis in intellectu.

[3] *Theol. mystic.*, cons. 28. Theologia mystica est extensio animi in Deum per amoris desiderium. — Gerson la nomme encore *experimentalis cognitio habita de Deo per amoris unitivi complexum.*

[4] Ibid., cons. 30. Mystica vero theologia sicut non versatur in tali cognitione literatoria : sic non habet necessariam talem scholam,

tout raisonnement, toute pensée proprement dite ; aussi semble-t-elle une folie aux sages. Par elle, l'âme entre et s'établit en Dieu ; sans elle, la théologie spéculative ne fait qu'agiter l'âme [1]. Autant l'amour est supérieur à la science, la volonté à l'intelligence, la charité à la foi ; autant la théologie mystique l'emporte sur la théologie spéculative [2].

Gerson distingue trois facultés cognitives : le sens, la raison et l'intelligence, sur laquelle seule tombe directement la lumière divine ; trois facultés actives correspondantes : l'appétit sensitif, la volonté et la syndérèse, la faculté mystique par excellence [3]. Dans l'analyse des opérations contemplatives, il reproduit les distinctions et le langage même des mystiques antérieurs, Hugues et Richard de Saint-Victor. Mêmes divisions et mêmes descriptions. Les opérations de l'âme sont au nombre de trois : la simple pensée, la méditation et la contemplation. La pensée est un regard rapide et fortuit de l'âme, prompt à s'égarer dans les choses sensibles. La méditation est ce même regard, mais invariablement fixé sur l'objet de la con-

---

quæ schola intellectus dici potest ; sed acquiritur per scholam affectus et per exercitium vehemens moralium virtutum.

[1] Ibid., cons. 34. Per theologiam mysticam sumus in Deo, hoc est in eo stabilimur. Speculativa (theologia), si sola est, nunquam quietat, inquietat potius.

[2] Ibid., cons. 28. Cognitio Dei, quæ est per theologiam mysticam, melius acquiritur per pœnitentem affectum, quam per investigantem intellectum. Ipsa quoque cæteris paribus, eligibilior est et perfectior, quam theologia symbolica, vel propria, de qua est contemplatio, sicut dilectio perfectior est cognitione, et voluntas intellectu, et Charitas Fide.

[3] Ibid., cons. 13.

naissance. La contemplation est une vue libre et sûre de l'âme qui embrasse et pénètre tout à la fois l'ordre des choses spirituelles. Gerson répète avec Hugues et Richard, que la divagation est propre à la pensée, la recherche à la méditation, l'admiration à la contemplation ; que la première se produit avec travail et sans fruit, la seconde avec travail et quelque fruit, la troisième sans travail et avec beaucoup de fruit.

Dans leurs élans mystiques, Hugues et Richard avaient peu parlé d'extase. Par une voie toute psychologique, Gerson rentre dans la tradition de Denys. Qui ne reconnaît le mysticisme alexandrin dans cette phrase : « Dieu, nature simple et une, veut être cherché dans l'unité et la simplicité du cœur [1]? » Plotin, Proclus et les Pères néoplatoniciens, avant Grégoire de Nysse et Denys, avaient dit : « Pour posséder Dieu, il faut que l'âme se fasse à son image, c'est-à-dire une, puisqu'il est l'absolue unité. » Gerson, en mystique résolu, pousse sa doctrine jusqu'à l'extase. Purification de l'âme par les vertus morales, illumination par les facultés contemplatives, puis suspension de la sensibilité, de l'imagination, de l'intelligence et de toutes les puissances autres que l'amour, silence absolu de l'âme dans l'attente de son Dieu, puis ravissement divin, aliénation complète et transformation de la nature humaine en Dieu, Gerson accepte et reproduit toutes ces conséquences du mysticisme. Seulement, ce n'est point par un effort de spéculation qu'il arrive, comme Denys et les Alexandrins, c'est par un

---

[1] *De monte contemplat.*, c. 30. Ex quo enim Deus ipse simplex est et unus, inquiri vult in cordis simplicitate et unitate.

sentiment simple, naturel, essentiellement humain, l'amour. Chez toutes ces âmes pures et tendres, l'amour opère les prodiges de l'extase. La spéculation, loin d'y préparer, en détourne. Dieu n'est connu véritablement que des simples et des faibles ; la science des écoles ne fait que répandre un nuage entre l'homme et la Divinité. Le propre de l'amour est de ravir, d'unir, de satisfaire l'âme qui a soif de Dieu ; elle l'emporte au delà des limites de sa nature, et l'établit en Dieu : c'est alors que l'amante s'unit et se confond avec l'objet aimé [1]. Cette absorption de l'âme, fruit de l'amour, œuvre de la théologie mystique, transforme réellement l'humanité en Dieu, lequel devient l'unique bien, le centre, la fin, la perfection même de l'âme humaine [2].

Un sentiment perce dans toutes les œuvres mystiques de Gerson, c'est un mépris profond pour les vaines subtilités de la Scolastique. Ce sentiment, que l'on ne retrouve ni dans Hugues, ni dans Richard, ni surtout dans saint Bonaventure, est commun à tous les mystiques contemporains de Gerson. A cette époque, la Scolastique avait fait son temps : les esprits élevés et pieux en sentaient le vide. Ils fuyaient le bruit de l'école et cherchaient dans la méditation cette

---

[1] Ibid., cons. 235. Amor rapit, unit, satisfacit. Primo quidem amor rapit ad amatum, et inde extasim facit. Secundo, amor jungit cum amato et quasi unum efficit.

[2] Ibid., cons. 41. Amorosa unio mentis cum Deo, quæ fit per theologiam mysticam, congrue transformatio nominatur; sicut beatus Dionysius et sancti Patres locuti sunt. — Ibid., cons. 42. Anima rationalis, dum conjungitur et unitur Deo, copulatur suo summo bono : est enim Deus summum bonum ejus, est centrum ejus, finis totaque ipsius perfectio.

vérité divine dont la théologie spéculative avait perdu le sens. D'une autre part, les agitations d'une société livrée à deux puissances ennemies, les discordes et les scandales de l'Église, les guerres étrangères et les guerres civiles, éloignaient les âmes vraiment chrétiennes de ce monde plein de trouble et de sang. Dégoût de la science des écoles, dégoût de la vie extérieure, tel est le double sentiment qui règne universellement vers les derniers temps de la Scolastique, et dont un livre célèbre, l'*Imitation de Jésus-Christ* est le plus pur et le plus puissant écho. Comme tous les livres qui expriment la pensée générale d'une époque, l'*Imitation* n'a point ce caractère individuel qui en fait reconnaître l'auteur ; il semble que ce soit le livre de tous, tant le sentiment qui l'inspire est général. Est-ce Gerson qui l'a écrit, est-ce Thomas Akempis, est-ce tel autre, on ne le sait point. C'est une œuvre qui peut être attribuée à tous les mystiques du temps.

Toutes les propositions de ce livre expriment le mépris de l'école et du monde. Quiconque veut arriver à la vie spirituelle doit, à l'exemple de Jésus-Christ, s'éloigner de la foule[1]. Laissez les choses vaines aux hommes vains ; fermez votre porte sur vous et appelez à vous Jésus, votre bien-aimé ; demeurez avec lui dans votre cellule, parce que vous ne trouverez point ailleurs une paix aussi profonde. Si vous n'en étiez pas sorti, et que vous n'eussiez point prêté l'oreille aux bruits qui circulent dans le monde, vous vous seriez mieux maintenu dans les douceurs de la paix ! Observez-vous sur

---

[1] *Imitat. J.-C.*, l. i, c. 20, § 2. Qui igitur intendit ad interiora et spiritualia pervenire, oportet eum cum Jesu a turba declinare

la terre comme un voyageur et un étranger que les affaires de ce monde ne regardent point [1]. Conservez votre cœur libre et élevé en haut, vers Dieu, parce que vous *n'avez point ici une cité permanente* [2]. Il faut compter pour rien le monde entier, et préférer le soin des choses intérieures et divines à tout autre soin [3]. Il faut s'éloigner de ses amis ; l'homme qui veut être vraiment spirituel doit renoncer à ses proches aussi bien qu'aux étrangers. Qui veut vivre en Jésus-Christ doit mourir au monde [4]. « Tenez-vous avec moi, dit Jésus-Christ dans ce livre, et vous trouverez la paix ; laissez-là tout ce qui passe, cherchez ce qui est éternel [5]. »

Voilà pour le monde. Quant à la science, l'*Imitation* n'en proclame pas moins la vanité. Que peut-elle, sinon faire entendre des sons dont elle ne donne pas le sens? Elle dit de belles choses qui laissent le cœur froid ; elle expose la lettre, dont Dieu seul révèle l'esprit ; elle annonce des mystères dont

---

[1] Ibid., § 8. Dimitte vana vanis : tu claude super te ostium tuum, et voca ad te Jesum dilectum tuum. Mane cum eo in cella tua quia non invenies alibi tantam pacem. Si non exisses, nec quidquam de rumoribus audisses, melius in bona pace permansisses.

[2] Ibid., c. 23, § 9. Serva te tanquam peregrinum et hospitem super terram, ad quem nihil spectat de mundi negotiis. Serva cor liberum et ad Deum sursum erectum, quia non habes hic manentem civitatem.

[3] Ibid., l. III, c. 53, § 1. Totum mundum nihil æstima : Dei vacationem omnibus exterioribus antepone..... A notis et a caris oportet elongari. Attamen si vere velit esse spiritualis, oportet eum renuntiare tam remotis quam propinquis.

[4] Ibid., c. 44, § 1. In multis oportet te esse inscium, et æstimare te tanquam mortuum super terram.

[5] Ibid., c. 1, § 2. Dimitte omnia transitoria, quære æterna

Dieu seul donne l'intelligence [1]. Le recueillement d'une âme libre et sincère prépare bien mieux que la science à la connaissance des choses divines. Un cœur pur pénètre le ciel et l'enfer [2]. C'est la grâce qui élève l'âme et la transporte au-dessus d'elle-même ; mais si l'homme ne brise pas tous les biens qui l'attachent aux créatures, s'il ne se dépouille de toute affection, la grâce ne viendra point, et l'âme ne goûtera pas les douceurs de la société divine [3]. « Quand pourrai-je, s'écrie l'auteur de l'*Imitation*, me recueillir si parfaitement en vous, qu'embrasé de votre amour, je n'aie plus aucun sentiment de moi-même, mais que je ne sente que vous [4]. » La doctrine du pur amour, qui trouvera dans sainte Thérèse et Fénelon des organes si éloquents, est déjà tout entière dans cette phrase : « Je préfère mon pèlerinage sur la terre avec vous, à la possession du ciel sans vous. Où vous êtes, là est le ciel ; la mort et l'enfer sont où vous n'êtes pas [5]. » Mais l'âme n'atteint

[1] Ibid., c. 11, § 2. Possunt quidem verba sonare, sed spiritum non conferunt. Pulchriter dicunt, sed, te tacente, cor non accendunt. Litteras tradunt, sed tu sensum aperis. Mysteria proferunt, sed tu reseras intellectum signatorum.

[2] Liv. ii, c. 4, § 2. Cor purum penetrat cœlum et infernum.

[3] Liv. ii, c. 8, § 5. Esto purus et liber ab intus sine alicujus creaturæ implicamento. Oportet te esse nudum et purum cor ad Deum gerere si vis vacare et videre quam suavis sit Dominus.

[4] Liv. iii, c. 21, § 3. Quando ad plenum me recolligam in te, ut præ amore tuo non sentiam me, sed te solum, supra omnem sensum et modum.

[5] Ibid., c. 9, § 1. Eligo potius tecum in terra peregrinari, quam sine te possidere. Ubi tu, ibi cœlum; atque ibi mors et infernus, ubi tu non es. — Sainte Thérèse et saint François de Sales avaient sans doute ce passage présent à l'esprit, quand ils préféraient l'enfer avec la volonté de Dieu, au paradis sans cette volonté.

point en ce monde le terme de ses mystiques aspirations. Ce n'est que dans un monde supérieur que, transfigurée de lumière en lumière dans l'abîme divin, elle goûte enfin le Verbe fait chair.

Un tel mysticisme, véritable cri de désespoir d'une âme qui a senti la misère du monde et la vanité de la science, n'est pas tout à fait celui de Gerson. Ce cœur désolé, après les cruelles épreuves d'une vie agitée, se ferme aux affaires du monde, mais il reste ouvert à l'amour des hommes et à la pratique des vertus sociales. Si Gerson se retire du gouvernement de l'Église et de l'État, où sa vertu est impuissante, c'est pour servir encore l'humanité par un dévouement obscur et d'autant plus admirable. Gerson n'eût pas dit comme l'auteur de l'*Imitation* : « Toutes les fois que j'ai été parmi les hommes, j'en suis revenu moins homme, » bien qu'il eût plus souffert peut-être du commerce des hommes qu'aucun de ses contemporains. Dans les œuvres toutes mystiques de ses derniers jours, au moment de ses plus grandes tristesses, il ne lui échappe aucune de ces désespérantes maximes sur le néant des choses et des affections humaines, dont est semé le livre de l'*Imitation*. Ce livre est un beau monument du mysticisme de l'époque ; c'est une éloquente protestation contre les scandales du monde et les vanités de l'école. Ce soupir d'amour poussé vers Dieu, à travers le bruit effroyable des guerres et le son monotone des controverses scolastiques, devait pénétrer toutes les âmes tendres et fatiguées du monde. Mais c'est à tort qu'on y verrait un parfait commentaire de l'Evangile. S'il n'est pas contraire au vrai Christianisme, il est certain qu'il n'en exprime et n'en développe que le côté ascétique, lequel n'en est pas le meilleur. C'est l'évangile d'un solitaire ou d'un couvent ; ce n'est pas le livre de la grande société chrétienne. La charité de Gerson eût sans doute répugné à un pareil isolement ; ce livre, d'ailleurs plein de mouvement et de passion mystique, est à la fois trop éloquent et trop ascétique pour être sorti de la plume de Gerson.

Pendant que l'habitude de la vie intérieure, le discrédit de la Scolastique, le dégoût du monde, engendraient en France ce mysticisme tout psychologique, dont les abbés de Saint-Victor, saint Bonaventure, Gerson, l'auteur de l'*Imitation*, sont les plus purs organes, un mouvement mystique d'un caractère tout différent se développait en Allemagne, sous l'influence d'un tout autre génie. Le mysticisme français paraissait se rattacher, par l'Aréopagite, aux traditions de la théologie orientale ; mais en réalité, tout en invoquant l'autorité du saint personnage, il restait profondément étranger aux tendances spéculatives de sa doctrine. Ces traditions avaient à peu près disparu de la théologie scolastique, après la condamnation de Scot Érigène et de ses disciples, Amaury de Chartres et David de Dinant. Il semblait que les foudres de l'Église les eussent fait rentrer dans le néant ; mais rien n'est plus impérissable que la pensée. Réprouvées par l'autorité religieuse, antipathiques à l'esprit français, les spéculations de Jean Scot, dernier écho de la théologie orientale, furent recueillies avidement et propagées par une secte mystique du xiii° siècle, fort nombreuse en Allemagne et notamment sur les bords du Rhin. Les Bégards ou *Frères du libre esprit*, enseignaient que Dieu est tout ; qu'il n'y a aucune différence entre le

Créateur et la créature ; que la destinée de l'homme est de s'unir à Dieu, de manière à perdre son essence propre dans la nature divine ; que, par cette union, l'homme ne devient pas seulement semblable à Dieu, mais Dieu lui-même par nature et sans différence, c'est-à-dire Créateur, éternel, infini ; que, dès lors, l'homme n'a plus à s'inquiéter des prescriptions de la loi humaine ou de la loi divine ; qu'il peut faire tout ce qu'il veut, puisque ce n'est plus lui, mais Dieu qui veut. Ce panthéisme mystique n'était point l'expression, mais la conséquence exagérée, bien que naturelle, des doctrines de Jean Scot ; il avait été enseigné par ses disciples, Amaury et David. Scot Érigène, à l'exemple des grands théologiens de l'Orient, s'était vainement efforcé de sauver la personnalité humaine compromise par cet idéalisme tout alexandrin, qui professait l'identité substantielle du Créateur et de la créature, et détruisait l'idée de sa création divine, en la réduisant à une simple *théophanie*. Ses disciples, ainsi que les *Frères du libre esprit*, ne faisaient que presser les conséquences de la doctrine. C'est de cette tradition qu'est née la grande École des mystiques allemands du xive siècle, maître Eckart, Tauler, Suso, Ruysbrock[1].

Maître Eckart étudia et enseigna même quelque temps à Paris ; mais il ne garda de la scolastique que la forme. « La science des maîtres de Paris » ne lui in-

---

[1] Les éléments de cette analyse, comprenant Eckart, Tauler, Suso, Ruysbrock, sont tirés d'un excellent Mémoire sur le mysticisme allemand au xive siècle, lu à l'Académie des sciences morales et politiques, par M. Charles Smith, professeur de théologie à la Faculté de Strasbourg, et imprimé dans la *Collection des mémoires des savants étrangers*.

spirant que du dégoût, il s'attacha de bonne heure aux *Frères du libre esprit*. Bien supérieur à ces mystiques par la science et par le génie, il était versé dans la connaissance de tous les grands théologiens du Christianisme, et possédait toute l'érudition philosophique de son temps. Il connaissait de Platon et des Alexandrins tout ce qu'en avaient reproduit les Pères de l'Église. Il cite fréquemment, dans ses spéculations théologiques, saint Augustin, saint Grégoire, Boèce, Denys l'Aréopagite ; il suit exactement la méthode d'Origène dans l'interprétation des Livres saints. Il ne nomme jamais Scot Érigène, ni Amaury et David, ses disciples ; mais il leur ressemble trop pour ne point s'en être inspiré. Comme il prétend rester orthodoxe, il s'abstient de rappeler des doctrines condamnées par l'Église ; mais sa doctrine n'en est pas moins une œuvre originale, fruit de la tradition et du génie personnel tout à la fois, mélange d'idées alexandrines et d'inspirations germaniques fondues en un système dont toutes les propositions sont enchaînées entre elles par une logique inflexible. Maître Eckart débute, comme les Alexandrins et les théologiens mystiques de l'Orient, par l'abstraction la plus haute de la pensée. L'être est le premier de tous les noms ; il désigne ce qui seul est réel, universel, nécessaire. L'être n'appartient qu'à Dieu, ou plutôt l'être, c'est Dieu [1]. Maître Eckart va plus loin : considérant, à l'exemple de Jean Scot, que l'être est borné par son contraire, le non-être, il élève Dieu au-dessus de l'être, et le place, par delà toute opposition, dans le sein de l'unité absolue [2]. Dieu est l'Unité

---

[1] Eckart, *Serm.*, fol. 279. — Ibid., *Serm.*, fol. 243 *b*.
[2] Ibid.

absolue, en qui toute différence essentielle a disparu [1]. Il est partout, dans l'esprit, dans la pierre, dans la plante ; mais il n'est ni ceci ni cela. Toutes les créatures aspirent par leurs œuvres à exprimer le nom de Dieu ; elles y aspirent sciemment ou à leur insu, sans jamais pouvoir y parvenir [2]. Dieu n'a pas de nom, parce qu'il est au-dessus de tous les noms. Il comprend en lui l'être de toutes les créatures ; c'est pour cela que lui seul peut dire véritablement : « Je suis [3]. »

Le Dieu d'Eckart n'est point la pure abstraction de l'*être* ou de l'*un ;* c'est l'intelligence réelle et vivante, qui se comprend elle-même et vit en soi, sans différence [4]. En Dieu, l'être et le penser sont identiques ; son être, sa substance, sa nature, est sa pensée [5]. Mais Dieu ne se pense qu'en se prenant lui-même pour objet, qu'en se posant pour ainsi dire hors de lui-même [6]. Telle est la différence que maître Eckart met entre Dieu et la Divinité. La Divinité, selon lui, est l'éternelle et profonde obscurité où Dieu est inconnu à lui-même, le fond simple et immobile de l'Être divin [7]. Dieu, au contraire, c'est la Divinité sortant d'elle-même, se manifestant et se reconnaissant elle-même, agissant au dehors [8]. Cette pensée qui se produit et se prononce est le Verbe ; se prononcer pour Dieu, c'est s'engendrer. En même temps que Dieu se prononce dans le

[1] *Voy*. art. 23 et 24 de la bulle de 1329.
[2] *Serm*., fol. 175.
[3] Ibid., fol. 253 *a*.
[4] Ibid., fol. 311 *a*.
[5] Ibid., fol. 286 *a*.
[6] Ibid.
[7] Ibid., fol. 256 *b*.
[8] Ibid., fol. 302 *a*.

Verbe, il prononce toutes choses[1]. Tout ce que le Père est et tout ce qu'il peut, il le manifeste en son Fils ; c'est par cette manifestation seule que la Divinité devient Dieu, que l'Être devient la Vérité[2]. « Avant la création, dit maître Eckart, Dieu n'était pas Dieu[3]. »

Eckart fait le monde coéternel à Dieu[4]. Dieu agit ou parle, sans interruption, de toute éternité, de toute nécessité, qu'il le veuille ou ne le veuille pas[5]. Chez lui, produire et devenir se confondent en un seul acte ; la cause qui produit, l'être qui devient, sont une seule et même essence[6]. Dire que Dieu a créé le monde à telle époque est absurde ; il le crée éternellement. Tout ce que Dieu a fait il y a mille ans, tout ce qu'il fera dans mille ans, tout ce qu'il fait maintenant, n'est qu'un acte éternel par lequel le Verbe se prononce, le Fils s'engendre, et Dieu se différencie éternellement[7]. « Si l'on me demande ce que Dieu fait, dit Eckart, je réponds : Il engendre son Fils, et l'engendre incessamment de nouveau ; et il a tant de jouissance en cette opération, qu'il ne fait pas autre chose, et qu'il crée dans le Fils le Saint-Esprit et toutes choses[8]. » Le monde ne subsiste éternellement que parce que Dieu sort éternellement de lui-même : la conservation et la création du monde sont un seul et même acte[9]. Eckart

---

[1] Ibid., *Cod.* A, fol. 42 a.
[2] *Cod.* A, fol. 44 a.
[3] *Serm.*, fol. 307 a.
[4] *Voy.* la bulle de 1329, art. 1er.
[5] *Serm.*, fol. 268 b.
[6] Ibid., fol. 385 a.
[7] Ibid., 245 b. — Ibid., 268 b.
[8] *Cod.* A, fol. 77 a.
[9] Ibid.

parle des prototypes des choses en Dieu, comme Jean Scot et les Pères platoniciens : seulement il identifie les *idées* avec l'Être divin lui-même [1].

Eckart fonde l'identité de Dieu et du monde sur l'identité du médiateur, le Fils, avec Dieu d'une part, et de l'autre avec le monde. Si le Fils est en Dieu, et que toutes choses soient dans le Fils, il s'ensuit que par le Fils, tout est en Dieu [2]. En Dieu, tous les êtres créés ne sont plus qu'un, depuis l'ange qui adore la Majesté divine, jusqu'à l'araignée qui rampe sur l'herbe. Il n'y a pas de vérité dans les créatures ; Dieu seul est la vérité ou la réalité. Or ce qui est en Dieu est Dieu lui-même [3]. Eckart arrive ainsi, par une logique rigoureuse, à la double proposition d'Amaury : Dieu est tout, et tout est Dieu. Cette identité n'est pas, dans la pensée du philosophe allemand, la confusion grossière de Dieu et du monde, telle que la concevrait un grossier empirisme. Le panthéisme d'Eckart est la conséquence extrême d'un principe tout opposé. Le monde, tel qu'il existe au sein de l'Être divin, ne ressemble en rien à cette réalité extérieure que perçoivent les sens ; il est en Dieu comme pur intelligible, sans modes, sans différences, à l'état d'essences parfaites et d'*idées*, pour parler le langage de Platon. C'est en ce sens qu'Eckart dit : « Le moindre brin d'herbe, le bois, la pierre, tout est en lui [4]. » Du reste, tous les idéalistes soupçonnés de panthéisme, Amaury, Jean Scot, Denys l'Aréopagite, les Alexandrins, entendent de cette façon l'identité

---

[1] Ibid.
[2] *Serm.*, fol. 286 a.
[3] *Serm.*, fol. 252 a. — Ibid., 256.
[4] *Serm.*, fol. 249 b.

de Dieu et du monde. Ce qui distingue la pensée de maître Eckart des doctrines qui lui ont servi de tradition, c'est qu'il identifie avec Dieu les idées, dont l'univers n'est que le développement extérieur, tandis que les idéalistes platoniciens ou néoplatoniciens élevaient la nature divine fort au-dessus des idées. Selon Eckart, toutes les créatures sont des paroles divines; la pierre, la plante parlent de Dieu comme l'homme. Celui qui aurait reconnu l'être de la créature n'aurait plus besoin d'aucun autre enseignement; chacune est pleine de Dieu ; chacune porte une empreinte, un reflet de la nature divine ; chacune est un livre qui parle de l'Esprit éternel [1].

Le monde sorti du sein de Dieu aspire à y rentrer. Les créatures ne cherchent que ce qui est semblable à Dieu ; plus elles sont imparfaites, plus elles le cherchent extérieurement. « A celui qui me demande, dit Eckart, quelle a été la fin du Créateur en produisant le monde, je dirai que c'est le repos; les créatures n'ont pas un autre désir [2]. » Si Dieu n'était pas en toutes choses, la créature n'en désirerait aucune; qu'elle le sache ou qu'elle l'ignore, dans son moindre désir, c'est Dieu qu'elle cherche. Elle se réjouit du boire, du manger, du vêtement, parce qu'en tout il y a quelque chose de Dieu [3]. Tout amour de la créature se confond donc dans l'amour de Dieu. De même que le monde sort de Dieu par le Fils, de même il y rentre par le Saint-Esprit, fruit de l'amour réciproque du Père et du Fils, lien commun qui les unit et le monde avec eux. Sans

---

[1] Ibid., fol. 275 a.
[2] Ibid., fol. 292 a.
[3] Ibid.

le Fils et le Saint-Esprit, Dieu ne serait pas ; il resterait enfoui dans le mystère de sa divinité; sans la Divinité, le Fils et le Saint-Esprit seraient impossibles, puisqu'elle est la source d'où émanent l'un et l'autre. Ce qui fait dire à Eckart que l'Unité n'a sa réalité que dans la Trinité, de même que la Trinité n'est possible que par l'Unité. Le Fils n'est pas l'image de la Divinité en elle-même ; la Divinité n'engendre ni ne crée ; il est l'image de Dieu ou du Père. Dieu n'est sorti des ténèbres cachées de sa divinité que pour y rentrer, afin d'y reposer avec lui-même et toutes les créatures. En décrivant les divers mouvements de la nature divine, comment elle engendre le Fils en sortant d'elle-même, comment elle engendre le Saint-Esprit en y rentrant, comment elle crée le monde, maître Eckart prend soin d'avertir que toutes ces opérations n'ont rien de commun avec les œuvres de la créature dans le temps et l'espace. « Le Père prononce le Verbe; dans ce Verbe éternel, qui est son Fils, il prononce toutes choses. Le Verbe du Père est sa compréhension de lui-même. Ce que le Père comprend ou pense, c'est lui-même. Dieu est en outre sa propre jouissance. Qu'est-ce que jouir pour la Divinité? Apprenez que le Père contemple sa nature en jouant. Quel est ce jeu? C'est son Fils éternel. Le Père a joué éternellement avec sa propre nature. Ce avec quoi il joue est la même chose que celui qui joue. Le Père regarde sa nature et s'y voit comme Fils ; en embrassant celui-ci, il embrasse sa propre nature dans les silencieuses ténèbres de son être, qui n'est connu de personne que de lui-même. Le Fils regarde et embrasse le Père dans sa propre nature, vu qu'il est un avec lui. Le Père s'est aimé éternellement en son Fils ; de même, le Fils s'est aimé éternellement en son Père. Leur amour réciproque est le Saint-Esprit; la troisième personne procède des deux autres comme amour qui les unit¹. »

En vertu de l'identité du Créateur et de la créature, l'être créant reste, vit, pense, aime dans l'être créé. Ainsi la pensée de Dieu est la mienne ; l'amour de Dieu est le mien. Dieu se connaît dans l'esprit de l'homme ; il s'aime dans son cœur. « Les simples gens s'imaginent que Dieu est ici, tandis qu'ils sont là : il n'en est pas ainsi ; Dieu et moi, nous sommes un dans la conscience². »

La psychologie de maître Eckart est parfaitement conséquente à sa théologie. L'âme humaine, selon lui, a été créée immédiatement par Dieu, à l'image de sa plus haute perfection³; elle compte trois facultés : la pensée, la faculté irascible, la volonté. Mais au fond de l'âme même, il existe une puissance incréée, incréable, émanant de l'esprit; essentiellement spirituelle, échappant au temps et à l'espace dans sa liberté parfaite, pure lumière de l'esprit, vraie étincelle de la nature divine, supérieure à l'âme de toute la distance du ciel à la terre, libre de tous les noms, libre de toutes les formes, aussi sublime, aussi simple, aussi une que Dieu lui-même⁴. « D'où vient que tant de docteurs ne peuvent souffrir qu'on parle de la nature divine de l'âme? Sachez que sa suprême noblesse leur est cachée; car, s'ils la connaissaient, certes ils ne sauraient trouver la différence entre l'âme et Dieu⁵. » L'intelligence pénètre

---

¹ *Serm.*, fol. 247 *b*.
² Ibid., fol. 305 *a*.
³ Ibid., fol. 255.
⁴ *Serm.*, fol. 294 *b*.
⁵ Ibid., fol. 277 *b*.

dans les replis les plus cachés de la Divinité ; elle prend le Fils dans le cœur, dans le fond le plus intime du Père, et le pose dans son propre fond. La bonté, la sagesse, la vérité, Dieu lui-même, ne lui suffisent pas plus qu'une pierre ou un arbre. Elle n'a pas de repos qu'elle n'ait pénétré dans le fond d'où émanent la bonté et la sagesse, et où elle les prend à leur origine, avant qu'elles aient reçu un nom [1]. Il faut qu'elle parvienne au Principe suprême, dans cette solitude silencieuse de la Divinité, où il n'y a plus ni Père, ni Fils, ni Saint-Esprit [2].

Les conditions de la vie extérieure, la matière, le temps, l'espace, empêchent l'intelligence d'entendre le Verbe divin qui parle en elle. De là la nécessité d'une révélation objective [3]. Le Fils et Jésus-Christ sont distincts : le premier est l'Esprit universel lui-même ; le second est l'Esprit sous forme humaine. Tout homme qui pourrait devenir aussi pur que le Christ serait égal au Fils unique, et Dieu serait et opérerait en lui autant que dans le Christ. Eckart reproduit la belle pensée de saint Clément sur le Christ. « Dieu est devenu homme pour que l'homme devienne Dieu [4]. » Par le Christ, Dieu a révélé aux hommes qu'ils sont tous ses fils, qu'ils sont tous *le même Fils*. Voir Dieu, selon maître Eckart, c'est avoir conscience de lui, puisqu'au fond il ne fait qu'un avec l'intelligence. Pour arriver là, il faut que le *moi* soit anéanti, que l'humanité meure [5]. Celui qui distingue encore entre lui et

---

[1] Ibid., fol. 301 *a*.
[2] Ibid., fol. 159 *b*.
[3] Ibid., fol. 313 *a*.
[4] Ibid., fol. 263 *b*.
[5] Ibid., fol. 245 *a*.

Dieu, en est séparé par un abîme[1]. Tout ce qui n'est pas Dieu et Dieu lui-même, en tant que personne, doivent être anéantis par la pensée. « Je prie Dieu qu'il me rende quitte de lui-même, car l'Être sans être, l'Absolu est au-dessus de toute différence personnelle[2]. » En cet état, l'homme devient sage, puissant, divin, Dieu lui-même. Il est bienheureux, non parce que Dieu est en lui, ou qu'il le possède, ou que la bonté de Dieu le réjouit, mais parce qu'il le sait et le reconnaît[3]. L'homme juste n'a aucun but dans tout ce qu'il fait ; car ceux qui cherchent par leurs œuvres le salut ou la vie éternelle, ou le royaume céleste, ou quoique ce soit dans le temps ou dans l'éternité, ne sont pas des justes, mais des valets et des mercenaires ; la justice consiste à agir sans autre cause et sans autre but que Dieu[4]. « Si Dieu veut que je pèche, je ne dois pas vouloir ne pas pécher. » Ce qui tourmente les âmes dans l'enfer, ce n'est ni l'insatiable cupidité de l'égoïsme, ni le feu éternel, c'est le *néant*[5]. Eckart prend en pitié la religion de ceux « qui veulent voir et aimer Dieu, comme ils aiment une vache pour le lait et le fromage qu'elle donne[6]. »

Dieu communique au juste un être divin et le revêt de toutes les qualités de la Divinité[7]. Il engendre son Fils unique dans l'âme qui est parvenue à le com-

---

[1] Ibid., 252 *a*. — Ibid., fol. 267 *a*.
[2] Ibid., fol. 306 *b*.
[3] Ibid., fol. 287 *b*.
[4] Ibid., fol. 244 *b*.
[5] *Voy.* la bulle de 1329, art. 19 et 15. — *Serm.*, fol. 266 *b*.
[6] *Serm.*, fol. 300 *a*.
[7] Ibid., fol. 245 *a*.

prendre, il l'y engendre nécessairement et n'a pas de repos avant de l'avoir engendré [1] ; il lui donne tout ce qu'il donna jadis au Christ, en sorte qu'elle devient le Fils unique sans différence [2]; enfin il lui livre la racine la plus cachée de sa divinité, sans se rien réserver pour lui seul [3]. L'homme ainsi identifié avec Dieu devient comme lui et avec lui créateur de soi-même et de toutes choses [4]. Le panthéisme d'Eckart s'emporte jusqu'à ces étranges paroles : « Dans le principe, j'ai été, je me suis pensé moi-même, j'ai voulu moi-même produire cet homme que je suis, je suis ma propre cause. Ce que j'ai été dans l'éternité, je le suis maintenant et je le demeurerai à jamais, tandis que ce que je suis dans le temps passera et sera anéanti avec le temps lui-même. Dans l'acte de ma naissance éternelle, toutes choses ont été engendrées avec moi, et je suis devenu la cause de moi-même et de tout le reste, et si je voulais, je ne serais pas encore, ni moi, ni le tout ; si je n'étais pas, Dieu ne serait pas [5]. » Et autre part : « Dans cet état où je suis tellement un avec Dieu qu'il ne puisse plus m'exclure, le Saint-Esprit procède et reçoit son être de moi aussi bien que de Dieu. Car s'il ne le recevait pas de moi, il ne le recevrait pas de Dieu [6]. » Eckart, il est vrai, semble abandonner ces conséquences extrêmes, lorsqu'il soutient ailleurs que l'état suprême auquel le juste arrive est une union et non

---

[1] Ibid., fol. 246 b.
[2] Ibid., fol. 251 a.
[3] Ibid., fol. 283 b.
[4] Ibid., fol. 289 b.
[5] Ibid., fol. 308 a.
[6] Ibid., fol. 251 a.

une transformation, encore moins une identification avec Dieu, se fondant sur ce principe, que l'être de l'homme ne peut jamais devenir l'être de Dieu [1]. Mais cette sagesse tardive est en contradiction avec ses propres paroles et avec l'esprit même de sa doctrine.

Soit que maître Eckart ait connu directement les livres de Jean Scot, soit qu'il n'en ait eu communication que par les *Frères du libre esprit*, de nombreuses analogies démontrent qu'il a puisé largement à cette source. Ce Dieu inintelligible et ineffable, supérieur à l'être, qui sort des mystères de sa Divinité et y rentre incessamment, qui s'engendre dans le Fils et dans le Saint-Esprit, dans le sein duquel toute créature subsiste, vit, pense, aime essentiellement, dont la création n'est qu'une manifestation nécessaire, perpétuelle, coéternelle à la nature divine, véritable théophanie, pour parler le langage de l'Aréopagite, n'est-ce pas là, trait pour trait, le Dieu de Scot Érigène ? L'identité d'expressions trahit l'identité de pensée. Chez tous les deux, Dieu s'engendre, devient, se crée ; le monde est en Dieu, est divin, est Dieu même sorti des profondeurs de son impénétrable nature. De même que Jean Scot, maître Eckart arrive à l'identification de l'homme et de la Divinité, par la seule logique, sans avoir recours à l'amour, à l'extase, ou à toute autre faculté extraordinaire. A tous deux suffit l'intelligence, cette *étincelle* de la nature divine. Leur panthéisme est tout spéculatif. En cela, ils se distinguent profondément des écoles mystiques du moyen âge, et se rattachent aux Alexandrins. Seulement maître Eckart dépasse infiniment les hardiesses les plus étranges du Néoplatonisme.

[1] Ibid., fol. 273 *a*.

Ni Plotin, ni Proclus, ni Scot Erigène, ni Amaury n'auraient osé dire que l'homme identifié avec Dieu participe de sa puissance comme de sa nature, qu'avec Dieu il engendre le Fils, il engendre le Saint-Esprit, il crée le monde, et que, sans l'homme, Dieu ne pourrait ni engendrer, ni exister. Sauf ces exagérations, la doctrine d'Eckart est un développement fécond, original, d'une tradition bien connue, dont l'Aréopagite et surtout Jean Scot sont les derniers échos.

Beaucoup moins savant et moins profond, plus porté aux contemplations mystiques qu'aux déductions d'une logique transcendante, Tauler suit la pensée de maître Eckart, sans en adopter les conséquences extrêmes. L'être est ce qui subsiste, quand on fait abstraction de tout ce qui est nom, mode, forme, relation ; c'est l'unité simple et incréée, Dieu [1]. Dieu est supérieur à tout ce qu'on affirme de lui ; suivant l'Aréopagite, aucun des noms qu'on lui prête ne lui convient. Il est ce dont il faut tout nier ; en ce sens, on peut dire qu'il est le vrai néant incréé [2]. Cet être anonyme est, dans sa Divinité, un abîme sans fond, une obscurité impénétrable, supérieure à toute lumière [3]. Cette Divinité silencieuse et cachée sort de sa solitude et se manifeste dans la Trinité [4] : c'est alors qu'elle devient Dieu. Dieu sortant de lui-même pour se contempler et se recon-

---

[1] Tauler, *Serm.*, fol. 29 *b*, 65 *b*, 164 *a*.

[2] Ibid., fol. 142 *b*, 103 *b*. — Hégel, tout pénétré de l'Idéalisme des mystiques allemands du xive siècle, a exprimé la même doctrine dans des termes identiques. L'*idée*, dans son indétermination absolue, est le néant incréé, le *rien* d'où tout être procède.

[3] Ibid., fol. 30 *a*, 164 *a*.

[4] Ibid., fol. 1 *b*.

naître, c'est le Père. Par cette reconnaissance, il engendre le Verbe. Dans le Fils, le Père se voit identique avec lui-même, et aime son Fils. D'une autre part, le Fils se reconnaît et s'aime dans le Père. Cet amour réciproque est le Saint-Esprit [1]. Dieu sort de lui-même et y rentre perpétuellement ; cet acte par lequel la Divinité se prononce et s'annule tour à tour comme Dieu, Tauler l'appelle avec Eckart le jeu de la Trinité et de la création [2].

Selon Tauler, l'homme participe du temps et de l'éternité. Par le corps il appartient au temps, par l'âme à l'éternité. Sortie des profondeurs de la Divinité, l'âme est incréée, éternelle en Dieu, de même essence que lui, quant à sa partie intime [3]; sur ce fond, qui est l'esprit, est empreinte l'image de la Trinité. Au-dessus des trois facultés de l'âme, mémoire, raison, volonté, est une faculté essentiellement mystique, la syndérèse, force suprême de l'esprit, embrassant Dieu immédiatement [4]. Ici Tauler s'écarte de la doctrine de son maître pour rentrer dans la tradition des vrais mystiques, Richard de Saint-Victor, saint Bonaventure, Gerson. Depuis la chute d'Adam, la nature humaine incline vers le péché, sans être radicalement pervertie ; l'essence de l'âme est toujours restée pure, malgré les souillures du corps [5]. Néanmoins la volonté ne suffisant pas pour relever la nature humaine de cette inclination au mal contractée par le péché, il faut la

---

[1] Ibid., fol. 59 b, 1 b.
[2] Ibid., fol. 129 b, 135 a.
[3] Ibid., fol. 120 b, 140 b.
[4] *Imitat.*, p. 267.
[5] Ibid., p. 65.

grâce [1]. C'est dans l'esprit et la conscience que l'âme trouve Dieu [2]. Elle ne le reconnaît dans son véritable être qu'autant qu'elle s'est élevée par la voie de la négation au bien unique, ineffable [3]. L'ignorance de toutes les choses créées est la condition du vrai savoir divin [4]. Il faut mourir à soi-même et perdre le sentiment de son être individuel pour avoir conscience de l'être divin, le seul véritable [5]. « Celui qui ne ferait jamais autre chose que considérer son néant, sentirait la grâce de Dieu opérer incessamment en lui [6]. » Pour entendre la parole divine, l'homme doit se taire; il doit rester passif, s'il veut que Dieu agisse en lui. Dieu seul agira; pourvu que l'homme ait la volonté de se corriger, Dieu fera le reste [7]. La grâce, du reste, n'est qu'une préparation à la vraie vie divine ; quand le moment est venu, la grâce fait place à l'action immédiate de Dieu [8]. C'est alors que le Verbe s'engendre dans l'âme ; Dieu opère, et l'œuvre qu'il opère c'est lui-même [9]. Il n'y a plus rien dans l'âme qui ne soit Dieu. L'esprit créé est revenu à son être incréé ; il va se perdre dans les ombres de l'abîme de la Divinité [10]. Ainsi transformée et confondue avec la nature divine, si l'âme pouvait se voir elle-même, elle se prendrait

---

[1] Ibid., p. 10.
[2] *Serm.*, fol. 79 *a*.
[3] Ibid., fol. 142 *b*.
[4] Ibid., fol. 129 *a*.
[5] Ibid , fol. 62 *a*.
[6] Ibid., fol. 102 *b*.
[7] Ibid., fol. 104 *a*. — Ibid., fol. 102 *b*.
[8] *Imitat.*, p. 10, 208.
[9] Ibid., p. 119.
[10] *Serm.*, fol. 89 *a*, 55 *b*.

pour Dieu. Cette confusion est même nécessaire, du moment qu'elle ne fait qu'un avec Dieu [1]. L'âme déifiée, c'est Dieu lui-même « qui s'aime et se reconnaît en toutes choses, puisqu'il n'y a plus qu'une vie, qu'un être [2]. »

La doctrine toute spéculative de maître Eckart, devenue moins abstraite et plus contemplative avec Tauler, dégénère, entre les mains de Suso, en un mysticisme à la fois poétique et sentimental. Cette âme tendre et chevaleresque, porte dans la théologie les fantaisies d'une imagination ardente et les passions d'une sensibilité profonde. Selon Suso, ce n'est point par la pensée, mais par l'amour que l'âme arrive à Dieu. Pour le reconnaître dans sa divinité, il faut d'abord le contempler dans son humanité en Jésus-Christ. La *passion* du Sauveur est la seule porte ouverte à l'âme qui cherche Dieu [3]. La souffrance est le principe de toute sagesse ; l'homme qui souffre est seul semblable au Seigneur [4]. « Celui qui a renoncé à tout perd la forme de la créature, est réformé avec Jésus-Christ, et transformé en la Divinité [5]. » L'homme engagé dans cette voie, embrasse la croix et imite la passion du Christ ; il meurt aux créatures, rentre dans la Trinité, et se perd avec elle dans les mystères de la Divinité d'où elle est sortie. « Je nage dans la Divinité, s'écrie Suso, comme l'aigle dans les airs [6]. »

---

[1] Ibid., fol. 79 *b*, 89 *a*, 112 *b*.
[2] Ibid., fol. 155 *b*.
[3] Suso, *De la sagesse éternelle*, fol. 89 *b*.
[4] Ibid., fol. 108 *b*.
[5] *Biogr.*, fol. 70 *b*.
[6] *De la vérité*, fol. 143 *a*.

Maître Eckart avait complétement absorbé l'homme dans la nature divine ; Tauler avait déjà fait quelques réserves timides sur ce point capital ; Suso est plus décidé dans son opposition au panthéisme du maître. Il conserve, dans l'union la plus intime avec Dieu, quelque chose de l'humanité. « L'homme n'est pas absolument annihilé dans le néant éternel, il lui reste une idée de sa différence [1]. » Sans oser blâmer Eckart, il explique ses paroles, de manière à en atténuer la portée. « Quant à l'homme uni à Dieu, la différence essentielle subsiste. Mais il faut distinguer entre *séparation* et *différence ;* par exemple, l'âme et le corps ne sont pas séparés, quoiqu'ils soient différents. Il en est ainsi pour Dieu ; puisqu'il communique l'être à tout ce qui existe, rien n'est séparé de lui, tout est en lui ; mais tout ce qui n'est pas Dieu même, est différent de lui. L'homme uni avec Dieu n'est donc pas séparé de lui, mais la différence reste [2]. » C'est la seule modification grave que Suso ait apportée à la doctrine de maître Eckart. Du reste, tout en la suivant avec une servile fidélité, il la dénature et la corrompt à son insu par un certain mélange de sentiments romanesques et d'images poétiques. Eckart ne trouvait pas d'abstractions assez pures dans la langue de la théologie pour parler de Dieu, de ses opérations, et de la félicité de de l'âme cachée dans le sein de la Divinité. Suso emprunte comme les mystiques français le langage de l'amour humain, pour exprimer les divines extases de l'âme unie à Dieu. Il représente la Sagesse éternelle,

---

[1] *Biogr.*, fol. 73 a.
[2] *De la vérité*, fol. 145 et suiv.

comme une reine resplendissante d'une beauté et d'une jeunesse éternelles, ornée de lis et de roses. « Heureux, s'écrie-t-il, celui qui à ses côtés peut se livrer éternellement, dans une paix agréable, aux jeux de l'amour, aux danses joyeuses du ciel [1]. Une seule parole qui s'échappe de ses lèvres surpasse en harmonie les chants des anges, les sons des harpes et des violes célestes ! » Suso est le poëte par excellence du mysticisme allemand au XIV° siècle.

On ne retrouve en Ruysbrock ni la forte pensée de maître Eckart, ni l'éloquence de Tauler, ni la poésie de Suso. Il ne possède point, comme les mystiques qui le précèdent, une certaine érudition philosophique ; il n'a jamais entendu parler de Platon, d'Aristote, de Proclus. En outre, il est évident que toute la tradition de la théologie orientale lui échappe. Maître Eckart, ainsi que Tauler et Suso, ses fidèles disciples, se rattachent encore par Jean Scot à cette tradition, et la continuent avec cette originalité propre à leur génie et à leur nation. Ruysbrock ne paraît pas avoir connu Jean Scot. Toute sa science théologique se borne à saint Augustin et à Denys l'Aréopagite. Il connaît les livres de maître Eckart et s'en inspire ; mais il n'est point son disciple. Sa doctrine émane d'une méthode et d'un esprit tout différent. Elle est le fruit d'une contemplation exaltée, non d'une spéculation savante ; essentiellement mystique, elle répugne au panthéisme et à ses conséquences. Selon Ruysbrock, l'union de l'âme avec Dieu, l'extase, n'est pas l'œuvre de la pensée, comme le veut Eckart, ni de l'amour humain, comme le

---

[1] *De la sagesse éternelle*, fol. 98 *a*.

disent Tauler et Suso, mais de la grâce seulement. C'est par Dieu seul, par un effet de son amour, que l'âme est admise à la félicité suprême [1]. En cet état, l'homme sort de sa nature ; il meurt à l'humanité et renaît à la vie divine ; ce que Ruysbrock appelle vivre en mourant et mourir en vivant dans une béatitude infinie [2]. L'âme alors est comme immergée et liquéfiée en Dieu [3] ; elle est revenue enfin dans le sein de la Divinité à la conscience de son être superessentiel [4]. Toutefois Ruysbrock ne veut pas que l'homme perde son être en Dieu. « Quand je parle de l'union, j'entends qu'elle ne se fait ni dans la nature ni dans l'essence, mais par l'amour ; nous pouvons nous unir, mais nous ne pouvons pas devenir un ; car si notre être était anéanti, nous ne pourrions ni connaître, ni aimer, ni être heureux [5]. » Ruysbrock a pu être accusé de panthéisme à juste titre par Gerson, sur quelques phrases équivoques ; l'esprit général de son mysticisme n'en est pas moins contraire à cette doctrine.

Toutes ces doctrines mystiques aboutissent à la même conclusion, silence des opérations actives et de la conscience, absorption et anéantissement de la nature humaine dans la Divinité. C'est là que tendent les abbés de Saint-Victor, saint Bonaventure, Gerson, l'auteur de l'*Imitation*, aussi bien qu'Eckart, Tauler, Suso, Ruysbrock : par ce côté, leurs œuvres se confondent en une seule et même doctrine. Et, en effet, la destruc-

---

[1] *Des noces spirituelles*, fol. 444 *b* et suiv.
[2] *Spec. æt. salut.*, p. 64.
[3] Ibid.
[4] Ibid.
[5] Ibid., p. 64.

tion de la personnalité humaine, dans l'union avec Dieu, n'est pas seulement un des caractères importants du mysticisme, elle en fait l'essence même. Le mysticisme affecte dans l'histoire des formes très diverses ; il varie selon le génie des individus, des peuples ou des traditions ; il varie surtout, selon qu'il est le fruit de la pensée, de l'imagination ou du sentiment; mais, sous toutes ces formes, il est un signe infaillible auquel on le reconnaît toujours : c'est la suppression de la conscience et du *moi* dans l'extase. Tel est le phénomène commun aux deux écoles mystiques, qui, pendant le moyen âge, se sont développées en France et en Allemagne.

D'accord quant au but, ces écoles diffèrent essentiellement par l'objet et la méthode. Un Dieu personnel et vivant, distinct du monde, à distance infinie, mais toujours à portée de la nature humaine faite à son image, un en trois Personnes, de même que l'âme humaine est une en trois facultés: Idéal suprême de bonté, d'intelligence, d'amour, que l'humanité peut comprendre (dans la mesure de ses forces), et surtout aimer et sentir intérieurement, tel est l'objet des mystiques contemplations de l'école française. Pour le découvrir, elle ne s'engage point dans les hautes spéculations de la métaphysique ; elle se borne à faire appel à l'expérience intérieure. L'amour suffit, même sans la science. Pourvu qu'ils aiment, les simples, les petits, les faibles sont sûrs de posséder celui qu'ils cherchent. La vraie science de Dieu est le fruit de l'amour, non l'œuvre de l'intelligence. Rien de plus simple et de plus facile à entendre que le mysticisme de cette école. Tout s'y réduit à des descriptions psychologiques assez vagues, à des accents d'amour, sans cesse répétés sous toutes les formes. L'âme y est représentée comme une amante qui soupire après son amant. Si de ces œuvres était effacé le nom de Dieu, on les prendrait volontiers pour des romans du cœur humain, tant on y retrouve le langage de la passion avec toutes ses tendresses et tous ses raffinements. Le Dieu du mysticisme allemand est tout autre [1]. C'est un principe abstrait, impersonnel, inaccessible à l'esprit humain dans sa mystérieuse divinité, ténébreux abîme où tout se confond, le Créateur et la créature, l'infini et le fini, le Père, le Fils, le Saint-Esprit, l'homme, le monde. Nulle image ne peut représenter l'union de l'âme avec un tel Dieu. L'amour, plus encore que la pensée, veut un objet distinct et déterminé ; autrement il ne sait où se prendre. L'âme peut se confondre et s'identifier avec le Dieu de maître Eckart ; elle ne peut l'aimer véritablement. Aussi ce grand esprit s'abstient-il sévèrement de ces images empruntées au langage des amants, dont les mystiques français font abus. C'est par la logique seule qu'il arrive au but de tout mysticisme, l'union intime et essentielle de l'âme avec Dieu ; il ne connaît pas d'autre faculté que la pensée, pas d'autre procédé que la spéculation. L'intelligence est la faculté divine par excellence ; Eckart ne parle point de l'amour. Quelque jugement qu'on porte sur cette doctrine, on ne peut s'empêcher de reconnaître qu'elle est infiniment supérieure au mysticisme français en profondeur, en richesse, en originalité. L'un n'est qu'un sentiment du

[1] Ceci est propre à maître Eckart et à Tauler. Suso et Ruysbrock quittent déjà les voies spéculatives pour se rapprocher du mysticisme tout psychologique des théologiens français.

cœur; l'autre est une grande pensée de l'intelligence, poursuivie dans toutes ses conséquences avec une force admirable.

Que ces différences profondes tiennent en partie à l'esprit des nations auxquelles appartiennent les deux écoles, on ne saurait le contester. Plus étendu et plus profond, le génie allemand aime la spéculation; plus simple, plus précis, plus ami du sens commun, le génie français préfère l'expérience. L'écueil naturel du premier en théologie est le panthéisme; le danger du second serait plutôt l'anthropomorphisme. Mais la cause principale de ces différences est ailleurs : c'est dans la diversité des traditions qu'il faut la chercher. La théologie chrétienne sert également de base à ce double mysticisme. Mais au sein de cette théologie coexistent dès l'origine deux principes bien distincts, dont le développement devait engendrer des doctrines contradictoires. L'une, représentée surtout par les Pères de l'Église latine, Tertullien, saint Augustin, saint Jérôme, etc., est essentiellement psychologique et incline aux représentations anthropomorphiques. L'autre, qui a pour organes les Pères de l'Église grecque, saint Clément, Origène, saint Grégoire de Nysse, Denys l'Aréopagite, saint Maxime, est surtout spéculative et aboutit aux abstractions de la raison pure [1]. C'est cette dernière tradition que condamna l'autorité des Conciles, au début de la Scolastique, dans la personne

---

[1] Il y a sans doute une différence essentielle entre la théologie *rationnelle* des Pères alexandrins reproduite par Scot Érigène et la théologie *mystique* du faux Denys. Mais, en regard de la théologie essentiellement *psychologique* de l'Église, ces deux doctrines se confondent dans la théologie dite *spéculative*.

de Scot Érigène. L'école mystique française fit comme l'Église; s'attachant exclusivement à la théologie psychologique, désormais la seule orthodoxe, elle rompit avec la théologie spéculative, laissa dans l'oubli Scot Érigène, dernier écho de cette tradition, et ne retint de Denys l'Aréopagite que les tendances mystiques. L'école allemande, au contraire, retrouva Jean Scot par les Bégards, et par Jean Scot et Denys toute la théologie spéculative des Pères grecs. Or on sait combien a été puissante l'influence du Néoplatonisme sur cette théologie, et quels emprunts Grégoire de Nysse, Synésius, Denys l'Aréopagite, Maxime le moine, ont faits aux Alexandrins. Voilà comment les mystiques allemands, et surtout maître Eckart, continuent la tradition néoplatonicienne, tout en la pliant aux formes de la pensée germanique. C'est là une preuve nouvelle de la constante génération des idées, par influence immédiate ou médiate. Six siècles après la clôture de ses écoles, le Néoplatonisme inspire encore la plus grande doctrine du moyen âge, celle-là même qui offre des analogies si frappantes avec le panthéisme de la nouvelle philosophie allemande.

L'Église a condamné ce mysticisme audacieux par l'organe tout-puissant de Bossuet. « Sous prétexte d'honorer l'essence divine, ils excluent de la haute contemplation l'humanité sainte de Notre-Seigneur Jésus-Christ, comme si elle en était un empêchement, encore qu'elle soit la voie de Dieu même pour nous élever à lui; et non seulement ils éloignent cette sainte humanité, mais encore les attributs divins, même ceux qui sont les fondements les plus essentiels et les plus communs de notre foi, tels que sont la toute-puissance, la miséricorde et la justice de Dieu. Ils éloignent par la même raison les trois Personnes divines; encore que nous leur soyons expressément et distinctement consacrés par notre baptême, dont on ne peut supprimer le souvenir explicite sans renoncer au nom de chrétien : de sorte qu'ils mettent la perfection de l'oraison chrétienne à s'élever au-dessus des idées qui appartiennent proprement au Christianisme ; c'est-à-dire de celles de la Trinité et de l'incarnation du Fils de Dieu. » — « C'est une erreur également dangereuse, ajoute-t-il, d'exclure de l'état de contemplation les trois Personnes divines et les mystères du Fils de Dieu incarné. » Ces graves paroles de Bossuet tombent sur tous les mystiques audacieux qui, comme Denys l'Aréopagite et maître Eckart, veulent franchir l'humanité, même la divine humanité du Christ, et se perdre, par delà la Trinité du Père, du Fils et du Saint-Esprit, dans les abîmes d'une Divinité qui n'a plus rien de commun avec la vie, l'intelligence, la vertu, l'amour. Ce n'est pas que le Christianisme dont Bossuet exprime ici la vraie pensée, soit essentiellement contraire au mysticisme. Parmi ses docteurs et ses saints, il s'est toujours honoré de compter des mystiques ; il a consacré les doctrines de saint Bonaventure, de Gerson, de sainte Thérèse, de saint François de Sales. Il proclame constamment la supériorité de la contemplation sur les œuvres, et de la grâce sur la vertu. Bien plus, il accepte la conclusion dernière du mysticisme, l'anéantissement de la personnalité humaine en Dieu, professé par tous les grands mystiques chrétiens, saint Bonaventure, l'auteur de l'*Imitation*, sainte Thérèse, saint François de Sales. Sainte Catherine de Sienne n'a-t-elle pas dit, en parlant de l'extase ; « Je ne trouve plus de moi; il n'y a plus d'autre moi que Dieu. » Enfin, qu'y a-t-il de plus mystique que les paroles de saint Paul : « Je vis, mais ce n'est pas moi, c'est Jésus-Christ qui vit en moi! » Le Christianisme accepte le principe du mysticisme, l'union intime de l'âme à Dieu par l'amour, avec toutes ses conséquences: le souci de la liberté et de la personnalité humaine n'est pas la plus forte préoccupation de la théologie chrétienne[1]. Ce qui lui répugne dans le mysticisme de maître Eckart, c'est l'idée d'un Dieu impersonnel, et dont on peut dire qu'il est tout et que tout est lui ; c'est l'identification absolue de l'humanité avec la Divinité ; c'est en un mot le panthéisme. Que dans l'acte suprême de l'amour, dans l'extase, l'âme s'annihile en Dieu, le Christianisme l'admet ; mais qu'elle se dépouille de l'humanité pour revêtir la Divinité, voilà ce qu'il repousse invinciblement. Il accepte l'anéantissement, non la transformation. La raison en est simple : c'est que l'anéantissement n'implique pas, comme la transformation, la confusion des substances. La théologie chrétienne (du moins dans sa tradition orthodoxe) conçoit Dieu comme une cause personnelle distincte, séparée de ses créatures, qui subsiste, vit, pense, agit en dehors du monde qu'il a créé et qu'il peut détruire par un acte de sa volonté. L'âme humaine peut le comprendre, l'aimer, le posséder intimement, mais sans jamais s'identifier avec lui. Elle peut abdiquer en Dieu toutes ses facultés actives jusqu'à la

---

[1] *Voy.* Fénél., *Explication des maximes des saints*, art. 34.

conscience d'elle-même, semblable à l'amant qui s'oublie dans l'ivresse de sa passion. Mais l'abîme qui sépare la Nature divine de la nature humaine ne lui permet pas d'aller au delà. Voilà pourquoi le panthéisme des mystiques allemands, renouvelé du panthéisme alexandrin, fut toujours antipathique au vrai Christianisme.

CHAPITRE IV.

Influence du Néoplatonisme sur la philosophie de la Renaissance.

Invasion de la philosophie grecque en Italie après la prise de Constantinople. Gémistus Pléthon, Georges de Trébizonde, Bessarion. Néoplatoniciens des xve et xvie siècles. Première période d'imitation. Marsile Ficin, Patrizzi. Deuxième période, Bruno. Double caractère de la philosophie de Bruno, érudition et originalité. Où finit l'influence du Néoplatonisme.

Pendant tout le cours du moyen âge, l'influence du Néoplatonisme ne fut jamais qu'indirecte. Les monuments de cette grande philosophie, les livres de Plotin, de Porphyre, de Proclus, étaient ignorés de toutes les Écoles. Les docteurs arabes ne connurent le Néoplatonisme que par des extraits et des compilations indigestes, où l'altération des idées alexandrines est évidente. La théologie scolastique, plus ignorante encore de la tradition néoplatonicienne, en reçut quelques rayons par l'intermédiaire des Arabes, des théologiens de l'Orient, et surtout de l'Aréopagite. Au milieu du xve siècle, tout change. Tandis que les esprits, fatigués de la vaine science des écoles, cherchent un aliment au besoin qui les travaille, soit dans les extases du mysticisme, soit dans les folies des sciences occultes, la philosophie grecque passe tout entière d'Orient en Occident avec les Grecs de Constantinople. Gémistus Plétho, Georges de Trébizonde, Théodore de Gaza, Bessarion et d'autres savants illustres, emportent dans leur exil les trésors de la philosophie grecque, et les livrent à la curiosité des érudits de l'Occident. C'est alors que la philosophie grecque apparaît aux yeux éblouis dans toute sa grandeur et toute sa beauté. On peut enfin contempler cette éclatante lumière dont quelques rayons seulement, affaiblis par la tradition, avaient pénétré dans les ténèbres de la Scolastique. On traduit, on commente, on imite, dans le premier mouvement d'enthousiasme. Ces merveilles de l'antiquité philosophique saisissent si brusquement les esprits, qu'elles leur enlèvent toute liberté de réflexion et d'examen. Tel est le caractère des travaux de l'Académie de Florence ; le cardinal de Cuss, Marsile Ficin, les Pic de la Mirandole, Patrizzi, ne sont que des commentateurs plus ou moins ingénieux de l'antiquité.

Gémistus Plétho, Georges de Trébizonde et Bessarion n'appartiennent point réellement à la philosophie de la Renaissance. Ce sont des Grecs qui, formés dans les écoles d'Orient, continuent en Italie les vieilles traditions de la philosophie grecque, et soutiennent jusqu'au bout, sur ce nouveau théâtre, la lutte des anciennes écoles. Gémistus Plétho est un partisan déclaré du Platonisme ; George de Trébizonde relève avec violence la bannière du Péripatétisme ; Bessarion, platonicien modéré, bienveillant pour Aristote, essaie de calmer la querelle, et de concilier les doctrines opposées.

Les deux plus célèbres disciples du Néoplatonisme

à cette époque sont Marsile Ficin et Patrizzi. Ficin ne se borna point à traduire Plotin et Proclus; il comprit mieux qu'aucun platonicien de son temps la doctrine du philosophe alexandrin, et l'exposa avec un ordre, une clarté, une précision qu'on ne retrouve point dans les Ennéades. Laissant là les formes abstraites sous lesquelles se cache, et les perpétuelles digressions de polémique où va se perdre la pensée de Plotin, le philosophe de Florence s'attache à la substance de la doctrine, et la développe avec une remarquable simplicité. Avec Plotin, il débute par le problème capital de la philosophie grecque, la recherche de l'essence des choses. La substance sensible renferme l'essence; mais comme elle se compose de matière et de forme, on peut demander lequel de ces deux éléments contient l'essence. Ce n'est point la matière, laquelle est un simple sujet passif et non une cause [1]. C'est donc la forme. Mais la forme, en tant que corporelle, suppose une substance incorporelle, l'Ame, dont la forme n'est que l'instrument [2]. Cette substance supérieure à la forme n'est pas encore la première dans l'ordre des essences. L'Ame pense; mais la pensée n'est pas son essence propre [3]; c'est une émanation d'une substance étrangère et supérieure, l'Intelligence. Enfin l'Intelligence pure, ou l'Ange, n'est pas absolument

---

[1] *Theologia platonica*, lib. 1, c. 2. Ex his colligitur materiam non habere suapte natura vim ullam formarum procreatricem.

[2] Ibid., c. 3. Præter omnes hujusmodi formas inesse oportet omnibus et præesse substantiam quamdam incorporalem per corpora penetrantem, cujus instrumenta sint corporeæ qualitates.

[3] Ibid., c. 5. Tertia essentia illa, scilicet anima, non est secundum se totam intelligentia.

simple ; son essence est le nombre. Or, au-dessus du nombre est l'unité. Donc, avant l'Intelligence est Dieu[1]. L'Intelligence a besoin de la vérité; Dieu se suffit parfaitement à lui-même ; l'un est l'œil, l'autre la lumière. Dieu est la source de l'intelligence ; il n'est ni l'intelligence, ni l'intelligible, pris à part; il est, comme dit Plotin, la *vision, l'intellection* (ὅρασις, νόησις), c'est-à-dire, *l'acte* supérieur où se confondent l'intelligence et l'intelligible[2]. Ficin démontre encore, par une autre raison empruntée à Plotin, la supériorité du premier Principe sur l'Intelligence : le Bien est plus universel que l'Intelligence ; car tout ce qui désire l'un ne désire pas l'autre[3].

En devenant Alexandrin, Ficin voudrait rester orthodoxe. Mais il est facile de s'apercevoir qu'il ne conserve guère que le langage de la théologie chrétienne. Il prête à Dieu tous les attributs psychologiques dont le dépouillait l'idéalisme néoplatonicien, la bonté, l'intelligence, la conscience, l'amour, la volonté, la liberté, l'activité créatrice, la Providence ; mais il les détruit par les définitions et les explications tout alexandrines qu'il en donne[4]. Ainsi son Dieu se connaît et s'aime, mais en même temps il connaît et aime

---

[1] Ibid., c. 6. Cum vero angelus non sit simplex omnino, sed habeat numerum, super numerum autem unitas esse debeat, necessarium est super angelum esse aliud quiddam, quod non modo immobile sit, sed unum penitus atque simplex. Ille quidem est Deus.

[2] Ibid., c. 6. Ut more Plotini loquar, Deus ipsa intellectio est, non in aliquo intellectu tanquam potentia, quemadmodum sui ipsius visio foret.

[3] Ibid., c. 6.

[4] Lib. ii, c. 12.

tout en lui ; il veut, mais sa volonté est nécessaire et libre à la fois ; il produit le monde, non par un acte de création libre, mais par émanation, la propriété du Bien étant la diffusion, l'attraction et la perfection [1]. Sous les mots de la métaphysique chrétienne se cache une pensée différente et contraire, évidemment empruntée au Néoplatonisme.

La psychologie de Ficin est encore plus complétement alexandrine que sa théologie. Il reproduit en faveur de la spiritualité et de l'immortalité de l'âme tous les arguments contenus dans la quatrième Ennéade [2]. Avec Plotin, il soutient l'individualité des âmes et des intelligences, au sein de l'Ame universelle et de l'Intelligence divine [3]. Comme lui, il affirme l'origine immédiatement divine de l'âme humaine, et la démontre par la théorie de la conversion directe et intime en Dieu. La nature divine n'est la fin immédiate de l'âme que parce qu'elle en est le principe immédiat. Telle procession, telle conversion ; tout ce qui procède immédiatement se convertit de même. L'âme humaine se réfléchit directement en Dieu, par la contemplation de sa nature simple et absolue. Les êtres de l'univers, les ordres angéliques, ne sont pas des intermédiaires dont l'âme ait besoin pour apercevoir Dieu, comme l'œil entrevoit le soleil dans l'eau ou par un verre ; ce sont autant de degrés que l'âme doit franchir, après sa chute, pour remonter au sommet, d'où elle pourra con-

---

[1] Lib. ix, c. 3. Proprium boni est, quod se diffundat, quod res alliciat, quod perficiat.
[2] Lib. xv et xvi.
[3] Lib. xv, c. 13.

templer Dieu face à face[1]. De même que le soleil, Dieu ne se manifeste que par la lumière qu'il répand autour de lui. Le suprême effort de l'âme a pour but sa conversion en Dieu. Or, pour devenir Dieu, il faut qu'elle en prenne la forme, de même qu'un corps quelconque ne se change en feu qu'en devenant igniforme. La matière de l'air, primitivement humide et chaude, lorsqu'elle vient à perdre son humidité, sous l'action du feu, ne conserve-t-elle pas sa chaleur, et, en devenant sèche, ne prend-elle pas la forme du feu? De même, l'âme humaine qui, dans son état actuel, possède une intelligence supérieure et d'autres facultés inférieures à son essence, dépouille ces facultés, sous l'influence divine, et conservant l'intelligence et surtout l'unité qui en est le principe [2], revêt la nature divine comme une

---

[1] Lib. viii, c. 1. Ideo mentem quæ in re nulla quiescit, nisi in prima, nullam habere propriam causam nisi primam. Cujus rei signum est, quod hominis mens in Deum convertitur sine medio. Si enim res convertuntur in causam, ut procedunt quæ per medium processere, per medium convertuntur. Quæ sine medio in Deum reflectitur, quando Deum neque in aliqua creatura, neque imagine sensus et phantasiæ, sed super omnia creata absolutum nudumque suspicit... Quod si videtur anima quibusdam ad id mediis indigere, ex eo quod per mundi dispositionem et ordines angelorum ascendit ad Deum, scito non uti his mediis animam ut Deum in his aut per hæc quasi solem in aqua aut per vitrum intueatur, sed quasi quibusdam gradibus, ut ipsa quæ infra se olim delapsa est, per hos gradus in arcem suam redeat quo regressa, Deum absque medio videt.

[2] Lib. xiv, c. 1. Non fit autem Deus, nisi quod Deus induitur formam, sicut neque fit ignis quicquam, nisi formam ignis accipiat. Ergo sicut materia aeris, quæ prius erat sub aeris humiditate atque calore, per ignis vim humorem exuit, servat calorem, et accepta siccitate forma ignis induitur, sic animi humani essentia quæ nunc

forme nouvelle. C'est alors qu'elle devient Dieu, pour ainsi dire, et que tout ce qu'elle fait, elle le fait comme un Dieu plutôt que comme une âme. Grâce à sa nature mixte, l'homme est un véritable microcosme ; il résume dans la complexité de ses éléments le monde intelligible avec le monde sensible, toute vie, toute essence, toute nature, depuis la matière jusqu'à Dieu.

Ficin avait puisé son Néoplatonisme à la source la plus haute et la plus pure, les Ennéades. Patrizzi, moins sage et moins intelligent, se fait Néoplatonicien à la manière de Proclus, et s'engage dans toutes les subtilités théologiques de l'École d'Athènes. Revenant à la pure *dialectique*, que Plotin avait quelque peu tempérée par la *métaphysique* d'Aristote, Proclus faisait résider l'Essence suprême au sommet de l'abstraction. Fidèle à cette méthode, Patrizzi place la vie au-dessus de l'intelligence, l'être au-dessus de la vie, l'unité au-dessus de l'être, selon ce raisonnement emprunté à Proclus, que pour penser, il faut vivre ; pour vivre, il faut être ; pour être, il faut être un. Or le principe qui fait que l'être est un, l'unité, est supérieur à ce qui est un. Enfin, cette unité elle-même n'existe qu'en vertu de l'Un premier, principe de l'unité, de l'être, de la vie, de l'intelligence, de l'âme, de la nature [1]. Le premier moteur

---

mentem habet, viresque inferiores, Deo explicante inferiores quodammodo exuit vires, ac mente, imo vero capite mentis unitate servata, substantiam divinam induitur, quasi recentem formam, per quam pene fit Deus, per quam omnes deinde operationes agit ut Deus aliquis potius, quam ut anima.

[1] Patrizzi, *Nova de universis philosophia Panarchia*, lib. I. Et quia omne quod vivit necesse est prius esse, anterior vita erit, ens, et essentia. Et quia ens esse non potest, nisi sit unum, quod essen-

d'Aristote, sorte d'Ame du monde, ne vient que le sixième dans la hiérarchie complète des principes [1]. A l'exemple de Proclus, Patrizzi considère chacun de ces principes comme une série d'unités de même ordre. Toutes ces séries se relient graduellement par les extrémités ; chaque ordre a son principe propre, lequel ne peut engendrer des essences d'un ordre différent [2]. Ainsi, l'Unité est le principe des unités, l'Être des essences, la Vie des vies, l'Intelligence des intelligences, l'Ame des âmes. Toute série est contenue implicitement dans son principe et se confond avec lui [3].

Ni l'intelligence, ni la vie, ni l'être ne conviennent à Dieu. On ne peut dire ni qu'il a été ni qu'il sera, ni qu'il est, ni même qu'il est un [4]. Principe d'unité pour

---

tiam uniat, necessario anterius ente erit unum. Et quia unum esse non potest, nisi per unitatem, quam habet, unitas anterior erit, quam unum, enti essentiali. Et quia omnis unitas per unum est, quod sit simpliciter unum, et unum tantum, et non aliud quam unum, hoc unum anterius etiam est unitate.

[1] Ibid. Ergo supra primum suum motorem Aristotelis, et ante eum, rerum gradus sex sunt adinventi, mens, vita, essentia, unum essentiale, unitas, Unum primum.

[2] Ibid., lib. IV. Habet enim unaquæque rerum series sua propria principia, quæ in ea serie, et prima sunt, et ante omnia ejus seriei reliqua. Et in quo et a quo ejus seriei omnia et sunt prius, et postea producuntur, et jam producta sunt post principium. Et ita hæc, cujusque seriei principia, sunt inter se divisa, ut quod unius seriei est principium, seriei nullius alterius, principium esse queat. Ut quod cognitionum, est principium longa serie subordinatarum, lucis principium esse non potest. Et quod hujus principium est, cognitionum, aut naturarum, aut formarum, principium esse nequit.

[3] Omnia nondum producta, sua illa inquam in eo sunt, et simul cum eo fortasse idem, et ipsum forte cum illis idem.

[4] Ibid., lib. v.

toute chose, il est par cela même principe d'essence et d'existence. Il peut être appelé indifféremment l'Un et le Bien; car l'unité et la bonté sont identiques [1]. Il est le sommet des choses, de même que l'unité est le sommet des nombres [2]. L'Un n'engendre immédiatement que l'unité [3], essence pure et simple; s'il en fut, et pourtant déjà multiple dans sa simplicité, et que pour cette raison on nomme l'un-être, l'un-multiple, l'un-tout, image parfaite de l'Unité suprême. C'est cette unité engendrée de l'Un qui produit tout, l'être, la vie, l'intelligence, l'âme, le monde, par un mystère qui dépasse la portée de l'intelligence [4]. Le Père, retiré loin des regards humains dans l'abîme de sa lumière, ne se manifeste que par le rayonnement de cette lumière [5]. Ce n'est que par analogie qu'on se représente la génération des essences comme une émanation [6].

Patrizzi rattache assez habilement la doctrine du ternaire néoplatonicien à la théologie chrétienne. Proclus, comme on sait, avait distingué dans toute essence intelligible ou sensible trois moments, ὕπαρξις, πρόοδος,

[1] Lib. vii.

[2] Ibid. Unum apex quidam multorum est, sicut unitas distinctorum est apex numerorum.

[3] Lib. viii. Uno enim suo, hoc est scipso, et sua hyparxi, unitatem primariam producit.

[4] Ibid. Quia unum, un'omnia est, unum est et omnia. Sed hæc ineffabilia sunt, et omnem humani ratiocinii transcendunt conceptum.

[5] Ibid. Quoniam Pater se ipsum rapuit, et abysso sui luminis se operuit, ut ipsum per lumina sua cognosceremus quidem, sed cognosceremus minime.

[6] Ibid. Emanatio hæc aliud est nihil quam secretio, et proditio quædam ab illo un'omnia.

ἐπιστροφή. Appliquant cette distinction à la Cause créatrice, Patrizzi montre comment l'Un-tout, se sépare de lui-même en quelque sorte et se produit, puis rentre en soi. L'Unité, en tant que cause de cette séparation, c'est le Père ; en tant qu'effet, c'est le Fils ; en tant qu'elle rentre en elle-même, c'est le Saint-Esprit[1]. L'Unité simple et absolue, prise en soi et dans sa nature immobile et incommunicable, c'est le Dieu suprême et inaccessible qui domine toute triade ; c'est l'abîme qui contient le Père, le Fils, le Saint-Esprit, et d'où sort l'ordre des unités, l'ordre des essences, l'ordre des intelligences, le système universel des choses. L'Un engendre son Fils, sans sortir de son repos. Le Bien produit toutes choses en vertu de sa bonté, c'est-à-dire, de son être, comme dit l'Aréopagite [2]. Le Fils émane du Père, comme l'eau découle d'une source qui surabonde, ou comme la lumière rayonne de son foyer, toujours entière et inépuisable. Dans cet acte, le Père ne perd rien de sa nature, ni par la génération du Fils, ni par la procession du Saint-Esprit [3]. Le Fils ne diffère du Père qu'en ce qu'il en vient ; autrement il lui est identique, comme la lu-

---

[1] Lib. ix.

[2] Lib. xvi. Quasi ipsum bonum, sicuti entia omnia de se, bonitate sua, αὐτῷ τῷ εἶναι, ipso sui esse, ut Dionysius solet loqui, 'produxerit, et de se protulerit?

[3] Lib. x. Genuit sine motu... Fons enim aquam producere non videtur, sed aqua a fonte scaturire. Vel potius ratione alia, qua scilicet radii nullo solis motu, neque ullo ipsorum, emicant a sole. Itaque bonum, bonitatem suam, de se, extra se effudit, uti lux, de se, extra se, effudit radios. Ea tamen effusione, luci nihil perit ; sed integra, sicuti ante remanet. Sic, et genitor, geniti productione, et geniti ex genitore processione non imminuitur.

mière au soleil. L'amour qui ramène le Fils au Père, et les unit, n'a rien de commun avec l'amour humain. Ce n'est ni une affection, ni une passion, mais une hypostase qui procède d'une manière supra-sensible. Le Fils est l'unité première, engendré de l'Un, l'idée du Bien [1].

La psychologie de Patrizzi n'est également qu'une reproduction du Néoplatonisme. Il démontre l'existence de l'âme comme substance simple, distincte, indépendante, en se servant des arguments de Plotin. C'est ainsi qu'il fait voir successivement que l'âme ne peut être ni un corps, ni une simple harmonie, ni une forme, ni une entéléchie [2]. L'âme, selon Patrizzi, comme toute chose, a son origine en Dieu ; mais l'intelligence est son principe immédiat. L'âme est dans l'intelligence, comme celle-ci est dans la vie, comme la vie est dans l'essence, comme l'essence est dans l'unité, comme l'unité est dans l'Un [3]. C'est en ce sens et de cette manière qu'on peut dire qu'elle est aussi en Dieu. Chaque âme individuelle est à l'Ame universelle dans le même rapport que les intelligences à l'Intelligence, les essences à l'Essence, les unités à l'Unité ; elle en est distincte, sans en être séparée ; elle y vit comme en son lieu et dans son principe [4]. Patrizzi distingue avec

---

[1] Lib. x.
[2] *Pampsychia*, lib. ii.
[3] Lib. iii.
[4] Lib. iii. Quemadmodum in mente aut intellectu uno omnes sint intellectus, et in vita una omnes vitæ, et in una essentia omnes essentiæ, neque unitate una omnes unitates, et in principio entium uno, omnia entia ; ita in animo uno, omnes esse animos est necesse, ut in proprio proximoque fonte, ac domicilio.

tous les Néoplatoniciens l'Ame divine, source et centre de toutes les âmes particulières, de l'Ame du monde, principe inférieur dont il fonde l'existence sur l'ordre, l'harmonie, la correspondance sympathique des parties de l'univers [1].

Cette courte analyse suffit pour montrer le caractère des doctrines de Ficin et de Patrizzi. Ce n'est qu'une imitation intelligente chez le premier, aveugle et souvent puérile chez le second, des idées alexandrines. Dans ce moment d'enthousiasme, on ne s'inspire pas des doctrines de l'Antiquité, on s'en fait simplement l'écho. En attendant l'esprit créateur qui doit la renouveler, la philosophie passe d'un joug à l'autre; délivrée de la Scolastique et de la logique d'Aristote, elle devient l'esclave d'autres traditions. Ces imitations de Plotin ou de Proclus ne marquent point la véritable influence du Néoplatonisme sur la pensée moderne; œuvres d'érudition et non de philosophie, elles reproduisent passivement les idées de l'Antiquité, sans leur faire subir la moindre transformation. Mais la philosophie de la Renaissance compte deux époques assez distinctes, l'une où une admiration aveugle pour les Anciens ne lui permet guère de faire autre chose que de citer ou de traduire, l'autre où, travaillée déjà par un esprit nouveau, elle invoque l'Antiquité à l'appui de ses conceptions et de ses rêves. Ainsi, après l'imitation servile, la méditation originale et féconde; après Ficin, Pic de la Mirandole et Patrizzi, Télésio, Campanella et Bruno.

En parcourant les livres de Reuchlin, de Paracelse,

[1] Lib. v.

de Cardan, on trouverait peut-être quelques traces éparses de Néoplatonisme. Mais il est évident que ces esprits bizarres obéissent à une tout autre influence. Les folies de la Cabale, les mystères des sciences occultes, devaient plaire beaucoup plus à leur imagination que l'idéalisme profond et subtil des Alexandrins. Aussi n'empruntent ils à cette Ecole que ses extravagances et ses chimères. La trace du Néoplatonisme, à peu près nulle dans Télésio et dans Campanella, est très visible dans Bruno [1]. Le philosophe napolitain, avec son imagination ardente et sa curiosité aventureuse, son dégoût d'Aristote et de la Scolastique, sa passion pour la Nature, pour les sciences qui en révèlent les secrets, et pour les doctrines qui ont su en comprendre toute la grandeur et la beauté, est, par ses défauts comme par ses qualités, le type le plus éminent des esprits de ce temps. Son érudition vaste, mais superficielle, comprend à peu près toutes les doctrines de l'Antiquité ; il connaît Pythagore, Héraclite, Platon, Aristote, Plotin, Proclus, plutôt il est vrai, par leurs commentateurs récents, le cardinal de Cuss, Ficin, les Pic de la Mirandole, Patrizzi, que par l'étude des monuments originaux. Il n'est guère d'école qu'il ne cite et à laquelle il n'emprunte. Ses pensées, éparses dans ses nombreux traités, et toujours mêlées de citations, semblent moins des fragments d'une doctrine originale que des souvenirs de la tradition. Mais sous cette forme incohérente se laisse voir un esprit nouveau : Ficin, Pic de la Mirandole, Patrizzi, n'étaient que des érudits ; Bruno

[1] Indépendamment des textes, nous avons dû consulter sur Bruno l'excellente thèse de M. Debs, et le livre si complet et si riche d'érudition de M. Bartholmès.

est un penseur. On rencontre bien çà et là dans Cardan, dans Télésio, dans Campanella, des éclairs d'originalité ; mais Bruno est, avec le péripatéticien Césalpini, le seul esprit dont on puisse dire à cette époque d'imitation qu'il a une doctrine personnelle. S'il n'a pas de méthode, il a une pensée, dont il n'est pas maître, mais qui l'inspire constamment dans le cours de ses recherches. Cette pensée est le panthéisme, non pas renouvelé des Éléates ou des Alexandrins, comme de fausses analogies ont pu le faire croire, mais naturellement et spontanément éclos d'une puissante contemplation de la Nature. Mathématicien, physicien, astronome, Bruno met sa métaphysique et son érudition au service des idées nouvelles sur le système du monde. Il célèbre Copernic, tout en le corrigeant, avant Képler ; il applaudit Galilée ; il recueille lui-même des observations astronomiques ; il devine, par la spéculation, la pluralité infinie des mondes. Érudit et penseur tout à la fois, plein de l'Antiquité et pénétré de l'esprit nouveau, Bruno a conscience de ce double caractère de sa philosophie. Il représente le vrai philosophe comme un artiste qui recueille les matériaux de son œuvre dans la Nature et dans l'Antiquité. Sa méthode constante est d'invoquer l'érudition à l'appui d'une pensée qui lui est propre ; en sorte que tous les éléments de son système pourraient se retrouver dans les Ecoles. Mais ces emprunts sont fondus dans un principe simple et puissant qui fait l'unité de la doctrine.

Aristote a dit du Père de la philosophie éléatique : « En considérant l'ensemble du ciel, il affirma que l'unité est Dieu [1]. » Telle est la méthode de Bruno. Il

[1] *Metaphys.*, lib. 1, c. 5.

laisse à la religion la tâche de montrer Dieu hors de ce monde et de sonder les mystères de son ineffable nature. Selon lui, la philosophie se borne à contempler la Divinité dans l'univers, ce miroir où elle se réfléchit avec toutes ses perfections [1]. Il faut reconnaître la Cause suprême dans ses œuvres, avant de s'élancer sur les hauteurs où la théologie la fait résider. Les êtres créés sont autant de symboles dans lesquels Dieu se laisse apercevoir par l'induction [2]. Tout ce qui n'est pas premier principe dérive d'un principe; tout ce qui n'a pas en soi sa cause dernière suppose une cause. La confusion du principe et de la cause est la source principale des erreurs de la philosophie spéculative. Le principe est le fond, la raison interne, la substance même d'une chose, la racine de son existence possible; la cause n'est que la raison externe, la condition déterminante de son existence actuelle. Le principe est nécessairement de même essence que la chose; la cause peut être d'une essence différente [3]. Ainsi, la forme et la matière sont des principes; le moteur et la fin sont des causes. C'est surtout dans la théorie de la matière que se révèle l'esprit de la philosophie de Bruno. Il est évident qu'il ne conserve d'Aristote que le langage. Selon Bruno, la matière n'est ni une simple capacité passive, prête à recevoir indifféremment toute forme qui s'impose à elle du dehors, ni une substance inerte qui ne se meut que sous l'action d'une cause étrangère. C'est une puissance active et féconde par elle-même, multiple dans ses formes, mais simple et

---

[1] *De la causa*, dial. II.
[2] Ibid., dial. II.
[3] Ibid., dial. II.

indivisible dans son essence, qui tire de son propre fonds tout ce qu'elle produit, de même que la femme, en travail d'enfantement, pousse le fruit hors de son sein [1].

La matière et la forme, le moteur et la fin, tous les principes et toutes les causes se réunissent en Dieu, Cause et Principe suprême de la vie universelle. Le Dieu de Bruno n'est pas seulement la raison extérieure de toute existence ; il en est aussi et surtout la raison intérieure, la racine, la substance en un mot. Si la Nature est la base de tout être, Dieu, substance même de la Nature, est le fond le plus intime et le plus secret de l'univers [2]. Bruno réduit toutes les substances individuelles, corps ou esprits, à une Substance unique, en dehors de laquelle il n'y a que modes et phénomènes fugitifs. Pour lui, le Principe premier et absolu comprend en soi-même toute existence ; il peut être tout, et il est tout [3]. Il n'est pas plus forme que matière. Tout est substantiellement un ; hors de la Substance unique, il n'y a que le néant [4]. Bruno arrive au panthéisme, beaucoup moins par la considération abstraite et toute métaphysique du Principe des choses, que par une contemplation enthousiaste de l'univers, éclairée par la raison. Dans son opinion, les sens sont

---

[1] Ibid., dial. iv.

[2] *Oper. latin.*, t. II, p. 473, *De Deo*. Deus ergo est substantia universalis in essendo, qua omnia sunt, essentia omnis essentiæ fons, quia, quidquid est, est, unicuique esse possit. Sicut enim natura est unicuique fundamentum entitatis, ita profundius naturæ uniuscujusque fundamentum est Deus.

[3] *De la causa*, dial. iii.

[4] Ibid., dial. v.

incapables de nous révéler l'être et la substance ; ils font connaître l'apparence, mais non l'être, la partie, mais non le tout. L'infini, le nécessaire, l'universel, vrai but de la science, ne peut être saisi que par la raison. En écoutant la raison seule, on arrive à comprendre que le monde ne saurait être ni borné, ni circonscrit même par l'imagination [1]. Ce n'est qu'en paroles qu'on peut nier l'infinité de l'espace. Dans cet espace infini se déploie une multitude infinie de mondes. La sagesse de Dieu le veut ainsi ; car, s'il est bon que notre monde soit, il ne l'est pas moins que d'autres existent. D'ailleurs, comment l'œuvre d'une puissance infinie serait-elle finie [2] ? Autre chose est le monde, autre l'Univers. Le monde n'est qu'une partie du Tout, séparée et circonscrite par la vue sensible. L'Univers est le Système infini des mondes, le Tout que conçoit la raison, un, immuable dans sa substance, multiple et mobile seulement dans ses phénomènes. Son centre est partout, sa circonférence nulle part [3]. Il n'est pas divisé en deux ou plusieurs substances ; forme et matière, âme et corps, tout est un et identique dans le fond de l'être. La multitude des êtres n'est pas contenue dans l'Univers comme dans un réservoir ; elle ressemble plutôt aux veines qui font circuler la vie dans le corps. De même que l'âme humaine, une et indivisible, est néanmoins présente dans chaque partie du corps qu'elle anime, de même l'Être de l'Univers est un et également présent dans chaque individu, lequel est partie et membre du Tout [4]. Parménide a eu

---

[1] *Dell' infinito*, dial. I.
[2] Ibid., dial. I, II.
[3] *Della causa*, dial. IV.
[4] Ibid., dial. V.

raison de faire de l'Univers l'un, l'infini, l'immobile. Toutes les différences des corps ne sont que les formes extérieures d'une seule et même Substance, les fugitives apparences d'un Être invariable[1].

Mais comment concilier l'unité de substance avec la diversité des espèces et des individus? C'est ce que Bruno essaie d'expliquer à l'aide de sa théorie du *minimum* et de la *monade*. La substance, prise à son degré de simplicité absolue, est la *monade* ou l'*atome*: monade, s'il s'agit d'une substance incorporelle; *atome*, s'il s'agit d'un corps. Toute monade, quelle qu'en soit la nature, essence pure ou germe matériel, est une puissance qui se développe par elle-même. Les points extrêmes de ce développement sont le *minimum* et le *maximum*; entre ces deux points, il est facile de se représenter une série de degrés par lesquels se différencient les êtres. Le *minimum* et le *maximum* se confondent à leur racine dans une seule et même substance. Le *minimum*, c'est le *maximum* réduit et rentré dans son germe; le *maximum*, c'est le *minimum* épanoui et amplifié [2]. Toutes les différences et toutes les oppositions des êtres se résolvent dans cette distinction. Au fond, la Substance est partout une et identique. Les choses diffèrent de degrés et non d'essence. Les contraires ne peuvent jamais être que des *minima* et des *maxima*, qui s'annulent et s'identifient dans un terme moyen, véritable point de *coïncidence* [3] et d'indifférence. Ainsi le chaud et le froid, le blanc et le noir, la lumière et l'ombre se confondent à certain

---

[1] Ibid., dial. v.

[2] *De minimo et de maximo*.

[3] C'est le mot de Bruno.

degré de leurs propriétés dans un *medium*, qui leur est commun [1]. Tous les *minima* se résolvent dans un *minimum* absolu, monade des monades qui est Dieu ; tous les *maxima* sont compris dans un *maximum* unique, qui est l'Univers. Mais, comme le *minimum* et le *maximum* sont une seule et même substance, Bruno a pu dire avec les Pythagoriciens, que Dieu est tout à la fois le *minimum* et le *maximum*, la monade et la décade. Dans ce panthéisme, qui semble renouvelé des Stoïciens, Dieu est le germe de l'Univers, de même que l'Univers est le développement de Dieu [2].

Ainsi Bruno reconnaît à l'œuvre les mêmes attributs qu'à la Cause ; il conçoit l'Univers infini, un, immuable comme Dieu même. Ce Dieu n'est pas seulement la cause des mouvements de l'Univers, mais encore la substance de ses propriétés; le monde n'est en soi qu'une collection de phénomènes, dont on ne peut sonder la substance sans rencontrer la nature divine. Est ce à dire pourtant que Bruno ait absolument identifié l'Univers avec Dieu? Il serait injuste de reprocher au panthéisme de ce penseur une telle confusion. Bruno ne sépare point le monde de son principe, mais il l'en distingue. Son Dieu, centre et substance de l'Univers, n'en est pas moins, pris dans sa nature intime, un principe simple, immatériel, supérieur à la substance et à l'essence de toutes choses [3]. Mais au fond, que Dieu soit considéré dans son œuvre ou au delà, c'est toujours le même principe. Sous les aspects et les noms

---

[1] Ibid.

[2] Ibid.

[3] *Oper. latin.*, II, p. 497. Superessentialis, supersubstantialis.
— Ibid., p. 429. Solus Deus est immaterialis et simplex.

les plus divers, Unité, Intelligence, Ame, Nature, c'est toujours le même Dieu. Considéré dans son absolue simplicité, c'est l'Un ; conçu comme archétype des *idées* ou essences éternelles des choses, c'est l'Intelligence ; comme principe de la vie universelle, c'est l'Ame ; enfin contemplé dans la féconde expansion de ses puissances, c'est la Nature, le Tout [1].

Ici se retrouvent les traditions de la théologie néoplatonicienne, mais transformées par une pensée originale. Les Alexandrins avaient établi, sous le Dieu suprême, une hiérarchie de principes substantiellement distincts: l'Être, l'Intelligence, l'Ame, la Nature. Bruno confond tous ces principes en un seul, ne distinguant que des manifestations diverses là où les Alexandrins avaient vu des hypostases séparées. Dans son panthéisme moins abstrait, l'Un, l'Intelligence, l'Ame universelle, la Nature, c'est toujours le même Dieu. Tandis que le Néoplatonisme multiplie indéfiniment les substances, Bruno les réduit toutes à une Substance unique, dans laquelle il fait rentrer jusqu'à la matière ; en sorte que tous les êtres individuels, corps ou esprits, ne sont que les modes passagers de cette Substance universelle. Tous les principes du Néoplatonisme, en passant dans la doctrine de Bruno, y ont subi une profonde métamorphose. Entre la théologie des Alexandrins et celle du philosophe napolitain, il y a toute la différence de l'idéalisme au vrai panthéisme. Il en est de même de tous les emprunts de Bruno. Avant qu'on ait pénétré dans sa pensée intime, il semble que toute sa doctrine ne soit qu'une reproduction de l'Antiquité. Toutes les traditions

---

[1] *De monade, numero et figura*, c. 5.

de la philosophie grecque semblent s'y réunir. Du Pythagorisme et de l'Ecole atomistique, par l'intermédiaire du cardinal de Cuss, Bruno tire la théorie des nombres, des monades et des atomes. Le principe des contraires, se résolvant dans l'identité substantielle des choses, remonte jusqu'à Héraclite ; seulement il est probable que Bruno le tient de son contemporain Télésio. La doctrine des *idées* lui vient de Platon. Au Néoplatonisme il emprunte la plupart des éléments de sa philosophie, sa doctrine des divers aspects de la nature divine, l'Un, l'Intelligence, l'Ame, sa théorie des âmes individuelles et des corps considérés comme un développement extérieur des âmes, sa doctrine des facultés de l'âme, sa distinction de la raison et de l'intelligence proprement dite.

Mais Bruno comprend l'Antiquité à sa manière ; la science des vieilles Écoles est plutôt pour sa vive et forte intelligence un texte de méditations fécondes qu'une tradition à reproduire. Toutes les doctrines de la philosophie grecque prennent une forme nouvelle, sous l'empreinte de ce génie original. On reconnaît dans toute cette érudition une pensée moderne qui s'assimile et transforme à son profit les idées anciennes ; on y sent un souffle puissant qui rend la vie à ces idées et en forme une vraie doctrine, incohérente et confuse dans les détails, mais fortement systématique dans la pensée générale, et puissante surtout par le sentiment qui en pénètre toutes les parties. Le panthéisme de Bruno n'est pas le fruit d'un idéalisme abstrait et subtil, mais d'une haute contemplation de la Nature. L'Univers, vu à la lumière de la science et de la raison, lui paraît si grand, si beau, si parfait dans son ensemble, que dans son admiration enthousiaste il confond la Cause avec son œuvre. Aucun philosophe n'a eu plus que Bruno le sentiment des merveilles de la Nature; aucun n'a mieux compris la présence de Dieu dans l'Univers. « Ceux qui poursuivent attentivement ces contemplations n'ont à craindre aucune douleur; nulle vicissitude du sort ne saurait les atteindre. Ils contemplent l'histoire même de la Nature, cette histoire écrite en nous-mêmes, pour nous diriger dans l'exécution des lois divines qui sont également gravées dans notre cœur. Une vue si haute leur fait mépriser les pensées enfantines et les déités aveugles de la foule. Ils savent que le ciel est partout, parce que de toutes parts est l'infini. Nous voilà affranchis de la peur que les cieux ne fondent sur nous, délivrés aussi de l'espoir d'y monter ou d'y descendre. Nous tournons, comme les autres astres, librement et régulièrement, dans le domaine qui nous appartient et dans l'espace dont nous faisons partie... N'est-ce pas cette possession de l'infini qui seule ouvre les sens, contente l'esprit, élève et étend l'intelligence, et conduit l'homme tout entier à la véritable félicité. N'est-ce pas elle qui, en nous initiant à la nature de l'être et de la substance, nous fait connaître ce qui dure et qui persiste, et nous apprend l'impossibilité de la mort? Rien ne peut diminuer, quant à la substance; tout change seulement de face en parcourant l'espace infini. Soumis au suprême Agent, nous ne devons ni croire, ni craindre le mal; comme tout vient de lui, tout est bien et pour le mieux. L'univers est un spectacle étonnant et admirable, une image de l'excellence de celui qui ne peut être ni compris ni conçu. Il manifeste avant tout la grandeur de Dieu et de son gouvernement, et, de plus, il affermit et console l'esprit humain. Cet esprit n'est ni menteur, ni impuissant, quand il ajoute monde à monde, soleil à soleil ; quand il change un empire étroit en un empire auguste et sans borne ; quand il recule indéfiniment les horizons de l'œil et de l'imagination [1]. »

Le panthéisme de Bruno se distingue encore par un autre côté de celui qu'on attribue aux Alexandrins. Le Dieu de Plotin et de Proclus ne crée pas le monde par un acte libre de volonté ; il le produit par un mouvement nécessaire et immanent, mais sans sortir de son absolue unité ; il le contient, sans se confondre avec lui. Le Dieu de Bruno est au fond identique avec l'Univers. Pour le philosophe napolitain, il n'y a qu'une seule et même substance, laquelle est tout à la fois Dieu et le monde, selon qu'on la considère dans l'unité de son essence ou dans la variété de ses individus. Le monde, dans l'idéalisme alexandrin, est une émanation de Dieu ; dans le panthéisme de Bruno, c'en est une simple manifestation. En représentant le Principe suprême comme la racine dont tout être n'est que le développement, comme la source surabondante d'où s'échappe toute vie, comme le foyer d'où rayonne toute lumière, le Néoplatonisme maintenait l'absolue indépendance de son Dieu solitaire et inaccessible. Bruno ne se contente pas de rattacher le monde à Dieu, ainsi que le fait Plotin : il va jusqu'à l'identifier substantiellement avec son Principe, en dépit de ses distinctions purement logiques. En cela, il est le père du véritable panthéisme, chez les modernes, le vrai précurseur de Spinosa et de la philosophie de l'unité.

[1] *Dell' infinito universo e mondi.*

L'influence directe du Néoplatonisme finit au xvi° siècle avec Bruno et les Écoles de la Renaissance. La philosophie moderne, née avec Descartes, est un mouvement libre et original de la pensée humaine ; généralement dédaigneuse de la tradition, elle s'en inquiète peu, et lorsque par hasard elle l'interroge, c'est moins pour lui demander une inspiration qu'une confirmation de ses propres idées. Ainsi, même dans les systèmes où la trace des idées alexandrines est encore sensible, leur influence est nulle. A partir du xvi° siècle, la traduction des monuments de la philosophie néoplatonicienne en répand partout les doctrines. La théologie[1], la métaphysique, la médecine, les citent pour les adopter ou les réfuter ; mais ces doctrines n'ont plus, comme au moyen âge, comme aux xv° et xvi° siècles, la vertu d'engendrer les systèmes et d'inspirer les esprits. Il faut bien se garder d'attribuer à la tradition alexandrine les doctrines ou les théories qu'une certaine analogie semble en rapprocher. Ainsi, toutes les Écoles idéalistes reposent sur un principe commun. Plotin, Bruno, Spinosa, Malebranche, Schelling, Hégel, arrivent tous, par des méthodes et des démonstrations diverses, à l'unité de substance. Mais pour conclure à une influence réelle, une affinité générale ne suffit point. Deux systèmes peuvent appartenir à la même famille, sans avoir entre eux le moindre rapport de

---

[1] Philippe de Mornay, surnommé le *Pape des Huguenots*, dont il était l'oracle, cite perpétuellement Platon, Aristote, Plotin, Porphyre, Iamblique, Proclus, dans son grand ouvrage *De la vérité de la religion chrétienne*, 1585. — Nous pourrions citer beaucoup d'autres exemples.

génération. L'esprit humain, partout identique à lui-même, peut produire les mêmes fruits, malgré la diversité des lieux et des temps.

La philosophie de Descartes est profondément originale dans la méthode et dans la forme : elle l'est un peu moins quant au fond des idées. Mais s'il était possible de lui assigner une tradition pour origine, le Néoplatonisme serait la dernière doctrine à laquelle il faudrait penser. L'idéalisme de Malebranche rappelle davantage les spéculations de l'Antiquité : essentiellement cartésien dans la méthode, il tient de saint Augustin, et par suite de Platon pour la substance de sa doctrines. Mais aucune des idées propres aux Alexandrins ne s'y laisse apercevoir. Le panthéisme de Spinosa ne dérive pas tout entier de Descartes; c'est, à notre avis, beaucoup exagérer l'influence du Cartésianisme sur un tel génie, que de soutenir avec Leibnitz qu'il n'a fait que développer *certaines semences* contenues dans la philosophie de Descartes. Spinosa est plus cartésien par la méthode que par le principe même de son système. D'où vient ce principe? Est-ce l'intuition spontanée et naturelle d'un génie préoccupé de l'unité? Ne serait-ce point une conception dérobée aux traditions religieuses ou philosophiques du passé? La ressemblance frappante des doctrines n'est pas une raison de considérer Bruno comme le précurseur de Spinosa; car ce dernier ne paraît pas avoir connu ou du moins apprécié le philosophe napolitain, qu'il ne cite jamais. S'il était nécessaire d'assigner une origine historique au panthéisme de Spinosa, c'est dans les doctrines théologiques de l'Orient, dans les Livres saints, et surtout dans les traditions de la Cabbale qu'il faudrait la chercher [1]. Mais le Spinosisme s'explique trop naturellement par la méthode et le génie propre de Spinosa pour qu'il y ait lieu de recourir à une tradition étrangère. En toute hypothèse, il est impossible d'y découvrir la moindre trace d'une influence quelconque, soit immédiate, soit médiate, du Néoplatonisme.

Leibnitz aime à recueillir et à remettre en lumière les vérités anciennes ensevelies dans l'oubli ; la trace de Platon, d'Aristote, des Stoïciens, des Alexandrins, est visible dans son ingénieux et profond éclectisme. Mais il ne cite jamais ces philosophes qu'à l'appui de ses propres théories. La tradition n'est pour lui ni une source d'inspirations, ni une autorité véritable. Seulement ce génie de l'impartialité et de la conciliation ne manque jamais l'occasion de relever une vérité oubliée, une théorie méconnue dans l'histoire de l'esprit humain, qu'elle appartienne à la philosophie ou à la religion, à l'antiquité, au moyen âge ou aux temps modernes. C'est lui qui, après Descartes et toute son École, a osé dire de la Scolastique : « Il y a de l'or dans ce fumier. » Leibnitz n'a emprunté à aucune tradition les éléments de sa philosophie ; un esprit aussi puissant et aussi fécond ne pouvait les puiser ailleurs

---

[1] Epist. xxi. Omnia, inquam, in Deo esse et in Deo moveri, cum Paulo affirmo et forte etiam cum omnibus antiquis philosophis, licet alio modo, et auderem etiam dicere, cum antiquis omnibus Hebræis quantum ex quibusdam traditionibus, tametsi multis modis adulteratis conjicere licet. — *Ethic.*, pars ii, prop. 7, scol. Hoc quidem Hebræorum quasi per nebulam vidisse videntur qui scilicet statuunt Deum, Dei intellectum, resque ab ipso intellectas, unum et idem esse.

que dans la méditation profonde des problèmes métaphysiques. Mais il n'aime pas, comme beaucoup de philosophes qui s'exagèrent leur originalité, se trouver seul dans la voie de la vérité ; il se complaît dans la société de tous les grands esprits, et se montre curieux de tout ce qui a été pensé avant lui, sur la même matière. C'est ainsi qu'il remet en honneur et en lumière les *idées* de Platon, l'*entéléchie* d'Aristote, la théorie alexandrine de la connaissance. A propos de sa doctrine sur la monade intelligente, qu'il considère, ainsi que toutes les autres monades, comme un miroir de l'univers, il cite Plotin faisant de l'intelligence le siége du monde intelligible tout entier [1] ; de même qu'il invoque la théorie de Platon sur les *idées*, à propos de sa propre doctrine sur les conceptions *à priori*, les principes innés de l'entendement qu'il oppose à Locke et aux partisans de la table rase [2] ; de même qu'il rappelle et explique la théorie péripatéticienne des *formes*, à l'occasion de son système des monades.

En résumé, dans ce grand monument de la philosophie moderne qui commence à Descartes et finit à Leibnitz, l'Antiquité tient fort peu de place, et la tradition alexandrine en particulier n'y reparaît que dans l'érudition de ce dernier philosophe. Si elle se fait jour quelque part au xviie siècle, c'est en dehors du Carté-

[1] Porro quævis mens, ut recte Plotinus, quemdam in se mundum intelligibilem continet, imo mea sententia et hunc ipsum sensibilem sibi representat. — Epist. ad Hanschium, *De philosophia platonica* (*Opera philosophica*).

[2] Longe ergo præferendæ sunt Platonis notitiæ innatæ, quas reminiscentiæ nomine velavit, tabulæ rasæ Aristotelis et Lockii aliorumque recentiorum, qui ἐξωτερικῶς philosophantur. — Ibid.]

sianisme, parmi les Écoles mystiques qui ont hérité des doctrines de la Renaissance. Vers la fin du XVIIe siècle, Théophile Gale, ministre presbytérien, recommande, dans un but tout mystique, l'étude de la philosophie alexandrine [1]. Cudwort, dans son exposition et sa défense de la doctrine chrétienne, fait appel à l'Antiquité, et oppose aux conclusions exagérées de la philosophie cartésienne, les doctrines de Platon, de Plotin, de Proclus sur les *idées*, les causes finales, les *hypostases*, l'Ame du monde; son *médiateur plastique* n'est autre chose que le principe intermédiaire imaginé par les Alexandrins pour expliquer les rapports de l'âme et du corps [2]. Henri More, contemporain de Cudwort, adversaire plus décidé encore du dogmatisme cartésien, n'admet d'autre source légitime de la connaissance que la révélation, et cherche partout, dans les Écoles mystiques, dans les traditions de la Cabbale, dans les *Ennéades* de Plotin, les éléments d'une doctrine qu'il ne peut parvenir à composer. Il est évident que le Néoplatonisme n'influe que sur les doctrines excentriques, et n'inspire que les esprits rebelles aux méthodes et au langage de la science nouvelle; la philosophie moderne lui échappe complétement.

Le XVIIIe siècle était fort ignorant de la philosophie ancienne, pour laquelle d'ailleurs il professait un profond mépris; s'il l'eût connue, son antipathie invincible pour toute spéculation idéaliste l'eût éloigné sur-

---

[1] Théoph. Gale, *Philosophia universalis*. Lond., 1676. — Ibid., *Aula deorum gentilium*.

[2] Ralph. Cudwort, *The true intellectual system of the Universe*. Lond., 1678. — Trad. de Moshemius, *Systema intellectuale hujus universi*.

tout du mysticisme alexandrin. Reid et Kant, aussi bien que Hume et Condillac, eussent relégué, parmi les chimères de l'abstraction, ces principes universels, ces mystérieuses hypostases d'où les Néoplatoniciens font découler toute vie et toute existence.

Au commencement du xix° siècle, la scène change en Allemagne ; renouvelée par la *Critique de la raison pure*, la philosophie retrouve Spinosa, et renoue la chaîne interrompue des traditions idéalistes. Schelling et Hégel identifient l'être des choses avec la pensée qui les conçoit, l'intelligible avec l'intelligence, pour parler le langage de l'Antiquité ; ils restituent l'existence à ces *universaux* que l'empirisme, tout préoccupé des réalités individuelles, considérait comme de pures abstractions de la pensée et du langage ; ils confondent toute différence, toute opposition, toute individualité, dans le sein de l'absolue identité. Les principes de l'antique idéalisme reviennent, avec les formes qui lui sont propres, dans la nouvelle philosophie. Schelling renouvelle la vieille doctrine de l'Ame du monde, en la fondant sur la physique moderne. L'Intelligence suprême de Plotin se retrouve, sauf les différences, dans l'Esprit universel d'Hégel, centre et principe de toutes les pensées individuelles. L'Unité ineffable et inintelligible des Alexandrins reparaît dans l'*Absolu* de Schelling, dans l'*Idée* d'Hégel. L'École d'Alexandrie semble revivre tout entière dans le panthéisme des philosophes allemands. L'analogie des méthodes, des principes, des conclusions, quelquefois même du langage, est sensible.

A part ces ressemblances générales, la philosophie allemande contient, dans quelques uns de ses monuments, des traces d'une véritable imitation. Schelling professe une vive admiration pour Bruno, ce disciple enthousiaste des Alexandrins. Dans un livre qui porte le nom du philosophe napolitain, il emprunte le langage de Bruno pour exposer ses propres idées. Dans son *Traité de l'Ame du monde*, dans les *Leçons sur les études académiques*, dans d'autres traités originaux, la trace du Néoplatonisme est visible. « L'origine des idées doit être cherchée dans la loi éternelle de l'Être absolu, qui consiste à se manifester à lui-même. En vertu de cette loi, l'action créatrice de Dieu est une incarnation de l'universel et de l'Essence divine dans des formes particulières ; d'où il résulte que celles-ci, quoique particulières, sont cependant aussi des universaux, et ce que les philosophes ont appelé *monades* ou *idées*... Les idées sont les seules médiatrices par lesquelles les choses particulières peuvent être dans Dieu. Maintenant, quoique les idées soient dans Dieu purement et simplement d'une manière idéale, elles ne sont cependant pas mortes, mais vivantes. Ce sont les premiers organismes par lesquels Dieu se contemple lui-même, qui, par conséquent, participent de toutes les propriétés de son essence. En vertu de cette participation, elles sont, comme Dieu, créatrices, et elles agissent d'après les mêmes lois et de la même manière. Elles sont comme les âmes des choses, qui, à leur tour, sont comme le corps des idées. Ainsi, de même que l'absolu, dans l'acte éternel de la connaissance divine, se manifeste à lui-même dans les idées, de même celles-ci agissent d'une manière éternelle dans la nature, qui engendre les choses d'une manière temporelle, et apparaît infiniment féconde, en tant qu'elle a reçu les divines sources des idées [1]. »

Ce n'est pas seulement le Platonisme qui se montre dans cette explication de la Création, c'est encore et surtout le Néoplatonisme. Tandis que Platon n'avait considéré les *idées* que comme les formes immuables et immobiles des choses, Plotin les concevait en outre comme les essences vivantes et créatrices, qui, par leur féconde expansion, engendrent les âmes, et, par les âmes, la nature tout entière. « Là aussi, dit Plotin, en parlant du monde des idées, est une terre, non pas déserte, mais pleine d'êtres vivants, en aussi grand nombre que ceux qui habitent ici-bas. » De même, pour Schelling, les idées sont les puissances actives et créatrices des choses, principes de vie et de mouvement pour le monde, en même temps que d'ordre et de mesure. Dans sa *Philosophie de la Nature*, Schelling retrouve partout la vie et l'unité comme les Alexandrins, et l'explique avec eux par l'hypothèse de l'Ame universelle.

Est-ce à dire pourtant que le système de Schelling ne soit qu'un retour à la tradition ? Il ne faudrait pas exagérer à ce point l'influence des idées néoplatoniciennes sur la pensée du philosophe allemand. L'origine de cette pensée est essentiellement moderne. Pour la méthode, l'esprit général et la forme, la philosophie de Schelling vient de Kant et de Fichte ; pour le fond des idées, elle est fille de Spinosa. Ce n'est ni Plotin, ni même Bruno, qui a primitivement inspiré le génie

---

[1] Schelling, *Leçons sur les études académiques*, 2e leçon, trad. de M. Ch. Bénard.

de Schelling. Ce penseur avait été déjà conduit au principe de sa doctrine par une forte et originale méditation des systèmes de Kant, de Fichte et de Spinosa, lorsque le goût des études historiques lui mit entre les mains Bruno, Plotin et Platon. C'est alors que, charmé de retrouver sa propre pensée dans les doctrines de ces philosophes, il affecta d'emprunter leur langage.

Cette imitation semble la dernière trace visible du Néoplatonisme dans l'histoire de la philosophie. Rien ne rappelle moins l'Antiquité que les méthodes et les formules de l'idéalisme d'Hégel. Ce n'est pas que ce système n'offre, quant aux principes et aux conclusions, certaines ressemblances essentielles avec les spéculations de l'École d'Alexandrie. Ainsi la théorie des trois moments de l'*Idée*, et la doctrine du *Ternaire* de Proclus, semblent contenir la même pensée. Mais ce serait abuser étrangement de l'analogie que d'en tirer la moindre induction sur l'origine de la théorie hégélienne. La doctrine de ce philosophe est essentiellement moderne, quant aux idées et aux formules; on peut dire qu'elle est sortie tout entière du fond même de la pensée allemande, si dans cette pensée on comprend Spinosa. L'Aristotélisme est le seul système de l'Antiquité dont Hégel semble avoir profité. Il montre peu de sympathie pour les écoles mystiques; l'École d'Alexandrie paraît lui être peu familière, bien qu'il en ait compris l'importance, dans le développement total de la philosophie grecque. Il est douteux qu'il ait sérieusement étudié Plotin et Proclus.

Toutefois, de même que Schelling a pu recevoir la tradition alexandrine par Bruno, de même il n'est pas impossible que certaines idées de cette philosophie aient passé dans le système d'Hégel, par le canal des mystiques allemands du xiv° siècle, et surtout de maître Eckart. Hégel n'a pu entièrement ignorer la doctrine de ce penseur original, dont les livres écrits en langue allemande, et profondément empreints du génie germanique, malgré l'inspiration évidente de la tradition alexandrine, sont pleins d'idées et de formules qu'on retrouve identiquement dans la philosophie hégélienne. Ainsi, il semble qu'il ait emprunté à maître Eckart sa conception et sa formule même du Principe suprême. Ce Principe, quel que soit le nom qu'ils lui donnent, *Divinité*, *Idée*, *Absolu*, est conçu par tous deux comme la Puissance infinie qui produit tout, sans être aucune essence déterminée, et que, pour mieux exprimer cette indétermination absolue, ils nomment le *néant* ou le *rien*[1]. Le Dieu en trois Personnes, dans la doctrine d'Eckart, procède de la *Divinité*, exactement de la même manière que l'Être réel, la Nature et l'Esprit, procèdent de l'*Idée*. Selon le premier, c'est la *Divinité* qui, en se prononçant, engendre la Trinité; selon le second, l'Idée, en se posant, engendre la Nature et l'Esprit. Le panthéisme d'Eckart, plus mystique que celui d'Hégel, aboutit de même à l'identité du monde et de son Principe, à la *divinisation* de l'humanité. Toutes ces analogies frappantes permettent de penser que le grand théologien allemand du moyen âge n'a pas été étranger aux méditations du philosophe moderne. Ce qui ne paraît guère douteux,

[1] Le mot *néant* incréé appliqué à Dieu est propre à Tauler, dont la doctrine est restée populaire en Allemagne jusqu'à nos jours. Il est fort possible qu'Hégel l'ait tiré de là sans s'en douter.

c'est que, particulièrement dans son interprétation philosophique de la théologie chrétienne, Hégel a dû se servir de la doctrine d'Eckart.

Ces conjectures, fondées sur la comparaison des deux doctrines, deviennent probables, si l'on songe que le panthéisme de maître Eckart, propagé dans toute l'Allemagne par l'enseignement populaire de Tauler et des prédicateurs de la même École, conservé de siècle en siècle par une série non interrompue de mystiques dont l'auteur de la *Théologie germanique*, Henri Harph, Denys le Chartreux, Jacques Bôhme, etc., etc., sont les principaux anneaux, arrive ainsi, à travers le dédain de la critique moderne pour toute spéculation mystique, jusque sous les yeux de la nouvelle philosophie allemande. Dans ses leçons sur l'histoire de la philosophie, Hégel se garde bien d'envelopper les mystiques dans son mépris pour les scolastiques. « Ils se sont, dit-il, conservés purs vis-à-vis de la doctrine de l'Église et de la spéculation, et c'est chez eux qu'on rencontre la vraie manière de philosopher[1]. » Il professe une estime singulière pour la mé-

---

[1] *Vorlesungen über die Geschichte der Philosophie*, t. III, p. 194. Voici le passage entier : « On doit cependant faire remarquer que quelques natures nobles, quelques nobles esprits, s'opposèrent à cette tendance. On doit exalter plusieurs grands scolastiques qui ont été appelés *mystiques* et qu'il faut distinguer des scolastiques proprement dits. Ils se sont conservés purs vis-à-vis de la doctrine de l'Eglise et de la spéculation philosophique. Ce furent en partie des hommes pieux, des esprits distingués, qui continuèrent la manière de philosopher dans le sens des nouveaux Platoniciens, comme avait fait auparavant Scot Erigène. Chez de tels hommes, on trouve la vraie manière de philosopher que l'on nomme aussi mysticisme, et qui pénètre jusqu'à la profondeur intime de la vérité. »

thode et la théologie d'Eckart, et retrouve chez lui sa doctrine de l'identité de l'esprit de l'homme avec l'Esprit divin. « L'œil dans lequel je vois Dieu est le même œil dans lequel Dieu me voit. Mon œil et son œil ne font qu'un [1]. » Mais, s'il n'est pas impossible de considérer les mystiques allemands du xive siècle comme les précurseurs de la philosophie hégélienne, ainsi que le prétend le docteur Martensen, de Copenhague, dans un écrit récemment publié sur Eckart, il sera permis de remonter plus haut encore; car ce mysticisme, quelle qu'en soit l'originalité, se rattache évidemment à Scot Érigène et au faux Denys, et par eux à l'École d'Alexandrie. En sorte que la tradition du Néoplatonisme aurait ainsi pénétré, après des métamorphoses sans nombre, jusque dans le cœur de la pensée moderne.

Quoi qu'il en soit, il faut se garder, sur la foi de certaines analogies, de croire que, par Bruno, Eckart ou tel autre intermédiaire, la nouvelle philosophie allemande n'ait fait que continuer la tradition alexandrine. L'influence du Néoplatonisme finit véritablement au xvie siècle avec Bruno. Ce philosophe marque la limite qui sépare la Renaissance de la philosophie moderne. Pénétré tout à la fois des traditions de l'Antiquité et de l'esprit nouveau, Bruno annonce l'avenir en même temps qu'il rappelle le passé. Sa doctrine est la dernière inspiration des idées néoplatoniciennes. Après Bruno, quelques traces éparses et fugitives de ces idées se laissent apercevoir dans quelques doctrines ultérieures. Mais une ère philosophique commence avec la réforme de Descartes, nouvelle par

---

[1] *Vorlesungen über die Philosophie der Religion*, t. I, p. 148.

l'esprit, les méthodes, les principes, les résultats. Le caractère propre de toutes les doctrines qui appartiennent au xvıı˚ siècle est une absolue indépendance vis-à-vis la Scolastique et l'Antiquité. Ce n'est pas que la philosophie moderne échappe entièrement à l'influence de la tradition. Un regard attentif retrouve cette influence dans toutes les grandes doctrines du xvıı˚ siècle, dans Leibnitz, dans Mallebranche et jusque dans Descartes. Mais ici la tradition n'est plus, comme antérieurement, le principe avoué, le point de départ reconnu des doctrines. Les systèmes de ces grands esprits sont le fruit d'une recherche et d'une méthode personnelle. Ils ont pu, ils ont dû, même à leur insu, s'inspirer de la science antérieure, dont les principales doctrines formaient l'enseignement des écoles et l'opinion du monde savant; mais la source première de leurs pensées est la méditation. Jusqu'au xvıı˚ siècle, la tradition philosophique pèse sur toutes les intelligences; non seulement la trace, mais l'influence, l'inspiration, l'imitation de l'Antiquité est manifeste. Au delà, on ne retrouve plus, du moins chez les véritables penseurs, que des citations faites dans un but de pure érudition. La philosophie moderne est une œuvre spontanée et originale; les éléments qui lui viennent de la tradition lui appartiennent, par le travail de transformation qu'elle leur a fait subir pour les convertir en sa propre substance. Le mouvement qui a produit Descartes, Spinosa, Mallebranche, Leibnitz, Locke, Hume, Kant, Schelling, Hégel, a son principe dans le génie même de la pensée moderne. Indépendamment de l'originalité personnelle, Descartes s'explique par l'esprit de son temps, dont il a été le premier et le plus puissant organe ; Mallebranche et Spinosa s'expliquent surtout par Descartes, dont ils exagèrent les principes; Leibnitz se montre tout à la fois le disciple et l'adversaire du Cartésianisme; Kant arrive suscité par Descartes, par Locke, par Leibnitz et par Hume, c'est-à-dire par toutes les voix de la philosophie dogmatique aux abois; Fickte, Schelling, Hégel, s'engendrent successivement de la critique kantienne.

Que Spinosa ait été initié au panthéisme de la Cabbale, que Schelling ait connu et célébré Bruno qu'Hégel ait été familier avec les mystiques du xiv° siècle, peu importe; la vraie cause, le principe générateur de leur doctrine est ailleurs. Sauf Mallebranche, qui dérive autant de saint Augustin que de Descartes, la philosophie moderne s'explique par elle-même. Il peut sembler ingénieux de rattacher le panthéisme de Spinosa et la nouvelle philosophie allemande au Néoplatonisme, par l'intermédiaire de Bruno ou d'Eckart, ces imitateurs originaux des Alexandrins ; mais ce serait par trop abuser de la tradition. Sur une simple analogie, quelque essentielle qu'elle puisse être, il faut se garder de fonder un rapport historique. Y eût-il parfaite identité de principes, l'historien ne serait pas en droit d'en tirer une telle conclusion. L'expérience démontre que l'identité de doctrines n'a pas toujours pour cause la tradition. L'esprit humain a ses lois, auxquelles il obéit dans le cours de son développement; tous les mouvements de la pensée se ramènent à certains systèmes généraux, identiques, immuables, à travers la diversité des temps, des lieux, des hommes. Platon, les Alexandrins, Bruno, Spinosa, Schelling et tant d'autres appartiennent à ce système, qui, dans l'histoire de la philosophie, a reçu le nom d'Idéalisme. Qu'y aurait-il d'étonnant à ce que, obéissant à une même nécessité logique, ils eussent abouti aux mêmes conclusions ? Sauf les différences de temps et de lieux, l'esprit humain peut porter naturellement et spontanément les mêmes fruits, à des époques très diverses et très éloignées. Voilà pourquoi il n'est pas toujours nécessaire de recourir à la tradition pour expliquer la ressemblance des doctrines. Cette filiation doit toujours être fondée sur des preuves positives, par exemple, soit le témoignage formel des philosophes qu'on soupçonne d'emprunts, soit la double analogie de pensée et de langage entre les doctrines qu'on veut rapprocher. Lors même qu'un philosophe en cite un autre à l'appui de sa propre pensée, ce n'est pas une raison de croire qu'il s'en est primitivement inspiré. Les grands esprits n'adoptent que les traditions qu'ils comprennent, et ils ne comprennent les idées d'autrui qu'après être parvenus eux-mêmes à un résultat analogue, par une voie qui leur est propre. Spinosa n'a dû comprendre Bruno, s'il l'a connu, qu'à l'aide de son propre système. Schelling et Hégel n'ont fait que retrouver leur pensée personnelle dans les livres de Bruno et d'Eckart. C'est ainsi que les écoles se succèdent et se continuent souvent sans avoir conscience de la tradition. De même que Hobbes, Locke, Condillac retrouvent sans le secours de l'érudition la trace du sensualisme, de même Mallebranche, Spinosa, Schelling renouent sans s'en douter la chaîne interrompue des spéculations idéalistes. Mais l'historien d'une École doit s'arrêter là où toute trace des traditions est emportée dans le courant d'une philosophie nouvelle. Le Platonisme, le Néoplatonisme, le Péripatétisme ont vécu encore sous leur forme propre, longtemps après la ruine de leurs écoles. Les écoles du moyen âge et de la Renaissance n'ont guère fait que les reproduire, les commenter, les imiter. Leur règne ne finit qu'à l'avénement d'une vraie philosophie. Après Descartes, Spinosa, Leibnitz et Kant, l'Antiquité peut encore être cultivée avec fruit; car le génie est une source éternelle d'inspirations. Mais la philosophie nouvelle, par son esprit, sa méthode, ses habitudes, répugne invinciblement aux formes des anciennes Écoles. Avec ces formes surannées a disparu l'influence des traditions. Comme la vérité ne peut périr, la pensée des vieilles écoles subsiste dans ce qu'elle a de solide et de vrai; elle inspire et inspirera éternellement l'esprit humain. En ce sens, l'influence des grandes doctrines est immortelle. Le commerce de la philosophie avec Platon et Aristote sera toujours fécond. Mais l'histoire d'une École s'arrête véritablement au jour où l'esprit humain poursuit les mêmes problèmes, par une autre méthode et sous d'autres formes. A ce signe certain, on reconnaît qu'une doctrine a entièrement disparu de la scène philosophique.

Telle fut la destinée du Néoplatonisme. Né vers la fin du second siècle, d'une réaction de la philosophie grecque contre l'influence croissante des idées orientales, il se répand rapidement dans les écoles grecques de l'Orient et y remplace bientôt toutes les doctrines antérieures. Vaincu dans sa lutte désespérée contre le Christianisme qui lui arrache la société d'abord, et enfin le gouvernement de l'empire, il règne encore dans la science jusqu'à la clôture des écoles païennes. C'est alors que le Péripatétisme, qui commençait à refleurir sur les ruines du Néoplatonisme, s'empare des écoles de la société nouvelle. Chez les docteurs du Bas-Empire, de la philosophie arabe, de la Scolastique, Aristote devient l'oracle unique de la science ; sa doctrine envahit toutes les parties en logique, physique, psychologie. La théologie seule reste libre du joug d'Aristote, dans la sphère suprême où elle réside. Aussi est-elle à peu près l'unique branche de la philosophie qui offre prise à l'influence du Néoplatonisme. Si la trace de cette École se laisse apercevoir quelque part, c'est dans la théologie spéculative et surtout dans la théologie mystique. D'ailleurs les idées alexandrines avaient pénétré de bonne heure dans le Christianisme. Deux voies s'ouvraient à la théologie chrétienne, dès son début, l'une toute psychologique qui aboutit au Dieu *humain* de la conscience, l'autre toute rationnelle qui conduit au Dieu chimérique de la spéculation pure. Le Néoplatonisme inspire tous les théologiens idéalistes ou mystiques qui s'efforcent d'élever la notion de Dieu au-dessus des déterminations psychologiques et anthropomorphiques, d'abord Origène et son École, Eunomius, Grégoire de Nysse, puis Synésius, enfin Denys l'Aréopagite. Chez tous, le commerce des Alexandrins fait naître ou fortifie l'intuition de l'universel, de l'infini, de l'absolu, et tend à dégager la notion de Dieu de toute représentation individuelle. A leur point de vue, Dieu n'est plus cette Cause personnelle qui, essentiellement une en trois Personnes, de même que l'âme en trois facultés, crée et conserve le monde par une volonté libre et intelligente, qui le gouverne par une action individuelle, mais toute-puissante, changeant, supendant à son gré les lois qu'elle a elle-même établies, véritable Idéal de la nature humaine dont la conscience nous révèle la vivante et imparfaite image ; c'est un Principe impersonnel, universel, dont les trois Hypostases n'expriment la nature que relativement au monde et à l'humanité, Cause et Substance de l'univers tout à la fois, qui produit les êtres par une effusion de sa bonté, plutôt qu'il ne les crée par un acte libre de sa volonté, qui soutient et administre le monde, en tant qu'il le pénètre, le remplit, le contient, Unité mystérieuse que la raison conçoit négativement, sans la connaître, ni la comprendre, abîme sans fond où la Gnose avait déjà essayé d'entraîner la théologie des premiers Pères.

L'influence du Néoplatonisme sur la théologie des Arabes produit le même effet, mais dans une mesure infiniment moindre, parce qu'elle rencontre deux obstacles invincibles, l'instinct anthropomorphique de l'esprit arabe, et l'absolue domination d'Aristote. Les docteurs arabes qui inclinent au panthéisme, sous l'inspiration évidente des Alexandrins, Algazali et Tophail, n'en maintiennent pas moins le principe de la création libre et volontaire, dans leur doctrine de l'émanation, ainsi que l'idée d'un Dieu personnel, dans leur théorie de l'extase.

La tradition alexandrine, un moment perdue dans le naufrage de la société païenne, reparaît avec les livres du faux Denys dans les premiers essais de la théologie du moyen âge. C'est elle qui inspire, par une voie indirecte, toutes les Écoles qui échappent à l'autorité d'Aristote, les théologiens spéculatifs en tête desquels se place Scot Érigène, les théologiens mystiques,

Hugues et Richard de Saint-Victor, saint Bonaventure, Gerson, maître Eckart et Tauler. A cette source les théologiens puisent inégalement. La doctrine de Scot Érigène est une synthèse hardie et systématique de la théologie chrétienne et de la science alexandrine. Les mystiques français, abandonnant la voie spéculative ouverte par Jean Scot, et cherchant dans la conscience l'objet divin de leur extase, ne conservent guère du mysticisme néoplatonicien que le langage. Les mystiques allemands, au contraire, surtout maître Eckart, disciples fidèles du docteur irlandais, retrouvent l'idéalisme des Alexandrins au terme de leurs spéculations.

Au siècle de la Renaissance, au lieu d'une tradition incomplète et fugitive, c'est le Néoplatonisme tout entier qui revient inspirer la pensée moderne. Après les serviles imitations de Patrizzi, de Ficin, de Pic de la Mirandole, paraît la philosophie de Bruno, œuvre tout à la fois d'imitation et d'intuition personnelle ; où une pensée toute nouvelle se cache sous la tradition alexandrine, et qui, rappelant Plotin en même temps qu'elle annonce Schelling, rattache le panthéisme de la nouvelle philosophie allemande à l'idéalisme alexandrin. C'est ainsi que l'influence du Néoplatonisme, nulle ou tout au moins invisible aux XVIIe et XVIIIe siècles, se ranime au commencement du XIXe et pénètre jusque dans les dernières œuvres de la philosophie moderne. On le voit, la destinée du Néoplatonisme, sans être comparable, pour la puissance et la durée, à celle d'Aristote, fut digne de ses doctrines. Comme École, il régna depuis la fin du IIe siècle jusqu'au VIe, et ne finit qu'avec l'Antiquité elle-même. Comme tradition, il traversa le Bas-Empire, le moyen âge, la Renaissance, et ne disparut qu'à l'avénement de la philosophie moderne. Comme doctrine, il est immortel. Avec Platon, Aristote, et toutes les grandes Ecoles de la philosophie, il reste une source éternelle et inépuisable, ouverte au génie philosophiqué de tous les pays et de tous les temps.

QUATRIÈME PARTIE.

CRITIQUE.

CHAPITRE PREMIER.

Méthode.

Méthode de Platon, la Dialectique. Méthode d'Aristote, la Définition. Méthode des Alexandrins, l'Analyse. Mérites et défauts de cette méthode.

Il y a trente ans, le Néoplatonisme eût été considéré partout comme une étrange aberration de la raison humaine, comme une sorte de rêve métaphysique, indigne d'occuper les loisirs d'un esprit sérieux. Contre une philosophie aussi abstraite et aussi subtile, toutes les Écoles eussent protesté de concert; les disciples de Descartes et de Kant n'eussent pas été moins sévères que les partisans de Reid et de Condillac. Mieux connue et mieux comprise aujourd'hui, grâce aux nombreux et importants travaux publiés sur la philosophie ancienne, l'École d'Alexandrie n'a pas encore repris la place qui lui appartient dans l'histoire des grandes doctrines de l'esprit humain. La singulière hardiesse des méthodes, la subtilité des principes, la folie apparente des conclusions, l'incohérence des théories, la mystérieuse obscurité des formules, l'abus du langage métaphorique, semblent, chez les Alexandrins, laisser peu de prise à une critique régulière. Les Écoles modernes les plus favorables à l'idéalisme et au spiritualisme n'y voient encore maintenant qu'un audacieux défi porté au bon sens et à l'expérience ; les admirateurs de la philosophie ancienne ne veulent y reconnaître qu'un platonisme dégénéré, un syncrétisme confus, où la science grecque s'est corrompue au contact des rêveries de l'Orient.

Il est difficile, en effet, de juger le Néoplatonisme, au point de vue des méthodes et des principes de la philosophie moderne. Dans l'examen de ces étranges et brillantes théories, la forme fait perpétuellement illusion sur la pensée ; la vérité se cache presque toujours sous des images ou des abstractions, que l'esprit de notre temps a peine à prendre au sérieux ; en sorte que la critique est tentée de dire de cette École, comme Aristote du Platonisme : « C'est se payer de mots vides de sens et de métaphores poétiques [1]. » Et pourtant rien ne serait plus injuste qu'un pareil jugement. Le Néoplatonisme n'est ni un tissu de fictions métaphysiques, ni un mélange adultère d'idées puisées aux sources les plus diverses, ni même une ingénieuse combinaison d'éléments choisis et épurés par une critique savante ; c'est un enchaînement systématique de conceptions profondes, sous les formes éblouissantes de l'imagination orientale ; c'est, sous le désordre d'une composition incohérente, sous les raffinements d'une analyse diffuse, la synthèse la plus vaste, la plus riche, la plus forte peut-être qui ait paru dans l'histoire de la philosophie. Dans une période de quatre siècles, le Néoplatonisme embrasse à peu près tout le cercle des spéculations métaphysiques, et résume, en les transfigurant dans une pensée supérieure, toutes les

---

[1] *Met.*, l. 1, ch. 7. Τὸ δὲ λέγειν παραδείγματα αὐτὰ εἶναι καὶ μετέχειν αὐτῶν τἆλλα κενολογεῖν ἐστι καὶ μεταφορὰς λέγειν ποιητικάς.

doctrines des Écoles qui précèdent. Il n'est pas un problème de quelque importance qu'il n'ait posé et résolu à sa manière; il n'est pas une difficulté sérieuse qu'il n'ait prévue et discutée. S'il mérite un reproche, c'est plutôt d'avoir créé, par ses distinctions subtiles, des questions oiseuses et des difficultés imaginaires. Sous des formules surannées, la critique retrouve dans la philosophie alexandrine les plus graves problèmes de la métaphysique, Dieu considéré dans sa nature et ses divers attributs, l'origine du monde et du mal, la Création, la Providence, la nature et la destinée de l'homme, la relation de l'infini au fini, de l'universel à l'individu, de l'immuable et de l'éternel à ce qui change et à ce qui se passe; objets immortels de la pensée humaine, toujours nouveaux sous des formes qui vieillissent, source de toute religion et de toute philosophie, où l'esprit humain puisera incessamment, sans jamais en trouver le fond, et qui n'a jamais été négligée que par les Écoles étrangères à la vraie métaphysique.

Parmi ces problèmes éternels que la critique des doctrines néoplatoniciennes remet en scène, il en est un qui comprend tous les autres, et que la philosophie moderne, en France du moins, est loin d'avoir résolu. Entre l'idéalisme qui supprime ou absorbe les existences finies et individuelles, et l'empirisme qui nie l'infini et l'universel, entre l'expérience qui ne peut s'élever à Dieu, et la raison pure qui perd le monde de vue, entre la métaphysique qui mène au panthéisme, et la psychologie qui conduit à l'anthropomorphisme, la pensée flotte encore indécise, sans autre *criterium* que le sens commun, sans autre règle que la crainte des conséquences extrêmes de l'une ou l'autre méthode, mêlant, confondant dans ses conceptions théologiques, l'induction psychologique avec l'intuition rationnelle, l'analogie avec le raisonnement, et se composant une doctrine pleine d'ambiguïtés et de contradictions, sorte de compromis où la logique est sans cesse sacrifiée aux exigences du sens commun. Il ne suffit pas à la pensée de fuir, comme on le fait de nos jours, les doctrines exclusives, et de se maintenir dans un sage milieu, à égale distance de l'empirisme et de l'idéalisme. Cette réserve purement négative n'est pas la solution du problème; elle ne fait que la préparer. La philosophie, après tant de courses aventureuses et de naufrages, a enfin trouvé sa vraie route entre deux écueils également périlleux; mais elle n'a point encore touché le but. Elle tient, selon une expression célèbre, les deux bouts de la chaîne qui unit l'infini et le fini, l'absolu et le relatif, le monde et Dieu; il lui reste à saisir le nœud mystérieux qui sert à les rattacher. Elle est encore à la recherche d'une doctrine positive, où se concilient effectivement deux ordres de vérités en apparence contradictoires, où l'accord de la raison et de l'expérience se réalise naturellement, en vertu d'une loi nécessaire de la pensée, et non d'une transaction inspirée par le désir de la paix et la fatigue de la lutte.

Le Néoplatonisme a résolu le problème par un idéalisme qui n'est pas sans analogie avec les hardies conceptions de la nouvelle philosophie allemande. En s'engageant dans l'examen des méthodes, des principes, des théories de cette grande École, la critique ne perd pas de vue les vrais problèmes de la pensée moderne; sous des formes anciennes, elle les retrouve toujours dignes des efforts de l'esprit humain, et plus urgents que jamais.

La philosophie des Alexandrins ne peut être comprise ni surtout appréciée qu'autant qu'on la rapproche des doctrines grecques qui en ont précédé et préparé l'avénement. Le Néoplatonisme s'est proposé la difficile tâche de réconcilier Platon et Aristote, et, sur cette alliance, de reconstituer la philosophie grecque tout entière. École encore plus savante qu'originale, il n'oublie jamais, dans ses plus hardies spéculations, la tradition de ses maîtres; dans toutes les parties de sa doctrine, il s'inspire de Platon et d'Aristote, et fait revivre leurs idées sous une forme nouvelle. Il est donc impossible, dans la critique comme dans l'exposition de la doctrine, de séparer les maîtres des disciples.

Ce qui fait, dans l'histoire de la philosophie, la grandeur de la lutte entre le Platonisme et le Péripatétisme, ce n'est pas seulement le génie des hommes et la richesse des systèmes; c'est surtout l'antagonisme de deux directions, de deux méthodes de l'esprit humain, également vraies, également indestructibles, qui n'ont pas cessé de se disputer l'empire, sous des formes diverses. Platon et Aristote puisent leurs principes aux deux seules sources de la connaissance, la raison et l'expérience. La *Dialectique* est essentiellement spéculative; la méthode aristotélique invoque exclusivement l'expérience. La force de ces deux méthodes vient de l'autorité incontestable des facultés qu'elles emploient; leur faiblesse tient à l'emploi exclusif de la raison ou de l'expérience.

Le sens propre et la valeur de la méthode platonicienne s'expliquent par son origine. L'École de la sensation, dont le sophiste Protagoras se fit l'organe au profit du scepticisme, invoquant l'inconsistance des réalités individuelles, supprimait l'être, et ne laissait plus à la connaissance d'autre objet qu'une vaine et insaisissable apparence. C'était ruiner toute science par la base : *Nulla rerum fluxarum scientia.* Donc, pour la philosophie nouvelle, le premier, le plus urgent problème, c'était de rendre à la science sa condition essentielle, son objet. Tel fut le principal but et le plus légitime résultat de la *Dialectique :* retrouver l'être sous l'apparence, le type éternel et immuable sous la mobilité des formes périssables, l'unité d'essence sous l'infinie variété des existences individuelles. Le constant effort de la *Dialectique*, c'est de ramener toute science à l'universel, comme à la raison et à l'essence véritable de la réalité individuelle. Quelle est, suivant Platon, la raison des choses bonnes, des belles formes, des actions justes, des pensées vraies, sinon la *bonté*, la *beauté*, la *justice*, la *vérité ?* Quelle est l'essence des individus réunis sous le nom commun d'hommes, sinon l'*humanité ?* C'est donc à la justice et non aux actions justes, à la beauté et non aux belles formes, à l'humanité et non aux individus, que la science doit s'attacher. L'universel seul est pour elle un objet immuable, identique, éternel. En poursuivant la réalité individuelle, la science se prend à un objet qui fuit et change sans cesse, véritable Protée qui subit les métamorphoses les plus contradictoires. Ainsi, telle forme belle que la sensation nous découvre, change sous l'œil qui contemple. D'ailleurs, si elle demeure constamment et réellement belle, n'est-ce pas en vertu de la beauté en soi qui en fait l'essence? Il en est ainsi du bien, du vrai, du juste et de tous les objets de la connaissance humaine. C'est donc à l'essence pure, à l'être en soi, à l'idée en toutes choses, que la science, partant des réalités individuelles révélées par l'expérience, doit s'élever toujours, si elle veut échapper au monde de l'apparence, de l'incertitude et de la contradiction. Bien plus : les réalités ne sont pas seulement fugitives ; elles sont indéfinissables et inintelligibles ; l'essence seule des choses tombe sous la définition et la pensée. On peut toujours comprendre dans une définition, si nombreux qu'ils soient, les caractères propres à l'humanité, à la justice, à la beauté, à la vérité ; il n'est pas de procédé logique, si ingénieux qu'on le suppose, qui puisse réunir sous une seule et même dénomination toutes les propriétés différentielles qui caractérisent tel homme, telle forme, telle action, telle vérité. Ramener, en toute science, l'individu à l'universel, la chose à l'essence, la réalité à l'idée, la sensation à la notion, tel est le mérite le plus incontestable de la méthode platonicienne.

La Dialectique ne s'arrête point là. Non contente de s'élever des individus à l'idée, elle monte par degrés, dans l'échelle du général, de l'espèce au genre, jusqu'à ce qu'elle parvienne d'idée en idée, de genre en genre, à l'Idée universelle, essence première, principe absolu de tout ce qui existe, soit dans le monde intelligible, soit dans le monde sensible. Ici est le point délicat, le mystère de la pensée platonicienne, méconnue par Aristote. Réduire la Dialectique à un simple procédé logique, et la théorie des idées à une pure classification des êtres en genres et en espèces, serait d'une critique superficielle. L'*idée*, telle que l'entend Platon, n'est pas simplement une abstraction exprimant les caractères communs à un certain nombre d'individus ; c'est le type parfait, l'exemplaire éternel de toutes les réalités imparfaites et périssables qui portent le même nom, l'être parfait, absolument indépendant des individus, qui tirent de lui toute leur essence. Ainsi, par exemple, l'*homme en soi*, *l'humanité*, contient dans une absolue perfection toutes les propriétés qui se retrouvent imparfaitement dans chaque homme ; elle subsiste indépendamment des individus, qui de leur côté existent, non en elle, mais par elle.

Or, ce rapport établi entre l'idée et les individus, la Dialectique le transporte entre les idées elles-mêmes, comparées au point de vue de leur généralité. L'*idée* de la vie, la Vie en soi, τό αὐτόζωον, contient, non pas logiquement ou virtuellement, mais à l'état d'essences pures et parfaites, toutes les espèces qu'elle comprend, la plus éminente, comme la plus humble, l'homme aussi bien que l'insecte. De même l'*idée* de l'être, l'Être en soi, renferme l'humanité, la vie inorganique, tous les genres et toutes les espèces, non comme la puissance contient l'acte, mais comme l'absolue perfection contient les essences plus ou moins parfaites comprises dans son ineffable unité. Par conséquent, de même que les propriétés des individus n'existent à l'état parfait que dans l'idée, de même les idées inférieures n'ont toute leur perfection que dans l'Idée universelle qui les comprend ; bien plus, elles n'existent véritablement que là. L'Humanité n'existe que dans la Vie, la Vie que dans l'Être, l'Être que dans le suprême Universel, l'idée du Bien. Voilà dans quel sens doit être comprise la hiérarchie des idées. La Dialectique n'aboutit donc pas à une simple classification ; elle s'enquiert des raisons et des principes ; elle aspire à la suprême Unité, non comme au genre suprême, mais comme au Principe de toute essence et de toute perfection ; elle monte graduellement par une série d'unités de moins en moins *compréhensives*, prétendant n'éliminer que l'élément variable, accidentel, périssable de l'être, et en conserver tous les caractères essentiels, la vie, l'âme, l'intelligence, pour les réunir au suprême degré de perfection en Dieu, l'Idée des idées, l'Unité des unités. Ainsi envisagée, la Dialectique est, sous une forme trop exclusivement logique, cette méthode éternelle de l'esprit humain, qui, sur les ailes de la raison, s'élève des individus à l'Être universel, des êtres contingents à l'Être en soi, méthode employée successivement avec des procédés divers, suivant le génie des hommes et des époques, par tous les grands organes de l'idéalisme, par Plotin, par Spinosa, par Malebranche, par Schelling, par Hégel. La méthode platonicienne n'est donc pas, comme le dit Aristote, un jeu d'esprit, une variété de la sophistique. Elle a deux mérites incontestables : le premier, d'avoir fondé la science sur la notion de l'universel ; le second, d'avoir ouvert à la théologie rationnelle la vraie voie, la voie des idées, qui mène à Dieu. Est-ce à dire qu'elle soit irréprochable? Loin de là. La critique d'Aristote n'a d'autre tort que d'avoir omis ou dissimulé les excellents côtés de la Dialectique ; elle en a fait admirablement ressortir les défauts.

La Dialectique ne se propose pas seulement de restituer à la science son véritable objet supprimé par la sophistique et l'empirisme ionien ; elle croit atteindre à l'essence même des êtres : première illusion. Il ne suffit pas de s'élever à l'universel pour connaître l'essence des choses individuelles. Dire que l'individu a son essence dans l'humanité, que les formes belles, que les actions justes, ont leur essence dans la beauté et la justice, c'est énoncer une profonde vérité; mais ce n'est pas faire connaître en quoi gisent la justice, la beauté, l'humanité. Le procédé de la Dialectique, l'abstraction ne fait pas pénétrer l'esprit dans la nature propre des choses; elle ne sait que l'élever vers l'universel et l'idéal. A toute question sur l'essence, elle répond par l'*idée*. Quelle est l'essence de tel homme, de telle beauté, de telle vertu? C'est l'homme en soi, la beauté en soi, la vertu en soi. La Dialectique croit répondre à tout par la distinction des choses et des idées. Cette distinction est un progrès décisif de la philosophie socratique sur toutes les Écoles qui l'ont précédée ; elle ouvre une voie féconde à l'intelligence, elle est le point de départ de toute vraie science et le principe de tous les progrès de la philosophie spéculative depuis Socrate jusqu'à nos jours. Mais si elle prépare l'esprit à la vraie science, elle ne l'engendre pas ; si elle conduit l'esprit au sanctuaire, elle ne l'y fait pas pénétrer. Sur ce point, la critique d'Aristote est sans réplique.

Il est vrai que la Dialectique prétend atteindre à l'essence des choses, par cela même qu'elle s'élève à l'universel, identifiant ainsi l'universel et l'essence. Elle ne se borne point, en effet, à soutenir, à l'exemple de Socrate, que toute science a pour objet l'universel, elle ajoute que l'universel, comme tel, est le type et la mesure de l'être ; en sorte que, plus l'esprit s'élève dans l'échelle des abstractions, plus avant il pénètre dans l'essence des êtres. Partant de ce principe, la Dialectique fait du genre l'essence de l'espèce, du genre supérieur l'essence du genre inférieur, du genre suprême l'essence de tous les genres et de toutes les espèces qui s'y trouvent compris. C'est ainsi qu'elle remonte, d'abstraction en abstraction, des individus à l'*humanité*, de l'*humanité* à la *vie*, de la *vie* à l'*être*, cherchant dans l'humanité l'essence des individus, dans la vie l'essence de l'humanité, dans l'être l'essence de la vie. Cette identification de l'essence et de l'universel, source de toutes les aberrations du Platonisme, n'est pas une erreur accidentelle, mais une conséquence directe, nécessaire du principe qui domine toute la Dialectique. L'adversaire des sophistes et de l'empirisme ionien, frappé de la mobilité et de l'inconsistance des choses sensibles, cherche la science dans ce qui ne passe point. Pour Platon, de même que l'objet de la sensation, le non-être est le multiple, le variable, le périssable, l'individuel ; de même, l'objet de la science, l'être est l'un, l'immuable, l'éternel, l'universel. L'essence et la perfection ont pour mesure l'unité, l'immutabilité, l'universalité. Erreur profonde qu'Aristote ne pouvait relever trop sévèrement, qui égarait la pensée à la poursuite de vaines abstractions, loin de la réalité et de l'être véritable, dont les caractères les plus éminents, la vie, l'âme, l'intelligence, disparaissent, à mesure qu'on s'élève vers le genre suprême. En s'obstinant à chercher l'essence des choses dans l'universel, le Platonisme s'enfonce dans un monde de fictions et de chimères ; il n'atteint qu'une entité logique, une substance, sans forme et sans vie, et perd de vue les propriétés les plus excellentes de l'être, celles que l'expérience peut seule nous révéler ; il confond les conditions abstraites des êtres, les lois qui en règlent la succession, avec ce qui en fait le fond et l'essence même. Il ne comprend pas que les propriétés les plus générales de l'être, loin d'en constituer l'essence intime, n'en sont que les formes extérieures et superficielles, et que c'est dans les caractères particuliers et spécifiques qu'il faut chercher les titres de sa vraie supériorité.

En résumé, sauf les procédés trop exclusivement logiques et les formes trop abstraites qui en altèrent ou en voilent un peu la pensée intime, la Dialectique est une méthode essentiellement rationnelle. C'est là ce qui en fait tout à la fois la vertu et l'impuissance : la vertu, en ce qui concerne la recherche du principe des choses ; l'impuissance, en tout ce qui regarde la connaissance positive des choses elles-mêmes. Excellente méthode, tant qu'il ne s'agit que d'élever l'esprit au-dessus de la réalité, variable, contingente, individuelle, jusqu'à l'Être immuable, nécessaire, universel, qui en est le principe, la Dialectique ne peut nous initier à la science intime de cette réalité. Comme toutes les méthodes spéculatives, elle aboutit à la contemplation, à la conception, non à la connaissance ; elle peut conduire à la science de Dieu ; appliquée à la science du monde, elle ne peut qu'égarer l'esprit.

La méthode d'Aristote est l'inverse de la Dialectique. Elle se pose le même problème, la recherche de l'essence, mais arrive par une tout autre voie à une solution opposée. A l'abstraction rationnelle, elle substitue l'intuition de l'expérience et la définition. Au lieu que Platon cherche l'être dans l'universel, dans l'idée, Aristote le trouve dans la nature intime de la réalité individuelle, dans la forme. A ce nouveau point de vue, ce n'est plus le genre qui fait l'essence des choses, c'est l'espèce, le genre ne pouvant jamais en être que la matière. Ainsi, l'essence de l'homme n'est pas dans ce qui lui est commun avec les êtres vivants, dans l'être ou la vie, mais bien dans ce qui lui est propre, dans l'âme et l'intelligence. L'abstraction platonicienne, abusant des notions de la raison, égarait la science dans la stérile contemplation des entités logiques ; la définition aristotélique, toujours appuyée sur l'expérience, en s'attachant aux propriétés essentielles des êtres, maintient la science dans l'intuition la plus intime et la plus profonde de l'être réel et vivant. La Métaphysique aspire, de même que la Dialectique, du sein des choses sensibles à leur principe suprême, le Bien ; mais, loin de suivre l'ascension rapide de la méthode platonicienne qui, sur les ailes des *idées*, s'élance brusquement vers Dieu, elle suit pas à pas la Nature, avec laquelle elle monte par degrés, de règne en règne, d'espèce en espèce, dans chaque règne, jusqu'au type parfait de l'être, s'élevant graduellement de l'être inorganique à la vie, à la sensibilité, à la raison, à l'intelligence. C'est ainsi que Platon et Aristote arrivent aux deux solutions contraires du problème, aux deux pôles extrêmes de la science, à l'Être abstrait et à la pensée pure, au suprême Universel et à la suprême Individualité, à la Substance qui comprend essentiellement toutes les formes, sans en affecter aucune, et à l'Acte parfait, qui les exclut toutes, parce qu'il est lui-même la forme par excellence.

L'incomparable vertu de la méthode d'Aristote, la

plus parfaite qui ait jamais été appliquée aux objets de l'expérience, se révèle par la science admirable qui en a été le fruit. La philosophie péripatéticienne, en tout ce qui touche à la réalité, est un monument impérissable, dans lequel il est plus facile de découvrir des lacunes que des erreurs. Néanmoins cette méthode ne suffit point à tout. L'expérience peut beaucoup, surtout sous la direction d'un génie supérieur; elle atteint la réalité tout entière à tous ses degrés, depuis la simple existence jusqu'à l'être par excellence, la pensée; mais, quoi qu'elle fasse, elle n'atteint pas au delà, jusqu'au principe même de la réalité. Le monde tout entier, dans ses plus secrètes profondeurs, lui est ouvert; le principe du monde, Dieu, lui reste caché. Tant qu'Aristote s'enferme dans les limites de la réalité, sa doctrine ne soulève point de difficultés sérieuses; dès qu'il essaye de la dépasser, il tombe dans les abstractions et les hypothèses. Invincible dans sa philosophie de la nature, il prête à de graves objections dans sa théologie.

La théorie par laquelle Aristote identifie l'Être parfait avec la pensée, est peut-être la plus originale et la plus ingénieuse conception dont s'honore l'histoire de la philosophie. Le principe de cette théorie, à savoir, que l'être a son type et sa mesure dans l'acte, repose sur une observation profonde : c'est que toujours l'imperfection d'un être tient à ce que son essence n'est pas identique avec son acte. Tout être chez lequel subsiste cette distinction de l'essence et de l'acte n'est pas primitivement et nécessairement en acte; il le devient seulement, tantôt par l'effet d'une cause étrangère, tantôt spontanément, mais avec effort, fatigue et interruption. L'être pur et par excellence est donc celui où s'évanouit toute puissance, toute faculté, tout ce qui communique à l'acte le caractère du travail et de la peine; la perfection de l'être a donc pour principe l'identité de l'essence et de l'acte. Il n'y a d'être parfait et vraiment nécessaire que l'acte immanent. Or, de tous les actes que nous révèle l'expérience, la pensée seule a cette propriété, qui ne se retrouve ni dans le simple mouvement, ni dans la sensation, ni même dans l'entendement proprement dit ; elle l'a, non pas en l'homme, mais en Dieu. La pensée humaine n'est encore qu'une opération, c'est-à-dire, un acte imparfait, sujet à la fatigue et à l'interruption; la Pensée divine seule est un acte immanent, nécessaire, identique, avec l'essence même de Dieu, un acte parfait. L'intelligence humaine approche de cette perfection, sans jamais y atteindre, lorsque, par une heureuse habitude qui est comme une seconde nature, elle passe sans travail de la faculté à l'action, et y persiste quelque temps sans fatigue. Mais ce qui n'est qu'un accident fugitif dans l'humanité, la pensée pure et parfaite, fait l'état permanent, la nature même de Dieu.

Cette théorie de l'être est le suprême effort de l'intuition psychologique. Admirablement vraie, tant qu'elle ne dépasse point le monde, elle échoue dans la recherche du principe des choses. Le Dieu d'Aristote, type parfait de l'individualité, acte pur, Pensée de la pensée, Être solitaire, étranger au monde, qu'il ne fait que mouvoir et diriger par attraction, sans le produire, l'animer, ni le comprendre, n'est pas le vrai Dieu de la raison, l'Être universel, principe, substance et fin de tout ce qui existe. Aristote, faute d'une méthode *à priori*, qui l'élève à la conception de l'Être nécessaire, méconnaît le vrai caractère de la Nature, la contingence ; il lui attribue l'être en soi, et s'il a recours à un principe supérieur, en dehors d'elle, c'est pour en expliquer le mouvement et non l'être. Son Dieu n'est ni la Substance immuable qui comprend la Nature dans son sein, ni même la Cause distincte et indépendante qui crée la Nature sans la contenir ; il n'est que le premier Moteur d'un système qui possède en soi l'être et la vie, l'aimant irrésistible qui soutient la chaîne immense des êtres contingents. Voulant atteindre jusqu'au principe du monde, sans sortir de l'expérience et de la réalité, Aristote suit la Nature dans tous ses progrès, de la base au sommet, de l'être simple à l'Intelligence, et, dégageant par un puissant effort d'abstraction la pensée des entraves et des imperfections inhérentes à l'humanité, il l'idéalise et en fait l'Être pur et parfait au delà duquel il n'y a rien à chercher. Un Idéal de l'être, non pas conçu *à priori* par la raison, au delà et en dehors de tous les êtres contingents, mais simplement supposé par induction, comme premier terme d'une série à laquelle il appartient, et où il trouve son analogue, tel est le Dieu auquel l'expérience et la psychologie pure devaient conduire le génie le plus pénétrant de l'Antiquité. Dans cette suprême Individualité, principe de direction et non d'existence pour le monde, la raison ne reconnaît pas son Dieu, l'Être universel, absolu, infini, principe, substance et fin des êtres individuels, qui n'est pas seulement le premier, mais le principe des êtres, qui n'est pas un être, même parfait, mais l'Être en soi.

La méthode d'Aristote est donc incomplète, comme celle de Platon. L'une, essentiellement spéculative, malgré les procédés trop logiques qui en restreignent la portée, atteint le principe du monde, sans toucher à la réalité ; l'autre exclusivement empirique et psychologique, pénètre dans la science intime des choses, sans pouvoir en atteindre le principe. La Dialectique s'élève brusquement à l'universel, sans pouvoir retrouver la réalité individuelle qui lui a servi de point de départ ; la Métaphysique descend dans les profondeurs les plus intimes de l'individualité, sans comprendre l'universel autrement que comme une abstraction purement logique. On entrevoit dès lors la lutte sans fin du Platonisme et du Péripatétisme. C'est l'antagonisme indestructible de deux méthodes également légitimes, mais également exclusives, et par suite impuissantes, malgré le génie des deux grands hommes qui les ont produites avec tant d'éclat sur la scène philosophique. La philosophie grecque, sous peine de périr, devait mettre fin à cette lutte par une alliance. De là l'Eclectisme alexandrin. Réunir et concilier dans une même méthode la raison et l'expérience, dans un même système l'universel et l'individuel, l'unité substantielle et la variété phénoménale, Dieu et le monde, telle est l'œuvre à laquelle les Néoplatoniciens ont appliqué leur pensée et leur érudition.

La méthode alexandrine n'est pas une pure combinaison des procédés du Platonisme et du Péripatétisme ; elle est simple, originale, profondément distincte des méthodes dont elle concilie les conclusions contradictoires. La pensée qui la domine et l'inspire est étrangère aux Écoles grecques ; c'est la doctrine essentiellement orientale de la *procession*. Selon cette doctrine, l'être sort de son principe, comme la lumière du foyer, par diffusion, par irradiation, par émanation. Le principe, c'est l'être simple, invisible, immatériel, concentré tout entier dans les profondeurs de son essence ; l'être visible, sensible, extérieur, n'en est que la manifestation, la représentation. Entre l'être et son principe, l'effet et la cause, le monde et Dieu, il n'y a d'autre différence que la distinction de l'être intérieur, implicite, latent, à l'être extérieur, explicite, manifeste. Procédant à la recherche de l'être et du principe, sous l'empire de cette conception, la méthode alexandrine tend à remonter toujours du complexe au simple, du multiple à l'un. Elle aussi poursuit l'unité, non l'unité purement logique du genre, comme la Dialectique, non l'unité individuelle, intime et organique de la forme, comme la Métaphysique, mais l'unité substantielle, centre indivisible d'où s'échappent les êtres, comme autant de rayons, principe inconnu à la philosophie grecque, auquel on parvient par l'*analyse*, procédé nouveau, essentiellement différent de l'*abstraction* platonicienne et de la *définition* aristotélique. De même que par l'abstraction la Dialectique tend à l'*idée*, que par la définition la Métaphysique tend à la *forme*, de même par l'*analyse*, la méthode néoplatonicienne tend à l'*unité*. L'unité, en tant qu'unité, tel est le principe de toute cette philosophie ; partir de la réalité la plus multiple pour s'élever graduellement, mais par une autre échelle que la Dialectique et la Métaphysique, à l'unité la plus simple, tel en est le procédé constant. Ainsi, descendant tout d'abord au-dessous de la réalité sensible, jusqu'à la racine même du multiple, à la matière, le Néoplatonisme va de la matière même au sujet matériel, dont la forme extérieure, la figure, lui offre déjà une grossière image de l'unité ; de la forme sensible, il pénètre à une unité plus intime, à la force, à l'âme dont la forme extérieure n'est que l'expansion dans l'espace ; puis, de l'âme, unité plus simple que la forme proprement dite, mais encore complexe, puisqu'en elle l'unité d'essence n'exclut pas la diversité des facultés, il parvient à l'essence pure, à la forme intelligible et immatérielle, à l'intelligence; enfin, de l'intelligence, dont l'unité laisse encore subsister, non la dualité, mais la distinction logique du sujet et de l'objet, il atteint l'Unité absolue, où toute dualité, toute distinction s'évanouit avec toute essence, et devant laquelle s'arrête la plus subtile analyse.

Pour bien comprendre et apprécier la méthode néoplatonicienne, il ne faut jamais la séparer de la pensée qui en fait l'esprit et en dirige tous les mouvements. L'analyse de Plotin poursuit le *simple*, *l'un*, de même que la Dialectique ou la Métaphysique, mais dans un tout autre sens ; elle poursuit l'unité, telle que la conçoivent les écoles orientales de l'*émanation*, comme le point central indivisible, le foyer obscur d'où les êtres s'échappent, par effusion ou rayonnement. De là tous les mérites et tous les défauts de cette méthode.

Son premier mérite, c'est de chercher la cause dans son effet, le principe dans son produit, l'être universel dans sa manifestation individuelle, l'idée pure dans la réalité extérieure. Bien supérieure (comme méthode théologique) à la Métaphysique qui refuse l'existence à l'universel, et à la Dialectique qui le sépare des individus, l'analyse néoplatonicienne atteint son principe sans sortir de la réalité. Elle procède par intuition et non par abstraction. La Dialectique, déjà moins abstraite que la méthode toute mathématique des Pythagoriciens, ne peut cependant, par une opération purement logique, atteindre le véritable universel; en le cherchant en dehors de la réalité et de l'essence intime des choses, elle ne rencontre que l'unité de genre. Au contraire, la méthode de Plotin, en se fixant au sein de l'individu, à l'exemple d'Aristote, découvre, au lieu d'un type abstrait, un principe vraiment substantiel, au lieu de l'unité de genre, l'unité de vie et d'être, enfin, l'universel réel et vivant, au lieu d'une simple forme logique. De là une nouvelle théorie du monde intelligible qui n'explique pas seulement comme celle de Pythagore et de Platon l'ordre, la proportion, la forme, la beauté, mais encore et surtout le mouvement, la vie, la substance même des êtres du monde sensible.

Autre mérite essentiel. La Dialectique et la Métaphysique ne se bornaient point à distinguer des choses elles-mêmes le principe qui en fait l'être; elles allaient jusqu'à l'en séparer. L'*idée* ne réside pas dans la réalité individuelle dont elle fait l'essence; la *forme* parfaite, la fin ne réside pas davantage dans le sujet individuel qu'elle meut par attraction. L'analyse de Plotin, s'enfermant dans l'individu, cherche son principe, non en dehors, mais au fond de la réalité, qu'elle n'abandonne jamais dans ses abstractions les plus subtiles, dans ses conceptions les plus hautes. *L'unité*, quelle qu'en soit la nature, âme, intelligence, Dieu, est un principe intérieur, distinct, mais non séparé, de la réalité sensible, qui n'en est que la manifestation extérieure. En s'élevant graduellement de la matière à la forme, de la forme à l'âme, de l'âme à l'intelligence, de l'intelligence à Dieu, l'analyse ne s'éloigne pas de la réalité, elle ne fait qu'en pénétrer plus intimement l'essence. C'est ainsi qu'elle voit dans l'âme le fond de la réalité sensible, dans l'intelligence le fond de l'âme, en Dieu le fond de l'intelligence et de tout le reste : tous les êtres, sensibles ou intelligibles, simples corps, âmes, intelligences, ne sont que les rayons plus ou moins immédiats d'un seul et même foyer, l'Unité. La Dialectique, séparant les deux mondes, avait essayé, mais vainement, d'en rétablir le rapport par l'inexplicable hypothèse de la μέτεξις. La Métaphysique n'avait compris d'autre unité pour le système des êtres que l'unité de mouvement et de direction. L'analyse alexandrine seule pouvait parvenir à la vraie unité, à l'unité de substance et de vie, en même temps que de mouvement.

Cette méthode ouvre donc une nouvelle issue à la philosophie grecque qui s'épuisait en vaines discussions dans les voies de la Dialectique et de la Métaphysique ; elle se prête infiniment mieux que l'une ou l'autre de ces deux méthodes à la solution du plus grand problème que la pensée ait agité, le rapport de l'individuel à l'universel, du monde à Dieu, l'accord de la raison et de l'expérience. Mais, d'un autre côté, par l'excès de l'analyse, par un mélange adultère de l'imagination et de la science, elle égare la philosophie dans un monde d'abstractions et de chimères. Abusant de cet axiome que le composé et le multiple ont leur principe dans le simple et dans l'un, elle aboutit à deux conclusions capitales, auxquelles la critique doit tout d'abord remonter, comme à la source de toutes les erreurs et de toutes les fictions du Néoplatonisme.

Première conclusion. — L'unité, en tant qu'unité, fait l'essence des êtres. La Dialectique, en identifiant l'être avec l'universel, détournait de la connaissance réelle et intime des choses ; selon la remarque profonde d'Aristote, au lieu de faire pénétrer la pensée dans l'essence même de l'être, elle la retenait à la surface. La méthode néoplatonicienne encourt un reproche analogue, en identifiant l'être avec l'unité. L'*unité* alexandrine a son caractère propre ; elle n'est ni l'unité purement numérique des Pythagoriciens, ni l'unité de genre de Platon, ni l'unité de forme d'Aristote. Pour en bien saisir le sens précis, il faut se rappeler l'hypothèse tout orientale par laquelle le Néoplatonisme explique l'origine des êtres.

Le multiple émane de l'un, ainsi que les rayons du foyer, la lumière du soleil. La méthode alexandrine ne va pas, comme la Dialectique, de la variété des individus, à l'unité du genre, ni comme la Métaphysique de la matière essentiellement inorganique à la forme, principe organique de l'être ; elle procède de l'extérieur à l'intérieur, de la circonférence au centre, simplifiant, réduisant, retranchant successivement tout élément de dualité, la forme d'abord, puis la vie, puis l'essence pure, et ne s'arrêtant que devant l'absolue Unité, point indivisible, impénétrable, d'où s'échappent comme autant de rayons, les essences intelligibles et les êtres sensibles. Or, là est précisément le vice radical de la méthode. L'unité, en tant qu'unité, peut bien être recherchée comme la condition abstraite, mais jamais comme l'essence même, le principe substantiel des choses. Jusqu'aux Alexandrins, la philosophie grecque avait toujours aspiré à l'unité, Platon à l'unité logique des *universaux*, Aristote à l'unité naturelle et organique des *formes*, le Stoïcisme à l'unité génératrice des *raisons séminales*. L'École d'Alexandrie est la première qui ait cherché l'unité pour l'unité, c'est-à-dire une abstraction. En poursuivant la chimère de l'unité pure, si l'analyse alexandrine ne s'égare point dès le début, cela tient à ce qu'elle se laisse guider par les doctrines antérieures, tantôt par le Stoïcisme, tantôt par le Platonisme, surtout par le Péripatétisme, que Plotin suit pas à pas, et qu'il n'abandonne qu'au delà du monde intelligible. Aristote, s'appuyant sur l'expérience et procédant par définition, cherchait dans l'unité de forme le vrai type de l'être et de la perfection, et s'élevait graduellement du règne inorganique au règne organique, de l'animal à l'homme, suivant la Nature dans son progrès vers l'unité organique par excellence, la suprême individualité, l'intelligence. C'est sur les traces de cette méthode que l'analyse néoplatonicienne s'élève, de l'unité de la forme à l'unité plus organique de la vie, et de celle-ci à l'unité intime de la pensée. En s'arrêtant là, elle fût restée dans le vrai, mais elle n'eût pas atteint le terme auquel elle aspire. Ayant en vue, non l'unité organique, vrai type de la perfection, mais l'unité en soi, l'unité mathématique, l'analyse de Plotin et de Proclus poursuit son œuvre de réduction et de *simplification* (ἅπλωσις), jusqu'à ce qu'elle parvienne à cette unité absolue (τὸ ἁπλῶς ἕν), indéfinissable, inintelligible, pure de toute forme, de toute vie, de toute essence, où s'évanouit toute dualité et toute distinction.

De là les plus graves aberrations du Néoplatonisme;

une théologie qui, après les plus ingénieux efforts, va se perdre dans une abstraction ; une morale qui, admirable au début, finit par proposer pour suprême idéal l'anéantissement de la nature humaine. Au lieu de l'être, le non-être; au lieu de la lumière, la nuit; au lieu de la perfection, le néant, voilà où mène la méthode alexandrine. Elle égare étrangement la philosophie sur la nature de Dieu et sur la fin de l'homme. Elle prétend conduire à l'Être parfait par la négation de tous les attributs positifs de l'être, et à la suprême vertu par la suspension de toutes les facultés de l'âme. Ici reparaît l'influence du Platonisme et surtout des fausses conceptions de la théologie orientale. Après une lutte obstinée, la *Dialectique* l'emporte sur la *Métaphysique*, le génie de l'Orient triomphe de l'esprit grec. Le père de la vraie méthode, en tout ce qui concerne l'essence et la fin des êtres, Aristote avait dit avec une profonde vérité : « L'être réside dans l'acte, la perfection dans la fin. » Le type de l'être, en effet, l'être parfait n'est pas l'unité mathématique, dernière abstraction de la pensée, mais l'unité organique par excellence, l'être pensant, suprême intuition de l'expérience. L'idéal de la vie humaine n'est pas l'absorption, mais au contraire l'exaltation de notre nature ; l'âme doit y tendre, non par l'inertie, la réduction ou la suspension de ses facultés, mais par le mouvement, le développement, l'épanouissement et l'exercice de toutes ses forces. La méthode alexandrine, après s'être attachée d'abord aux traces d'Aristote et de la philosophie grecque, retombe enfin sous l'influence du principe qui la domine ; elle aboutit, comme toute la théologie orientale, au néant et à la mort.

Deuxième conclusion. L'unité prise en soi et à part des formes qui la manifestent ou des actes qui la réalisent est l'être pur. La méthode alexandrine ne sépare pas l'intelligible du sensible, le principe de son produit, bien supérieure en cela à la Dialectique ; mais elle ne l'en considère pas moins comme l'être parfait en soi, d'autant plus parfait qu'il est plus indépendant de sa manifestation extérieure. Ainsi, tandis que Plotin fait de l'âme l'essence du corps, de l'intelligence l'essence de l'âme, de l'unité suprême le fond de l'intelligence, il conçoit, d'une autre part, l'âme, l'intelligence, l'unité, comme des principes parfaits en eux-mêmes, et dont le développement, bien que nécessaire, est une imperfection. Pour l'auteur des *Ennéades*, tout mouvement hors de l'unité est une chute, toute essence se dégrade en se réalisant; l'idéal de l'être, c'est l'unité sans variété, la substance sans actes, l'essence sans forme, l'idée sans réalité. C'est par là que l'École d'Alexandrie se perd dans les abstractions. Cherchant l'être et le principe dans le *simple* et dans l'*un*, elle convertit perpétuellement en substances véritables les purs éléments de son analyse. Après avoir distingué successivement, dans le sujet complexe qui sert de base à cette analyse, les principes divers de la forme, de la vie, de l'essence, de la pensée, au lieu de les confondre dans l'indivisible unité de l'être, elle en fait des êtres à part, non séparés, il est vrai, mais substantiellement distincts, et procédant les uns des autres, la Nature de l'Ame, l'Ame de l'Intelligence, l'Intelligence de l'Unité. Toute distinction engendre une entité; toute division, toute subdivision de l'analyse aboutit à un monde nouveau, peuplé d'essences chimériques que l'imagination alexandrine se plaît à réaliser, à personnifier, à diviniser. Illusion étrange, indigne d'un Plotin, d'un Porphyre, d'un Proclus, et qu'il faut attribuer surtout à leur méthode ! C'est aux Alexandrins qu'on pourrait appliquer comme critique l'axiome tant recommandé par Occam à la Scolastique : *Entia non sunt multiplicanda præter necessitatem.* Non seulement ils les multiplient sans nécessité, mais encore contre toute vérité et toute raison.

Tels sont, en résumé, les mérites et les défauts de la méthode néoplatonicienne. Elle se prête admirablement à l'explication du rapport entre l'universel et les individus, entre le monde intelligible et le monde sensible, supérieure en cela à la Dialectique qui supprime l'individu, et à la Métaphysique qui ne voit dans l'universel qu'un principe logique ; en outre, elle substitue à l'*idée* abstraite du Platonisme un principe substantiel et intime, universel et individuel en même temps, qui n'explique pas seulement l'unité de forme, mais aussi l'unité d'essence et de vie. Mais, d'une autre part, cette méthode, dans son excessive préoccupation de l'unité, de l'unité mathématique, perd de vue, comme l'avait fait la Dialectique, les plus intimes, les plus excellents attributs de l'être, la vie, l'âme, l'intelligence, pour aboutir à l'abstraction vide de l'unité absolue. Enfin, en convertissant les éléments de l'analyse en vraies substances, elle engage le Néoplatonisme dans un dédale de contradictions et de fictions inintelligibles.

CHAPITRE II.

Théologie.

Théorie de l'Ame. Théorie de l'Intelligence. Théorie de l'Un.
Mérites et défauts de cette théologie.

La philosophie alexandrine, en apparence fort incohérente et fort compliquée, est au fond un système parfaitement simple, et dont toutes les parties, théologie, cosmologie, psychologie, morale, ne sont que les développements d'une même pensée, les applications directes d'une seule méthode. La pensée qui inspire et domine tout le système, c'est la doctrine éminemment orientale de la *procession*, de l'*émanation*, d'après laquelle tout principe produit, sans sortir de lui-même, par une sorte de rayonnement nécessaire et perpétuel. La méthode invariablement suivie par tous les philosophes alexandrins depuis Plotin jusqu'à Proclus, c'est l'analyse qui, partant de la réalité matérielle, va du complexe au simple, du multiple à l'un, et, dans ses éliminations et ses négations, ne s'arrête que devant l'Unité absolue, τὸ ἁπλῶς ἕν. Selon cette méthode, le *principe*, c'est tout ce qui est simple ; le *principe* par excellence, c'est l'absolument simple.

Sous le sujet composé de forme et de matière, le corps, l'analyse découvre d'abord une première unité, puissance intime dont le corps n'est que le développement extérieur, centre indivisible de toutes les forces qui vivifient la masse organique, l'âme, dans la plus large acception du mot. Premier degré de l'analyse.

L'âme, simple et une, en tant qu'incorporelle, se

divise et se diversifie dans ses actes ; une dans son essence, elle est multiple dans ses facultés. C'est donc jusqu'à l'essence de l'âme qu'il faut pénétrer, c'est-à-dire à l'être pur et parfait, à l'intelligence, principe d'être pour les choses, de même que l'âme en est le principe de vie, essence intelligible, idée pure, qui ne devient force ou puissance qu'en tombant dans le temps et dans l'espace. Deuxième degré de l'analyse.

L'intelligence, simple dans son essence et dans son acte, n'est pas encore le type de l'absolue simplicité ; si elle ne comporte ni division, ni dualité, elle implique, sous l'identité réelle des termes, la distinction de l'intelligence et de l'intelligible. L'analyse pénètre donc au delà de l'intelligence, et ne s'arrête qu'à l'unité en soi, principe inintelligible, ineffable, en raison de son absolue simplicité, et dans lequel s'évanouit avec toute essence, toute dualité et toute distinction. Troisième et dernier degré de l'analyse.

Au fond de toute réalité individuelle, l'analyse découvre donc graduellement, l'âme d'abord, puis l'intelligence, puis l'unité, l'âme, principe immédiat de la forme, l'intelligence, principe de l'âme, l'unité, principe de l'intelligence. Mais toutes ces âmes, toutes ces intelligences, toutes ces unités individuelles, en nombre aussi infini que les réalités auxquelles elles correspondent, essentiellement distinctes entre elles, s'unissent par un lien intime dans un principe universel, comme les rayons lumineux d'un même foyer, ou les lignes qui s'échappent d'un même centre, les âmes dans l'Ame universelle, les essences pures dans l'Être intelligible par excellence, l'Intelligence, les unités dans la suprême Unité, Dieu. Entre les principes universels même rapport qu'entre les principes individuels; de même que toute âme a pour principe une idée, et toute idée une unité, de même l'Ame universelle relève de l'Intelligence, laquelle dérive de l'Unité. Admirable conception qui, dans sa riche simplicité, allie les deux principes dont l'antagonisme avait agité les Écoles, l'individuel et l'universel, l'analyse et la synthèse, Aristote et Platon. Avec Aristote, la théologie alexandrine reconnaît des principes propres aux individus, des âmes, des intelligences, des unités individuelles. Si Proclus hésite sur ce point difficile, Plotin maintient avec force l'individualité dans le monde intelligible, dans le monde divin, aussi bien que dans le monde sensible; il l'attribue, non à la matière, mais à la forme, principe de toute perfection et de toute beauté. Avec Platon, la théologie néoplatonicienne proclame l'universel, c'est-à-dire l'Ame, l'Intelligence, l'Unité, indépendamment des âmes, des intelligences, des unités. Bien plus, par une simple application de sa méthode, elle réalise fort ingénieusement ce qu'aucune doctrine antérieure n'avait même essayé, l'accord de l'universel et de l'individuel, de la spéculation et de l'expérience. Le Néoplatonisme ne supprime pas les individus, comme la Dialectique, ni l'universel, comme la Métaphysique; il comprend dans leur vrai rapport ces deux points de vue inséparables dans toute saine philosophie. La coexistence des individus dans l'universel, mystère inintelligible jusquelà, trouve son explication naturelle dans le principe même de la doctrine. Puisque c'est la forme et non la matière qui fait l'individu, le vrai signe de l'individualité n'est pas la séparation, effet de la matière, mais la distinction, la différence, qui a sa raison dans la forme. Or l'obstacle à l'union des êtres entre eux, est la séparation et non la distinction. Il est difficile de comprendre la coexistence des formes sensibles, dans le sein de la Nature, parce que leur masse matérielle les isole les unes des autres. Mais la distinction n'impliquant pas la séparation dans le monde des essences immatérielles, l'union intime entre ces essences est possible, et par suite l'unité dans la diversité. Cette unité, invisible, bien que déjà réelle dans le monde de la Nature, devient de plus en plus manifeste, à mesure qu'on s'élève dans la hiérarchie des êtres intelligibles ; imparfaite encore entre les âmes, elle devient intime entre les intelligences ; entre les Dieux, elle atteint la perfection. Dans le monde des âmes, des intelligences, des Dieux, les individus, tout en conservant leur individualité, ne font qu'un entre eux et avec l'Être universel dans lequel ils coexistent; les âmes, les intelligences, les unités s'identifient sans se confondre, avec l'Ame universelle, l'Intelligence divine, l'Unité suprême, comme les rayons d'un même centre, ou les propositions d'une même science. Ainsi le Néoplatonisme concilie dans une pensée supérieure, l'unité de substance et de vie, sous laquelle la raison conçoit le monde, avec l'infinie variété des individus que l'expérience y rencontre.

Rien de plus simple, et en même temps rien de plus subtil et de plus complexe que cette théologie. Elle n'oublie pas un individu, pas un être dans sa prodigieuse synthèse; elle marque à chacun sa nature propre, son rang, son rôle, sa relation plus ou moins intime avec ce qui le précède et ce qui le suit, avec ses principes et ses produits ; elle unit sans confondre, identifie sans absorber, les êtres dans leurs principes immédiats, les principes au sein d'un Principe suprême, distinguant toujours et partout, sans jamais l'en séparer, le produit de son principe, l'individu de l'être universel qui en est le fond et la substance. Voilà en résumé la théologie alexandrine, fruit de l'analyse, mais de l'analyse illuminée par la doctrine de l'*émanation*. Il ne faut jamais oublier, si l'on veut bien comprendre la philosophie des Alexandrins, les lieux qui lui ont servi de berceau et de théâtre ; née en Orient, elle n'en subit pas seulement la puissante influence ; elle est essentiellement et radicalement orientale. Elle n'a de la philosophie grecque que le langage et les procédés ; par le fond de sa pensée, elle tient à l'Orient. L'historien qui, s'en tenant aux apparences, n'y verrait qu'une ingénieuse combinaison des doctrines grecques, serait dans une profonde erreur. Toutes les Écoles grecques s'y retrouvent sans doute, mais comme transfigurées par la lumière d'un principe supérieur. Sous l'inspiration d'un génie nouveau, les abstractions et les formules prennent couleur et vie. Les *nombres* de Pythagore, les *idées* de Platon, les *formes* d'Aristote, les *raisons séminales* des Stoïciens deviennent des âmes, des intelligences, des Dieux, c'est-à-dire de vraies causes et de vraies substances. Sous le langage de la philosophie grecque, c'est la théologie de l'Orient avec ses splendides et profondes conceptions, mais aussi avec ses rêves et ses chimères. Dans ce vaste idéalisme vont se renouveler, par une transformation complète, toutes les théories philosophiques, toutes les traditions religieuses de la

Grèce, les mythes aussi bien que les systèmes, les divinités de l'Olympe, avec les principes de la doctrine des nombres ou de la théorie des idées, Orphée, Hésiode, Homère, à côté de Pythagore, de Platon, d'Aristote.

Ce mélange intempérant de doctrines hétérogènes, de formules et d'images, de science et de poésie, de métaphysique et de mythologie, fait illusion, si l'on n'y prend garde, sur la valeur intrinsèque de la théologie alexandrine. Toutes les facultés de l'esprit humain sont en jeu dans cette œuvre grandiose ; les concepts purs de la raison s'y trouvent confondus avec les représentations des sens ou les intuitions de la conscience ; les principes abstraits s'y réalisent et s'y personnifient. Elle a les caractères des œuvres du génie oriental, la grandeur et l'obscurité, la richesse et la confusion. La critique ne doit jamais oublier cette origine, dans l'examen des monuments alexandrins ; si elle veut être sérieuse et vraiment impartiale, elle s'attachera moins aux images qu'aux idées, moins à la forme qu'à l'esprit des doctrines, tout en condamnant ce qu'il peut y avoir d'arbitraire, d'irrégulier, d'obscur dans l'expression ou la démonstration de hautes et profondes vérités.

La théologie alexandrine se résume en trois points : 1° Théorie des âmes et de l'Ame universelle. 2° Théorie des idées et de l'Intelligence. 3° Théorie des unités et de l'Unité.

I. *Théorie des âmes et de l'Ame universelle.*

La doctrine de l'Ame universelle, que la science moderne a reléguée parmi les rêves de la métaphysique, tient une large place dans la philosophie grecque, et se retrouve, sous des formes diverses, dans tous les grands systèmes théologiques de l'Antiquité. Ce n'est pas sans raison ; car cette doctrine, tout hypothétique qu'elle soit par la forme, a son fondement dans l'expérience. S'il est impossible de nier le mouvement et la vie des êtres individuels, il ne l'est pas moins de contester l'harmonie intime, la correspondance sympathique des mouvements de la vie universelle. Tout être, indépendamment de la vie qui lui est propre et qu'il tire de son sein, participe à la vie générale, sous l'influence des causes extérieures qui développent ou modifient l'activité des principes intérieurs. Cette loi, fondée sur l'expérience, est reconnue par les physiologistes et les naturalistes les moins spéculatifs. Or, c'est précisément l'observation de ce double phénomène qui est l'origine de toutes les théories sur l'Ame du monde et sur les âmes individuelles ; toutes, en remontant au principe de la vie considérée soit dans les individus, soit dans le Tout, ont pour but d'expliquer des phénomènes et des lois révélées par l'expérience. Les Écoles de Pythagore, de Platon, de Zénon, ont fait de ce problème l'objet de leurs plus sérieuses méditations.

Le Pythagorisme, sans bien définir la substance de l'âme, la distingue et la dégage nettement du principe inférieur auquel elle se trouve associée dans sa vie terrestre ; encore vague et incertain sur la nature même du principe *raisonnable*, qu'il paraît confondre avec ce qu'il y a de plus subtil dans la matière, il est très net et très explicite sur la supériorité, la fonction, la destinée de ce principe. La conception d'une Ame universelle ne pouvait échapper à une École dont le mérite est beaucoup plus d'avoir considéré le monde dans son ensemble que dans ses détails ; mais elle n'y a point encore le caractère d'une véritable théorie.

Platon, dans sa doctrine psychologique, détermine avec une parfaite précision, l'essence, les fonctions, la relation de l'âme avec le corps. Tout être vivant a une âme, laquelle étant essentiellement simple et matérielle, n'est pas seulement distincte, mais séparable du corps. L'âme ne vit de la vie qui lui est propre, ne jouit de la plénitude de ses facultés qu'avant l'union ou après la séparation. Le corps auquel elle est unie par un lien accidentel ne lui est pas même un instrument utile ; ce n'est qu'un obstacle qu'elle doit s'efforcer de réduire et même de détruire. La séparation que le vulgaire appelle la mort affranchit l'âme et l'initie à la vie véritable ; l'âme ne saurait trop tôt s'échapper de cette prison pour remonter dans sa céleste patrie. Non moins frappé de l'harmonie des causes motrices que de leur diversité, de l'unité de la vie universelle que de la variété des êtres vivants, Platon conçoit, indépendamment des âmes individuelles, l'Ame du Tout, laquelle est au monde ce que toute âme est à son propre corps, plus parfaite toutefois, plus libre dans ses mouvements, plus indépendante du monde, qu'elle gouverne sans quitter les régions divines. Fort net sur la relation de l'Ame universelle avec le monde, Platon n'essaye nulle part d'expliquer le lien qui rattache les âmes particulières à ce principe supérieur ; la difficulté de concilier la réalité, la personnalité, la liberté des individus avec leur coexistence au sein de l'Être universel, est un problème que le Platonisme ne semble pas même avoir soupçonné.

Aristote n'est pas moins frappé que Platon du concours harmonieux des causes motrices individuelles; mais, au lieu d'attribuer cette unité de direction à un seul et même principe de mouvement et de vie, il l'explique par l'entraînement irrésistible de tous les êtres vers une seule fin, le Bien. Le Stoïcisme reprend la théorie platonicienne de l'Ame universelle en la modifiant profondément. Abandonnant le spiritualisme excessif de Platon, il maintient la distinction, mais non la séparation des deux principes; il ne fait pas d'ailleurs de l'âme et du corps deux substances de nature différente, comme Platon, mais seulement les deux éléments d'un même être. Dans son opinion, l'âme est l'élément actif, et le corps l'élément passif de l'être humain complet; l'âme n'est plus le type de la nature simple et immatérielle, l'esprit pur, mais seulement un principe d'action, une force dont la matière la plus simple, la plus subtile, la plus propre au mouvement, fait la substance. L'École stoïcienne est la première qui ait conçu le principe du mouvement et de la vie dans l'homme et dans le monde, l'âme proprement dite, comme une force intérieure essentiellement expansive, dont le corps n'est que le rayonnement. Encore matérielle, mais d'une matière trop subtile pour se prêter à une dénomination précise, l'âme individuelle ou universelle n'est ni feu ni éther; mais elle circule dans le corps humain ou dans le monde, le pénètre, l'agite à la manière des agents matériels. D'une autre part, si le Stoïcisme n'a pas aperçu le premier les phénomènes qui ont servi de point de départ aux théories sur l'Ame du Tout, il faut reconnaître qu'aucune École n'a démontré, avec la même force et la même précision, l'unité de la vie universelle. Concevant le monde, à l'exemple de

Platon, comme un être vivant, les Stoïciens supposent entre les parties du Tout la même correspondance sympathique qu'entre les divers organes de l'animal. Leur Dieu, l'Ame universelle, ne gouverne pas seulement le monde, comme fait l'Ame des Platoniciens; il en parcourt intérieurement toutes les parties. Et même, à vrai dire, l'Ame universelle et le Tout qu'elle habite, Dieu et le monde, ne font qu'un seul et même Être, tour à tour considéré dans l'élément actif ou l'élément passif de sa constitution. Par un contraste remarquable, le Stoïcisme qui, dans sa psychologie et sa morale, maintient avec tant de force l'énergie du principe intérieur, essentiellement actif et autonome, contre l'influence des causes extérieures, confond, dans sa théologie, toutes les forces individuelles, toutes les âmes en une seule et même Ame, principe de toute vie et de toute activité, et cherche dans un panthéisme complet l'explication du rapport des causes individuelles avec l'Être universel.

La théorie des Alexandrins tient le milieu entre le spiritualisme absolu de Platon et le quasi-matérialisme des Stoïciens. Avec Platon, elle fait de l'âme un être simple, immatériel, ayant sa vie propre, pure et parfaite, indépendamment de toute forme corporelle, mais en rattachant plus intimement le corps à l'âme; avec les Stoïciens, elle fait du corps le développement extérieur des puissances de l'âme, forme visible d'une essence pure qui produit, sans sortir d'elle-même, par la simple expansion de ses puissances. Ainsi, tandis que le Platonisme, non content de distinguer, sépare les deux substances, comme étrangères par essence l'une à l'autre; tandis que le Stoïcisme, au contraire, les unit au point de les confondre, par l'immixtion intime et la dispersion de l'âme dans toutes les parties du corps, le Néoplatonisme distingue sans séparer, unit sans confondre, trouvant l'explication du mystère dans un principe nouveau, la doctrine de la *procession*.

C'est sur les traces de Platon, et surtout de l'École stoïcienne que le Néoplatonisme s'élève à l'unité de la vie universelle et au principe qui l'explique, l'Ame divine. Mais il ne s'en tient pas aux doctrines antérieures. Platon maintenait la personnalité et l'indépendance des âmes, sans s'inquiéter de leur relation avec l'Ame universelle. Les Stoïciens identifiaient les âmes individuelles avec l'Ame du monde, sans se soucier du fatalisme qui est la conséquence de cette confusion. Plotin comprend la difficulté, et essaye par une explication fort ingénieuse de concilier l'individualité des âmes particulières avec l'unité substantielle de l'Ame universelle. En même temps qu'il fait de celle-ci, non pas simplement l'unité collective des âmes individuelles, mais un principe réel et vivant dans lequel ces âmes coexistent, il maintient, d'une autre part, la personnalité et la liberté des individus dans l'Ame universelle, en les y considérant, non comme les parties d'un tout ou les simples actes d'une même substance, mais comme des substances originellement distinctes et indépendantes. Pour faire comprendre le rapport des âmes individuelles à l'Ame universelle, il compare celle-ci tantôt à la force vitale répandue dans tous les animalcules qui pullulent dans une même plante, tantôt à la lumière, dont les rayons confondus au foyer se distinguent et se séparent en s'éloignant. Mais peu confiant dans les trompeuses analogies empruntées au monde sensible, c'est dans la science, image pure du monde intelligible, qu'il croit trouver le vrai mot de l'énigme. Selon Plotin, entre l'Ame universelle et les âmes individuelles, il existe le même rapport qu'entre les diverses propositions d'une même science et le principe d'où elles dérivent. L'École d'Alexandrie, accusée à tort de panthéisme pour ses conceptions théologiques, insiste avec beaucoup de netteté et de force sur la distinction essentielle et originelle des âmes, soit entre elles, soit relativement à l'Ame universelle. Au sein de leur principe, les âmes possèdent déjà les propriétés intérieures qui, en se développant, dessineront leur individualité dans le monde sensible.

La théorie des Alexandrins sur le principe de la vie individuelle, sur l'âme considérée dans ses rapports avec le corps, est fort supérieure à tout ce qui la précède[1]. Platon, en concevant l'âme et le corps comme deux substances, étrangères l'une à l'autre par leur nature, et violemment unies par un lien purement accidentel, méconnaît l'unité de l'être vivant et en brise le merveilleux organisme par une séparation arbitraire. Les Stoïciens ont bien compris l'intime relation de l'âme et du corps, et comment il ne faut voir dans ces deux principes qu'un seul et même être, considéré tantôt dans sa force, tantôt dans sa substance; mais ils ont eu le tort d'attribuer au principe actif, à l'âme, une nature matérielle, ou tout au moins d'en représenter

---

[1] Dans cette doctrine de Plotin et dans la critique dont elle est l'objet, l'âme n'est considérée que comme principe de la vie. Il ne s'agit pas encore de l'âme humaine, principe supérieur à la force vitale.

l'essence et l'action par des images empruntées au monde sensible. L'École d'Alexandrie a évité ces deux erreurs contraires : elle a su conserver à l'âme sa nature immatérielle, tout en ne la séparant pas du corps, sa forme extérieure. Dans cette doctrine, le corps n'est plus, comme dans le spiritualisme exagéré de Platon, un phénomène inexplicable autrement que par l'absurde hypothèse d'une matière préexistante ; il se rattache à l'âme elle-même, comme à son principe immédiat. Le rapport entre les deux substances, mystère impénétrable pour le dualisme de Platon, s'explique naturellement par l'unité de substance. En effet, le principe de la vie, dans les êtres vivants, n'est pas, ainsi que l'ont imaginé les Platoniciens, un hôte passager qui visite successivement diverses organisations corporelles, sans jamais rien perdre de sa pureté primitive et de son indépendance ; c'est la force intime, inséparable du corps qui n'en est que la forme extérieure. L'être vivant, animal ou plante, n'est pas un composé de deux substances, un être double ; c'est un être parfaitement un dans son apparente dualité ; s'il est multiple quant aux organes, il est un par la vie. Toute vie, tout être, toute individualité réside dans l'âme. C'est d'elle que le corps tient le mouvement, la vie, l'être et la substance. La matière inerte et informe n'est qu'une abstraction de la pensée. Nulle substance ne peut se concevoir sans une forme et sans une force intime ; le corps que la force vitale, que l'âme abandonne, conserve, à l'état cadavérique, les forces inhérentes à toute matière. Et non seulement il n'y a pas de matière sans force ; mais il est permis d'ajouter que la substance dite corporelle ou matérielle n'est autre chose que la force dans son expansion extérieure. C'est cette pensée profonde qui, sous des fictions et des abstractions peu intelligibles, fait le côté sérieux de la théorie des Alexandrins.

Mais, lorsque le Néoplatonisme, non content de considérer l'âme comme le principe intérieur de toute forme sensible, en fait un être parfait en soi, éternel, immuable dans son essence, indépendant du corps, qu'elle crée par une sorte de projection de ses puissances, il réalise une abstraction. L'âme se confond absolument avec son enveloppe matérielle dans tous les êtres de la Nature. L'être vivant naît, grandit, décline, meurt tout entier, essence et forme, force vitale et organisme, âme et corps. Le dogme de la préexistence des âmes, pris à la lettre, est une fiction. L'essence pure et parfaite que l'Ecole alexandrine conçoit à part de tout développement et de toute vie extérieure, n'existe point réellement ; c'est un simple concept de la pensée que Platon et Plotin convertissent en un principe substantiel. L'être vivant tout entier, âme et corps, n'arrive à la perfection que par le développement ; bien loin d'être primitivement parfait, il n'est qu'un simple germe, principe fécond, mais informe, qui n'atteint une forme plus ou moins parfaite que par l'organisation. L'âme participe, comme le corps, à ce progrès ; ses facultés croissent avec le développement des organes.

Quant à la doctrine de l'Ame du monde, elle est vraie dans son principe. L'unité de la vie universelle est un phénomène reconnu par les écoles les plus opposées. Seulement, tandis qu'une science empirique s'arrête au fait sans en chercher l'explication, la philosophie de la Nature ne croit pas dépasser les limites de la science, en s'élevant jusqu'à la cause de l'harmonie universelle. Or, ce phénomène n'est explicable que de deux manières, par l'unité de fin ou par l'unité de principe. Expliquer par l'unité de fin l'ordre du monde, ainsi que le fait Aristote, c'est s'arrêter à une solution incomplète, l'unité de fin supposant en bonne métaphysique l'unité de principe. C'est donc par une logique irrésistible que la science remonte du phénomène au principe, de la loi à la cause, de la vie universelle à l'Être universel. La vraie philosophie de la Nature pense avec Platon, avec Plotin, avec Bruno, avec Schelling, avec toutes les grandes Écoles idéalistes que, si tout se tient, tout conspire, tout sympathise dans l'admirable système du monde, la cause immédiate en est l'unité de fin, et la raison dernière l'unité de principe et de substance. Voilà dans quel sens la théorie de l'Ame universelle a sa place dans la vraie science de la Nature.

L'École d'Alexandrie est également dans le vrai, lorsqu'elle professe la coexistence des âmes individuelles au sein de l'Ame universelle. Un phénomène non moins certain que l'unité de la vie universelle, c'est la participation des individus à la vie du Tout. Or, comment expliquer cette participation, sans supposer entre les substances elles-mêmes, entre l'être individuel et l'Être universel, une intime relation. L'imagination ne comprend ni l'Être universel, ni la relation des individus à l'Être universel; elle ne conçoit que ce qu'elle peut se représenter, c'est-à-dire la forme et l'individualité; l'infini, l'absolu, l'universel lui échappent. Transformant l'Être universel conçu par la raison en une cause personnelle individuelle, elle ne peut comprendre comment les individus y coexistent sans s'y confondre et s'y perdre. C'est qu'en effet les substances individuelles s'excluent nécessairement entre elles, de telle sorte que l'une ne peut résider dans l'autre, sans une assimilation et une absorption complète. L'individualité des êtres au sein de l'Être universel, l'unité substantielle de l'Être universel sous la diversité des individus qu'il contient, tel est le double mystère devant lequel s'arrête l'imagination. La raison, au contraire, unit dans une synthèse indissoluble la vie individuelle et la vie universelle. Elle ne comprend pas plus l'Être universel sans les individus, que les individus sans l'Être universel. En effet, sans les individus qui le réalisent, l'Être universel n'est qu'une abstraction ; sans l'Universel qui les contient, les produit et les conserve, il est impossible d'expliquer l'existence propre des individus et l'harmonie du Tout. Donc, loin de s'exclure, l'individuel et l'Universel s'impliquent réciproquement. Les individus ne subsistent que dans l'Être universel ; l'Être universel ne se manifeste que par les individus. Dans cette relation avec l'Universel, que la raison conçoit comme nécessaire, les individus conservent l'activité, la liberté, la personnalité, tous les attributs de l'individualité. Les Alexandrins ont fait admirablement ressortir cette vérité, tout en l'obscurcissant quelque peu par leurs comparaisons empruntées aux choses sensibles.

Maintenant, hâtons-nous d'en convenir, si la théorie de l'*Ame divine* est vraie au fond, elle n'est pas, dans sa forme, à l'abri de toute critique. Les Alexandrins ne se bornent point à concevoir le principe de la vie universelle comme la substance féconde qui engendre, et conserve tous les êtres de la Nature, ils en font, ils semblent en faire du moins une cause individuelle, personnelle, qui pense et a conscience d'elle-même. Si cette personnification n'est pour les Alexandrins qu'une figure de langage, la critique n'a à regretter qu'un abus de mots. S'ils ont sérieusement attribué au principe de la vie universelle la pensée, la conscience, la personnalité, tous les caractères de l'existence individuelle, l'erreur serait beaucoup plus grave. La raison ne conçoit point l'Universel et l'individu comme des substances distinctes et séparables ; elle les confond dans une seule et même unité. L'individu, c'est l'Universel en acte et en forme ; l'Universel, c'est l'individu en puissance et en essence. Pris à part, l'Universel n'est qu'une abstraction, et l'individu un mystère inexplicable. Quand l'Être universel prend une nature déterminée, il cesse d'être universel pour devenir individu ; contractant les attributs de l'individualité, la vie, la pensée, la personnalité, il perd les attributs de l'universalité, l'infinitude, l'immensité, l'éternité, l'absolue indépendance. Prêter à l'Ame universelle la conscience et la personnalité, c'est l'individualiser, par conséquent la supprimer comme être universel.

C'est donc par une véritable fiction psychologique que les Alexandrins ont réuni, dans leur principe de la vie universelle, les attributs contradictoires, l'universalité et l'individualité, la puissance et l'acte, l'infini et le fini, l'essence et la forme, affirmant du reste la pensée, la conscience, la volonté, avec des restrictions qui détruisent radicalement ces propriétés de l'existence individuelle. De là l'obscurité, l'embarras, l'équivoque et l'incroyable subtilité du langage alexandrin, en tout ce qui touche la relation des âmes individuelles avec l'Ame universelle. En effet, l'Ame du monde ne comprend les âmes individuelles, distinctes et indépendantes dans une certaine mesure, qu'en vertu de son universalité. Du moment qu'on en fait une cause personnelle, un véritable individu, il devient impossible d'expliquer comment les individus y peuvent coexister, sans s'y absorber absolument. Toute substance individuelle peut subir l'action ou l'influence d'une autre, sans perdre son individualité; mais en faire partie, y coexister et conserver sa nature propre, et surtout sa personnalité, c'est une contradiction devant laquelle échouent les plus subtiles tentatives de conciliation. La liberté, la personnalité des individus, ne s'affaiblit ni ne périt dans la relation avec l'Être universel, quelque intime qu'on la suppose. De l'Être universel la théologie peut dire, sans mettre en péril aucun des attributs de l'individualité : *In ipso movemur et vivimus sumus.* L'individualité n'est sérieusement menacée que par les doctrines qui, personnifiant l'Être universel, se trouvent dans l'alternative ou de nier la coexistence des individus dans l'Ame du tout, ou de les y absorber complétement. L'École d'Alexandrie avait un sentiment trop vrai et trop intime de la participation des individus à la vie universelle, pour tomber dans la première erreur; si elle ne tombe pas dans la seconde, elle y incline visiblement. En tout cas, il n'est pas douteux que cette tendance tout orientale à personnifier les principes de la vie universelle, a singulièrement obscurci et compliqué, dans sa pensée, le lien qui unit les individus à l'Être universel. Déjà, dans cette partie de la théologie alexandrine se révèle un vice capital de la doctrine, à savoir, le mélange illégitime des concepts de la raison avec les intuitions et les inductions de l'expérience, la confusion de la métaphysique et de la psychologie. Les Alexandrins n'ont pas seulement le tort de réaliser des abstractions, en attribuant une réalité substantielle aux éléments de leur subtile analyse; ils empruntent en outre au génie et aux traditions de l'Orient le goût et l'habitude des personnifications, convertissent les hypostases successives du Principe suprême en substances individuelles, auxquelles ils prêtent une pensée, une vie propre, souvent une forme sensible, et peuplent ainsi le monde intelligible de Génies, de Démons, d'Ames et de Dieux. L'idéalisme abstrait de Plotin repousse ces fictions; mais Porphyre, Proclus, et surtout Jamblique, se montrent moins sévères, et paraissent prendre au sérieux les êtres fantastiques nés d'une alliance adultère de la raison et de l'imagination.

II. *Théorie de l'Intelligence et des idées.*

Cette théorie, de même que la doctrine des âmes et de l'Ame universelle, repose sur une incontestable vérité. Deux choses frappent également, dans la contemplation du monde : d'une part, l'incessante mobilité des phénomènes et des formes qui en occupent la scène extérieure; de l'autre, la permanence des lois qui gouvernent ces phénomènes et des types auxquels se ramènent ces formes éphémères. C'est là précisément ce qui fait la perfection et la beauté du monde, l'unité dans la variété, la mesure dans le mouvement, l'ordre dans la vie. Ce double caractère du monde, un et multiple, immuable et mobile, être et apparence, nous est révélé par deux facultés de l'entendement, l'expérience et la raison, dont l'autorité ne saurait être mise en doute. Or, de même que la philosophie a remonté de tout temps au principe du mouvement, de la vie et de la diversité du monde, de même elle a dû rechercher avec non moins d'ardeur la raison de la stabilité, de l'unité, de l'ordre, qui s'y laissent également apercevoir. Telle est l'origine de la théorie du monde intelligible.

L'École pythagorienne trouve dans le *nombre* la raison des combinaisons et des proportions en vertu desquelles les éléments matériels s'agrègent et s'organisent, le principe des lois qui maintiennent l'ordre et l'harmonie universelle. Mais comme elle ne considère des êtres de la Nature que les lois et les formes géométriques, sans en pénétrer la vie intime, ni même l'essence, elle confond la condition avec la cause, la loi avec l'essence, et demande aux mathématiques la solution de problèmes que la métaphysique seule peut résoudre. Le nombre n'explique ni la vie, ni l'essence, ni même, quoi qu'on en ait dit, la loi et la forme extérieure des êtres. A parler rigoureusement, le nombre n'explique rien; il n'est ni cause, ni principe, ni raison de quoi que ce soit, il n'est que le rapport abstrait des grandeurs et des figures comparées entre elles; la science des mathématiques, admirable, tant qu'elle ne sort pas de son domaine, devient stérile et fausse, lorsqu'elle usurpe le domaine de la philosophie. Il faut lui demander des formules, jamais d'explications. Si elle tente de dépasser sa sphère, c'est pour tomber dans les hypothèses les plus ridicules et les plus absurdes. Le Pythagorisme est un exemple éclatant des erreurs auxquelles peut conduire la confusion des mathématiques et de la métaphysique. La véritable explication des êtres, de quelque manière qu'on les considère, dans leurs mouvements, leur essence, leurs lois, leurs formes extérieures, échappera toujours à la science des nombres.

De la théorie des *nombres* à la théorie des *idées*, le progrès est immense. Avec les Pythagoriciens, Platon néglige le mouvement, la diversité, pour s'attacher à ce qui est un et immuable ; mais, tandis que les Pythagoriciens s'arrêtent à la loi, comme au principe de cette unité et de cette stabilité, Platon pénètre par la Dialectique jusqu'à l'essence, principe de la loi elle-même, et représente les choses individuelles, comme les copies fugitives, misérables, éphémères de types immuables, parfaits, éternels, existant dans un monde à part, qui n'est autre que l'entendement divin. Comment les choses sensibles reçoivent-elles l'empreinte de ces types, et comment l'idée peut-elle être l'essence d'une réalité dont elle est non seulement distincte, mais séparée, c'est ce qui reste inexplicable et même inintelligible dans la théorie de Platon.

Aristote admet avec Platon les lois qui président au développement des individualités, l'unité de genre et d'espèce, mais il rejette la théorie des idées. L'essence des choses, selon lui, n'est pas l'universel en tant qu'universel ; c'est dans chaque être, ce qui sert à le caractériser et à le définir, c'est la *forme*. L'essence ou la forme, logiquement distincte du sujet, en est substantiellement inséparable ; nulle forme sans matière, nulle matière sans forme. Il n'est pas nécessaire, pour expliquer l'unité de forme ou d'essence qui constitue le genre ou l'espèce, de recourir à la préexistence de types immuables et éternels. Le semblable engendre son semblable, par une loi inhérente à son essence. La Nature ne crée pas, les regards fixés sur un modèle placé en dehors d'elle-même, mais en obéissant à l'attraction irrésistible de la Cause finale. Par l'unité de fin, tout s'explique sans effort et sans hypothèse, l'unité de forme, l'ordre du monde, l'harmonie universelle.

La théorie platonicienne des *idées* et la théorie péripatéticienne des *formes*, d'ailleurs profondément différentes, ont cela de commun qu'elles expliquent l'essence des choses sensibles par un principe extérieur et séparé ; ni l'*idée* ni la *fin* ne résident dans la réalité même dont elles font l'essence. L'École stoïcienne est la première qui ait conçu le principe de l'essence comme inhérent à la nature même des choses. La *raison séminale*, dont l'être n'est que le développement, λόγος σπερματικος, n'est plus un principe purement intelligible, comme l'idée de Platon ; c'est un principe naturel et même matériel, le germe fécond de tout ce qui arrive à l'être et à la vie.

Le Néoplatonisme reprend, mais pour les concilier dans un principe supérieur, les théories de Platon, d'Aristote et des Stoïciens. Il fait de l'idée, un principe substantiel des choses, tout à la fois intelligible et intérieur, type parfait, mais individuel, distinct, mais non séparé des choses sensibles elles mêmes, empruntant à Platon l'immatérialité, à Aristote l'individualité, aux Stoïciens la vertu créatrice de son principe. Non seulement Plotin ne sépare point le principe de l'essence du principe de la vie, l'idée de la puissance, l'intelligence de l'âme ; mais il fait de l'idée une véritable énergie, dont l'âme n'est que la puissance extérieure, agissant dans le temps et dans l'espace. En sorte que l'être intelligible des Alexandrins n'est pas simplement un type, comme l'idée platonicienne, mais une substance vivante, principe d'essence, de vie, d'unité et de mesure tout à la fois, pour les êtres du monde sensible.

De même que toutes les âmes individuelles s'unissent, sans se confondre, dans l'Ame universelle, de même toutes les idées individuelles coexistent distinctement dans l'Intelligence universelle, non comme les pensées singulières, qui ne sont autre chose que les actes divers d'un même esprit, mais comme les propositions d'un même système. L'intelligence universelle, dans la théorie des Alexandrins, n'est pas la simple unité collective des idées singulières ; c'est l'Idée des idées, le Paradigme suprême qui résume dans sa substantielle unité tous les êtres du monde intelligible, toutes les essences pures et parfaites, dont le rayonnement produit la vie, la forme, la matière, le monde de la Nature.

Le fond de cette théorie des idées est solide. Il n'y a qu'un empirisme grossier qui ne voie dans le monde rien au delà des phénomènes et des individus. La vraie philosophie ne s'enferme pas dans un aussi étroit horizon. Alliant toujours l'expérience et la raison dans l'étude de la Nature, elle parvient facilement à distinguer, non pas deux mondes, comme on l'a dit, mais deux aspects dans la même réalité. Si les sens n'attestent dans le monde que des phénomènes et des individus, la raison y découvre des lois, des types, des principes universels. Le monde est tout à la fois sensible et intelligible ; l'effort et le mérite de la vraie science est de poursuivre et de reconnaître partout l'intelligible sous le sensible, la loi sous le phénomène, l'essence sous la matière, le type immuable sous les formes éphémères. Depuis Pythagore jusqu'à Mallebranche, toutes les écoles idéalistes se rallient à cette distinction. Un des mérites propres à la théorie néoplatonicienne, c'est de pénétrer dans l'essence intime des choses. Tandis que l'*idée* platonicienne ne contient qu'une abstraction de plus en plus vide, à mesure qu'elle devient plus générale, l'*idée* alexandrine, de même que le principe d'Aristote auquel elle est empruntée, comprend la nature propre, l'essence même, la vraie définition des individus ; elle n'est que la *forme* aristotélique, convertie en un principe substantiel. Sur ce point capital, la pensée de Plotin ne fléchit jamais ; il exagère même la doctrine péripatéticienne au point d'attribuer à l'*idée* une existence individuelle. Il est vrai que l'École n'a pas toujours suivi son chef jusque-là, et que Proclus, par exemple, revient à peu près à la tradition platonicienne. Mais, s'il est un monument qui contienne la pensée intime du Néoplatonisme, c'est le livre des Ennéades.

Un autre mérite, également propre à la théorie néoplatonicienne, c'est d'avoir rattaché intimement le sensible à l'intelligible, la réalité à l'idée, et réuni les deux mondes que Platon avait eu le tort de séparer. Il n'y a en effet que deux manières de concevoir le rapport du sensible à l'intelligible. Ou bien, avec les Alexandrins, on fait résider l'idée au sein même de la réalité dont elle est l'essence, et alors, les deux mondes se réduisent à un seul, dans lequel, le sensible et l'intelligible, la Nature, l'Ame et l'Intelligence ne sont plus que les diverses hypostases d'un seul et même principe. Ou bien, on ne voit dans les idées que des concepts de l'entendement divin; en ce cas, la création de l'artiste qui réalise son idéal avec les matériaux qu'il trouve sous sa main, fait parfaitement comprendre le rapport de la réalité à l'idéal. Quoi qu'on en ait dit, la théorie de Platon se prête difficilement à cette interprétation. Les idées, selon la Dialectique, sont des êtres, et non des conceptions de l'esprit; ce sont même les seuls êtres vraiment dignes de ce nom. Dieu n'est que la première des idées, l'Idée du bien. Or la difficulté est d'expliquer en quel rapport peuvent être avec les choses, ces essences intelligibles qui ne sont ni des principes inhérents aux choses elles-mêmes, ni de pures conceptions de l'intelligence divine. Platon a eu beau varier les métaphores, imaginer tantôt la participation, μέτεξις, tantôt l'imitation, μίμησις, il n'a pu parvenir à faire comprendre la communication des deux mondes. Les diverses écoles platoniciennes qui lui ont succédé y ont également échoué. Le dualisme était impuissant; le problème ne devait trouver sa solution que dans le système de l'unité.

La théorie des Alexandrins est encore en progrès sur celle de Platon par un autre côté. Platon, en séparant profondément le principe de l'essence du principe de la vie, l'idée de l'âme, l'avait réduite à une pure abstraction. En effet, ou l'idée n'est qu'un concept de l'entendement, ou, si l'on en fait un principe objectif et vraiment substantiel, elle devient inséparable de l'âme elle-même. L'être et la vie, l'essence et la puissance, l'idée et l'âme se confondent dans une seule et même substance. C'est ce qu'ont parfaitement compris Aristote et les Stoïciens, lesquels font, le premier, de la *forme*, les seconds, de la *raison séminale*, un principe intelligible et vivant tout à la fois. Tout en revenant à la théorie de Platon, qui présente l'idée comme une essence pure et parfaite, les Alexandrins lui attribuent au moins virtuellement l'énergie d'une véritable cause.

Mais si le Néoplatonisme a raison de rattacher intimement le principe de la vie au principe de l'essence, il se trompe gravement, lorsqu'il en fait l'être pur et parfait, dont l'âme elle-même n'est qu'une émanation inférieure. Ainsi conçue, l'essence pure, l'idée n'est plus un principe substantiel des choses; c'est une abstraction, une simple pensée de l'esprit qui conçoit l'idéal, à propos de toute réalité. L'*essence*, entendue logiquement, c'est-à-dire, comme la propriété ou la réunion des propriétés qui constituent la définition d'une chose, abstraction faite de l'existence, n'implique ni la vie ni l'âme; mais, considérée comme un principe substantiel, elle en est inséparable. Toute substance a sa nature propre par laquelle elle se distingue et se caractérise, et qu'on appelle son essence; c'est cette forme abstraite, cette entité logique que le Néoplatonisme convertit en une existence réelle, confondant ainsi la substance avec l'essence, l'être avec la notion, la métaphysique avec la logique. Aristote, auquel le Néoplatonisme a surtout emprunté sa théorie de l'essence, distingue la nature propre, la forme du sujet, des éléments matériels dont il se compose, mais il se garde bien de lui attribuer une existence réelle en dehors du sujet individuel. L'*idée* alexandrine n'est autre chose que la forme aristotélique réalisée. Or l'essence ainsi considérée à part de l'âme, de la vie, c'est-à-dire de l'existence réelle, n'est qu'une conception abstraite de l'esprit. Que si l'on en fait, comme les Alexandrins, un principe substantiel de la réalité, il ne faut point la séparer de la vie ni de l'âme. L'abstraction n'est possible que dans la pensée; dans la réalité, l'essence et la vie, l'idée et l'âme ne font qu'un seul et même être. La vie n'est pas simplement la manifestation extérieure de la substance; elle en est le fond : où l'âme manque, il n'y a plus qu'une abstraction de l'esprit.

Cet abus de l'analyse, si commun au Platonisme et au Néoplatonisme, s'explique ici par une confusion. Le principe de toutes les Ecoles idéalistes, quelque nom qu'on lui donne, l'*intelligible*, l'*idée*, l'*essence*, la *forme*, est le sujet d'une perpétuelle équivoque, en raison du double sens qu'on peut y attacher. L'intelligible peut être conçu comme le type parfait de l'être, l'idéal, sous toutes ses formes, corps, âme, intelligence; ce n'est alors qu'un concept de la pensée qu'il faut bien se garder d'*objectiver*, sous peine de réaliser une abstraction, et qui ne réside que dans l'entendement, soit humain, soit divin. L'esprit a pour objet le monde réel; il s'en distingue et le réfléchit : quant au monde idéal, il ne peut ni s'en distinguer ni le réfléchir, car il lui est identique. L'idéal en toutes choses, la beauté pure dans les formes, la sainteté dans les actes, la perfection dans les facultés, est exclusivement du domaine de la pensée. Non seulement l'idéal n'existe point objectivement, mais il implique contradiction qu'il puisse exister; il est de l'essence de l'idéal de ne pouvoir se réaliser. La réalité, l'être proprement dit n'atteint pas la perfection conçue par la pensée; il ne fait qu'y tendre et en approcher de plus en plus. En ce sens, le monde intelligible n'existe que dans l'esprit, et l'idée n'est vraie que comme concept de l'intelligence.

Est-ce à dire que la théorie des idées n'a pas d'autre fondement que les concepts de l'entendement, et qu'il faille reléguer parmi les abstractions tout ce qui, dans le monde réel, dépasse l'expérience? Ce serait une grave erreur. Sous les existences finies, fugitives, individuelles, la raison conçoit la substance infinie, immuable, universelle, qui les contient et les produit; elle la conçoit, non comme un pur idéal, un type abstrait, mais comme le principe réel, intime, immanent de la réalité extérieure et mobile[1]. C'est par ce principe vraiment substantiel que s'explique tout ce qui, dans le monde sensible, ne tombe pas sous l'expérience, la constance des lois qui régissent les phénomènes, l'unité des genres et des espèces, l'ordre, la mesure, la beauté, qui révèlent le plan de l'univers. Mais, ainsi entendue, l'idée ne peut conserver une perfection idéale incompatible avec la réalité. Elle contient virtuellement toute perfection, sans être l'être parfait. Principe de toute réalité, sans être aucune chose réelle elle-même, de toute forme, sans être aucune forme, de toute individualité, sans être aucun individu, l'idée ne peut être conçue autrement que comme l'être infini, universel, inépuisable, virtuellement supérieur à toutes ses formes, qu'il contient, produit et dévore successivement, aspirant, par

[1] Il ne s'agit ici que du monde et de son principe interne.

le progrès indéfini de ses manifestations, à une perfection qui est sa fin, qu'il poursuit dans le temps, qu'il n'atteint que dans l'éternité. Telle est la *substance* de Spinosa, l'*absolu* de Schelling, l'*idée* d'Hégel, principe actif, fécond par lui-même, qui possède toutes les conditions de la création, l'élément, la cause, la fin, et qui, substantiellement inséparable des êtres individuels, finis, éphémères, qu'il crée, n'est plus qu'une abstraction inintelligible, dès qu'on essaie de le représenter comme un être à part, ayant sa vie propre. L'idée, en tant que principe de la réalité, ne peut être autrement comprise.

En résumé, l'intelligible, l'*idée*, pour parler la langue de la philosophie grecque, peut être considéré subjectivement ou objectivement, dans l'esprit ou dans la réalité, comme l'idéal irréalisable des choses, ou comme le principe substantiel, inséparable des êtres qu'il produit. C'est de la confusion de ces deux points de vue profondément distincts que sont nées les erreurs et les chimères de l'idéalisme alexandrin. Voulant tout concilier, Plotin mêle et confond dans son principe les attributs les plus contradictoires. L'*idée* néoplatonicienne est tout à la fois l'essence parfaite, l'idéal pur conçu par l'esprit, et la substance infinie, éternelle, universelle, qui se réalise incessamment par des formes éphémères ; elle unit l'individualité et l'universalité, la perfection et la réalité, la puissance et l'acte, attributs qui s'excluent nécessairement. En effet, si l'idée est le type parfait de l'être, elle ne peut être conçue comme la substance des choses individuelles ; si, au contraire, on en fait le principe substantiel de la réalité, il devient impossible de lui attribuer les perfections de l'idéal.

L'idée ne peut être en même temps puissance et acte, substance et type, principe et fin de l'être. L'idéal, la perfection, la fin sont des concepts de l'esprit, qu'il ne faut pas convertir en principes substantiels des choses. C'est ainsi que, dans une synthèse inintelligible, les Alexandrins confondent le subjectif avec l'objectif, l'idéal avec le réel, les concepts de la pensée avec les attributs de l'être.

Cette confusion fait de leur théorie des idées une des énigmes les plus difficiles à déchiffrer dans l'histoire de la philosophie. Dans leur description du monde intelligible, ils prêtent à la fois aux idées les perfections de l'idéal et les vives couleurs de la réalité. Au delà de ce ciel sensible où brillent le soleil et les astres réels, de cette terre où vivent les plantes, les animaux et tous les êtres périssables, ils imaginent un ciel idéal, éclairé par un soleil et des astres dont la lumière est ineffable, une terre dont tous les êtres sont autant d'essences parfaites, de véritables Dieux, jouissant d'un repos absolu et d'une félicité pure. Étrange illusion qu'on ne peut prendre pour une simple métaphore, à voir l'enthousiasme avec lequel Plotin la célèbre, et dont il faut chercher la cause dans le mélange indiscret des concepts de la pensée et des principes de la réalité !

Voilà pour l'idée. Quant au principe des idées, à l'Intelligence universelle, la pensée alexandrine, vraie au fond, est encore ici enveloppée de nuages et de fictions. De même que toute vie se rattache à la vie universelle, de même toute essence a son principe dans la substance universelle. L'unité de substance n'est pas une conception moins nécessaire que l'unité de vie pour l'infinie multitude des êtres individuels. C'est donc avec raison que les Alexandrins admettent un principe universel et supérieur, pour les idées comme pour les âmes. Seulement, dans la théorie de l'Intelligence aussi bien que dans celle de l'Ame, ils méconnaissent la nature de l'Être universel, et quelle relation il soutient avec les individus. Dans la catégorie de l'action et de la causalité, le rapport entre les individus et l'Universel est facile à définir; les individus subsistent et se meuvent dans la vie universelle, sans y perdre leur activité propre et leur individualité. Ce rapport est plus difficile à saisir dans la catégorie de la substance. L'essence ou l'idée n'est pas, comme la cause ou l'âme, un être réellement existant, un véritable individu; principe en puissance et non un acte, elle engendre les individus, sans exister elle-même individuellement. L'idée individuelle des Néoplatoniciens n'est qu'une fiction qu'il est impossible de prendre à la lettre; par cela seul qu'elle est une idée, c'est-à-dire une essence abstraite, elle ne peut affecter elle-même une forme déterminée et individuelle, sans se réaliser, et par conséquent sans cesser d'être une simple idée. Donc, à vrai dire, les idées ne subsistent pas individuellement, comme les âmes, au sein de leur principe; elles se confondent dans une seule et même substance. Quand les Alexandrins maintiennent l'individualité des idées au sein de l'Intelligence universelle, ils sont dans une erreur profonde; à moins d'entendre par là une individualité purement virtuelle. En effet, la substance universelle d'où sortent et où rentrent toutes les existences individuelles, n'est point une puissance aveugle qui crée au hasard, sans règle et sans loi. Tout ce qu'elle produit, elle le produit avec art et discernement, obéissant, dans son travail, à des lois, à des raisons intrinsèques identiques avec sa propre nature. C'est en ce sens qu'il faut distinguer dans le principe des choses la multitude des idées, et tout ce monde intelligible, sans lequel il serait impossible d'expliquer l'ordre, la beauté, l'unité du monde réel. L'unité de la substance universelle, la variété des types et des raisons selon lesquelles cette substance produit les individus, sont deux vérités également certaines qui se retrouvent au fond de la théorie alexandrine; mais, pour les y reconnaître, il est nécessaire d'écarter les formes qui les recouvrent. En professant, sans aucune distinction, l'individualité absolue des idées, le Néoplatonisme incline à l'absurde et à l'inintelligible; il n'y échappe que par une sorte d'interprétation qui néglige la lettre pour s'attacher à l'esprit.

De même, en personnifiant le principe des idées, comme il avait déjà fait le principe des âmes, en lui prêtant la pensée, la conscience, la personnalité, tous les attributs de l'individualité, il méconnaît le caractère propre de l'universel, et corrompt les notions de la raison pure par le mélange d'inductions psychologiques. L'intelligence n'est ni une idée, ni le principe universel des idées; c'est une faculté ou un être, si l'on veut, essentiellement individuel, qui n'est point conçu par la raison, mais directement perçu par la conscience. L'individualité est la condition de toute pensée, de toute conscience; et lorsque, combinant les conceptions de la raison avec les données du sens intime, la théologie s'élève à l'idée d'une intelligence parfaite, elle n'en est pas moins tenue, sous peine de contradiction, de conserver à cette intelligence suprême l'individualité. Dans la théologie des Alexandrins, l'Intelligence, comme l'Ame, comme Dieu, comme toutes les Hypostases du monde intelligible, est un être à double face, vivant et abstrait, individuel et universel, réel et idéal, personnel et impersonnel, qui vit, qui pense, qui veut, mais qui, dans tous ces actes, échappe à toutes les conditions de la vie, de la pensée, de la volonté, chez les êtres réels et individuels; principe équivoque qui réunit les attributs les plus contradictoires. C'est là le grand vice de la théologie alexandrine. Rien n'est plus contraire à la science que ce mélange de notions hétérogènes. La métaphysique a son domaine, la psychologie a le sien ; les principes de la raison pure n'ont rien de commun avec les réalités de l'expérience. Tout principe de la raison est essentiellement universel, infini, immuable, absolu ; toute réalité de l'expérience est individuelle, finie, variable, conditionnelle. La plus simple logique ne permet pas d'allier arbitrairement des attributs qui s'excluent ; ce qui sort d'une pareille union, c'est quelque chose de plus funeste à la philosophie qu'une erreur, c'est une énigme indéchiffrable, un vrai non-sens.

III. *Théorie de l'Un et des unités.*

La philosophie grecque n'avait point songé, avant les Alexandrins, à franchir les limites du monde intelligible, dans la recherche des principes. Le Stoïcisme s'arrête au principe de la vie universelle, à l'Ame proprement dite. Aristote s'élève jusqu'au principe de l'essence pure, de la pensée, à l'Intelligence parfaite, fin suprême de tous les êtres dont se compose le système de l'univers. Platon, tout en célébrant la nature indéfinissable et ineffable du Bien, le considérait comme un principe encore intelligible, l'Idée suprême, l'Idée des idées. La théologie alexandrine ne pouvait en rester là. Sous la direction d'une méthode qui cherche l'unité pour l'unité, abstraction faite de la vie et de l'essence, elle pénètre, par de là l'unité multiple de l'âme, par de là l'unité encore double de l'intelligence, jusqu'à l'unité simple, dans laquelle l'analyse ne découvre ni division, ni distinction. L'unité en soi, tel est le dernier, le vrai principe de la réalité individuelle, le fond de toute essence, de toute vie, de toute forme sensible. A mesure que l'analyse plonge dans les profondeurs de la nature individuelle, elle y rencontre l'unité de l'âme, puis l'unité de l'intelligence, puis l'unité absolue, qui est le fond divin de l'être. Pour rendre sensible cette suprême abstraction de la pensée, les Alexandrins la représentent comme le centre indivisible, le point mathématique, d'où partent les rayons qui, par le développement graduel de leur divergence, forment d'abord le système des idées, puis le monde des âmes, puis enfin le monde des formes sensibles. De même que les âmes coexistent dans l'Ame universelle, et les idées dans l'Intelligence divine, de même les unités se fondent dans l'Unité en soi ; tous les Dieux se rallient au Dieu suprême, Principe des principes, Principe hyperhypostatique, dont la Nature, l'Ame, l'Intelligence ne sont que des degrés successifs, des Hypostases plus ou moins immédiates. Ainsi, au-dessus des essences intelligibles, le Néoplatonisme suppose un ciel supérieur, resplendissant d'une lumière toute divine, auprès de laquelle le ciel intelligible n'est qu'ombre et obscurité ; au-dessus de l'Ame universelle, de l'Intelligence universelle, il conçoit l'Unité universelle, Principe des principes, d'où tout sort, où tout rentre, qui produit tout, l'essence, la vie, la forme, sans sortir de son repos, par le simple rayonnement de sa nature.

Cette théologie transcendante séduit au premier abord par l'apparente grandeur de ses conceptions et surtout par la rigueur spéculative de sa méthode. Mais, en y regardant de près, on s'aperçoit bien vite : 1° qu'elle abuse étrangement de l'analyse ; 2° que son Principe n'est qu'une abstraction vide ; 3° que toute sa théorie de la procession des hypostases repose sur une image empruntée au monde sensible.

Pour parvenir à une notion vraiment rationnelle de Dieu, il est légitime, il est même nécessaire de procéder par négations et par éliminations. L'intelligence humaine ne voit point Dieu face à face, par une intuition directe qui pénètre dans sa nature intime ; elle ne le conçoit qu'en opposition avec les êtres qu'elle perçoit directement par l'expérience. Le contraste du fini et de l'infini, du contingent et du nécessaire, du relatif et de l'absolu, de l'individuel et de l'universel, lui révèle la notion de Dieu. C'est par la négation de tous les attributs propres aux êtres de ce monde qu'elle définit la nature du principe divin ; c'est par l'élimination de tous les éléments empruntés à l'expérience, qu'elle parvient à en épurer et à en simplifier la notion toute rationnelle. Si, comme le veut la raison, Dieu est l'Être infini, indépendant, nécessaire, universel, il faut retrancher de sa nature tout attribut incompatible avec l'infinitude, l'indépendance, la nécessité, l'universalité. Par ce procédé, la théologie écarte les rêves du Naturalisme ou de l'Anthropomorphisme. L'idée de Dieu est une intuition pure de la raison, qui exclut toute représentation et toute personnification empirique ; elle n'est légitime qu'autant qu'elle est *à priori*. La théologie, en ce qui touche à la nature même et aux attributs de Dieu, est une science de raison pure et de raisonnement, comme la géométrie ; elle doit se composer de notions *à priori* d'une évidente nécessité et de propositions rigoureusement déduites de ces notions premières. Tant qu'elle ne considère pas Dieu, en regard du monde, c'est-à-dire comme cause créatrice et providentielle, elle n'a que faire de l'expérience. En ce sens, et dans cette mesure, la méthode de négation et d'élimination convient à toute théologie vraiment rationnelle. Mais il faut se garder d'en exagérer l'application, au point de retrancher de la notion de Dieu tout attribut que puisse saisir la pensée, tout élément intelligible ; car alors on aboutirait infailliblement à une abstraction. C'est ce qui est arrivé à la théologie alexandrine. Si elle se fût bornée à éliminer de la notion de Dieu tout ce qui répugne logiquement à sa nature, tout ce qui tend à le rabaisser aux conditions des êtres finis, contingents, dépendants, individuels, elle fût restée dans le vrai, et la critique n'eût trouvé que des éloges pour cette savante méthode négative, qui excelle à préserver la théologie des représentations empiriques et anthropomorphiques. Malheureusement les Alexandrins éliminent sans mesure, sans distinction, sans réserve, niant de la nature divine, d'une manière absolue, l'essence, la vie, l'âme, l'intelligence universelle, tout aussi bien que l'essence, la vie, l'âme, l'intelligence individuelle, retranchant ainsi de la notion du principe divin les concepts de la raison pure, aussi bien que les représentations et les perceptions de l'expérience, et réduisant cette notion à une abstraction qui échappe à toute pensée, et qui, ainsi qu'on va le voir, équivaut au néant.

De même que la dialectique platonicienne ne voit d'essence, d'être véritable que dans l'universel, considéré comme tel, de même l'analyse alexandrine fait de l'unité, en tant qu'unité, le type de l'être, le vrai principe des choses. Dans sa pensée, si l'âme est un principe, c'est comme unité; si l'intelligence est un principe supérieur, c'est parce qu'elle est une unité plus simple : en sorte que pour arriver au principe par excellence, il faut s'élever jusqu'à l'unité en soi. Là est l'erreur. L'unité n'est point un principe d'essence et de vie; elle en est un caractère abstrait, une simple condition. Que cette condition soit nécessaire, que nulle forme, nulle vie, nulle essence ne puisse se concevoir sans unité, rien de plus vrai. Mais il ne faut en conclure, ni que la forme, la vie, l'essence, ont l'unité pour principe, ni que l'unité existe substantiellement par elle-même. Il y a l'unité d'essence, l'unité de vie, l'unité de forme ; il n'y a point l'unité en soi. Considérée à part de l'essence, à part de la vie, l'unité n'est qu'une abstraction, plus subtile encore et beaucoup plus vide que l'universel pur, l'idée en soi de Platon. L'erreur du Platonisme n'est pas d'attribuer une vérité objective à l'universel, mais de le séparer de l'individu, sans lequel il est impossible d'en comprendre l'existence. L'erreur du Néoplatonisme est plus grave encore : ce qu'il considère comme le principe parfait, absolu, indépendant de toute forme, de toute vie, de toute essence, n'est pas même une substance, à la manière des universaux; c'est simplement une condition de la substance. Conclusion inévitable d'une méthode qui, n'ayant en vue que l'unité mathématique, la simplicité, tombe, au lieu de s'élever, d'abstractions en abstractions, de négations en négations, dans l'abîme du néant! Par amour de l'unité, elle sépare d'abord le principe de la vie, l'âme, de la forme corporelle qui la réalise et la détermine, première abstraction. Puis elle sépare l'essence de la vie, l'intelligence de l'âme, isolant ainsi deux principes qui se confondent dans une seule et même substance, deuxième abstraction. Enfin, par un suprême effort, elle parvient à détacher de l'être pur, de l'essence intelligible, non pas un élément, mais une simple condition de l'être, l'unité, et à en faire le principe de toutes choses, troisième abstraction, plus dangereuse que les autres, en ce qu'elle enlève la pensée au monde de l'être, de la vie, de la lumière, pour l'égarer dans le vide et l'obscurité.

Si l'unité individuelle, prise à part, n'est qu'une abstraction, l'Unité universelle, où se confondent toutes les unités individuelles, l'Unité des unités, n'est que l'abstraction des abstractions. L'universel, à quelque catégorie de l'existence que la raison l'applique, étendue, vie, pensée; existe substantiellement en tant qu'il correspond à des individualités réelles. Ainsi, au delà de l'étendue individuelle, de la vie individuelle, de la pensée individuelle, la raison conçoit l'étendue universelle, la vie universelle, l'intelligence universelle. Mais l'unité, ne rentrant dans aucune catégorie de l'existence, n'existe ni comme individu ni comme universel. Tout est faux et chimérique dans ce prétendu monde supérieur vers lequel le mysticisme alexandrin aspire avec tant d'ardeur, les individus et l'universel, les unités et l'unité, les Dieux et le Dieu suprême : c'est le royaume des ombres et des fantômes ; sous les apparences de vie, de substance, de lumière, que l'imagination des Alexandrins sait leur prêter, c'est le vide absolu, la nuit impénétrable du néant.

Il faut dire que la théologie alexandrine n'est pas toujours fidèle à son principe. Le sentiment du vrai qui ne s'efface jamais entièrement devant l'esprit de système, le besoin d'expliquer l'origine, la conservation, l'ordre du monde, enfin l'influence des doctrines orientales, lui font modifier, compléter, développer, transformer la notion de Dieu, telle que la donne la pure analyse. Ainsi, pour faire comprendre que, si l'Unité est en soi indéfinissable et inintelligible, ce n'est point dans le même sens que la matière, principe d'indétermination et d'imperfection ; pour montrer que l'Unité, sans affecter aucune forme, aucune essence, aucune perfection déterminée, est le principe supérieur de toute forme, de toute essence, de toute perfection, le Néoplatonisme emprunte le langage de la philosophie péripatéticienne, et définit quelquefois le principe suprême, l'acte pur, ἐνέργεια, en opposition au principe matériel auquel Aristote donne le nom de puissance, δύναμις. Mais cette définition contredit la notion de l'Unité, en ce qu'elle a d'essentiel. Selon les Alexandrins, si l'Unité est le vrai principe, c'est qu'elle n'a ni forme, ni essence. Or l'acte est l'essence pure, la forme par excellence, ce qu'il y a de plus parfait, c'est-à-dire de plus déterminé ; c'est cette Intelligence que la théologie néoplatonicienne relègue au second rang, à une distance infinie du Principe suprême. Donc le Dieu des Alexandrins ne peut être conçu comme l'acte parfait, sans perdre le caractère qui en fait précisément le premier, le vrai principe ; l'unité en soi et l'acte s'excluent réciproquement.

De même, pour expliquer l'incessante procession des hypostases et l'inépuisable fécondité de la Nature, le Néoplatonisme a souvent recours aux fortes conceptions, aux vives images de l'Orient. De l'Unité abstraite et toute mathématique de l'analyse, il fait l'Unité vivante, le principe fécond, d'où l'être et la vie s'échappent à flots, comme d'une source surabondante. Mais alors il abandonne le Dieu de l'analyse, pour un tout autre principe, dans lequel l'unité n'est plus qu'un simple attribut, pour un Dieu dont la nature propre est d'être substance et cause. Dans le Dieu des Alexandrins au contraire, l'unité n'est pas un attribut, mais la nature divine tout entière.

Enfin, lorsqu'il s'agit de remonter à la cause première de l'ordre, de la beauté, de la perfection de l'univers, la théologie alexandrine prête à son Dieu, la sagesse, la justice, la bonté, tous les attributs d'une vraie Providence, qui veille à la conservation et au perfectionnement de ce monde que sa puissance a créé. Ici encore la contradiction est manifeste. Dieu peut-il être sage, bon, juste, s'il n'est intelligent? Or l'unité en soi exclut l'intelligence, laquelle a pour condition la dualité. Donc la pensée, comme la vie, comme la forme, comme tout ce qui implique distinction, division ou développement, répugne à la nature du Dieu des Alexandrins, et c'est abuser des mots que de parler de sa sagesse, de sa justice, de sa bonté.

Toutes ces variations et ces transformations de la pensée première, montrent le vice radical de la méthode alexandrine et l'impuissance de la théologie qui en dérive. C'est parce que le Dieu de l'analyse n'est qu'une vaine abstraction, que les Alexandrins se trouvent dans la nécessité de recourir à des conceptions étrangères qui en changent la nature. Ainsi que Platon, ils n'échappent que par des contradictions perpétuelles aux conséquences extrêmes de leur méthode.

Le vice de la théorie théologique des Alexandrins, déjà sensible, en ce qui concerne la nature même de Dieu, se révèle encore plus clairement dans l'explication des rapports de Dieu avec le monde. D'abord, si l'unité en soi, ainsi qu'il a été prouvé, n'est qu'une abstraction, le monde n'est pas seulement inexplicable, mais impossible, par la raison que rien ne peut sortir du néant. Pour créer, il faut être; toute cause suppose une substance. Cette difficulté mise de côté, même en admettant que l'unité en soi puisse être autre chose qu'une abstraction, il est facile de comprendre que, si la théologie alexandrine restait fidèle à son principe, elle n'expliquerait jamais la transition de Dieu au monde. En effet, la nature de l'Unité, c'est d'être absolument simple. Si elle perd cette absolue simplicité, elle cesse d'être l'unité en soi. Or comment concilier l'unité de la nature divine avec l'acte de la création? Là est un mystère que toutes les subtilités alexandrines ne peuvent éclaircir. L'unité peut-elle créer, sans sortir de son absolue immobilité? Les

Alexandrins n'hésitent pas à répondre affirmativement. L'unité produit, disent-ils, non par un acte, mais par le simple rayonnement de sa nature, de même que le feu produit la chaleur, et le soleil la lumière, de même que le principe vital, l'âme répand la vie dans tous les organes du corps. Cette explication, empruntée à l'observation des phénomènes sensibles, peut être admise jusqu'à un certain point, tant qu'il ne s'agit que d'êtres ou de principes dans lesquels on distingue l'essence et la puissance. C'est à l'aide de cette distinction que les Alexandrins expliquent comment les unités hypostatiques, l'Ame et l'Intelligence produisent sans sortir d'elles-mêmes. Mais, dans l'Unité hyperhypostatique, il n'y a pas lieu de distinguer la nature de l'acte, l'essence de la puissance, puisque le caractère propre de cette unité est l'absolue simplicité. Donc on ne peut dire de l'Un comme de l'Intelligence et de l'Ame, qu'il produit, par l'expansion de ses puissances, tout en restant immobile et caché dans les profondeurs de son essence. Donc toute création, tout acte, toute manifestation, toute irradiation est incompatible avec la nature même de Dieu, tant qu'on persiste à la concevoir comme l'Unité en soi. C'est en vain que, pour concilier en Dieu l'unité et la vertu créatrice, la théologie alexandrine supprime toute énergie active, toute causalité dans l'acte de la création, et le réduit à l'émanation nécessaire et passive d'un principe exubérant. Elle a beau subtiliser; ses distinctions et ses restrictions laissent subsister la contradiction. Entre le Dieu abstrait de l'analyse et le Dieu vivant de la théologie orientale, entre l'Unité immobile et le principe fécond de la vie universelle, il faut choisir ; ce sont des conceptions qui s'excluent et résistent à toute tentative de conciliation.

Quoi qu'il en soit, voilà l'unité mathématique de l'analyse transformée en une Puissance dont la fécondité produit infiniment, sans jamais s'épuiser. Dans sa doctrine du Principe suprême, comme partout, l'École d'Alexandrie, à l'aide de notions étrangères, corrige les excès d'une méthode qui, poursuivant l'unité pour l'unité, ne pouvait, abandonnée à elle-même, rencontrer que de stériles abstractions. C'est ainsi que, dans sa théorie de l'âme, elle s'inspire des Stoïciens ; que, dans sa théorie des idées, elle suit tantôt Aristote, tantôt Platon. De même, tout en restant fidèle à sa méthode, elle emprunte à l'Orient certains éléments essentiels de sa conception théologique. Le Dieu de la théologie orientale est aussi l'Unité ineffable et immobile, mais en même temps substantielle et féconde qui produit tout sans sortir de son repos. Toutes les essences du monde intelligible, toutes les puissances du monde sensible, qui, dans un ordre hiérarchique, s'échelonnent entre l'Intelligence divine et l'épaisse matière, s'en échappent naturellement, comme les flots d'une source qui surabonde, comme les émanations continues d'une substance inépuisable, comme les irradiations d'un foyer lumineux inextinguible. Le principe de la théologie orientale, facile à reconnaître sous les images qui le voilent, tout en l'exprimant, est que toute substance, une, indivisible, immobile, incommunicable, quant à son essence, est multiple, mobile, communicable par ses puissances. C'est par cette distinction que s'explique toute communication des êtres supérieurs aux êtres inférieurs, et particulièrement de Dieu au monde. Dans l'effusion de la vie universelle dont il est le principe, Dieu ne s'épanche, ne se développe, ne se divise, ne se communique véritablement pas. Vivant immobile et solitaire dans les profondeurs inaccessibles de son essence, c'est par ses puissances, et, pour parler le langage de l'Orient, par son Verbe, son Esprit, ses Anges, qu'il produit, qu'il agit, qu'il se communique, qu'il gouverne le monde. Telle est la théorie de l'*émanation*, dont le principe fondamental est la distinction de l'essence et des puissances, dans toute substance proprement dite. En empruntant cette théorie à la théologie de l'Orient, l'École d'Alexandrie n'en accepte pas toutes les fictions dont l'entoure l'imagination orientale. Tandis que les Orientaux séparent, personnifient, vont même jusqu'à représenter, sous des formes corporelles, les émanations successives de Dieu, les Alexandrins se bornent à les distinguer, sans jamais leur attribuer, soit une forme matérielle, soit même une individualité indépendante : où les premiers contemplent avec une foi superstitieuse l'immense hiérarchie des êtres surnaturels qui, sous les noms d'éons, d'archanges, d'anges, de génies, peuplent les sphères célestes, les seconds ne voient que les hypostases diverses, distinctes, mais non séparées, d'un seul et même Principe.

La doctrine de l'*émanation*, dégagée des fictions de l'Orient, et considérée plutôt dans son principe que dans ses détails, semble un progrès décisif dans le développement de la théologie grecque, qu'elle élève enfin, après le dualisme de Platon et d'Aristote, à la conception de l'unité. Le Dieu de Platon ne crée l'univers qu'à la manière de l'artiste travaillant sur une matière qu'il n'a pas faite. Le Dieu d'Aristote ne fait que mouvoir par attraction un monde qui a en soi le principe de l'existence et même de la vie. Le Stoïcisme arrive à l'unité, mais par une confusion grossière, par une sorte d'identification du monde avec Dieu ; il n'évite le dualisme que pour tomber dans le Naturalisme. Donc, jusqu'à l'École d'Alexandrie exclusivement, la théologie grecque n'avait pu atteindre par ses propres forces à l'idée d'un Dieu dont le monde tient tout à la fois l'être, la vie, le mouvement et la forme. C'est le Néoplatonisme qui élève la pensée grecque à cette magnifique conception ; mais il ne le fait qu'en s'inspirant d'une doctrine étrangère.

Sauf le mérite d'avoir substitué l'unité au dualisme, dans la conception du principe des choses, la théorie alexandrine de l'*émanation* ne soutient pas l'examen. D'abord elle pèche par la base, puisqu'elle repose tout entière sur une simple analogie empruntée au monde sensible. La nature, la vertu, l'action, l'influence des êtres immatériels et intelligibles y sont assimilées à l'essence, à la vertu, à l'action, à l'influence des êtres matériels et sensibles. Où est la raison, où est la nécessité de cette assimilation? C'est ce que les Alexandrins ne démontrent pas sérieusement. Le premier principe, disent-ils, ne peut être infécond, pendant que tout est fécond dans la Nature ; il produit donc, comme le feu brûle, comme le soleil luit, par une émanation nécessaire, incessante de sa nature ; démonstration puérile s'il en fut ! Qu'y a-t-il de commun entre le monde et son Principe? Quelle est la nécessité logique qui impose à Dieu une loi de la Nature? N'est-il pas évident, au contraire, que la notion de Dieu exclut toute représentation empirique, et que tout attribut, toute loi, tout mode d'existence applicable aux êtres sensibles, répugne invinciblement à la nature divine? Si la création est indigne de Dieu, l'émanation lui convient-elle mieux? Si c'est rabaisser la majesté du premier Principe que d'en faire, comme Platon, l'architecte, ou, comme Aristote, le moteur du monde, croit-on la relever en assimilant sa puissance créatrice à la fécondité des êtres naturels? Après avoir, par l'emploi exagéré de la méthode négative, simplifié l'idée de Dieu, au point de la réduire à une vaine abstraction, voilà que les Alexandrins la compliquent d'éléments empruntés à l'expérience. Ce Dieu, qu'ils avaient élevé au-dessus du monde intelligible, ils le soumettent à une loi du monde sensible. Ainsi, la théologie néoplatonicienne qui, dans les emportements de son enthousiasme, n'avait pu s'arrêter au plus haut sommet de l'idéalisme, retombe jusqu'aux représentations empiriques du Naturalisme. Elle dédaigne le Démiurge et l'Intelligence pure, le Dieu de l'humanité et le Dieu de la pensée, pour aboutir en définitive au Dieu de la Nature.

La doctrine de l'*émanation* n'est pas seulement arbitraire et peu digne d'une théologie vraiment rationnelle ; elle est en outre contraire à la notion même de Dieu. Pour expliquer comment le principe qui produit, se conserve immobile et inaltérable, cette doctrine le conçoit comme une substance surabondante, dont l'excès s'échappe en effluves perpétuelles ; elle le représente sous la forme d'un vase trop plein qui déborde incessamment. Toute production a ce caractère dans le système de l'*émanation*. Dieu, l'Intelligence, l'Ame, produisent par le seul effet d'une surabondance, sans rien perdre de leur nature parfaite et inépuisable, sans se mêler à leurs produits. Sans doute l'École d'Alexandrie n'a jamais songé à séparer le produit de son principe ; mais tout en faisant de l'Ame l'essence de la forme sensible, de l'intelligence l'essence de l'Ame, de l'Unité le fond de l'intelligence et de tout ce qui existe, elle considère l'Ame, l'Intelligence, l'Unité, comme des natures parfaites en elles-mêmes, qui se suffisent intérieurement, et chez lesquelles toute production n'est pas le complément nécessaire de leur être, mais l'écoulement d'une substance exubérante. Loin de tomber dans l'écueil du Panthéisme, la doctrine de l'*émanation* incline plutôt vers l'écueil opposé. Elle confond si peu le principe avec son produit, qu'elle le conçoit existant à part dans les profondeurs de son essence, indépendamment de toute manifestation extérieure.

Selon nous, l'erreur profonde de cette théorie est de supposer que le principe du monde subsiste en soi, solitaire et caché, à part de ses diverses hypostases. Si la raison ne peut concevoir le monde réel comme l'œuvre d'un artiste qui travaille sur une matière donnée, elle ne le comprend pas mieux comme l'effluve d'une substance surabondante. Sans identifier le monde avec son principe, elle se garde bien de l'en séparer substantiellement. Dieu est, pour la raison, l'Être en soi, l'Être universel, dont les êtres individuels ne sont que des manifestations diverses. Non seulement ces êtres demeurent en lui, mais ils y subsistent et y vivent. Il est tout aussi impossible de concevoir Dieu sans le monde que le monde sans Dieu. La doctrine de l'*émanation*, qui a d'ailleurs le mérite de tout ramener à un principe unique, n'a point saisi le vrai rapport du monde à Dieu. Elle révèle une pensée profonde, supérieure à tout ce qui la précède dans la philosophie, mais une pensée encore offusquée par les fantômes de l'imagination. Toute raison libre et saine voit en Dieu l'Être universel; dans le monde éternel et infini, la totalité de ses manifestations individuelles; dans le rapport du monde à Dieu, l'identité substantielle de l'universel et des individus, de l'idéal et de la réalité. Elle ne conçoit point la création comme l'émanation d'une substance surabondante, ni comme l'œuvre libre d'un Démiurge organisant une matière préexistante, mais comme l'acte nécessaire, immanent, éternel, d'une Cause infinie.

CHAPITRE III.

Cosmologie.

Hiérarchie des Hypostases. Théorie de la Triade. Ordre de procession des êtres. Origine du mal. Théorie de la Providence. Éternité du monde.

Selon la conception théologique des Alexandrins, le Principe suprême du monde, l'Unité immobile et incommunicable n'engendre immédiatement ni la matière, ni la Nature, ni même l'Ame. Elle engendre seulement l'Intelligence, et encore par une contradiction qui défie la dialectique de Plotin, et que les derniers Alexandrins ne peuvent résoudre qu'en interposant tout un monde, le système des unités, entre l'Unité et l'Intelligence. L'Intelligence, produit unique de l'Un, engendre l'Ame. Même rapport entre les individus qu'entre les universaux; des unités émanent directement les idées, des idées les puissances. L'Ame, dernière Hypostase du monde intelligible, simple, immobile dans son essence, tombe, par la projection de ses puissances, sous les lois du temps, de l'espace, du mouvement, de la matière. Toutes les conditions du monde sensible ne sont que des modes du développement extérieur de l'Ame. Le mouvement est l'action de ses puissances : considérée dans son expansion, cette action est l'espace ; dans sa succession, c'est le temps. La matière est la limite extrême des émanations de l'Ame, dernier vestige de l'être qu'il sert à représenter, comme l'ombre dessine la réalité. Dans la série de ses pérégrinations, l'âme parcourt d'abord le ciel, puis le monde sublunaire jusque dans ses plus épaisses profondeurs, engendrant par elle-même le corps du monde, la Nature universelle, et par ses puissances, c'est-à-dire par les âmes individuelles, toutes les formes sensibles, depuis la pure et incorruptible substance des astres jusqu'à la plus obscure matière. Le ciel est parfait, éternel, incorruptible, immuable dans les individus, comme dans le Tout. Le monde sublunaire est, quant aux individus, corruptible, imparfait, mobile, périssable ; la perfection, l'éternité, l'incorruptibilité, l'immutabilité n'appartiennent qu'au Tout.

Tel est le Système du monde, une immense série d'émanations qui descend graduellement du Principe suprême jusqu'à la limite extrême de l'être, et remonte, par la même échelle, de la matière à l'Un ; dans lequel chaque hypostase, chaque être est une triade impliquant particulièrement son principe et son produit immédiat ; où enfin chaque individu est un microcosme résumant le Tout, en vertu de l'unité universelle.

En même temps que l'Ame produit le monde, elle lui communique la forme, la vie et la perfection; la Providence se confond, avec la puissance créatrice, dans un seul et même acte, simple, immanent, éternel. Le monde sensible, n'étant que la représentation du monde intelligible dans la matière, participe de la perfection, sans être parfait. De là ce mélange d'ordre et de désordre, de beauté et de laideur, de lumière et d'ombre, de bien et de mal, qui en fait le caractère propre. Le mal physique est dans la nature même des êtres sensibles; le mal moral n'est qu'un abus de la liberté. D'ailleurs, l'un et l'autre est le propre des individus; le Tout y est étranger. Par une loi nécessaire de la Providence, le mal, même chez les individus, conspire au bien.

En résumé :

Hiérarchie des hypostases;

Théorie de l'être sensible considéré dans ses conditions, son mode de génération, sa constitution intime;

Ordre de procession des êtres;

Origine du mal;

Théorie de la Providence;

Éternité du monde.

Tels sont les points principaux auxquels peut être ramenée la critique de la cosmologie alexandrine.

1. *Hiérarchie des hypostases.*

Les Alexandrins ne sont pas les premiers qui, pour expliquer la transition du Principe divin au monde sensible, aient imaginé, entre ce monde et Dieu, une série d'essences et de puissances intelligibles servant d'intermédiaires ; c'est une conception commune à toutes les théologies de l'Orient, lesquelles, tout en différant sur le nombre et la nature de ces hypostases, s'accordent sur la nécessité de combler l'intervalle qui sépare Dieu du monde. Le principe de cette doctrine est la conception de Dieu, comme l'Unité absolue, immuable, et par suite inaccessible et incommunicable en soi. Dès lors, tout rapport direct, tout lien immédiat entre le monde et Dieu devient impossible : d'où l'inévitable alternative, ou de la négation du monde, ou de l'hypothèse d'un monde intermédiaire, pour expliquer la transition. Les théologies de l'Orient, ne suivant dans cette voie d'autre guide que leur imagination, multiplient à l'infini les degrés de cette hiérarchie d'êtres chimériques, et peuplent l'espace immense, qui sépare Dieu du monde, d'abstractions sans nombre auxquelles ils prêtent la vie, la personnalité, la forme, tous les attributs de l'existence individuelle. L'École d'Alexandrie, fidèle au début à l'idéalisme sévère de ses fondateurs, emprunte à la théologie orientale son principe, en lui laissant ses fictions et ses chimères ; mais bientôt, s'égarant à la suite de Jamblique et des théurges contemporains, elle transforme les essences abstraites, le monde intelligible, en puissances célestes de tout ordre et de toute nature, dont la hiérarchie fantastique s'étend de Dieu au monde. Tout en ramenant le Néoplatonisme à des formes plus scientifiques, Proclus abuse singulièrement de l'analyse, pour multiplier les degrés de cette hiérarchie ; par delà l'ordre des âmes et l'ordre des intelligences, et immédiatement au-dessous de l'Unité, il imagine l'ordre des unités ; puis, subdivisant chaque ordre selon la loi de la Triade, il distingue, dans l'ordre des âmes, les âmes divines, les âmes non divines, les âmes mixtes, dans l'ordre des essences pures, les Essences proprement dites, les Vies, les Inintelligences, dans l'ordre des unités, les Dieux supérieurs, les Dieux inférieurs, les Dieux intermédiaires.

A part les fictions ou les subtilités puériles qu'elle contient, cette doctrine, considérée dans son principe, mérite une critique sérieuse. S'il était vrai que Dieu fût en soi inaccessible et incommunicable, il n'y aurait qu'à admirer les ingénieux efforts, l'art profond avec lequel les Alexandrins ont su retrouver le lien qui unit le monde à Dieu. Mais toute cette théorie tombe avec la difficulté qu'elle a pour but d'expliquer. La raison distingue Dieu du monde, mais ne l'en sépare point. Bien loin de le reléguer par de là le temps, l'espace, la vie, l'être, dans la solitude d'une existence abstraite et indépendante, elle le conçoit comme l'Être universel, dont le monde n'est que la manifestation dans le temps et dans l'espace. Les êtres individuels ne sont pas simplement en communication, mais en communion avec leur Principe. Toute créature est avec Dieu dans la relation intime de l'individu à l'universel ; elle n'en tient pas seulement l'être, la vie, le mouvement : c'est en lui qu'elle se meut, qu'elle vit, qu'elle est. *In Deo movemur, vivimus et sumus.* Ce rapport est une loi universelle à laquelle aucun être n'échappe ; la créature la plus humble, comme la plus éminente, la nature brute, comme l'humanité, est substantiellement unie avec son Dieu ; l'unique différence, c'est que l'une l'ignore, tandis que l'autre en a conscience. L'empirisme, ne reconnaissant pas d'autre signe de la distinction et de la différence que la distance ou l'individualité, conclut tantôt à la séparation absolue, tantôt à la confusion du monde et de son principe. La raison seule peut comprendre le vrai rapport du monde à Dieu ; elle l'en distingue, sans l'en séparer ; elle l'en distingue, non pas comme un être d'un autre, mais comme l'individuel de l'universel. Toute distinction entre individus implique exclusion ; nulle individualité ne peut faire partie d'une autre, y vivre, y subsister, sans s'y absorber, sans cesser d'être elle-même. Entre les individus et l'Être universel, entre les créatures et Dieu, la raison conçoit une tout autre relation. Substantiellement unies à Dieu, les créatures n'en conservent pas moins leur individualité ; elles y vivent et s'y meuvent, sans y perdre leur activité propre et leur indépendance.

Ne comprenant ni la vraie nature de Dieu, ni le lien qui l'unit au monde, les Alexandrins, à l'exemple des théologies orientales, supposent, pour résoudre une difficulté imaginaire, cette série d'hypostases, par l'intermédiaire desquelles le monde sensible se rattache à son principe. En compliquant ainsi la relation très simple du monde à Dieu, ils affaiblissent singulièrement le lien qui unit les créatures au Créateur. Le Dieu des Orientaux et des Alexandrins n'est pas présent par lui-même au monde ; il n'y fait sentir son action que de très loin, par l'organe des puissances qui le représentent. Sans doute tout vient de lui et tout y retourne, mais par quelle transition ! La Providence de ce Dieu inaccessible n'atteint les créatures du monde sensible que par une chaîne infinie d'intermédiaires. Pour que l'âme humaine pénètre jusqu'à lui, que de degrés à franchir, que de mondes à traverser !

Le monde des Ames avec ses ordres divers, le monde des Intelligences avec ses divisions, le monde des Unités avec toute la hiérarchie de ses Dieux, telle est l'échelle par laquelle l'âme s'élève au Dieu suprême. Les Alexandrins ont beau dire qu'elle franchit tous ces degrés, sans sortir d'elle-même, qu'elle n'a qu'à se recueillir, à se concentrer de plus en plus dans son essence intime, pour y retrouver successivement tous les principes supérieurs, l'Ame universelle, l'Intelligence divine, Dieu lui-même. Il n'en est pas moins vrai que l'âme ne peut communiquer immédiatement avec son Principe, et qu'elle n'entre en commerce avec lui, qu'après une longue et savante initiation, dont toutes les âmes ne sont pas capables. C'est là ce qui fait la grande supériorité de la théologie chrétienne sur toutes les doctrines théologiques de l'Orient. Le Christianisme, repoussant toute cette hiérarchie d'hypostases, n'admet, entre Dieu et l'âme humaine, qu'un intermédiaire; et quel intermédiaire! le Verbe incarné dans l'humanité, le type parfait de la nature humaine. Par cet organe divin, vivant, souffrant, aimant, comme l'homme, dont il ne se distingue que par la perfection, le chrétien communique avec Dieu, sans avoir besoin, à l'exemple du mystique d'Alexandrie, de se dépouiller successivement de sa sensibilité, de son intelligence, de sa volonté, de sa personnalité, de tous ses attributs les plus intimes, pour être préparé à recevoir Dieu. Il l'atteint par toutes les puissances de sa nature, par la sensibilité et par l'intelligence, par l'amour et par la contemplation, par le sentiment et par la pensée.

D'ailleurs, c'est en vain que la théologie alexandrine essaie de combler, par sa hiérarchie des hypostases, l'intervalle qui sépare le monde sensible de son Principe. Elle a beau multiplier les intermédiaires, pour ménager la transition : entre l'Unité inaccessible et incommunicable, et sa première émanation, l'Intelligence, il y a encore un abîme. Il n'y a pas de solution possible à la difficulté heureusement imaginaire, qui a donné lieu à l'hypothèse des intermédiaires. Ou la relation de monde avec son principe est immédiate, ou elle est impossible. Que l'Unité immobile et incommunicable puisse sortir d'elle-même, sans déchoir, là est toute la difficulté. Du moment qu'elle en sort, l'origine du monde sensible s'explique aussi facilement que l'origine du monde intelligible.

11. *Théorie de l'être sensible.*

La théorie de la génération des êtres sensibles peut être considérée comme le fond même de la cosmologie alexandrine. Bien qu'elle soit plutôt le fruit de la spéculation *à priori* que de l'expérience, elle est parfois profonde et vraie dans ses vues générales. Embrassant dans toutes ses parties ce problème si vaste et si complexe, elle détermine et explique méthodiquement les conditions, le mode de génération et la loi qui préside à la constitution des êtres sensibles. S'il est difficile d'accepter toutes les solutions qu'elle propose, il est impossible de méconnaître un grand progrès sur les doctrines des Écoles idéalistes antérieures. Toutes ces théories partielles sur le temps, sur l'espace, sur la matière, sur l'âme, sur la Triade, qui concourent à la solution du problème général, sont dignes d'une critique sérieuse.

Conditions de la génération. Théorie du temps. Selon les Alexandrins, tandis que le monde des unités divines, supérieur à la fois à l'être et au mouvement, ne connaît ni le temps ni l'éternité; tandis que le monde des intelligences a pour loi l'éternité, attribut de l'être immobile, le monde sensible tombe sous la loi du temps, attribut de l'être mobile. Le temps naît, avec le mouvement, de l'action extérieure de l'Ame universelle. L'éternité, comme l'acte de l'être en soi, de l'intelligence pure, est simple, une, indivisible; le temps, comme l'action de l'être mobile, le mouvement, est successif, multiple, divisible. Entre le temps et l'éternité, il y a donc une différence de nature, non de degré, de même qu'entre l'acte et le mouvement, entre l'être et le devenir. Toute succession, même infinie, répugne à la définition même de l'éternité. L'éternité est, dans la durée, ce que l'acte pur est dans l'existence, un point indivisible, incommensurable, où disparaît toute succession et toute distinction.

Le vrai et le faux se mêlent dans cette théorie. Ainsi que le prétendent les Alexandrins, le temps est en effet un simple attribut de l'être; c'est l'être lui-même, en tant qu'il dure. L'existence et la durée s'impliquent mutuellement. Qui dit être, dit durée; qui dit durée, dit être. Conçus à part, l'être et la durée sont deux points de vue abstraits de la réalité, de même que l'étendue et la forme, de même que la matière et la force. L'esprit peut très légitimement distinguer, abstraire, décomposer la réalité en ses divers éléments, pourvu qu'il ne soit pas dupe de ses distinctions et de ses abstractions, au point de les convertir en autant de réalités. Car alors il se crée à plaisir des difficultés inextricables. La théorie du temps en est un exemple remarquable. C'est une grave erreur de considérer le temps comme une réalité indépendante de l'être qui dure, qui se meut, qui vit, qui pense, etc., etc., et de croire que, si tout être, si le monde entier venait à disparaître, il resterait encore le temps, antérieur et postérieur à toute succession d'événements, sorte de cadre vide, tout préparé pour recevoir un monde nouveau. Il n'y a point de durée, sans un être qui dure ; supprimez l'être, dont le temps n'est qu'un attribut, reste le néant, rien de plus. Quand l'esprit conçoit la durée, abstraction faite de tout être qui dure, il n'attribue pas pour cela au temps une réalité indépendante de l'être, il y voit simplement une condition logique de l'existence. Chercher dans la conception *à priori* du temps, autre chose qu'une loi ou forme de l'esprit, autre chose que la nécessité de rattacher à un point quelconque de la durée tout événement, passé, présent, futur, possible, c'est vouloir réaliser une abstraction. En dehors du monde et de l'être, le temps n'est qu'un concept de la pensée. Voilà ce qui ressort clairement de la théorie alexandrine.

Vraie sur ce point, elle est fausse, quant à la notion de l'éternité. Selon Plotin, Proclus, et aussi Platon, saint Augustin, saint Anselme et Fénelon, selon toutes les Écoles idéalistes de l'Antiquité et des temps modernes, l'éternité n'est pas simplement, comme le veut le sens commun, la durée infinie. Toute durée impliquant une succession contradictoire à la notion même de l'éternité, on doit concevoir celle-ci comme un point indivisible, dans lequel s'évanouit toute succession, toute distinction du présent, du passé et de l'avenir. De l'être vraiment éternel, on ne peut dire, ni qu'il a été, ni qu'il sera, ni même qu'il est, en ce sens qu'il occuperait un point de la durée qu'on nomme le présent. Il faut dire qu'il est éternellement, sans relation aucune avec un point quelconque du temps. Cette théorie, encore admise aujourd'hui dans presque toutes les Écoles, ne soutient pas l'examen. Ou l'éternité est un mot vide de sens, ou elle implique la notion de durée, et signifie simplement la durée éternelle. L'éternité n'est que le temps infini, de même que l'immensité n'est que l'espace infini. Or l'infinitude ne change point l'essence même des choses auxquelles elle s'applique, pas plus que la perfection ne peut changer l'essence des êtres parfaits. La pensée parfaite ne cesse pas d'être la pensée ; la vertu parfaite ne cesse pas d'être la vertu. En atteignant au suprême degré de la perfection, ni la pensée, ni la vertu, ni quelque être que ce soit, ne perd son mode essentiel et sa condition d'existence. De même la durée infinie ou l'éternité ne cesse pas d'être la durée, pas plus que l'espace infini ou l'immensité ne cesse d'être l'espace. Or, si l'éternité n'est que la durée infinie, elle est successive, car toute durée implique succession. Seulement, en tant que durée infinie, l'éternité est incommensurable, indivisible (en ce sens seulement qu'elle est divisible à l'infini), quelque mesure de division qu'on lui applique, n'ayant par conséquent ni commencement, ni milieu, ni fin, tandis que toute durée finie est susceptible de mesure et de division. Mais de ce que l'éternité ne peut être ni mesurée ni divisée, il ne s'ensuit nullement, comme l'ont prétendu les Alexandrins, qu'elle doive être conçue comme absolument une, et représentée par une sorte de point mathématique indivisible. Cette définition de l'éternité n'est qu'une abstraction inintelligible. Loin d'exprimer la durée éternelle, c'est-à-dire infiniment grande, l'unité indivisible d'un point mathématique ne peut être au contraire que l'image d'une durée infiniment petite. Il en est de la durée comme de l'étendue. Bien que notre esprit la conçoive divisible à l'infini, aussi bien que l'étendue, il imagine une unité indivisible, le simple moment, s'il s'agit de durée, l'atome, s'il s'agit de l'étendue, comme terme extrême, idéal d'une division qui en approche indéfiniment, sans pouvoir l'atteindre. Voilà précisément l'erreur des Alexandrins. En concentrant la totalité infinie des points de la durée dans un moment indivisible, ils confondent l'infiniment grand avec l'infiniment petit, l'éternité avec son contraire. C'est absolument comme si l'on voulait comprendre l'étendue infinie dans l'atome, sous prétexte qu'elle aussi n'est susceptible ni de mesure ni de division. En résumé, l'opposition imaginée par les Alexandrins, entre le temps et l'éternité est fausse. L'éternité n'est que la durée infinie ; conçue en dehors du temps, elle n'est plus qu'une négation vide de sens.

Cette théorie de l'éternité n'est que la conséquence d'un principe qui domine toute la philosophie alexandrine, et en général toute doctrine idéaliste. Le propre de l'idéalisme est de convertir en une séparation plus ou moins absolue, mais réelle, la distinction des deux conditions de la réalité, de l'universel et de l'individuel, de la substance et de la forme, de l'être et du devenir. Or, selon les Alexandrins, l'éternité étant l'attribut de l'être, et le temps l'attribut du devenir, entre le temps et l'éternité, le rapport doit être le même qu'entre le devenir et l'être. C'est donc avec une parfaite logique qu'ils opposent l'éternité au temps, de la même manière et par la même raison qu'ils opposent l'être au devenir, l'intelligible au sensible. Mais le principe n'est pas moins faux que la conséquence. La durée finie est dans l'éternité, absolument comme l'individuel est dans l'universel, la forme dans la substance, le sensible dans l'intelligible, le devenir dans l'être. L'erreur profonde de tous les idéalistes, depuis Platon jusqu'à Fénelon, est de n'avoir pas compris cette identité. Ici, comme partout, l'École d'Alexandrie abuse de l'abstraction.

Théorie de l'espace. — Dans la cosmologie des Alexandrins, l'espace, ainsi que le temps, est conçu comme une condition du monde sensible, étrangère au monde intelligible. C'est l'Ame universelle qui l'engendre par l'expansion de ses formes extérieures, comme elle engendre le temps par la succession de ses actes. L'espace, infini comme le temps, ne subsiste point en dehors du monde. Ni Plotin, ni Proclus, ni Platon, ni aucune des Écoles de l'Antiquité, n'attribuent une existence réelle et indépendante de la matière étendue à cette abstraction, qu'on appelle le vide absolu. Ce qui, pour les Alexandrins, existe positivement et substantiellement, en dehors du monde, c'est l'Ame universelle, qui enveloppe tout le système des êtres sensibles, de même que l'âme individuelle contient le corps qu'elle a créé.

Cette théorie de l'espace, conçu comme inséparable de l'étendue sensible, nous semble vraie et de nature à trancher les graves difficultés que l'abus de l'abstraction a fait naître, sur ce problème de l'espace si fécond en controverses. La notion de la réalité sensible, essentiellement complexe, comme son objet, reste primitivement confuse dans l'esprit, jusqu'à ce que la science la décompose en ses divers éléments, et en abstraie tantôt la notion de l'étendue, tantôt la notion de la forme, tantôt la notion de la substance, tantôt la notion de la force. Rien de mieux, tant que cette analyse n'a d'autre but que la clarté et la précision. Mais l'esprit peut se faire illusion sur la portée de ses abstractions, et d'une distinction purement logique, conclure, à son insu, à une séparation réelle. C'est ce qui est arrivé dans la question de l'étendue comme dans celle de la durée. On peut facilement distinguer dans la réalité sensible l'étendue, la forme, la solidité ou résistance, la force; mais on ne peut essayer de les séparer, sans les faire évanouir en entités logiques. Dans la réalité, il n'est pas une de ces qualités qui n'implique toutes les autres; de sorte qu'en brisant cette synthèse indivisible, l'analyse détruit la réalité tout entière. Pour ne parler que de l'étendue, non seulement l'esprit peut, par une première abstraction, la séparer de la substance matérielle; mais, par une seconde abstraction plus subtile que la première, il peut concevoir, en dehors de l'étendue finie, l'étendue infinie, c'est-à-dire l'espace proprement dit, dans lequel il placera toute étendue limitée, de même qu'il place toute durée finie dans l'éternité. Rien de plus légitime. Mais si, oubliant que cette notion de l'espace, c'est-à-dire de l'étendue infinie, n'est qu'une notion abstraite de l'étendue sensible, à laquelle la raison ajoute la conception de l'infini, on imagine un espace réel, indépendant de toute réalité, le vide absolu, on réalise une abstraction. Sans aucun doute, l'espace existe en tant qu'étendue infinie, de même que l'éternité en tant que durée universelle; mais, en dehors du monde matériel, c'est-à-dire du système entier des êtres sensibles, il n'est qu'une notion abstraite, un concept de la pensée. L'espace n'a de réalité que dans la substance sensible, étendue, solide, figurée, de même que la durée n'est réelle que dans l'être qui dure. Prétendre que l'espace existe en soi, et qu'il subsisterait encore, lors même que tout corps, que le monde entier viendrait à disparaître, c'est se prendre à une illusion. En dehors de l'être, il n'y a ni temps ni espace ; il n'y a rien que le Principe même de l'être, Dieu. Et encore Dieu n'échappe aux lois du temps et de l'espace qu'autant qu'il est conçu seulement dans son essence abstraite, et non dans ses manifestations individuelles et successives, lesquelles subissent la loi commune. En faisant du temps et de l'espace des attributs ou des conditions inséparables de l'être, la théorie alexandrine supprime beaucoup de difficultés et de vaines entités.

Théorie de la matière. — La théorie des Alexandrins sur le principe matériel, bien qu'elle ne soit pas tout à fait neuve dans l'histoire de la philosophie grecque, marque un progrès décisif, en ce qu'elle en finit avec le dualisme des Écoles antérieures. Sous le nom de *matière*, la philosophie moderne comprend toute substance dont les qualités tombent sous les sens, sans chercher à pénétrer l'essence même, ni à déterminer la fonction générale du principe matériel. N'essayant point de définir la matière en soi, elle identifie la matière et la substance sensible. La philosophie ancienne ne s'arrêtait point à cette notion toute subjective de la matière; elle s'attachait à en déterminer l'essence et la fonction, abstraction faite des divers sujets matériels.

Toutes les grandes Écoles de la philosophie grecque admettent, pour expliquer la constitution de l'être sensible, deux principes contraires qui se déterminent et se définissent réciproquement par leur antagonisme. Pour les Pythagoriciens, la matière, c'est l'opposé du nombre. Or, comme le nombre est le fini, la matière est l'infini. Et, de même que le nombre est un principe de mesure, d'harmonie, de proportion, d'ordre, pour les êtres sensibles, de même la matière est un principe d'excès, de discordance, de disproportion, de désordre. Pour Platon, la matière est le contraire de l'idée. L'idée étant l'universel en soi, la matière est l'individuel en soi; et, comme l'idée est pour la réalité sensible un principe d'être, d'unité, de stabilité, la matière est un principe de non-être, de diversité, d'inconsistance. Partout où se rencontre le multiple, apparaît le principe matériel. Il se retrouve à un certain degré, et, dans un certain sens, jusque dans le monde intelligible, où il y a pluralité d'idées : d'où la distinction d'une matière sensible et d'une matière intelligible. Selon la Dialectique et la théorie des idées, qui est le fond même du Platonisme, la matière n'est point une substance réelle et positive, principe élémentaire de tout être sensible; c'est simplement le principe de l'apparence, c'est-à-dire du non-être. Ce n'est que dans le *Timée,* dialogue consacré au développement de théories cosmologiques plus ou moins sérieuses, que le principe matériel prend les caractères d'une véritable substance, étant représenté tantôt comme la matrice universelle de toutes les formes sensibles, tantôt comme la puissance aveugle à laquelle l'Intelligence impose la règle et la mesure, tantôt comme le chaos ténébreux qui emprunte au monde intelligible l'ordre et la lumière.

Pour Aristote, la matière est le contraire de la forme. Comme la forme est l'être en acte, la matière est l'être en puissance; tout ce qui peut être, sans être réellement, dans quelque ordre d'existence que ce soit, sensible ou intelligible, corporel ou incorporel, tombe sous cette définition. La matière, dans le sens le plus abstrait et le plus rigoureux du mot, c'est la puissance des contraires, indifférente à tout acte, la capacité universelle de recevoir toutes les formes, sans en affecter aucune, actuellement ni même virtuellement, enfin la simple possibilité. Pas plus que Platon, Aristote n'attribue une existence substantielle et positive au principe matériel, ainsi considéré dans son essence abstraite. La matière en soi n'existe pas, non plus que la forme en soi; la matière sans la forme est une abstraction, tout de même que la forme sans la matière. Ce qui existe en soi, en dehors de toute forme et de toute matière, c'est l'être parfait, l'acte, l'intelligence pure qui habite une région supérieure à la Nature. La distinction de la matière sensible et de la matière intelligible n'a pas d'autre signification. L'acte pur, l'être intelligible, tel que l'entend Aristote, est essentiellement immatériel. Donc ce qu'il nomme matière intelligible ne peut s'appliquer à aucun être, ni à aucune classe d'êtres; c'est simplement le type absolu de la matière, lequel, conçu dans sa pureté abstraite, n'existe point. Le principe matériel, pour Aristote, n'est donc pas une certaine substance préexistant à la forme, qui viendrait s'y joindre à un moment donné ; c'est une simple condition d'existence, ou mieux encore, la raison abstraite de l'imperfection des êtres sensibles, compris sous le mot de Nature. La Nature, tout imparfaite qu'elle soit, existe par elle-même et de toute éternité, non dans ses individus, mais dans ses espèces ; possédant par elle-même la matière, la forme et le mouvement, elle reçoit de la Cause finale, de Dieu, une direction qui la maintient invinciblement dans la voie de l'ordre et de la perfection.

Ces savantes théories sur le principe matériel furent délaissées par une École qui avait peu de goût pour la métaphysique transcendante. Le Stoïcisme s'en tient, sur ce point, à l'opinion vulgaire, et identifie la matière avec le corps. L'École d'Alexandrie, reprenant les théories platonicienne et péripatéticienne, essaie de les réunir et de les concilier. Avec Platon, elle conçoit la matière prise dans son essence abstraite, comme l'opposé de l'unité, comme le multiple, l'infini ; avec Aristote, elle la considère comme la simple capacité de recevoir indifféremment toute forme, comme la puissance des contraires. Reproduction exacte des doctrines antérieures, en ce qui concerne la définition de la matière, la théorie alexandrine n'est vraiment originale que sur l'explication de l'origine du principe matériel. Tandis que Platon suppose une matière préexistante, tandis qu'Aristote attribue à la Nature une existence indépendante, les Alexandrins, considérant toutes les hypostases et tous les êtres, depuis l'Intelligence pure jusqu'à la plus épaisse matière, comme les manifestations diverses et graduelles d'un seul et même Principe, ne voient dans la substance matérielle qu'une dernière émanation de l'Un. Dans leur opinion, c'est l'Ame universelle, dernière Hypostase du monde intelligible, qui engendre la matière sensible, de même qu'elle engendre le temps et l'espace. Il faut dire la matière sensible, parce que, selon la définition des Alexandrins, le principe matériel apparaît jusque dans le monde intelligible, et commence à poindre avec la première Hypostase de l'Un, avec l'Intelligence pure, Essence déjà multiple dans son unité. Quant à la matière sensible, elle est un produit de l'Ame plus ou moins immédiat, selon le degré de subtilité des substances corporelles. De même que les rayons d'un foyer de lumière ou de chaleur perdent de leur éclat ou de leur intensité à mesure qu'ils s'écartent de leur point de départ, de même les émanations matérielles de l'Ame se condensent et s'obscurcissent, à mesure qu'elles s'éloignent de leur principe. Par ce côté, la théorie néoplatonicienne marque un progrès décisif sur les doctrines qui la précèdent. Elle affranchit enfin la philosophie grecque de ce dualisme absurde, d'où le génie de ses grands hommes lui-même n'avait pas suffi à la faire sortir, et l'élève à l'unité de substance. Enfin l'origine de la matière se trouve rationnellement expliquée, et l'hypothèse d'un principe matériel existant *à priori* mise à néant.

Mais si, en rattachant la matière et l'âme à un seul principe, l'École d'Alexandrie a émis une vérité nouvelle et profonde, elle n'est plus dans le vrai, lorsqu'elle fait de la substance matérielle l'émanation extérieure d'une essence parfaite en soi. Ainsi conçue, la matière n'a plus sa raison nécessaire d'existence ; si l'âme se suffit pleinement à elle-même, si elle est d'autant plus parfaite qu'elle est plus concentrée dans les profondeurs de son essence, le corps dont elle s'enveloppe extérieurement n'est plus qu'un accident, un hors-d'œuvre, une imperfection qu'elle traîne après elle. Et alors à quoi bon une substance matérielle ? Pourquoi l'âme est-elle sortie de son essence, c'est-à-dire de sa perfection? Pourquoi cette dégradation de l'être? C'est toujours la doctrine de la chute, dont le vice se fait sentir partout. Dans le système de l'*émanation*, rien n'a sa raison d'être, ni le corps, ni l'âme, ni le monde sensible, ni le monde intelligible; rien ne s'explique logiquement en dehors de l'unité absolue. Si l'Unité se suffit à elle-même, pourquoi l'intelligence, qui n'en n'est déjà qu'une copie, pourquoi l'âme, image bien plus imparfaite encore, pourquoi le corps, pourquoi la vile matière, pourquoi cette série de dégradations qui aboutissent au mal?

Le Néoplatonisme se méprend sur le rapport des deux principes constituants, l'âme et le corps, la force et la matière, dans l'économie de l'être sensible. La substance matérielle n'est point, ainsi qu'il le croit, une émanation accidentelle, extérieure d'un être parfait et complet, vivant de sa vie propre, indépendamment de la forme sensible qu'il s'est créée; c'est la condition, l'instrument, l'organe nécessaire du principe de vie ou de mouvement qui meut ou anime l'être sensible : ou mieux encore, c'est, comme l'âme[1], un principe intégrant de l'être sensible, sans lequel ni l'être sen-

---

[1] L'âme n'est ici considérée que comme principe de la vie, ψυχὴ, par opposition à νοῦς, principe de la pensée et, en général, de la vie spirituelle.

sible, ni l'âme elle-même ne se peut concevoir. Ni l'âme, ni le corps, ni la force, ni la matière, ne sont, dans la Nature, des êtres véritables : ce sont les principes également nécessaires, également intégrants de l'être. Tant qu'il ne s'agit que de distinguer ces principes, d'en définir le caractère et la fonction propre dans la constitution de l'être sensible, rien de mieux ; mais du moment qu'on essaie de les concevoir comme de vraies substances pouvant exister séparément, on brise l'unité intime et indivisible de l'être, on fait violence à la nature même des choses, on réalise des abstractions.

Après avoir déterminé les conditions d'existence des êtres du monde sensible, le temps, l'espace, la matière, la cosmologie alexandrine s'explique sur leur mode de génération. Dans leurs rêves poétiques, Pythagore et Platon racontent que les âmes, après avoir vécu dans un monde supérieur, d'une vie parfaite et bienheureuse, ayant eu le malheur de se regarder un jour dans le monde sensible, comme dans le miroir de Bacchus, s'éprirent tout à coup de leur image, et, abandonnant leur divine patrie, descendirent dans le monde du temps et de l'espace, pour aller s'enfermer dans cette prison ténébreuse qui s'appelle le corps. Une fois sur la terre, chaque âme, après un séjour déterminé dans tel corps, passe dans un autre corps plus grossier ou plus subtil, selon qu'elle s'est épurée ou corrompue dans le corps qu'elle vient de quitter, et ainsi de suite, jusqu'à ce que, parvenue par une série d'épreuves, à un degré de purification et de perfection qui ne laisse plus rien à désirer, elle remonte au céleste séjour pour y reprendre le cours interrompu de cette vie toute contemplative et bienheureuse dont elle avait gardé le souvenir ici-bas. Charmante fiction que la science ne peut prendre au sérieux, pas plus que ce rêve non moins poétique de la *réminiscence* qui lui sert de point de départ!

Sans être beaucoup plus vraie, l'hypothèse par laquelle le Néoplatonisme explique la génération des êtres sensibles s'annonce comme plus sérieuse et plus rationnelle. Selon les Alexandrins, l'Ame universelle et les âmes individuelles pures, parfaites, immuables dans leur essence, se répandent, en se développant, dans le temps et dans l'espace, et, par le rayonnement extérieur de leurs puissances, se créent chacune une enveloppe corporelle. Ce corps, plus ou moins parfait, selon le degré de perfection de son principe, toujours approprié à la nature de l'âme qui l'a produit, n'est d'ailleurs qu'une demeure provisoire pour l'hôte divin qui vient l'habiter, un lien que l'âme brise tôt ou tard, un lourd vêtement qui gêne ses allures, une forme sensible où sa libre activité se trouve circonscrite et en quelque sorte localisée. L'École d'Alexandrie, il faut lui rendre cette justice, ne croit littéralement ni à la chute, ni à la descente des âmes sur la terre : tout en empruntant quelquefois le langage de Pythagore et de Platon sur la migration des âmes, elle prend soin d'avertir qu'il ne s'agit nullement d'un mouvement local. Dans son opinion, l'âme occupe, sans sortir de son essence, les diverses parties du corps qu'elle a créé ; elle le remplit, le pénètre, le vivifie, par un simple rayonnement. La descente de l'âme dans un corps n'est que le développement de ses puissances ; son retour dans sa céleste patrie n'est que la concentration de ces mêmes puissances dans l'intimité de son essence. En un mot, descendre et monter pour l'âme, c'est simplement sortir de l'unité et y rentrer. Ainsi, toute génération dans le monde sensible n'est, selon les Alexandrins, que le développement extérieur d'un être pur et parfait en soi. Ce n'est pas seulement le genre et l'espèce, mais encore l'individu qui, de toute éternité, préexiste dans le monde intelligible à sa forme sensible et passagère. Avant, pendant et après son séjour dans le corps, la plante, l'animal, l'homme, toute plante, tout animal, tout homme vit d'une vie pure, parfaite et indépendante, dans les profondeurs de sa nature.

L'hypothèse des Alexandrins sur la génération des êtres sensibles n'est pas une théorie à part dans leur doctrine générale ; c'est l'application très simple au problème cosmologique du principe de la *procession*. L'âme produit de la même manière et en vertu de la même loi que l'Intelligence et l'Un, sans sortir d'elle-même, par un rayonnement extérieur de son essence. Du reste, c'est un roman fort ingénieux qui ne soutient pas l'épreuve de l'expérience. Si la doctrine de la préexistence des âmes était vraie, il s'ensuivrait que tout être est éternel, quant à son essence, que non seulement il ne finit point, mais n'a pas commencé. Conclusion absurde et contraire à toute expérience. On peut admettre en un sens l'éternité des idées, c'est-à-dire des types ou des lois selon lesquelles les individus se renouvellent ; ce qui le prouve, c'est la persistance des espèces, au sein des individus qui passent. Mais l'âme est un principe de vie tout individuel, qui naît, croît, décline, meurt avec l'organisme, sa forme inséparable[1]. Si, comme le veulent les Alexandrins, l'âme préexiste réellement, à l'état d'être parfait et complet, il s'ensuit qu'elle n'est en soi susceptible ni de développement, ni de perfectionnement, ni d'affaiblissement; que dans le germe, dans l'embryon, aussi bien que dans l'organisme complet, soit de la plante, soit de l'animal, elle possède toutes ses facultés. Il ne faut pas dire que, dans le germe et dans l'embryon, l'âme attend, pour agir et exercer ses facultés, que l'instrument dont elle a besoin soit complétement organisé. Si elle est réellement parfaite, elle doit se suffire à elle-même; le corps n'est plus un organe nécessaire au développement de ses propriétés, mais une forme purement extérieure de son essence, dont elle est tout aussi indépendante que la pensée l'est du langage. Dans l'hypothèse alexandrine, le corps seul change; l'âme persiste dans son essence éternelle et immuable. Pour elle, il n'y a ni naissance, ni enfance, ni jeunesse, ni maturité, ni vieillesse; bien plus, il n'y a ni infirmité, ni folie, ni perversité. C'est une essence parfaitement pure, qu'aucun mal physique ou moral ne peut atteindre. Selon les Alexandrins, l'âme est semblable à l'or qui, sous la rouille, conserve son inaltérable pureté. Métaphore plus ingénieuse que vraie! Comment nier que l'être vivant tout entier, âme et corps, force et matière, naît, se développe, mûrit, vieillit en même temps? Qui pourrait soutenir sérieusement que l'âme est, dans le germe et dans l'embryon, aussi puissante, aussi active, aussi riche que dans l'organisme complet? Qu'on dise que le

[1] Il ne s'agit toujours que de l'âme, considérée comme simple principe de vie pour les êtres sensibles.

germe de la plante, que l'embryon de l'animal contient virtuellement toutes les propriétés et toutes les facultés qui se développeront plus tard, rien n'est plus vrai ; mais affirmer que le principe de vie, l'âme est immuable dans sa perfection, qu'à toutes les périodes de son développement elle est identique à elle-même, possédant toujours au même degré l'activité et la sensibilité, c'est contredire par trop ouvertement l'expérience.

Toutes ces hypothèses d'un idéalisme chimérique disparaissent comme un songe devant la réalité, aussitôt qu'on veut bien observer les phénomènes et les lois de la Nature, au lieu de les imaginer. Tout être, dans le monde sensible, a pour principe immédiat, non pas un être parfait en soi, comme le rêvent les Alexandrins, mais un simple germe dont le développement suppose diverses conditions. Ce germe, formé dans un temps donné d'une semence élaborée dans la substance même de ses principes générateurs, s'organise d'abord dans le sein de l'être qui le porte, puis s'en détache, quand il est pourvu de tous ses organes, devient un véritable individu, et se développe sous l'influence des causes qui l'entourent au sein de la vie universelle, passant successivement par toutes les phases de la vie, subissant toutes les vicissitudes de sa destinée, être un et multiple, force et matière, cause et substance, âme et corps, qui naît et meurt, croît et décroît, se fortifie ou languit, se perfectionne ou se dégrade tout entier. Comme l'a si bien dit Aristote, il n'est pas nécessaire, pour expliquer la génération des êtres sensibles, d'imaginer un monde part, peuplé d'essences intelligibles et d'âmes, qui viennent un tel jour, au signal donné, s'enfermer dans une substance matérielle préexistante. A part la Cause première de toute génération, supérieure et antérieure à toutes les causes naturelles, c'est dans la Nature même, et non au delà, qu'une saine physiologie va chercher le principe immédiat, les conditions et les lois de la génération. Il en est de la doctrine alexandrine des âmes comme de la théorie platonicienne des idées; vraie, en tant qu'elle reconnaît dans tout être sensible un principe de mouvement ou de vie, que les lois et propriétés de l'étendue ne peuvent expliquer, elle devient fausse du moment où elle convertit ce principe inséparable d'une forme matérielle en un être indépendant, parfait et complet en soi. C'est tomber dans la même erreur que la doctrine qui prête une existence substantielle aux genres et aux espèces, au lieu de les considérer comme de simples lois de la Nature qui n'ont de réalité qu'au sein des individus. De part et d'autre, on ne fait que réaliser des abstractions.

Loi de la Triade. — Le Néoplatonisme considère l'être en général, et particulièrement l'être sensible, comme une synthèse, composée de trois principes, dont la distinction et l'union constituent ce qu'il appelle *la Triade*, loi universelle et nécessaire qui régit tous les êtres, soit intelligibles, soit sensibles, et à laquelle Dieu seul échappe en vertu de son absolue simplicité. Les derniers Alexandrins ont tellement abusé de l'analyse, que la critique est tentée, au premier abord, de ne voir qu'un jeu de combinaisons numériques dans une théorie qui multiplie comme à plaisir les distinctions, les oppositions et les *triades*. Mais il suffit d'écarter ce luxe de formules vaines, pour se convaincre qu'il y a, sous cette scolastique puérile, un principe d'une vérité profonde et d'une haute portée dans la science, lequel repose, non sur une conception *à priori*, mais sur une connaissance exacte de la réalité.

En effet, il est impossible d'étudier un des êtres soumis à notre observation, sans reconnaître qu'il est tout à la fois un et multiple, multiple par la composition de ses parties, un par la force intime qui les pénètre, les meut ou les fait vivre. Ainsi, dans l'être inorganique, le physicien conçoit nécessairement, sous la masse moléculaire, les forces physiques ou chimiques qui en font une agrégation, un tout. Il n'y a qu'un matérialisme grossier qui s'avise d'expliquer le mouvement par l'étendue, l'unité par une simple juxtaposition de parties, la force par la matière. Étendue et mouvement, force et matière, unité et variété, sont des attributs inséparables, mais irréductibles de l'être ; il n'est pas plus raisonnable d'expliquer le mouvement par l'étendue que l'étendue par le mouvement, la force par la matière que la matière par la force, l'unité par la variété que la variété par l'unité. De même, dans l'être organique, dans la plante, le naturaliste intelligent distingue, indépendamment des molécules élémentaires, le principe organique qui en fait un être indivisible, un véritable individu, et se garde bien de ne voir dans le phénomène de la vie qu'une simple résultante du jeu des organes. Ce principe organique est une force *sui generis*, supérieure aux lois mécaniques et chimiques ; c'est l'être végétal lui-même considéré dans son essence intime. A plus forte raison, le vrai physiologiste sait-il reconnaître dans les êtres animés un principe vital, distinct, sinon indépendant des organes, sans lequel l'unité de vie et de sensation, et la spontanéité des mouvements resteraient inexplicables. Dans l'homme, la distinction est si tranchée, que la psychologie en a conclu une séparation possible : des deux principes, l'âme et le corps, unis dans un seul et même être par un lien indissoluble, elle a fait deux êtres de substance contraire, dont l'un tout au moins peut vivre et ne vit jamais mieux que dans un parfait isolement.

Voilà une première loi constatée par l'expérience, à savoir, la distinction de deux principes inséparables dans l'unité de l'être. L'observation nous apprend encore que, dans la série des êtres dont se compose le système du monde, ces deux principes se révèlent et se définissent, non par leur substance propre, mais par leur fonction. Ainsi, la force purement mécanique, principe d'unité dans l'être inorganique, fait partie du principe matériel dans le végétal, où domine une force supérieure. Le principe organique se subordonne, dans l'animal, à une cause supérieure douée de locomotion et de sensibilité, qu'on appelle *force vitale*. Enfin, dans l'homme, le système des forces mécaniques, organiques, locomotrices et sensitives, se rallie à un principe supérieur, dont les attributs propres sont la volonté et la raison, et qui est l'âme proprement dite ou l'*esprit*. En sorte que, dans l'échelle ascendante des règnes, le principe inférieur de chaque règne devient le principe supérieur du règne qui le suit immédiatement, et que le même principe, suivant le règne auquel il appartient, change de fonction, et peut être tour à tour principe d'unité et de variété, force et matière, essence et forme.

Enfin, une autre loi non moins évidente pour l'observation, c'est l'indissoluble union des deux principes, c'est leur harmonie intime dans la lutte. Or quel est le terme moyen, le médiateur entre les deux principes contraires? C'est l'unité de l'être, dont ces principes ne sont que les conditions, les éléments constituants, et qui a elle-même pour principe suprême l'Être universel et absolu, au sein duquel vont se résoudre toutes les contradictions et s'identifier toutes les différences. C'est l'unité de substance qui, pour l'individu comme pour le Tout, explique l'harmonie dans la lutte, l'unité dans la diversité, l'âme dans la matière.

Voilà ce que l'expérience révèle et ce que la science la moins spéculative ne peut guère contester, à moins de s'enfermer dans un empirisme grossier. En résumé, de tous les êtres compris dans le système du monde, il n'en est pas un dont l'observation ne découvre : 1° qu'il est tout à la fois un et multiple, multiple dans sa constitution élémentaire, un par la force quelconque, mécanique, organique, vitale, animique, qui fait de ces éléments un tout, de ces organes divers un seul et même être ; que le principe d'unité, force, âme, esprit, est l'essence, et par suite le principe supérieur de l'être, tandis que le principe de variété, matière, organisme, corps, en est la base, la condition, et par suite le principe inférieur ; 2° que le système des êtres connus formant une série continue et progressive qui commence à l'être inorganique et finit à l'homme, chaque être de la série a pour principe supérieur le principe inférieur de l'être qui précède, et pour principe inférieur le principe supérieur de l'être qui suit ; 3° que cette distinction des éléments et des forces, des organes et de la puissance vitale, de la matière et de l'esprit, ne tend point à reconnaître deux ou plusieurs êtres réellement distincts, mais seulement les principes constitutifs d'un seul et même être, en dehors duquel ils ne seraient plus que des abstractions, et qui les unit, les concilie dans l'unité intime de son essence, de même que l'Être universel confond et identifie dans l'unité de sa substance toutes les oppositions et toutes les diversités.

L'antithèse et la synthèse de deux principes contraires, mais inséparablement unis dans une seule et même substance, telle est la loi de tout être, la loi de la vie universelle, plus ou moins clairement conçue par toutes les grandes doctrines religieuses et philosophiques sous des formules tantôt mystérieuses, tantôt scientifiques. Le Pythagorisme l'entrevoit déjà dans sa théorie de la Triade, où il oppose la monade, principe d'unité et de détermination, à la dyade, principe de diversité et d'indétermination, et les unit dans la synthèse de la Triade. Dans le dialogue où il expose sa doctrine cosmologique, Platon considère tout être appartenant au monde sensible comme un mélange de deux principes contraires, le *même* et *l'autre*, l'idée et la matière, le fini et l'infini : seulement, l'idée dont il fait pour l'être un principe d'unité, étant une simple loi abstraite et non une vraie cause d'existence, la doctrine de Platon n'explique réellement ni la vie, ni la loi des êtres vivants. C'est dans la théorie d'Aristote qu'il faut chercher la vraie formule de cette loi. Tout être a pour principes intégrants de sa constitution la forme et la matière : ces deux principes sont inséparablement unis dans l'unité du sujet. Nulle forme sans matière, nulle matière sans forme. Les mots *forme* et *matière* n'ont point un sens absolu ; telle substance, qui est forme dans un sujet donné, devient matière dans un sujet appartenant à un règne supérieur. La distinction établie par les Stoïciens entre le principe actif et le principe passif, entre la cause et la substance, entre l'âme et la matière, confondues dans l'unité de l'être, exprime clairement la même pensée, mais avec beaucoup moins de profondeur.

Enfin, l'École d'Alexandrie, parvenant, par une analyse très subtile, à reconnaître tous les éléments de cette synthèse, qui est la loi universelle de l'être et de la vie, en définit la nature, la fonction, le rapport avec plus de précision et de généralité. La formule τὸ πέρας, τὸ ἄπειρον, τὸ μικτὸν, exprime la nature des principes de la Triade ; la formule ὕπαρξις, πρόοδος, ἐπιστροφὴ, en indique la fonction. Nulle doctrine n'a aussi bien démontré que, dans la hiérarchie continue des êtres, la loi est toujours la même, quelle que soit la nature des existences qu'elle régit. Seulement si le Néoplatonisme a raison d'universaliser cette loi, il a tort de l'appliquer à des mondes chimériques, à de pures abstractions. Il en résulte que cette théorie, vraie au fond, profonde et ingénieuse dans certains détails, dégénère en une scolastique stérile, on pourrait même dire en un jeu ridicule, si l'on ne connaissait toute la gravité des Alexandrins. Y a-t-il rien de plus puéril que ces triades du monde intelligible, se multipliant à l'infini par des distinctions et des divisions sans nombre, et le plus souvent sans objet ?

L'abus des abstractions n'est pas le seul vice de la théorie de la Triade. Si l'École d'Alexandrie a parfaitement compris que la loi de la vie est la trinité dans l'unité, elle s'est trompée sur le rapport des éléments qui constituent la Triade. D'après ce principe, dont la fausseté a été démontrée, que la perfection de l'être est dans l'unité, que toute essence qui se développe et prend une forme cesse d'être parfaite, le Néoplatonisme fait du principe supérieur de la Triade un être parfait et complet, du principe inférieur un autre être moins parfait, engendré par le développement des puissances du premier, enfin du principe médiateur un troisième être participant de l'un et de l'autre. Dans la Triade Alexandrine, l'unité véritable de l'être disparaît et fait place à une simple unité d'harmonie; les trois termes qui la composent ne sont plus les principes d'un seul et même être, mais trois êtres substantiellement distincts, bien qu'inséparables. Cette Triade n'exprime donc qu'imparfaitement la loi de la vie.

La doctrine de la Triade a passé dans les Écoles du moyen âge et surtout de la Renaissance, sans y être bien comprise. Bruno la reproduit et la développe avec une certaine intelligence, mais toujours sous une forme qui ne lui est pas propre et qu'il tient évidemment de l'Antiquité. La nouvelle philosophie allemande en a si bien senti toute l'importance, qu'elle en a fait le fond même de toutes ses théories. C'est qu'en effet le problème capital de la philosophie est l'explication du mystère de la vie; tous les autres problèmes relèvent de celui-là. Selon Schelling, tout être est une synthèse où se manifestent la distinction et l'opposition de deux termes extrêmes, l'infini et le fini, l'idéal et le réel, l'un et le multiple, la force et la matière, l'essence et la forme. Ces deux termes, pour nous servir d'images familières à l'imagination du grand philosophe, sont entre eux, comme l'intérieur et l'extérieur, la face et le revers, la lumière et l'ombre, le pôle positif et le pôle négatif d'un seul et même être. La distinction des deux termes se résout en identité, leur opposition en harmonie, dans le sein de l'Être absolu, principe *indifférent*, identique, immuable, des changements, des diversités, des contradictions dont le monde est le théâtre, substance universelle dont tous les êtres individuels ne sont que des manifestations. Du reste, dans la Triade de Schelling, comme dans celle des Alexandrins, les termes changent de fonction selon le rang qu'ils occupent dans la série progressive des règnes, des genres et des espèces ; le même terme devient tour à tour, infini ou fini, idéal ou réel, positif ou négatif. Le principe organique qui forme le terme supérieur, idéal, positif, dans le végétal, devient dans l'animal le terme inférieur, réel, négatif, en tant qu'il est subordonné au principe vital proprement dit.

Sans admettre que Hégel ait emprunté sa Triade au Néoplatonisme, il est impossible de ne pas être frappé de la ressemblance des deux théories. L'Absolu, l'Idée, selon Hégel, se développe invariablement d'après la loi suivante : elle se pose, puis s'oppose, puis détruit cette opposition par un retour à elle-même. Partant de l'identité, elle y revient nécessairement. La thèse, l'antithèse, la synthèse, sont les trois moments qui marquent son développement, dans quelque sphère que ce soit. N'est-ce pas tout à fait la Triade alexandrine, ὕπαρξις, πρόοδος, ἐπιστροφὴ? Ce n'est point par une prédilection particulière pour le nombre *trois*, que Hégel l'applique à toutes ses distinctions, à toutes ses analyses, à toutes ses divisions et subdivisions ; c'est comme formule de la loi nécessaire et universelle, qui préside à la constitution des êtres du monde sensible.

III. *Théorie de la procession.*

La théorie de la *procession* n'est pas moins digne d'examen que la théorie de la *Triade*. Si la première a pour but d'expliquer la constitution de l'être sensible, considéré individuellement, la seconde prétend déterminer la loi qui préside au développement successif des Puissances de la vie universelle. L'axiome sur lequel repose la doctrine de la *procession* est une idée commune à toutes les cosmogonies de l'Orient, à savoir, que la perfection absolue de l'être réside dans l'unité et l'immobilité; d'où il suit que tout mouvement hors de l'unité est une chute, que tout développement est une dégradation. Dans cette hypothèse, l'Être va toujours se dégradant, s'amoindrissant, à mesure qu'il se développe, commençant par le meilleur et finissant par le pire, s'éloignant graduellement de la perfection absolue qui est son point de départ, pour aller se perdre dans le néant, après une série indéfinie de défaillances. Le monde sensible, ce théâtre de la diversité et du mouvement, œuvre d'une Puissance inférieure qui lutte en vain contre le Mal et la Nécessité, au lieu de tendre au Bien, par un progrès continu, s'avance vers sa fin, à travers des révolutions successives qui préparent la catastrophe universelle.

L'École d'Alexandrie n'accepte point les conséquences extrêmes de cette doctrine; mais elle en adopte le principe, tout en proclamant bien haut l'éternité, la beauté, l'harmonie, la perfection du *Cosmos*. Elle aussi, faisant consister la perfection dans l'unité absolue, dans l'immobilité, considère toute dualité comme une imperfection, tout mouvement comme une chute, tout développement comme une diminution d'être. Le principe, quel qu'il soit, unité, intelligence, âme, parfait dans son essence, ne produit, ne crée, ne manifeste son énergie intérieure qu'à la condition de déchoir. C'est toujours le meilleur qui engendre le pire ; l'âme suppose l'intelligence, la vie suppose la pensée, non seulement dans l'ordre de dignité, mais encore dans le développement réel et naturel de l'être. La hiérarchie des hypostases qui descendent de Dieu jusqu'à la matière n'est qu'une dégradation continue du Principe suprême. L'intelligence est un produit inférieur de l'unité, l'âme de l'intelligence, la Nature de l'âme, la matière de la Nature. L'être débute, dans l'ordre même de la génération, par la perfection et finit par le néant ; il descend, par une série de degrés, de l'intelligence pure à la matière. Il est vrai que la théorie de la *procession* n'est pas le dernier mot de la pensée alexandrine. Ayant montré comment l'être descend graduellement du meilleur au pire, elle explique ensuite comment il remonte, par la même gradation, du pire au meilleur : après la chute, le retour ; après la théorie du πρόοδος, la théorie de l'ἐπιστρόφη. Mais cette seconde loi ne détruit pas la première : elle ne fait qu'en atténuer les fâcheuses conséquences ; elle la détruit si peu d'ailleurs, qu'elle la suppose.

Cette loi de la chute, conséquence nécessaire du principe de la *procession*, est en contradiction manifeste avec la réalité. Confondant deux choses bien distinctes, l'ordre de génération et l'ordre hiérarchique des êtres, les Alexandrins professent partout et en tout sens l'antériorité de l'être supérieur. C'est précisément le contraire qui arrive dans la Nature, où l'ordre de la génération est l'inverse de l'ordre hiérarchique. La Nature, ainsi que nous le révèle l'expérience, va du pire au meilleur, non du meilleur au pire; elle passe de l'être inorganique à la vie, de la vie à la pensée, jamais de la pensée à la vie, ni de la vie à la simple existence. Loin de descendre, par une série de dégradations, elle s'élève, par un progrès continu, de l'être infime à l'être par excellence, de la matière à l'esprit pur, à l'intelligence. Cette loi du progrès est manifeste dans le développement de l'individu, comme dans le mouvement infini de la vie universelle. L'homme, à l'état embryonnaire, est moins qu'une plante; de même que l'être inorganique, il est dépourvu même de sensibilité; puis vient la vie animale avec tous ses mouvements et ses sensations, puis l'humanité avec les attributs qui lui sont propres, le sentiment, la volonté, la raison. Sans doute tous ces états successifs, toutes ces facultés qui se développent ultérieurement, sont virtuellement contenues dans le germe primitif; mais il n'est pas moins vrai que, dans cette série de métamorphoses, chaque forme inférieure est la condition et comme la base de la forme supérieure qui lui succède. Si, au lieu de l'homme, c'est l'humanité que l'on observe, son histoire n'est-elle pas la plus éclatante, la plus magnifique démonstration de la loi du progrès, pour l'observateur qui ne laisse pas échapper les grands résultats dans la misère des détails? Si, au lieu de l'humanité, on considère la Nature elle-même, le *Cosmos*, dont l'humanité n'est que le point culminant, les sciences qui s'en partagent l'étude, l'astronomie et la géologie nous racontent les phases successives de ce *Cosmos*, comment il a été le théâtre d'une série de créations, comment le principe qui le pénètre, l'Ame universelle selon les anciens, la Nature selon les modernes, s'élève, dans le développement graduel de ses puissances, de ces créations inorganiques dont les êtres ne connaissent que les lois de la mécanique, à des créations vraiment organiques, dont les êtres, plantes, animaux, hommes, obéissent aux lois supérieures de la physiologie et de la psychologie. Ainsi, dans le cours de la vie universelle, l'être ne tombe pas tout d'abord du meilleur au pire, pour se relever ensuite, sous l'action d'un principe réparateur ; il tend primitivement au Bien, par un progrès inflexible et incessant dont le règne inorganique est le début et l'humanité le terme. La loi de l'être est de monter, non de descendre, de se perfectionner, non de se dégrader. C'est ce qu'Aristote avait admirablement compris et montré dans sa philosophie de la Nature, avant la science moderne. Si l'École d'Alexandrie, au lieu de se représenter le monde réel, d'après les fausses conceptions de la théologie orientale, l'eût sérieusement et sincèrement étudié, si elle eût suivi pas à pas la Nature dans son développement, comme l'a fait Aristote, elle eût compris à son exemple la vraie loi de la génération des êtres, la loi du progrès, dont la science moderne a fait une vérité incontestable.

En vertu de cette loi, non seulement la Nature va du pire au meilleur ; mais chaque forme nouvelle de l'être a pour condition la forme antérieure ; tout principe inférieur, dans le sujet complexe, est la base, sinon la cause du principe supérieur qui fait l'essence même de ce sujet. Ainsi, dans la série des métamorphoses du globe, constatées par la géologie, toute création supérieure a pour principe la création inférieure qui la précède. Ainsi, dans l'être individuel, dans l'homme, la matière est la base de la vie, la vie est la condition de la pensée. C'est donc toujours et partout le principe supérieur qui suppose le principe inférieur, contrairement à l'opinion des Alexandrins qui prétendent que la matière est engendrée de l'âme, et celle-ci de l'intelligence.

De ce que la Nature va du pire au meilleur, de l'être à la vie, de la vie à la pensée, il faut bien se garder d'en conclure que le pire engendre le meilleur, que la vie et la pensée ont pour principe la pure matière. Ce serait confondre la cause avec la condition, le principe avec l'antécédent nécessaire. S'il est faux de soutenir avec le spiritualisme alexandrin que l'âme engendre la matière, il ne l'est pas moins de prétendre avec le matérialisme atomistique, que c'est la matière qui est le principe de l'âme et de l'esprit. La vie ne vient pas de la matière, quoi qu'on fasse pour l'en tirer ; elle est l'effet d'une cause vitale dont la matière n'est que la base. La pensée ne jaillit point du jeu des forces vitales, quoi qu'en dise certaine physiologie : elle est l'acte propre d'un principe intelligent dont le principe vital n'est que la condition. La matière ne peut engendrer ni l'âme, ni l'intelligence, par la raison très simple qu'elle ne peut produire plus qu'elle ne contient. Elle peut servir et sert en effet de condition à un principe supérieur ; elle n'en est jamais la véritable cause. L'homme est d'abord simple matière, puis force vitale, puis intelligence. Que faut-il voir dans ce phénomène incontestable ? Une succession d'états divers, et nullement une génération réelle. Le vrai principe générateur, c'est l'être primitif, le germe qui, sous l'influence de mille causes extérieures, soit locales, soit générales, produit, en se développant dans un ordre invariable, les formes qui s'y succèdent. Et de même, le vrai et seul principe de toutes ces créations successives de la Nature, de tous ces règnes qui s'échelonnent depuis le minéral jusqu'à l'homme, c'est l'Être infini, universel, dont tout procède, dans lequel tout rentre, et qui, dans son inépuisable fécondité, produit, par un progrès continu, la matière, puis l'âme, puis l'intelligence, le règne inorganique, puis le règne végétal, puis le règne animal, puis le règne où l'homme apparaît, puis sans doute le règne d'êtres supérieurs à l'homme, réalisant de plus en plus, sans jamais y atteindre, une représentation adéquate à sa nature. Lorsque, dans cette perpétuelle palingénésie, un monde nouveau et supérieur arrive à l'existence, il ne suffit pas, pour en expliquer l'origine, de supposer une simple combinaison des éléments du monde antérieur ; il faut, indépendamment des conditions nécessaires à l'avénement de cette création, admettre l'action créatrice d'une puissance nouvelle, inconnue, cachée jusque-là dans les profondeurs du Principe universel. En résumé, l'étendue, la vie, la pensée, sont des formes de l'être, irréductibles et inexplicables par elles-mêmes ; la Nature, l'Ame, l'Intelligence, principes de ces formes, ne sont que les puissances d'une seule et même Cause qui les contient et les produit successivement. Voilà, selon nous, la véritable solution d'un problème que les Écoles exclusives, matérialistes ou spiritualistes, ne peuvent résoudre, sans choquer, soit la raison, soit l'expérience.

La loi du progrès est le principe de la cosmologie moderne, de même que la loi de la chute est le principe de la cosmologie ancienne. Sauf Aristote, qui seul pouvait comprendre les lois de la Nature, parce que seul il en observait les phénomènes, toutes les grandes doctrines de l'Antiquité, le Platonisme, le Néoplatonisme, la philosophie chrétienne, imaginant la Nature, au lieu de l'étudier, renversent, dans leur chimérique construction du *Cosmos*, l'ordre de la réalité, pour y substituer un ordre *à priori* qu'ils déduisent de leur conception théologique. Si Dieu peut être conçu comme un être parfait, indépendant du monde, qui se suffit à lui-même et vit retiré dans la solitude de sa nature abstraite, toute création, toute émanation, toute manifestation est une chute. Le monde est un accident, un pur phénomène qui a commencé et qui finira, une œuvre condamnée à la destruction, parce que le mal y domine. C'est là en effet la conclusion cosmologique de toutes les théologies propres à l'Orient. Si le Platonisme et le Néoplatonisme y échappent, c'est par une inconséquence, et parce que la doctrine orientale de la chute y est neutralisée par la réaction de l'esprit grec. La cosmologie moderne, guidée par l'expérience, s'est invinciblement fixée dans la doctrine du progrès universel, sans remonter à la raison théologique de cette loi. Le jour où elle y remontera, la théologie subira une grande révolution. La doctrine du progrès est la réfutation sans réplique de toutes les idées théologiques venues de l'Orient.

IV. *Origine du mal.*

De tous les problèmes qui ont agité les Ecoles philosophiques et religieuses, la science et la conscience humaine, le plus ancien, le plus populaire, le plus intime à l'humanité, c'est le problème du mal. Si la philosophie, fille de l'esprit, est née du besoin de connaître, la religion, fille de l'âme, est le cri de la souffrance qui implore un monde meilleur. Voilà pourquoi ce redoutable problème apparaît à l'origine des plus vieilles traditions chez les peuples les plus grossiers et les plus sauvages. Il est le fond de toutes les religions primitives, la source de toutes ces doctrines superstitieuses sur le bon et le mauvais principe, sur les génies bienfaisants et malfaisants. Problème dominant dans la sombre théologie de l'Orient, il s'efface, dans la riante mythologie des Grecs, sous le dogme mystérieux de la Fatalité. Sauf le Pythagorisme qui semble professer la doctrine orientale des deux principes, la première philosophie grecque ne s'avise point de rechercher l'origine du mal. Platon s'en préoccupe sérieusement : il identifie le mal avec la matière, mais ne pouvant pas plus expliquer l'une que l'autre, il se borne à déclarer que le mal est nécessaire. Aristote définit le mal, tout ce qui est contraire à la fin, identifiant la fin avec le bien, le mal avec l'aveugle nécessité. Ce problème, si difficile pour toute école idéaliste, trouve naturellement sa solution dans la doctrine péripatéticienne. Le mal en soi n'existe pas, selon Aristote ; ce n'est que le type abstrait du mal, de même que la matière en soi n'est que l'essence abstraite de la substance matérielle. Le mal réel n'est que l'imperfection de l'être, l'être infime, le point d'où part la Nature, pour s'élever par degrés jusqu'à l'Être par excellence. Aristote, s'en tenant à la réalité, ne songe nullement à rechercher pourquoi il y a des êtres imparfaits. Les Stoïciens, dans leur optimisme, voient autre chose dans le monde que l'aveugle nécessité ; mais comme ils ne conçoivent point au delà de la réalité la vérité intelligible, la perfection idéale, ils ramènent le bien, le vrai, l'ordre, à la Nature. Le bien, pour eux, c'est ce qui est conforme à la nature ; le mal, ce qui lui est contraire. Avec la notion de l'idéal, ils suppriment la vraie distinction du bien et du mal, et par suite le problème de l'explication du mal, n'échappant ainsi à la difficulté que pour tomber dans les ténèbres du Naturalisme.

Le problème du mal est particulièrement redoutable pour les doctrines mystiques qui, faisant consister la perfection dans l'immobilité et l'unité absolue de l'être, en sont réduites à ne voir dans la création qu'une chute, et dans le monde sensible qu'une œuvre radicalement mauvaise. C'est la thèse développée, sous diverses formes, par toutes les sectes gnostiques, à l'avénement du Néoplatonisme. La Gnose ne pouvant considérer le monde, où le mal lui semble prévaloir, comme un produit immédiat du Bien, lequel est le principe de toute perfection, et, d'une autre part, ne voulant point recourir, à l'exemple de certaines religions de l'Orient, à l'hypothèse absurde d'un Principe du mal, indépendant et absolu, comme le Principe du bien, était parvenue à expliquer l'existence du monde sensible par l'intervention d'une Puissance inférieure, dernier anneau d'une chaîne immense d'essences intelligibles, d'Éons, qui remonte jusqu'au Dieu suprême.

C'est en réfutation de cette doctrine que Plotin expose ses idées sur la nature et l'origine du mal. Le mal, sous quelque forme qu'il se rencontre, dans le corps ou dans l'âme, dans la Nature ou dans la cité, n'est jamais que l'imperfection de l'être. Cette imperfection, qui se manifeste tantôt par l'excès, tantôt par le défaut, a pour principe la matière, nullement l'âme, encore moins l'intelligence. La difformité et la corruption des formes, la dépravation des instincts et des volontés a toujours sa cause dans une nécessité matérielle. Tout ce qui est immatériel, l'intelligence, l'âme, la forme, est essentiellement bon. En soi, le mal n'est point un être, une vraie substance, pas plus que la matière dont il provient ; c'est la négation absolue du bien, de même que la matière, conçue dans son essence abstraite, est la négation absolue de l'être. Ce qui existe réellement, c'est tel mal résidant dans tel sujet matériel. Mais, ainsi entendu, le mal n'est plus qu'un moindre bien, de même que telle matière n'est qu'un être moindre.

Cette explication de l'existence et de l'origine du mal est incomparablement supérieure à toutes les hypothèses imaginées par les religions et les sectes mystiques de l'Orient. Il faut voir avec quelle éloquence Plotin fait justice de ces chimères et de ces superstitions; avec quel mépris il traite ces fables ridicules, où le principe du mal est personnifié et même représenté sous des formes sensibles, plus ou moins accessibles à l'imagination ; où l'origine du monde est expliquée par une chute de l'Ame, qui, s'étant brisé les ailes en tombant des cieux, serait impuissante à s'affranchir elle-même des liens qui l'attachent à la matière, et gémirait dans l'attente d'un libérateur ; où enfin ce *Cosmos* si beau, si harmonieux, si parfait, est maudit par un mysticisme insensé, comme l'œuvre d'un Dieu en délire. Toujours sérieuse, toujours philosophique, même dans ses erreurs, l'École d'Alexandrie laisse à la théologie orientale sa distinction des deux principes, et cette double échelle de puissances, de Génies, de Démons qui en sont les organes. Fidèle aux traditions de la philosophie péripatéticienne, elle cherche dans la notion même du principe matériel la définition et l'explication du mal. C'est ainsi qu'elle arrive à ne voir dans le mal que l'imperfection de l'être, et ramène le problème à cette forme très simple : Pourquoi y a-t-il des êtres imparfaits ?

Telle est, en effet, la dernière question, la seule à laquelle le Néoplatonisme n'ait pas répondu, n'ait pas pu répondre. Pourquoi l'imperfection en face de la perfection ? pourquoi le mal en face du bien ? Antagonisme inexplicable, contradiction accablante, insoluble pour toutes les écoles idéalistes. En effet, on comprend que Dieu, principe de toute perfection, ait produit le monde intelligible, peuplé d'essences parfaites. Mais comment le monde sensible, ce théâtre du mal, peut-il être l'œuvre du même principe ? Comment de la source de toute perfection peut découler directement ou indirectement l'imperfection ? Et quand, par l'hypothèse plus ingénieuse que vraie des hypostases intermédiaires, on parviendrait, comme l'ont fait les Alexandrins, à expliquer ce mystère, il resterait toujours un problème à résoudre. Pourquoi ce monde imparfait ?

où en chercher la raison *à priori*, la nécessité métaphysique? Le Créateur des mondes n'eût-il pas mieux fait de s'en tenir à la création des mondes parfaits? Pourquoi le mal, la difformité, la misère, la souffrance, l'injustice, le vice? Pourquoi la nature dévie-t-elle de ses lois et de ses types? Quelle est la raison des monstres? Dire que l'exception a pour but de confirmer la règle, que la difformité, comme l'ombre dans un tableau, fait ressortir la beauté, que les monstres servent à faire mieux reconnaître les types, ce n'est pas répondre sérieusement. Il est une autre explication du mal, plus spécieuse, mais non plus solide. La vie peut être considérée comme une épreuve par laquelle l'âme déchue remonte à sa perfection primitive. Mais alors pourquoi cette chute? N'a-t-elle pas elle-même pour cause précisément le principe dont il s'agit de trouver la raison? Si l'on soutient que l'âme n'est point déchue, que naturellement et nécessairement imparfaite elle ne peut, autrement que par l'épreuve, s'élever vers la perfection, on rentre dans la vérité, mais en sortant de la doctrine des Alexandrins. Et même, en ce cas, il reste à expliquer comment et pourquoi le Principe de toute perfection a créé quelque chose d'imparfait.

Chercher la raison métaphysique du mal dans une doctrine qui conçoit la perfection, non comme un idéal de la pensée, mais comme un être réel, c'est tenter l'impossible. Toutes les Écoles idéalistes y ont échoué, malgré les plus ingénieuses et les plus savantes hypothèses; et pourtant le problème du mal, insoluble, au point de vue où elles se placent, est en soi fort simple. Ce qui est vrai, d'une vérité incontestable, c'est que le parfait, l'idéal, l'intelligible, pour parler le langage de Platon et de Plotin, n'existe que dans l'esprit, comme concept de la pensée. Toute réalité est un mélange de bien et de mal; ce qui distingue telle réalité de telle autre, c'est la proportion, le degré. Mais l'imperfection est la condition, la nature même de la réalité. L'erreur de l'idéalisme est d'imaginer au-dessus du monde sensible un monde parfait, non moins réel; d'où la difficulté de comprendre comment et pourquoi il existe un monde imparfait. Mais s'il est vrai que toute réalité est imparfaite, en tant que réalité, et que la perfection n'est qu'idéale, la difficulté s'évanouit avec le problème. Puisque le mal n'est que l'imperfection, que l'imperfection est dans la nature même de la réalité, il n'y a pas à chercher pourquoi le mal existe, ni comment l'imparfait dérive du parfait. La réalité imparfaite tend à la perfection, loin d'en venir; elle a le Bien absolu pour fin, non pour principe. Elle tend à la perfection par le progrès, loi irrésistible qui a pour condition nécessaire le mal, ou, pour mieux dire, l'imperfection.

A ce point de vue, qui est le vrai, l'explication du mal devient facile. On n'est pas réduit, comme certains panthéistes, à dire que la distinction du bien et du mal, de l'ordre et du désordre, aussi bien que celle du beau et du laid, ne répond qu'à certaines convenances de notre nature. C'est une des plus graves et des plus fatales erreurs de la philosophie de Spinosa, d'avoir nié, par horreur des causes finales, la réalité objective, substantielle de cette distinction. Prétendre, comme il le fait, que toute chose est parce qu'elle doit être, que tout phénomène, tout acte a pour unique raison l'essence même de l'être, c'est ne rien voir au-dessus de la réalité, c'est retomber dans les ténèbres du Naturalisme, lequel explique tout par les lois de l'aveugle fatalité. On ne saurait protester trop fortement contre une telle doctrine. Non, la distinction du bien et du mal, du beau et du laid, de l'ordre et du désordre, ne répond pas à une simple convenance de notre nature : c'est l'expression de la substance même des choses, de l'immuable vérité. La Nature, ainsi que l'a si bien dit Aristote, tend irrésistiblement au Bien, mais elle ne l'atteint pas toujours; elle hésite, elle dévie, elle s'égare même quelquefois et manque complétement son but. De là les irrégularités, les accidents, les désordres, les monstres; mais, en présence de ces erreurs ou de ces défaillances de la Nature, l'Intelligence, qui lui est supérieure, la juge, la corrige, les regards fixés sur les types immuables du bien, du beau, de l'ordre.

Quant à la doctrine qui supprime la difficulté par la négation absolue du mal, si elle est moins dangereuse que celle de Spinosa et de certaines écoles panthéistes, elle ne tient pas devant l'expérience. Nier l'existence du mal, quand il éclate à tous les yeux, sous tant de formes tristes ou redoutables, ou encore, ce qui revient au même, le transformer en bien, en le présentant partout comme un moyen nécessaire pour arriver en définitive à un résultat meilleur, c'est par trop céder aux illusions d'un optimisme aveugle. Il est certainement dans le monde physique et dans le monde moral, dans la Nature et dans l'Humanité, bien des choses qui n'ont que l'apparence du mal, et dont une vue plus pénétrante, une science plus profonde révèle l'utilité et même la nécessité; mais la réalité du mal, du désordre, de l'imperfection, n'en est pas moins évidente pour l'optimiste le plus décidé. S'il est raisonnable de croire, *à priori*, à la sagesse du Créateur et à l'excellence de ses œuvres, s'il est d'une saine philosophie de chercher la raison des phénomènes, d'appliquer largement et hardiment, à tout ce qui le comporte, le principe des causes finales, il faut se garder d'en abuser, au point d'assigner à toute chose sa raison suffisante, de trouver une fin sérieuse à ce qui n'en a pas, aux anomalies, aux irrégularités, aux désordres, aux monstres de la Nature, au lieu d'y voir les erreurs et les faiblesses d'une Puissance infinie, mais imparfaite qui n'atteint pas toujours, qui ne peut même jamais atteindre complétement la perfection idéale, conçue par l'intelligence. Il n'y a qu'une théologie fausse, ou une philosophie enthousiaste de la Nature qui, l'une, pour exalter la Providence, l'autre, dans son admiration aveugle du monde créé, puissent accepter d'aussi puériles explications.

Pour résoudre les graves difficultés soulevées par le problème du mal, il n'est donc besoin ni d'en nier l'existence, ni d'en chercher, dans de ridicules hypothèses, la cause finale quelconque, ni de réduire la distinction du bien et du mal à une simple expression des convenances de notre nature. Il suffit d'interroger la réalité, sans préjugés, sans préoccupations théologiques, pour comprendre que le mal n'est autre chose que l'imperfection, condition essentielle de toute réalité, que la perfection et la réalité s'excluent logiquement, que la loi nécessaire, universelle de la réalité est le progrès, lequel a pour base l'imperfection et par suite le mal, qu'enfin la perfection proprement dite, incompatible en soi avec le mouvement et la vie, ne peut exister que dans le monde de la pensée. Dès lors plus de difficultés, car il n'y a plus de problème. Le mal, conçu comme inséparable de la réalité, a en elle seule sa raison d'existence ; il est parce qu'elle est et tant qu'elle est. Voilà ce que n'a pas vu l'École d'Alexandrie.

V. *Providence.*

L'idée de la Providence repose sur la croyance à l'ordre, aux perfections, à l'harmonie du monde. Cette croyance est une révélation de l'expérience, éclairée par la raison. Sans le principe des causes finales, l'expérience aurait beau interroger le monde ; elle n'y verrait que des phénomènes qui se succèdent. C'est la raison qui, sous cette succession, lui découvre un rapport de finalité, de même qu'elle lui montre un rapport de causalité. Or l'ordre du monde consiste précisément dans cette admirable correspondance des moyens à la fin. Le Naturalisme purement empirique ne le comprend pas ; il peut, dans un grossier enthousiasme, célébrer la puissance, la fécondité, même la beauté matérielle des œuvres de la Nature ; il n'en peut saisir ni la vraie beauté, ni l'incomparable perfection. C'est à la lumière des principes de la raison que le véritable *Cosmos* se révèle, qu'il apparaît comme l'éclatante image du monde intelligible, comme le développement d'un plan rationnel, comme l'accomplissement d'un dessein sublime. On peut différer sur la cause du *Cosmos;* mais, qu'il soit l'œuvre d'une puissance qui marche à son but sans en avoir conscience, ou d'un principe intelligent qui réalise sa pensée, il n'y a qu'un aveugle empirisme qui puisse n'y pas reconnaître l'unité de fin et l'harmonieuse variété des moyens.

La doctrine de la Providence est l'explication de ce phénomène. Parmi les Écoles qui ont précédé Socrate, il n'y a que le Pythagorisme où se révèle cette doctrine. Les autres, plus ou moins engagées dans l'empirisme, expliquent tous les phénomènes du *Cosmos* par le concours de forces aveugles, et ne reconnaissent d'autre loi que la nécessité. L'École pythagoricienne croit à une Providence; mais exclusivement frappée de l'harmonie mathématique et de la symétrie extérieure, elle ne comprend ni l'harmonie intime, ni l'ordre vrai de la Nature. Socrate est le premier qui, avec le principe des causes finales, ait introduit dans la philosophie la vraie notion de la Providence. Le premier, assimilant le monde à l'homme, il attribue les mouvements de la vie universelle, aussi bien que les actes de la vie humaine, à une cause intelligente et libre, qui n'agit qu'avec intention, c'est-à-dire, avec conscience du but qu'elle poursuit. Platon se montre fidèle à la doctrine socratique, lorsqu'il dit, au début du dialogue qui contient toute sa doctrine cosmologique : « Disons la cause qui a porté le suprême Ordonnateur à produire et à composer cet univers. Il était bon. » Mais la philosophie par excellence des causes finales, c'est le Péripatétisme. Aristote ne se borne pas, comme Platon, à dire que tout est et se fait, dans le monde, en vue du bien; il ajoute que le bien en toute chose est la fin, et conçoit l'ordre universel comme le concours de toutes les forces de la Nature vers une fin unique et suprême, l'Intelligence parfaite. A ce point de vue, le système du monde apparaît comme l'infinie série des formes imparfaites par lesquelles l'Être s'élève graduellement jusqu'à la perfection absolue de la pensée. Si le Dieu d'Aristote n'est pas Providence, dans le sens étroit et anthropomorphique du mot, puisqu'il ne connaît ni ne gouverne le monde à la façon d'un Démiurge, il est une Providence supérieure, la seule qui soit digne de la nature divine. Aristote n'a pas, comme on l'a dit, méconnu absolument le dogme de la Providence; il l'a épuré et transformé en une vérité nécessaire à laquelle la raison ne peut résister. L'unique erreur de cette magnifique théorie, c'est de voir en Dieu simplement une cause finale, et non ce qu'il est en réalité, le principe substantiel de la Nature. Le Dieu du Stoïcisme, au contraire, est la substance intime du monde, principe de vie et d'ordre, puissance et raison tout ensemble; mais la providence de ce Dieu est plutôt le développement régulier d'une force soumise à des lois fatales, que le gouvernement d'une cause intelligente qui accomplit un dessein. Dans une doctrine qui supprime avec le monde intelligible le sentiment de l'idéal et qui ne semble plus se souvenir du principe essentiellement socratique des causes finales, la Raison se réduit à la Nature.

L'École d'Alexandrie, dans sa théorie de la Providence, réunit Platon, Aristote et les Stoïciens. Elle attribue le gouvernement aussi bien que la création du monde à la deuxième hypostase, à l'Ame universelle. Ni la nature de l'Un, ni celle de l'Intelligence ne se prêtent à cette double fonction. Comme le Démiurge du Timée, l'Ame des Alexandrins réalise dans la Nature les idées de l'Intelligence; comme le Dieu d'Aristote, elle les réalise, non par une impulsion mécanique extérieure, mais par l'irrésistible attraction de la raison finale qu'elle tient de l'Intelligence ; comme le Dieu des Stoïciens, elle agit intérieurement, et du fond même de l'être dont elle dirige le développement. Plotin le dit expressément : Quand la Providence conserve, corrige, perfectionne, elle n'opère pas comme l'art du médecin, qui va de l'extérieur à l'intérieur, et pénètre difficilement jusqu'à la partie malade, à travers une épaisse enveloppe. De même que la Nature qui n'en n'est que l'organe, la Providence opère intérieurement et à coup sûr, sans hésitation, sans raisonnement. Seulement, tandis que la Nature, organe imparfait, parce qu'il est matériel, peut s'égarer ou défaillir, la Providence est sûre et infaillible ; elle atteint le but sans le chercher.

Cette notion de la Providence, essentiellement conforme à la doctrine théologique de l'École d'Alexandrie, est, selon nous, vraie comme son principe. De même que la création du monde n'est point un caprice de la volonté de Dieu, mais un acte nécessaire et immanent de la nature divine, de même le gouvernement de la Providence doit être conçu, non comme l'action contingente et individuelle d'une Puissance qui modifie et suspend ses résolutions, mais comme le mouvement universel, incessant, inflexible, qui entraîne le monde vers sa fin suprême, le Bien. Les vrais, les seuls décrets de cette Providence sont les lois qui régissent les corps et les esprits ; sa volonté n'est que la nature même des choses ; son gouvernement n'est que le progrès irrésistible de la vie universelle, sous l'empire de la cause finale. Il faut, dans la définition de la Providence, se garder d'un double écueil, d'une théologie anthropomorphique qui rabaisse la Providence aux proportions d'un gouvernement humain, et du Naturalisme qui la confond avec l'aveugle fatalité. Dans la vraie notion de la Providence se concilient la nécessité et la finalité, la Nature et l'intelligence. La cause qui a créé et qui gouverne le monde n'en est pas extérieurement distincte ; elle réside au fond, ou plutôt elle est le fond même des êtres qu'elle dirige ; elle en est la substance et la fin. C'est ce qu'a parfaitement compris l'École d'Alexandrie.

Seulement, dans le but louable de justifier le gouvernement de la Providence, elle va presque jusqu'à nier le mal. Elle aime à répéter cet axiome de l'optimisme antique : *Il n'y a rien de vil dans la maison de Jupiter.* Ne voyant rien dans le monde qui n'ait sa raison finale, elle trouve toujours au mal, soit physique, soit moral, une explication. Sans doute il est bon de chercher l'ordre véritable sous le désordre apparent, le bien sous le mal, la perfection du Tout sous l'imperfection inévitable des détails, l'unité de fin à travers la confusion et la discordance superficielle des moyens. Le monde est une scène qui change d'aspect selon le point de vue du spectateur, qui devient belle ou laide, mesquine ou sublime, confuse ou harmonieuse, selon qu'elle est vue dans l'ensemble ou dans les parties, suivant qu'on s'enferme dans tel point de l'espace et de la durée, ou qu'on embrasse la totalité des époques et des lieux. Semblable à tel phénomène d'optique, le mal grandit ou s'efface, selon qu'il est aperçu de près ou contemplé de haut. Mais la spéculation philosophique a beau l'atténuer, le réduire, elle ne peut le faire disparaître. Il subsiste, quoi qu'on fasse, dans son indestructible réalité. Seulement cette réalité affligeante, mystérieuse pour certaines doctrines, trouve son explication naturelle dans une saine théorie de l'idéal et de la perfection. Le mal, considéré en général et dans son principe, n'est pas un accident, mais une nécessité, un attribut inséparable de la réalité. La perfection, l'idéal, le bien absolu, ne sont que des concepts de la pensée, humaine ou divine. Chercher pourquoi le mal existe, c'est chercher pourquoi la réalité, pourquoi le monde existe. La philosophie n'a pas d'autre réponse à faire : autrement, comme les Alexandrins, elle court risque de tomber dans les explications sophistiques ou puériles.

VI. *Éternité du monde.*

Le problème de l'éternité du monde, comme ceux de la création et de la Providence, n'est point une simple question cosmologique, qui puisse être résolue, indépendamment de la doctrine théologique générale ; il trouve sa solution, vraie ou fausse, mais nécessaire, dans la notion même de la nature divine. Avec tel Dieu, tel mode de création, telle Providence, telle destinée du monde. Si Dieu est une Cause individuelle, personnelle, vivant à part du monde qu'elle a créé, qu'elle conserve et gouverne par un acte de libre volonté, le monde n'est plus qu'un accident, un phénomène qui a commencé et finira. Si, au contraire, Dieu est conçu comme le principe universel et impersonnel du monde, distinct, mais non séparé des êtres qu'il produit, et qui n'en sont que les émanations ou manifestations extérieures, alors non seulement l'éternité du monde devient possible, mais nécessaire. Le principe posé, c'est-à-dire la nature de Dieu définie de telle ou telle manière, la conclusion est inévitable. C'est là ce qui fait, dans la science et dans l'histoire, l'importance de ce problème cosmologique. Bien que Platon ne se soit pas nettement expliqué sur ce point, on peut affirmer que sa théorie du Démiurge répugne au dogme de l'éternité du monde. Aristote, au contraire, proclame hautement la nécessité, l'indépendance, et par conséquent l'éternité de la Nature. Le Stoïcisme ne voyant dans l'univers que le simple développement d'un principe intérieur, le fait coéternel à Dieu. Le Christianisme a compris de tout temps que sa théologie tout entière est engagée dans la solution de ce problème : aussi a-t-il toujours rangé parmi les plus graves hérésies toute opinion favorable à l'éternité du monde. Quant à l'École d'Alexandrie, elle n'eût pu soutenir la doctrine contraire, sans se montrer infidèle au principe même de toute sa philosophie, à la théorie de la *procession*. Il ne faut donc pas s'étonner qu'elle ait engagé sur cette question une lutte opiniâtre avec la théologie chrétienne. En cédant sur ce point, elle eût abandonné toute sa doctrine. Dans sa polémique contre les Chrétiens, Proclus emprunte ses principaux arguments à la notion de la nature divine. C'est particulièrement sur l'immutabilité, sur l'activité incessante, sur la Bonté de Dieu, qu'il se fonde pour établir que le monde est éternel. Raisons redoutables auxquelles jamais les adversaires de l'éternité du monde n'ont répondu solidement !

En résumé, si la critique doit faire justice des vaines abstractions et des subtilités, elle ne saurait méconnaître les profondes vérités contenues dans les théories qui viennent d'être examinées. Du reste, tant que la cosmologie alexandrine se tient dans les généralités, tant qu'elle se borne à déterminer les conditions et les lois de l'être sensible, du *devenir*, il lui suffit d'invoquer les principes de la spéculation métaphysique. Mais pour pénétrer plus avant dans la science de la réalité, une autre méthode est nécessaire. Si la raison donne la science de Dieu, à l'expérience seule est due la science du monde. A l'exemple de Platon, l'École d'Alexandrie croit n'avoir plus rien à chercher, quand elle a montré l'être sous le phénomène, l'idée sous la réalité, l'intelligible sous le sensible. Sa cosmologie ne donne qu'une vue générale de la Nature, une lumière supérieure qui éclaire la scène du *Cosmos*, sans en révéler la vie intime, les mouvements, les progrès, sous les diverses formes de son développement infini. Suivre le principe du monde, l'Ame universelle, dans tous les détails de la réalité, de règne en règne, d'espèce en espèce, depuis la substance inorganique jusqu'à l'être intelligent, en définissant d'une manière précise l'essence de chaque être ou du moins de chaque type, comparativement à ce qui le précède et à ce qui le suit, dans l'échelle hiérarchique de la Nature, selon la méthode d'Aristote, c'est ce que n'ont pas su faire les Alexandrins. Ils s'efforcent de construire le *Cosmos* au lieu de l'étudier ; ils imaginent la réalité, au lieu de l'observer. Ils conçoivent et décrivent *à priori* ces mouvements, ces lois, ces formes de la Nature que l'observation seule peut révéler. Sur l'essence des êtres, sur les mystères de la vie, ils ne savent rien et en sont réduits, pour toute explication, à répéter de brillantes métaphores. Ils croient avoir tout dit sur la génération des êtres, quand ils la représentent comme une émanation, une irradiation, un épanchement du principe de la Nature.

La cosmologie d'Aristote n'est pas une science purement empirique. Il sait y rattacher le détail des faits à des considérations générales ; il ne sépare jamais la spéculation de l'expérience. De là une véritable philosophie de la Nature, où les vues les plus profondes et les plus hardies se mêlent à la description la plus exacte des formes, à l'analyse minutieuse des phénomènes. La cosmologie alexandrine est une série de conceptions abstraites plutôt qu'une science proprement dite ; elle ne pénètre guère dans l'organisation intérieure des êtres ; elle plane toujours sur la réalité sensible, sans quitter les hauteurs du monde intelligible ; elle embrasse et contemple le Tout, sans définir ni approfondir les détails. Tant qu'il ne s'agit d'expliquer que le plan général du *Cosmos*, les conditions mathématiques, les principes supérieurs de la vie universelle, cette cosmologie suffit à peu près ; mais son impuissance se révèle dans les problèmes autrement difficiles et délicats de l'essence même et de la vie intime des êtres. Sous ce luxe d'images splendides qui éblouissent sans éclairer, d'abstractions qui n'ont souvent que l'apparence de la profondeur, il est facile de reconnaître une indigence réelle. On voit que toute cette lumière qui vient d'en haut est toujours vague, quand elle n'est pas fausse, que tout en illuminant les contours de l'édifice, elle pénètre rarement dans l'intérieur. Du reste, sauf le principe de l'unité de la vie universelle qui est un dogme stoïcien, tout ce que leur cosmologie contient de vrai, de solide, de scientifique est un emprunt fait à la doctrine d'Aristote.

CHAPITRE IV.

Psychologie.

Origine et nature de l'homme. Théorie des facultés. Analyse et synthèse des facultés. Sensation. Imagination. Mémoire. Désir. Volonté. Intelligence. Amour.

La doctrine des Alexandrins sur l'homme est en parfaite conformité avec leur philosophie générale. Dans le système de l'*unité*, l'homme, comme tout être de l'univers, est un *microcosme* dans lequel l'analyse peut retrouver tous les principes du monde sensible et du monde intelligible, depuis la matière jusqu'à Dieu. Ce qui, parmi ces éléments divers, fait l'essence propre de la nature humaine, c'est une certaine âme, essence pure et parfaite en soi, parce qu'elle est intelligible, qui, dans la hiérarchie des âmes particulières comprises sous l'Ame universelle, occupe une région moyenne, entre les âmes *célestes* et les âmes purement *naturelles*. L'âme humaine, *essence* pure des principes inférieurs qui en procèdent, n'est que la *puissance* des principes supérieurs d'où elle procède. Engendrée par le développement de l'intelligence et de l'unité, elle engendre par expansion le principe vital (τὸ ζῶον), et ce qui en est la forme extérieure, le corps. Dans cette situation intermédiaire, la destinée de l'âme est d'être fidèle à son origine. Sortie de l'intelligence, elle tend à y rentrer par un mouvement irrésistible de son essence. Si elle semble hésiter, si même, au lieu de remonter, elle descend pour se perdre dans l'abîme de la matière, c'est qu'elle cède à des obstacles, à des entraînements extérieurs;

c'est, en un mot, qu'elle est esclave. Rendue à la liberté, elle remonte aux principes supérieurs d'où elle procède. C'est là sa destinée, sa loi, sa nature ; mais pour y atteindre, la route est longue. Autant de principes distincts dans l'être, autant de degrés à franchir dans l'épreuve, autant de facultés correspondantes dans la nature humaine. A la hiérarchie des principes, qui comprend la matière, la vie, l'âme proprement dite, l'intelligence, Dieu, correspond parallèlement l'échelle des facultés, dont les degrés sont la sensation, le désir, la raison, la pensée pure, l'amour. Selon qu'elle se disperse ou se concentre, qu'elle se recueille dans l'intimité de son essence ou qu'elle se répand à l'extérieur, l'âme s'abaisse ou s'élève, se corrompt ou s'épure, se fait raison, intelligence pure, Dieu, ou bien animal et matière. Il n'y a pas d'élévation ni de dégradation dont l'âme ne soit susceptible. Dans la série de ses métamorphoses, elle embrasse tous les modes de l'être, changeant non seulement de degrés, mais de nature, de manière pourtant à ne persister définitivement dans aucune forme, ni dans aucun état. Telle est, sur l'âme et sur ses facultés, la doctrine des Alexandrins.

Cette psychologie prend son point de départ dans la doctrine métaphysique du Néoplatonisme. Le problème plus théologique que psychologique de l'origine de l'âme, par lequel elle débute, comprend deux questions bien distinctes : 1° la relation de l'homme à Dieu ; 2° la condition de l'âme humaine, antérieurement à la vie actuelle.

Le problème de la relation générale de l'homme à Dieu est fort simple, bien qu'il appartienne à la spéculation et non à l'expérience. L'homme, de même que tout être contingent, a son principe en Dieu; mais ce qu'il importe de connaître, c'est, dans le système de la vie universelle, la relation spéciale de l'homme avec ce principe suprême. L'homme procède de Dieu comme tout être contingent; mais comment et dans quel ordre en procède-t-il? C'est un problème qui trouve naturellement sa solution dans le Néoplatonisme. Selon les Alexandrins, Dieu n'est pas le principe immédiat de la nature humaine. Le seul produit direct de l'Unité, c'est l'intelligence, dont l'âme humaine procède immédiatement. Or il a été démontré que cette doctrine intervertit l'ordre naturel de succession [1] dans le développement des puissances de la vie universelle, et que si toute forme de l'être a pour fin une forme supérieure, elle a pour origine une forme inférieure. C'est donc sous l'empire d'une théologie fausse que la psychologie alexandrine, confondant l'origine avec la fin, engendre le pire du meilleur, le corps de l'âme, l'âme de l'intelligence, au lieu de suivre l'ordre de la Nature qui va de l'âme à l'intelligence et du corps à l'âme. Ainsi, la nature humaine, tout en ayant, comme toute chose, son principe direct en Dieu, a pour origine immédiate la nature inférieure qui la précède et la prépare, sans la produire, dans la série des formes de la vie universelle. Dans cette génération, il ne faut pas confondre la condition avec le principe. L'*âme* proprement dite n'est que la condition de l'intelligence, de même que le corps n'est que la condition de l'âme. Le vrai principe de l'intelligence,

---

[1] *Voyez* le chapitre précédent, Cosmologie, théorie de la *procession*.

aussi bien que de l'âme et de tout être individuel, c'est l'Être universel, Dieu.

Quant au dogme d'une vie antérieure, le Néoplatonisme, sans adopter les fictions de Pythagore et de Platon sur la vie primitivement contemplative des âmes humaines et sur leur chute, soutient qu'elles préexistent de toute éternité dans le sein de l'Ame universelle. Or cette hypothèse n'est guère moins contraire à la vérité et au sens commun. L'âme humaine n'est pas plus éternelle que l'être dont elle fait l'essence. Prétendre, avec Pythagore, qu'elle émigre de sa céleste patrie pour parcourir successivement toutes les formes de la vie universelle; avec Platon, qu'elle tombe tout à coup du monde intelligible, pour s'être laissé fasciner par les choses sensibles; avec Plotin, qu'elle se détache de l'Ame universelle par un instinct irrésistible d'individualité, c'est parler le langage de la poésie et non de la science, c'est faire l'histoire de l'âme, sans le témoignage indispensable de la conscience. Si l'âme humaine est éternelle, comment n'a-t-elle pas toujours eu conscience de son existence? Si elle a vécu, agi, pensé de toute éternité, comment a-t-elle perdu tout souvenir de sa vie, de son activité, de sa pensée antérieures? Pourquoi enfin une solution de continuité dans la conscience, s'il n'y en a jamais eu dans l'existence? Comment l'âme humaine, qui, dans la vie présente, a conscience et souvenir d'elle-même, malgré les impressions extérieures qui ont pour effet de la troubler et de la distraire, n'aurait-elle pas eu à un plus haut degré les mêmes facultés, dans ce monde supérieur où Dieu et sa propre essence étaient les seuls objets de sa pensée? C'est en vain qu'on invoquerait la *réminiscence*. La connaissance des vérités rationnelles, si elle ne vient pas des sens, ne peut être non plus considérée comme la trace affaiblie d'une contemplation antérieure : c'est une conception *à priori*, qui trouve dans l'expérience, non son origine, mais sa condition nécessaire. Quant au souvenir précis d'une vie antérieure, il faut le reléguer parmi les fables pythagoriciennes. L'expérience atteste au contraire que l'âme naît et se développe avec l'être humain tout entier. Simple principe vital au début, elle devient, d'abord par la conscience, et surtout par la volonté et la raison, une véritable puissance morale, une personne, une âme proprement dite.

Il est vrai que les Alexandrins ne considèrent point la conscience comme le signe de la vie de l'âme. La difficulté de démontrer par le souvenir la réalité d'une vie antérieure ne les arrête pas. L'âme, dans leur hypothèse, peut vivre sans conscience ; c'est précisément dans les actes supérieurs de son essence qu'elle perd le sentiment de sa personnalité. Il est donc tout simple que, de cette vie pure et parfaite qui n'avait d'autre objet de contemplation et d'amour que Dieu, de cette extase perpétuelle, l'âme n'ait emporté dans sa condition actuelle aucun souvenir, n'en ayant jamais eu conscience. Il n'y a rien à répondre à cette nouvelle hypothèse, sinon qu'elle est contraire aux plus simples notions de la psychologie. Lorsque, sur des problèmes que l'expérience seule peut résoudre, soit par une observation directe, soit par l'analogie et l'induction, la philosophie s'égare dans des suppositions contredites par l'expérience et le bon sens, il n'y a plus de discussion possible.

Donc l'âme humaine n'est point éternelle; elle naît et se développe avec l'être humain tout entier, dont elle est le principe d'existence et de vie, la substance et la force tout ensemble. Si elle contient virtuellement toutes les facultés qui se déploieront plus tard, elle n'est tout d'abord *actuellement* qu'un être de la Nature. Simple principe de vie au début, par le développement de la sensibilité, de la conscience, de la volonté, de la raison, et de toutes les facultés *humaines* dont elle possède le germe, elle devient une véritable force morale, une personne, une âme dans le sens élevé et humain du mot.

Ces diverses hypothèses sur l'origine de l'homme ne méritent pas un sérieux examen. OEuvres de pure imagination, vrais romans métaphysiques, la critique ne songerait point à les relever, si elles n'avaient eu une fâcheuse influence sur la psychologie des Écoles idéalistes de l'Antiquité. Au lieu de chercher dans l'expérience et dans l'analyse la science de la nature et de la destinée humaines, le Platonisme et le Néoplatonisme vont l'emprunter à des fictions plus ou moins ingénieuses sur l'origine de l'homme. Leur psychologie est beaucoup trop le reflet d'une métaphysique aventureuse; la nature humaine y est plutôt conçue *à priori* que fidèlement observée.

La vraie méthode psychologique prescrit d'étudier d'abord avec la plus scrupuleuse exactitude tous les phénomènes essentiels de la vie morale, sauf à rechercher ensuite, dans cette statistique complète, quels sont les phénomènes par lesquels se révèle particulièrement l'essence propre, la nature intime de l'*humanité*. Au lieu de procéder ainsi par l'*analyse*, la psychologie ancienne s'enquiert avant tout du principe qui fait l'essence même de l'homme, de l'âme, et ce n'est qu'après en avoir défini la nature et les attributs, le plus souvent en vertu de certaines spéculations *à priori*, qu'elle en vient à l'étude analytique des facultés. Platon rêve à l'origine de l'âme et à sa vie antérieure dans le monde intelligible, avant d'en rechercher les diverses facultés ; ce qui fait qu'il les étudie moins en elles-mêmes que dans leurs objets. Aristote, au contraire, débute par l'analyse des phénomènes de la vie physique et morale, et n'arrive que par l'expérience à définir l'essence de la nature humaine, et dans quelle relation l'âme est avec le corps. Revenant à la méthode synthétique de Platon, l'Ecole d'Alexandrie spécule *à priori* sur l'origine et la nature de l'homme, et semble emprunter à la doctrine des *hypostases* sa classification des facultés, définissant chaque faculté par l'objet même auquel elle correspond, la sensation par l'être sensible, l'intelligence par l'être intelligible, l'amour par l'Unité.

Cette méthode est tout à la fois superficielle et dangereuse : superficielle, en ce qu'elle ne donne pas une connaissance directe des facultés ; dangereuse, en ce qu'elle met la psychologie à la merci des spéculations théologiques. Ainsi Plotin et Proclus ne nous font pas connaître l'âme humaine en elle-même, mais comme le reflet du monde intelligible qu'elle résume et représente. Dans leur théorie des facultés, ils oublient la faculté elle-même, l'opération, l'acte, pour l'objet. La psychologie alexandrine, on pourrait dire la psychologie ancienne, n'a pas connu la véritable analyse, celle qui, discernant et séparant soigneusement dans le phénomène de conscience l'élément interne de l'élément externe, ou selon le langage moderne, le *subjectif* de l'*objectif*, s'attache exclusivement à découvrir, sous la multitude des phénomènes, les facultés, les lois, les principes de la nature humaine. Aristote est le seul qui ait entrevu cette analyse; encore l'a-t-il souvent faussée par l'abus des formes métaphysiques. Parmi les psychologues modernes, Kant est le premier qui l'ait bien connue et pratiquée avec une parfaite rigueur. La psychologie de Locke, faite dans cet esprit, est superficielle; celle des Écossais, plus exacte et plus complète, n'est pas beaucoup plus profonde. Le principal défaut de la psychologie alexandrine, c'est d'être beaucoup trop un écho de la métaphysique. Ainsi, dans la théorie de l'intelligence et de l'amour, elle nous donne plutôt une théorie de l'intelligible et de l'Un qu'une analyse des facultés qui nous mettent en possession de ces objets. Et d'un autre côté, si la théologie est fausse, si l'être intelligible qui fait l'objet de telle faculté est imaginaire ou mal conçu, ce qui arrive quelquefois, on comprend combien d'inventions et de fausses descriptions ont dû s'introduire dans la psychologie alexandrine, à la faveur d'une pareille méthode. La psychologie est une science indépendante, qui n'a rien à demander à la métaphysique, qui doit tirer d'elle-même et d'elle seule toutes ses solutions. Si, au lieu d'observer, elle imagine, si même elle observe sous l'influence d'une hypothèse et sous la direction d'une idée spéculative, elle court le risque de substituer le roman à l'analyse, le rêve à la réalité. C'est là ce qui fait que la psychologie, dans l'École d'Alexandrie et même dans toute l'Antiquité, malgré de profondes études et tant de vues admirables, ne présente pas tous les caractères d'une science régulière.

Mais si la méthode synthétique, telle que l'emploie la philosophie ancienne et particulièrement l'École d'Alexandrie, a le défaut d'engager la psychologie dans la voie de l'hypothèse, elle a, d'une autre part, le mérite important de la guider dans ses recherches. L'analyse abandonnée à elle-même et sans aucune direction systématique, se perd souvent dans le détail des faits. Comme elle manque de critérium pour en apprécier l'importance, et de principe pour les classer, elle ne peut aboutir qu'à des monographies plus ou moins riches, plus ou moins profondes, selon le degré d'observation, mais qu'aucune vue d'ensemble ne vient réunir et coordonner. L'unité de l'être humain disparaît sous cette variété confuse de phénomènes qui en manifestent la nature complexe ; l'essence de l'homme se cache sous cet appareil de facultés, dont les unes lui sont propres, tandis que les autres lui sont communes avec des êtres inférieurs ou supérieurs. C'est le vice principal de la psychologie écossaise, d'ailleurs fort estimable par l'exactitude et la solidité de ses analyses. L'étude des facultés y est trop indépendante du principe même de toutes les facultés ; dans ces longues listes qui ne méritent pas le nom de classifications, on ne retrouve ni l'ordre de développement, ni l'importance relative des facultés, ni l'unité de la personne humaine. Au contraire, toutes les grandes Écoles de l'Antiquité débutent par une notion synthétique de l'homme. Platon démontre l'existence indépendante de l'âme, en définit l'essence et les attributs, avant d'aborder l'analyse et la théorie des facultés. Aristote procède de même, bien que, plus fidèle à la méthode d'observation, il cherche dans l'expérience et non dans l'hypothèse sa théorie de la nature de l'âme et de ses rapports avec le corps. L'Ecole d'Alexandrie, à l'exemple de Platon, insiste sur l'essence et les attributs de l'âme, avant d'en rechercher les facultés, et dans toute la série de ses analyses, elle prend pour fil conducteur la notion synthétique de la nature humaine. Chercher l'âme, c'est-à-dire l'essence même de l'*humanité* dans chaque faculté ; discerner, à la lumière d'une psychologie supérieure, les facultés propres à l'âme, celles qui appartiennent au corps, celles qui doivent être attribuées à l'animal, principe médiateur par lequel l'âme communique avec le corps, telle est la méthode constante des Alexandrins. De là une théorie savante et systématique, où l'unité de la nature humaine se révèle clairement à travers la variété des phénomènes qui la manifestent, et qui, malgré les erreurs et les fictions que l'abus des spéculations métaphysiques y a introduites, reproduit la nature humaine avec plus de vérité que les monographies de l'École écossaise.

D'où il suit que la synthèse n'est pas moins indispensable que l'analyse, et qu'il n'y a de psychologie complète et systématique que par l'alliance de ces deux méthodes. Le tort de la psychologie ancienne n'est pas d'avoir employé la synthèse, mais de l'avoir employée prématurément. Il ne faut pas essayer de définir l'essence de la nature humaine, avant d'en avoir observé les divers modes de développement ; la question de l'âme a pour introduction nécessaire l'étude des facultés. Autrement la psychologie est réduite à concevoir *à priori*, ou à déduire de certaines abstractions métaphysiques la nature et les attributs de l'âme humaine.

Après ces considérations générales sur la méthode, la critique de la doctrine devient facile. La psychologie alexandrine peut se résumer dans le tableau suivant : L'homme, microcosme vivant, résume dans sa riche individualité tous les principes de la vie.

PRINCIPES.	FACULTÉS.	
Le corps (τὸ σῶμα).	Locomotion. Nutrition. Reproduction. Passion.	Facultés du corps.
L'animal (τὸ ζῶον).	Appétit. Désir. Sensation.	Facultés du principe animal.
L'âme (ἡ ψυχή).	Imagination. Mémoire. Opinion. Raisonnement.	Facultés de l'âme en communication avec le τὸ ζῶον.
	Raison. Volonté.	Facultés de l'âme pure.
L'intelligence pure (ὁ νοῦς).	Pensée. Contemplation.	Facultés de l'intelligence.
Le divin (τὸ θεῖον).	Amour. Extase.	Facultés du principe divin.

Cette théorie n'énumère pas seulement les facultés, elle les classe hiérarchiquement, définissant avec une parfaite précision le rang et le rôle de chacune dans l'économie générale de la vie; elle nous montre à la fois la variété et l'unité, la surface et le fond de la nature humaine. Dans cette liste complète, où figure tout phénomène se rattachant directement ou indirectement à l'âme, depuis les simples fonctions organiques jusqu'aux actes transcendants de la contemplation et de l'extase, on peut distinguer nettement quels actes sont propres à la nature humaine, quels autres supposent une relation avec des principes étrangers, soit inférieurs, soit supérieurs. Ainsi la psychologie alexandrine, à l'exemple de Platon et d'Aristote, a fort bien vu que les phénomènes de locomotion, de nutrition, de reproduction, tout en faisant partie de la vie humaine, n'appartiennent point à l'âme proprement dite, c'est-à-dire à l'essence de l'être humain ; elle a compris également que toutes les facultés de l'âme ne lui sont pas également propres, et qu'à cet égard, il y a une distinction à faire entre l'imagination et la volonté, entre la raison et l'intelligence. Dans le cours de ses observations, l'analyse des Alexandrins ne sépare point le phénomène du principe auquel il appartient ; elle ne perd jamais de vue la notion synthétique de la nature humaine, dans la variété des phénomènes à étudier ; c'est l'essence de l'homme, c'est l'âme qu'elle observe, qu'elle veut connaître, à travers les actes qui la manifestent plus ou moins directement. Voilà ce qui, indépendamment des vues fines et profondes dont elle est semée, fait le grand mérite de la psychologie néoplatonicienne.

Malheureusement, sous l'empire de certaines spéculations métaphysiques, l'École d'Alexandrie oublie trop souvent l'expérience, quand il s'agit de définir, de distinguer, de classer les actes et les facultés. Ainsi, exagérant jusqu'à l'isolement l'indépendance de l'âme vis-à-vis du corps, elle attribue la passion, peine ou plaisir, au corps exclusivement. Paradoxe étrange, qui tombe devant la plus simple expérience ! C'est l'âme seule qui pâtit, qui souffre ou jouit. L'organe ne fait que recevoir et transmettre l'impression qui provoque le plaisir ou la douleur. De même, lorsqu'il attribue à l'animal et non à l'âme, la sensation, l'appétit et le désir, le Néoplatonisme méconnaît la vraie limite qui sépare la psychologie de la physiologie. C'est l'âme et non le principe organique, qui appète, qui désire et qui sent. L'appétit, le désir, la sensation, quel qu'en soit l'objet, sont des phénomènes, sinon des actes, de l'âme, par cela même qu'elle en a conscience. Les Alexandrins commettent la même erreur, en enlevant l'intelligence et l'amour à l'âme humaine, pour en faire des actes de principes supérieurs. La pensée et l'amour, même quand ils ont pour objet le monde intelligible et Dieu, tombent dans le domaine de la conscience, comme tous les autres actes de l'âme, et ne dépassent point l'humanité. La nature humaine, par la pensée, par l'amour, ne devient ni intelligence pure, ni Dieu, pas plus que, par la sensation, l'appétit, le désir, elle ne devient animal. Elle s'élève ou s'abaisse, s'épure ou se corrompt, se fortifie ou s'énerve, dans son double commerce avec le monde intelligible ou le monde sensible; mais dans le plus élevé, comme dans le plus infime de ses actes, elle conserve invariablement son essence.

Ce qui manque à la psychologie des Alexandrins et de toutes les Écoles de l'Antiquité, ce n'est pas une méthode, c'est un critérium. Qu'elle ait connu et pratiqué l'analyse psychologique, la preuve en est dans les vues profondes, les observations fines, les descriptions précises dont Platon, Aristote, Plotin, ont enrichi la science de l'homme. Mais cette analyse, aussi confuse que féconde, ne sait point circonscrire le domaine de la psychologie, ni à quel signe elle reconnaîtra qu'un phénomène de la vie humaine en fait ou non partie. Faute de ce signe, elle hésite ou se trompe perpétuellement, confondant la Nature et l'Humanité, la physiologie et la psychologie. La psychologie n'est devenue une science régulière que le jour où elle a cherché dans la conscience le signe propre des faits psychologiques, et par suite l'objet précis et la limite exacte de ses recherches. A la lumière de ce critérium, toute confusion devient impossible. Les phénomènes de locomotion, de nutrition, de reproduction, d'impression organique, n'appartiennent point à l'âme, parce qu'elle n'en a point conscience; tous ceux dont elle a le sentiment, depuis la sensation jusqu'à la plus haute contemplation, jusqu'au plus mystique amour, rentrent dans l'unité de la vie psychologique.

La théorie des facultés ainsi appréciée dans son caractère général, il serait fastidieux d'engager la critique dans tous les détails de la psychologie alexandrine; il suffira d'insister sur les facultés principales.

A part l'erreur d'observation qui relègue la sensibilité parmi les fonctions de la vie animale, l'analyse de la sensation est ingénieuse et souvent profonde. L'École d'Alexandrie a d'autant plus tort d'exclure la sensation de la vie psychologique qu'elle lui enlève son caractère affectif, et la réduit à n'être que le sentiment de la douleur ou du plaisir. Si l'affection elle-même appartient à l'âme, comme phénomène de conscience, à plus forte raison, faut-il lui attribuer le sentiment plus pur et plus interne en quelque sorte de cette affection. Du reste, la distinction de la sensation et du sentiment révèle la sagacité de l'analyse alexandrine. Plotin a discerné admirablement la part de l'âme dans ces phénomènes où l'impression des choses extérieures se fait sentir ; il a compris que la sensation est tout à la fois passive et active ; passive en tant qu'impression de l'objet, active en tant qu'acte de l'âme elle-même. Cette vérité, qu'aucune psychologie ancienne n'avait mise en lumière, et qui fait le profond mérite des analyses de Maine de Biran, on la retrouve déjà dans les Ennéades. Dans tous les phénomènes qui supposent un objet extérieur et sensible, comme la sensation, l'imagination, la mémoire, Plotin marque nettement et fortement l'activité pure de l'âme, convertissant en sa forme propre l'impression de l'objet. C'est ce qu'il exprime très ingénieusement quand il prétend que l'âme ne sent pas par elle-même l'impression du corps, mais qu'elle perçoit seulement la forme de cette impression, élément déjà intelligible qui n'appartient plus au monde extérieur et qui est un premier degré de la pensée. Par la même analyse que Maine de Biran, Plotin est conduit à distinguer comme ce profond psychologue, deux sensations, deux imaginations, deux mémoires, deux facultés ou plutôt deux éléments dans chaque faculté : l'un, externe et sensible, qui est l'impression pure de l'objet ; l'autre, interne et intelligible, qui est l'acte même du sujet.

La théorie de l'imagination est particulièrement remarquable. La philosophie grecque, avant Plotin, n'avait vu dans l'imagination (φάντασια) que la mémoire imaginative, c'est-à-dire la faculté de conserver la trace de la sensation, l'image de l'objet perçu. Telle avait été la définition de Platon, d'Aristote, des Stoïciens. Outre cette imagination purement sensible (αἰσθητη), Plotin reconnaît et décrit une imagination supérieure (νόητη) qui, véritable miroir de l'intelligence, a pour fonction de représenter en images les êtres intelligibles. C'est là la vraie imagination, faculté propre à la poésie et à tous les arts qui, loin de se borner à la pure reproduction du monde réel, n'en empruntent les formes et les couleurs que pour exprimer plus vivement le monde invisible des idées. Cette théorie de l'imagination aussi neuve que profonde n'est pas, du reste, un accident dans la philosophie de Plotin ; elle est en parfaite harmonie avec sa doctrine générale sur la relation des principes et la correspondance des deux mondes. La réalité sensible perçue par la sensation n'est, selon Plotin, que la forme extérieure de l'essence, c'est-à-dire de l'être intelligible ; la Nature n'est qu'un symbole de la Pensée, un langage figuré, dont les formes visibles, les êtres vivants de notre monde, sont les caractères plus ou moins nets. L'imagination *intelligible* est précisément la faculté qui saisit cette correspondance entre les deux mondes, et enseigne au poëte à l'exprimer dans ses œuvres.

Dans sa théorie de la mémoire, la psychologie alexandrine exagère l'activité de l'âme. C'est une erreur sans doute de réduire le souvenir à une pure empreinte de la sensation, ainsi que le font les Stoïciens et en général les Sensualistes. Le souvenir, Plotin l'a dit avec raison, est un acte de l'esprit. Mais prétendre que l'âme, au lieu de recevoir son objet du dehors, le possède intérieurement et le tire d'elle-même, à l'occasion de telle impression extérieure, c'est sortir de l'expérience et de la vérité. Pour expliquer la permanence du souvenir, il n'est pas nécessaire de supposer, comme l'a fait Plotin, que l'objet du souvenir est intérieur et inné. Il suffit de le montrer ce qu'il est, un acte véritable de l'âme et non la trace fugitive d'une impression sensible.

La théorie de la volonté révèle un progrès notable sur les doctrines psychologiques antérieures. Ni Platon ni Aristote n'avaient nettement décrit et défini la volonté, qu'ils confondaient avec le désir. Le Stoïcisme lui-même, tout en insistant beaucoup sur le principe actif de la nature humaine, ne distingue pas suffisamment la volonté des autres phénomènes de l'activité; d'ailleurs, il nie le libre arbitre. C'est dans le Néoplatonisme, École mystique, s'il en fut, qu'on rencontre la première analyse sérieuse de la volonté, et la première démonstration régulière de la liberté. Selon Plotin et Proclus, la volonté n'est pas seulement un phénomène de l'âme, comme l'imagination, la mémoire, le raisonnement, c'en est un acte pur. La volonté est, avec la raison, l'acte essentiel, l'attribut propre de l'âme. L'âme est libre dans tous ses actes, dans l'imagination, dans certain désir, dans la raison, dans l'intelligence, dans l'amour, comme dans la volonté, en ce sens qu'elle agit toujours selon sa nature, indépendamment de toute contrainte extérieure; elle jouit même, dans l'intelligence et dans l'amour, d'une indépendance plus absolue, et par conséquent d'une liberté plus parfaite que dans la volonté. Le libre arbitre n'est d'ailleurs qu'un mode inférieur de la volonté. A un certain degré de perfection, la volonté ne choisit ni ne délibère; dans son élan spontané, mais irrésistible, elle se précipite vers le bien. Selon Plotin et Proclus, la volonté elle-même n'est qu'une forme de la liberté. Le principe de la liberté, c'est l'indépendance. En ce sens, la nature divine qui répugne au libre arbitre est l'idéal de la liberté. Dieu ne délibère pas plus qu'il ne raisonne ; il ne veut pas, dans le sens psychologique du mot; il agit selon sa nature, ou pour mieux dire, son acte se confond identiquement avec sa nature : c'est la suprême liberté, que l'homme ne connaît qu'accidentellement. Liberté, nature, perfection, sont synonymes dans la langue des Alexandrins. La nature de tout être est de tendre invinciblement au bien ; tout acte conforme au bien, et par suite à sa nature, est libre, qu'il soit volontaire ou non. Pour l'homme en particulier, la perfection est le type de la liberté. A mesure que la nature humaine s'élève, elle s'affranchit ; au contraire, elle perd de sa liberté, en proportion de sa dégradation. Esclave dans les mouvements et affections du corps, dans l'appétit, le désir, la sensation, elle se dégage peu à peu dans les actes supérieurs de l'imagination et du raisonnement, déploie ses ailes dans la raison et la volonté, et prend son suprême essor dans l'intelligence et l'amour.

Considérée au point de vue d'une psychologie sévère, cette théorie n'est pas irréprochable. Son principal défaut est d'emprunter la notion de la liberté plutôt aux spéculations de la métaphysique qu'aux intuitions de la concience. Dire, avec les Alexandrins, que la liberté est l'indépendance, c'est la définir extérieurement, c'est-à-dire, en regard des causes qui peuvent agir sur l'être libre ; ce n'est pas la faire connaître en soi et dans son essence même. L'indépendance est une condition de la liberté ; elle n'en fait pas le caractère propre. Ce qui le prouve, c'est qu'elle se concilie parfaitement avec la nécessité, principe essentiellement contraire à la liberté. Le Néoplatonisme et toutes les Écoles spéculatives qui ont confondu la liberté intérieure, la liberté morale, avec cette autre liberté tout extérieure qui s'appelle l'indépendance, n'ont jamais réussi, malgré tous les efforts de la dialectique la plus subtile, à résoudre l'invincible contradiction que le sens commun a toujours maintenue entre la nécessité et la liberté. S'il existe en effet une alliance contre nature, c'est celle où la théologie essaie d'unir deux choses qui s'excluent aussi absolument. Comment comprendre que l'idéal de la liberté en soit la négation, que la volonté, de progrès en progrès, aboutisse à une transformation, dans laquelle elle perdrait l'attribut qui lui est propre, le libre arbitre ? Que la volonté, en se perfectionnant indéfiniment, devienne plus spontanée dans ses résolutions, plus rapide dans ses décisions, plus sûre dans ses actes ; qu'elle parvienne même, à force d'habitude, à supprimer les indécisions, les embarras, les lenteurs de la délibération, au point de procéder toujours par un acte simple et immédiat, une saine psychologie le conçoit, et même l'admet dans une certaine mesure. Ce qu'elle se refusera toujours à croire sur la foi de certaines abstractions théologiques, c'est qu'à l'état de perfection la volonté et la liberté perdent leur caractère propre, que la volonté parfaite ne soit plus la volonté, que la liberté absolue se change en nécessité. Une pareille doctrine est une pure illusion de métaphysique. La volonté parfaite est la plus haute puissance de la liberté ; loin d'aboutir à la suppression de l'attribut qui lui est propre, le libre arbitre, elle ne peut en être que l'exaltation. Qu'il soit impossible de dire ce qu'est la volonté, ce qu'est la liberté, à ce degré suprême, rien de plus vrai. Mais ce qu'on peut affirmer en toute confiance, c'est que ni l'une ni l'autre ne changent de nature à cet état, et qu'elles sont toujours, quoi qu'on suppose, la volonté et la liberté. Et même, à vrai dire, la seule méthode par laquelle l'esprit puisse concevoir et comprendre dans une certaine mesure la perfection, c'est de s'attacher à l'essence même de la faculté ou de la qualité à laquelle on applique ce mot, et d'en éliminer comme imperfection tout ce qui n'est pas purement et simplement compris dans cette essence. Ainsi, comment concevoir la volonté parfaite, la liberté parfaite, la pensée parfaite, la vie parfaite, sinon comme la vraie volonté, la vraie liberté, la vraie pensée, la vraie vie? Comment concevoir la perfection en toute chose, sinon comme l'être positif en regard duquel toute imperfection n'est que défaillance et négation? Donc, pour arriver à concevoir la liberté parfaite, il ne faut point fermer les yeux à l'expérience, comme l'ont fait les Alexandrins, ni chercher dans des abstractions métaphysiques une notion que la psychologie seule peut donner. La volonté et la liberté, si on les suppose en Dieu, n'y peuvent être d'une autre nature que dans l'homme; toute la différence est du parfait à l'imparfait, de l'infini au fini. On ne peut les concevoir autrement et en dehors de l'expérience, sans tomber dans un non-sens, ou dans une contradiction manifeste. La théologie ne saurait définir la liberté autrement que la psychologie.

L'École d'Alexandrie, n'ayant pas compris le véritable caractère de la liberté, qu'elle confond avec l'indépendance, s'en est fait un faux idéal, et, dans l'homme comme en Dieu, a été conduite à l'identifier avec la nécessité. Ainsi elle voit la liberté parfaite dans l'intelligence et dans l'amour, c'est-à-dire, là même où il n'y a plus de volonté, et partant plus de liberté. La liberté, de quelque façon qu'on l'entende, qu'on l'applique à l'être parfait ou aux êtres imparfaits, dans le sens psychologique, comme dans le sens métaphysique du mot, c'est le pouvoir d'agir intérieurement, c'est-à-dire de vouloir, avec la conscience de pouvoir agir autrement. Notre liberté, à nous êtres finis et misérables, se manifeste par la lutte; notre ignorance a besoin d'une délibération; notre faiblesse nous condamne à l'effort. Quand la science, en éclairant notre raison, nous a rendu le choix du bien facile et sûr; quand la pratique constante, en fortifiant notre volonté, a supprimé l'effort, il reste encore, la conscience l'atteste, le pouvoir de vouloir les contraires. De même que l'habitude invétérée du vice et la prédisposition au mal, quelque forte qu'on la suppose, ne détruisent point le pouvoir de faire le bien, de même l'habitude de la vertu et la plus profonde inclination au bien ne suppriment pas le pouvoir de faire le mal. Quel que soit donc l'état de l'âme, qu'il y ait prédisposition ou indifférence, que la volonté soit forte ou faible, inerte ou active, elle est libre par cela même qu'elle est, libre dans sa faiblesse comme dans sa force, libre sous l'influence des causes qui la secondent ou l'entravent, libre, c'est-à-dire toujours capable du bien ou du mal, dans sa dégradation comme dans sa perfection. Quoi qu'en pensent les Alexandrins et les mystiques, la contemplation, même l'extase, est un état de l'âme où la volonté reste libre dans son exaltation. Les moralistes de tous les temps l'ont si bien senti, qu'ils ont toujours attribué le mérite à la sainteté comme à la vertu. Toute la différence est de l'effort à l'acte, de l'agitation de la lutte à la paix d'un triomphe assuré. La liberté et la volonté sont inséparables, comme la faculté et son attribut essentiel. Toute volonté supposée fatale, comme la veulent en Dieu certains théologiens, n'est plus la volonté; toute liberté qui n'est pas volontaire n'est pas la véritable liberté. Il y a liberté et même liberté supérieure, dans la contemplation et dans l'extase, parce que la volonté s'y rencontre, mais une volonté qui ne connaît plus d'obstacles. Si elle était réellement absente de ces deux états de l'âme où le mysticisme ne voit que pensée et amour, il n'y aurait plus liberté. Les Alexandrins ont méconnu cette vérité psychologique, lorsqu'ils ont imaginé une vie supérieure de l'âme, où la volonté serait identique au désir, où la liberté se confondrait avec la nécessité.

Si l'École d'Alexandrie s'est trompée sur l'essence, le caractère propre et le type de la liberté, d'une autre part, elle a compris admirablement l'influence des causes qui agissent sur nos déterminations, et comment cette influence, selon la nature des causes, peut être pour la volonté un auxiliaire ou un obstacle, un principe de force ou de faiblesse, d'indépendance ou de servitude. En effet, bien que la liberté soit le caractère propre de la volonté, autre chose est la liberté, autre chose la volonté. La liberté n'est pas une faculté proprement dite, un mode déterminé de l'activité comme la volonté, mais l'attribut immuable, l'essence même de l'activité volontaire. Voilà pourquoi elle n'admet point de degrés, pourquoi elle est absolue, tandis que la volonté peut être forte ou faible, ferme ou indécise, varier enfin, selon la nature des individus et l'action des circonstances extérieures. On veut avec plus ou moins d'énergie ; on n'est pas plus ou moins libre ; on l'est tout à fait ou on ne l'est pas. Si la responsabilité morale, si le mérite et le démérite varient, cela ne tient pas au degré de liberté, mais à l'état général de la volonté et de la nature humaine, à l'influence des passions, à la pression des causes extérieures. La volonté la plus forte est libre comme la plus faible. L'homme vicieux, qu'on dit être l'esclave de la passion et de l'habitude, est libre et a conscience de sa liberté et de sa responsabilité, comme le sage, comme le saint.

Ainsi, on ne saurait trop le redire, tant que la volonté subsiste, il y a liberté pleine et entière. Mais si les causes intérieures et extérieures, les passions et les impressions, n'agissent pas directement sur la liberté, il est impossible d'en méconnaître l'influence efficace, bien qu'indirecte, sur la volonté elle-même. Nous sommes toujours libres de vouloir et d'agir à notre gré, puisque nous avons la conscience de le pouvoir, mais nous ne voulons, nous n'agissons jamais sans y être ou conseillés, ou prédisposés, ou plus ou moins incités. La liberté d'indifférence n'est pas une réalité de la vie humaine ; c'est la fiction d'une psychologie abstraite qui, par un effort d'analyse, isole la volonté des autres principes de la nature humaine, pour la mieux observer, et oublie ensuite tout le reste. La vérité, c'est que la volonté n'agit jamais sans motif, sans mobile, sans prédisposition, sans inclination, tout en agissant avec une absolue liberté. Et même, à parler rigoureusement, la volonté n'est point une faculté à part, comme la sensibilité, comme l'intelligence, dont l'exercice est incessant et inséparable de la vie psychologique elle-même ; c'est un simple mode, une détermination spéciale, une certaine direction de l'activité. La preuve en est que l'activité est constante, tandis que la volonté ne s'exerce que par moments. L'âme agit toujours, quoi qu'elle fasse ; mais tantôt elle agit par un simple mouvement de sa nature, comme dans l'instinct, la passion, le désir ; tantôt elle s'empare de son activité pour la diriger vers un tel but, l'appliquer à une telle chose. Ce mode d'activité propre à l'homme, et qui est le principe de la vie morale, c'est la volonté. La volonté a pour fond et pour racine en quelque sorte l'activité native, la nature même de l'homme. C'est ce qui fait que tout ce qui agit sur cette nature agit sur la volonté.

Les Alexandrins ont parfaitement saisi et mis en lumière les diverses influences auxquelles la volonté est soumise, et l'effet propre de chacune. Lorsqu'ils voient dans le commerce de l'âme avec le monde sensible un principe de servitude, et au contraire un principe d'indépendance dans sa communication avec le monde intelligible, ils ont un sentiment profond de la vérité. L'intelligence pure n'est pas, quoi qu'ils en aient dit, le type de la liberté ; le monde intelligible, tel qu'ils l'ont décrit, est la région de la nécessité, d'une nécessité qui n'a rien de comparable, si l'on veut, à la fatalité de la Nature ; il n'est donc pas le sanctuaire de la liberté. Mais qui pourrait nier qu'il ne soit la source inépuisable des intuitions, des inspirations qui soutiennent, fortifient, relèvent la volonté, de même que viennent du monde sensible ces impressions qui, en exaltant les passions, affaiblissent d'autant plus la puissance volontaire. La volonté seule est libre ; la raison, l'intelligence, l'amour, obéissent à la divine nécessité du Bien ; mais c'est dans cette nécessité que la volonté puise l'énergie et la constance qui la font vaincre dans les grandes luttes. C'est ce que la psychologie alexandrine fait admirablement ressortir. Plus l'âme s'élève et s'épure, plus elle s'affranchit. Tandis que l'influence du corps et de la matière entrave la volonté, l'influence des principes supérieurs lui donne des ailes. Sous le joug de la Nature, la volonté languit et s'abat ; elle se relève et s'épanouit, sous l'inspiration de la *grâce*, pour parler le langage de la théologie exprimant par là la communication de l'âme avec le monde intelligible. Voilà ce qui fait dire à Plotin que, plus l'âme obéit à l'intelligence et au bien, plus elle est libre, et à un Père de l'Église : *Summa Deo servitus, summa libertas.* A parler exactement, la liberté ne vient ni d'en haut ni d'en bas ; c'est un attribut essentiellement humain, également étranger à la fatalité extérieure et à la nécessité divine. Mais ce qui agit d'en haut sur la volonté, c'est le bien et le beau, c'est cet ordre des vérités intelligibles, lumière et force du libre arbitre. La volonté faible ou aveugle est toujours libre de choisir le bien, mais elle choisit le plus souvent le mal. Le principe est comme l'âme de toute vertu, c'est l'énergie de la volonté, énergie que l'habitude corrobore, mais que le sentiment du beau, du bon et du vrai, peut seul communiquer. Quand on représente la liberté menacée par l'action de la grâce, ou l'intervention de la Providence, c'est qu'on se fait une idée fausse de la manière dont la grâce et la Providence agissent sur la nature humaine. Dieu ne pèse point sur la volonté, comme le corps ou la Nature ; il émancipe, élève, exalte tout ce qu'il touche. L'âme ravie en Dieu, comme disent les mystiques, sent sa volonté devenir tout à la fois plus forte est plus pure, plus maîtresse de ses mouvements, à mesure qu'elle est plus pénétrée de l'inspiration divine. Le sentiment même de sa faiblesse et de sa misère, en face de l'infinie puissance et de l'infinie perfection, lui prête une force supérieure, dans sa lutte contre les passions et les obstacles extérieurs. L'explication de ce mystère est dans la psychologie. L'inspiration divine est identique ou tout au moins analogue à l'intuition du vrai, au sentiment du beau et du bien ; c'est une influence tout intérieure qui, loin de gêner l'action de l'âme, ne fait que la développer :

> Est Deus in nobis, agitante calescimus illo.

Devant une grande scène de la Nature, devant un sublime exemple de vertu, l'âme du spectateur ou du lecteur sent s'exalter à la fois ses puissances les plus intimes, et l'énergie de sa volonté croître en raison de l'émotion qu'elle éprouve.

Quoi qu'il en soit, si l'École d'Alexandrie a eu tort de supposer une liberté supérieure dans l'intelligence, dans l'amour, dans les actes de l'âme d'où la volonté est absente, elle est dans le vrai, en considérant l'influence des causes supérieures qui déterminent ces actes, comme un principe de force et d'indépendance pour la volonté. On ne saurait trop le redire après Plotin : plus l'âme obéit à l'intelligence et au bien, plus elle est libre.

Théorie de l'intelligence. — La théorie de l'intelligence est sans contredit le point le plus important, non seulement de la psychologie, mais encore de toute la doctrine des Alexandrins ; elle contient la théorie du vrai et la théorie du beau, c'est-à-dire, la logique transcendante et la haute esthétique de cette École. A ce double titre, elle mérite un sérieux examen.

Selon les Alexandrins, l'intelligence n'est plus une faculté propre à l'âme, comme la volonté, comme la raison ; c'est l'acte d'un principe supérieur, dont l'âme ne fait que participer. Elle se distingue de la raison par son objet. Tandis que la seconde n'atteint que les *raisons séminales* des êtres sensibles, la première s'élève jusqu'aux idées pures, principes de ces raisons. On voit que cette distinction de la raison et de l'intelligence n'est pas fondée sur l'analyse, et qu'ici encore la psychologie n'est qu'un reflet de la métaphysique. C'est toujours la méthode vicieuse qui distingue, définit et classe les facultés, d'après leurs objets réels ou imaginaires. Et comme ici la métaphysique alexandrine est en défaut, comme ce monde intelligible, objet propre de l'intelligence, est sinon une fiction, du moins une abstraction qui devient fausse, du moment qu'on la réalise, il s'ensuit que le Néoplatonisme isole, dans le sujet de la connaissance, l'intelligence de la sensation et des autres facultés, de même qu'il avait séparé, dans l'objet de la connaissance, l'intelligible du sensible, l'idéal de la réalité. Il supprime, contrairement à l'observation, toutes les conditions empiriques de l'acte intellectuel, et suppose *à priori* une pensée pure, d'autant plus riche et plus parfaite qu'elle est plus indépendante, sans s'apercevoir que cette pensée abstraite est vide, et que l'intelligence réduite à elle-même est dans l'impossibilité même d'agir. C'est ainsi qu'égarée par une analyse profonde, mais subtile, qui ne se borne pas à distinguer, qui sépare ce qui n'existe, ne vit, n'agit que par une union intime et indissoluble dans la réalité, l'École d'Alexandrie méconnaît partout l'unité, dans l'homme et dans le monde, dans le jeu des facultés humaines, comme dans le concours des principes de la vie universelle.

Ces réserves faites sur la définition de l'intelligence, abordons la théorie de la connaissance. Selon Plotin, l'intelligence est la faculté cognitive par excellence ; c'est même la seule faculté qui atteigne le vrai, l'être proprement dit. La sensation n'y touche pas ; l'imagination n'en saisit que l'ombre, c'est-à-dire la forme sensible ; la raison, qui n'en perçoit que le côté extérieur, ne fait que l'effleurer. L'intelligence seule perçoit directement le vrai, parce qu'elle le possède et lui est identique. Le principe de la théorie de la connaissance, selon les Alexandrins, c'est l'identité du sujet et de l'objet de la pensée, de l'intelligence et de l'intelligible. La vérité ne peut être extérieure au sujet de la connaissance ; elle ne peut en être réellement perçue qu'autant qu'elle lui est intime et identique.

Cette doctrine révèle le sentiment profond de la plus grave difficulté que la philosophie ait jamais eue à résoudre. Comment l'esprit connaît-il et à quel titre la connaissance est-elle vraie ? Où réside la vérité ? Est-elle extérieure ou intime au sujet qui l'aperçoit ? L'esprit peut-il connaître autre chose que lui-même? Ce problème redoutable qui a tant préoccupé les Écoles modernes, et qui est devenu comme le centre autour duquel a tourné toute la philosophie allemande depuis Kant jusqu'à Hégel, le Néoplatonisme l'a nettement posé, et, chose remarquable, l'a résolu, sauf la différence des méthodes et des formes de langage, de la même manière que les Écoles allemandes, par l'identité du sujet et de l'objet de la pensée. C'est cette théorie d'une hardiesse en apparence chimérique qu'il s'agit de soumettre à l'examen.

Il y a lieu de distinguer, dans toute connaissance, l'élément sensible et l'élément intelligible, la matière et la forme. Le véritable objet de la pensée, même dans son application au monde extérieur, n'est pas la réalité variable, indéterminée, indéfinissable, que perçoit le sens proprement dit, mais l'essence immuable, toujours susceptible de détermination et de définition, que saisit l'entendement au sein même de la sensation ou de l'imagination, et qu'on appelle idée, forme, type, espèce. Toutes les grandes Ecoles ont reconnu dans tous les temps cet élément intelligible de la connaissance, qui en constitue, non la réalité, mais la vérité. C'est l'*idée* (εἶδος) de Platon, la *forme* ou *essence* (μόρφη, οὐσία) d'Aristote, la *raison séminale* (λόγος σπερμάτικος) des Stoïciens, l'*unité* (τὸ ἕν) des Alexandrins, l'idée ou essence intelligible de Malebranche, la *condition formelle* de Kant, l'*absolu* de Schelling, l'*idée logique* de Hégel. Il n'y a qu'un étroit empirisme qui puisse contester, au sein de la connaissance humaine, la présence d'un élément *à priori*, purement intelligible et absolument irréductible à l'expérience. Par ce côté, la théorie alexandrine est solide et vraie.

Mais cette théorie ne se borne point à affirmer l'intelligible ; elle conclut en outre à l'identité de l'intelligible et de l'intelligence. Solution hardie et originale, sinon tout à fait neuve, dont il importe de sonder les fondements. Platon fait de l'idée un principe à part, qu'il place dans un monde distinct et supérieur. A l'exemple de Platon, Malebranche considère l'idée comme un être véritable, intermédiaire nécessaire entre l'esprit et les choses sensibles, qui les rend intelligibles de la même manière que la lumière rend visibles les formes matérielles, essence supérieure et immatérielle dont le siège est en Dieu, loin de la Nature et de la conscience. La théorie de Platon et de Malebranche, sur l'existence objective des idées, est devenue la croyance de presque toutes les Écoles idéalistes.

Cette solution n'a jamais résisté à un sérieux examen. Outre qu'il est fort difficile de concevoir l'existence des idées en dehors des choses, comment expliquer la communication de la vérité intelligible ? Comment l'esprit peut-il posséder ce qui lui est, sinon extérieur, du moins étranger ? Aristote est le premier qui ait compris le problème et qui l'ait résolu par l'identité du sujet et de l'objet de la connaissance. Ce n'est pas qu'il considère, comme le feront Kant et ses successeurs, l'élément intelligible de la connaissance, la forme, comme un pur concept de l'entendement. Il lui attribue une vérité objective, indépendante de l'esprit ; seulement, au lieu d'en faire, à l'instar de Platon, un être à part, il n'y voit qu'un principe substantiel de la réalité, inséparable de la matière, et n'existant que dans les individus. Mais, dans l'opinion d'Aristote, la forme n'est matérielle qu'en tant qu'elle est imparfaite. Dans la forme parfaite, l'acte proprement dit, la pensée pure, il n'y a plus de matière, plus de puissance, plus de faculté virtuelle, distincte de l'objet dont l'impression la provoque à l'acte. Dans la vraie pensée, dans la science divine, l'intelligence et l'intelligible sont absolument identiques. L'identité est la perfection même de la pensée, la condition de la vraie connaissance. En conciliant, dans son principe de l'*unité*, la théorie péripatéticienne des *formes* et la doctrine platonicienne des *idées*, l'École d'Alexandrie s'approprie la formule de l'identité. Pour Plotin, la vérité est une, indivisible, universelle : les vérités dites multiples et particulières n'en sont que des simulacres. Tout se tient dans le monde intelligible ; les essences y sont distinctes, mais non séparées ; elles ne sont que les divers rayons d'une même lumière, qui est l'Intelligence universelle, une et indivisible. L'intelligence ne connaît la vérité qu'autant qu'elle la possède intimement ; elle ne la possède qu'autant qu'elle lui est identique, qu'elle est la vérité elle-même. Les essences intelligibles ne sont ni des principes abstraits de la pensée, ni des êtres extérieurs et supérieurs à l'intelligence ; c'est le fond, la vie, l'être même de l'intelligence : en les pensant, l'intelligence ne fait que se penser elle-même. C'est ainsi que l'idéalisme alexandrin résout le problème de la vérité et en finit avec tout scepticisme.

De même, dans la philosophie moderne, l'identité de l'esprit et de la vérité est encore la solution par laquelle la science échappe aux redoutables conséquences de la critique kantienne. Écartant, dans sa sévère analyse, les hypothèses et les abstractions de l'idéalisme dogmatique, Kant distingue aussi, mais plus nettement et plus fortement qu'on ne l'avait fait avant lui, l'élément intelligible dé l'élément sensible de la connaissance ; mais il n'y voit qu'une forme de l'entendement. Quant à la vérité objective, distincte et indépendante de l'esprit qui lui impose les formes de sa sensibilité et les catégories de son entendement, Kant ne la nie pas ; il en affirme au contraire et en démontre l'existence ; mais il nie que l'esprit puisse en rien savoir de plus. Que fait la nouvelle philosophie allemande pour ouvrir à la science une issue vers le dogmatisme? Elle prend pour point de départ de son réalisme l'idéalisme même de la critique kantienne. Kant avait dit : Ce que le dogmatisme regarde comme la vérité objective n'est qu'une simple forme de l'esprit ; ce qui est au delà des intuitions de l'expérience, le *noumène*, le vrai monde intelligible, est inaccessible et impénétrable. Rien n'est plus accessible et plus facile à pénétrer, au contraire, répondent Schelling et Hégel, car ce monde intelligible n'existe et ne peut exister que dans l'esprit. Le vrai n'est pas dans le réel, mais dans l'idéal, dont le réel n'est qu'une représentation. C'est dans l'esprit et non au delà qu'est le principe, la source, le type de toute vérité. N'est-ce pas la doctrine et le langage des Alexandrins? La philosophie moderne répond par la même solution à la même difficulté.

Cette théorie de la connaissance, contraire en apparence au sens commun, est au fond très solide, pour quiconque a médité sérieusement le problème. Toutes les Écoles idéalistes distinguent avec une profonde raison deux choses que le sens commun semble confondre, la réalité et la vérité. Ainsi que l'a dit Platon, toute réalité individuelle, perçue par le sens, n'est susceptible de définition et de dénomination, n'est intelligible et *vraie* que par son rapport avec l'idéal, l'idée, le type que lui assigne la pensée. Par elle-même, elle n'a ni caractère, ni forme, ni essence définissable. Ce qu'on appelle un triangle, un cercle, une sphère, une figure réelle, n'en est que la représentation matérielle. A proprement parler, il n'y a de triangle, de cercle, de sphère, de figure véritable que dans l'esprit. La notion de ces figures n'est donc pas une simple représentation de la réalité, ainsi que le prétendent les empiriques, mais une vraie conception de la pensée, à l'occasion de cette réalité. Le triangle, le cercle, la sphère, la figure idéale n'est pas une simple abstraction, c'est-à-dire un élément abstrait de la réalité, mais l'essence même du triangle, du cercle, de la figure, et, à parler rigoureusement, le vrai triangle, le vrai cercle, la vraie sphère, la vraie figure. En sorte que l'idée, au lieu d'être l'image de la réalité, en est le type et la mesure, et par conséquent en fait la vérité : c'est d'elle que la réalité tient son essence, son caractère et son nom ; ce qui a fait dire avec raison à Malebranche que nous ne connaissons les choses que par les idées. Or la distinction de l'idée et de la réalité n'est pas seulement applicable aux objets de la géométrie ; elle s'étend à tous les objets de la connaissance. Sans cette distinction, qui est le fondement impérissable de l'idéalisme, il est impossible de rien comprendre au problème de la vérité. Seulement l'erreur de Platon, de Malebranche et de la plupart des idéalistes, est d'avoir supposé à l'idée une existence indépendante de l'esprit aussi bien que de la réalité. Pris à la lettre, leur monde intelligible n'est qu'une chimère ; l'idéal n'existe et ne peut exister que dans l'esprit : c'est un simple concept de la pensée.

Si l'idée n'est que dans l'esprit, et que, d'une autre part, toute vérité soit dans l'idée, il s'ensuit rigoureusement que toute vérité réside dans l'esprit. Cette proposition, fort simple et tout à fait irréfutable, n'est un paradoxe que pour l'empirisme, lequel confond la réalité avec la vérité. La réalité est chose étrangère et extérieure à l'esprit ; mais la vérité y a son siége et sa source, ou plutôt, comme le dit Plotin, elle est l'esprit lui-même : c'est en vertu de cette identité que l'esprit la connaît ou plutôt la possède. L'esprit ne connaît que lui-même ; il implique qu'il puisse connaître aucune chose qui lui soit étrangère et extérieure. Toute tentative du dogmatisme ayant pour but de faire sortir l'esprit de lui-même est vaine ; la critique de Kant l'a invinciblement démontré. Mais, enfermé en lui-même, l'esprit y trouve toute vérité ; il n'y a pas d'autre monde intelligible que le système des concepts de la pensée. Là est la vérité parfaite, type de toute réalité. En supprimant l'esprit, on ne supprime pas toute existence. La réalité subsiste, mais elle n'est plus ni intelligible, ni vraie ; car ce n'est que par la pensée qu'elle est l'un et l'autre. Loin que la pensée ne soit que l'expression du vrai, elle en est le principe et la mesure ; c'est la réalité elle-même qui est le reflet de l'esprit. Donc la vérité ne doit point être cherchée en dehors de la pensée ; la réalité ne la contient point, elle peut tout au plus la représenter. Le monde réel et sensible n'est intelligible et vrai qu'à la lumière de la pensée. En ce sens, Aristote, Plotin, Kant, Schelling, Hégel ont raison ; l'intelligible et l'intelligence ne font qu'un.

Toutefois cette doctrine ne peut être acceptée que dans une certaine mesure. Si l'idéal, l'intelligible pur, la vérité proprement dite réside dans la pensée, il faut ajouter que la pensée n'est possible que par le rapport de l'esprit avec la réalité. L'esprit ne crée pas arbitrairement et *à priori* des concepts, des types qu'il impose à la réalité ; il ne conçoit les idées qu'à propos des choses, et sa conception se détermine toujours d'après la perception de la réalité qui lui correspond. Si l'intelligence ne reçoit pas la vérité intelligible, l'idée du bien, du beau, du saint, comme une impression et une sorte d'inspiration extérieure ; si cette vérité est un pur concept, un acte même de la pensée, il ne faut pas oublier, d'une autre part, que l'activité naturelle de l'esprit ne suffit pas à la produire : c'est ce que les Alexandrins n'ont pas tout à fait compris, lorsqu'ils ont fait de la science du monde intelligible une sorte de conscience de notre propre nature. Le monde réel, objet de la pensée, est à la fois sensible et intelligible. Il n'est pas une simple matière pour les créations de l'esprit, il est lui-même riche de lois, de causes, de types, d'idées de toute nature. Supprimer l'esprit, il n'y a plus de vérité, puisqu'il n'y a plus d'idéal. Mais le monde reste avec ses lois, ses types, ses idées, aussi bien qu'avec ses phénomènes fugitifs et ses formes éphémères. Or c'est ce côté intelligible de la réalité qu'il serait absurde d'identifier avec la pensée [1].

[1] Pour l'intelligence parfaite de cette discussion, qu'il nous soit permis de renvoyer à la distinction de l'idée *subjective* et de l'idée

Sans doute, si l'on compare la sensation et la pensée, quant à leur objet, il est difficile de ne pas être frappé de la différence qui existe entre ces deux modes de la connaissance. L'objet de la sensation est perçu non seulement comme distinct de l'organe qui sent, mais encore comme extérieur à cet organe ; dans le rapport qui s'établit entre le sujet et l'objet, il y a une sorte d'antagonisme. C'est ce qui explique l'absolue impuissance du sens à percevoir l'essence même de l'objet dont il reçoit l'impression. Toute connaissance qui vient par le canal des sens est purement extérieure. L'essence, la vie, la force, toutes les propriétés intimes de l'être, échappent à la sensation ; elle n'atteint que la surface du monde sensible. Si la Nature nous est plus intimement connue, c'est grâce à l'induction et à la raison. Il n'en est pas de même du rapport de l'intelligence avec son objet. L'objet intelligible n'est pas extérieur à la pensée comme l'objet sensible l'est au sens. Dans la contemplation du beau, par exemple, l'âme a conscience que l'objet de son intuition lui est intime, nous ne disons pas identique. Et cela n'est point propre au sentiment du beau moral. Même quand elle aperçoit le beau sous sa forme matérielle, l'âme se sent en communication directe et intime avec ce genre de beauté. Quelque objet que l'intelligence perçoive, le beau, le bien, l'infini, l'universel, les lois, les principes et les types des choses, tout cet ordre de vérités

---

objective, p. 272. L'idée subjective ou l'idéal proprement dit n'est qu'un concept de la pensée ; c'est d'elle qu'on peut dire qu'elle est identique avec l'esprit. Quant à l'idée objective, elle subsiste, dans la réalité, en dehors de l'esprit, avec lequel les Alexandrins l'ont faussement identifiée.

nécessaires et éternelles que la philosophie ancienne, dans son poétique langage, appelait le monde intelligible, partout c'est le même rapport de communication immédiate et intime, sinon d'identité, entre le sujet et l'objet de la pensée. Voilà le côté solide de la théorie qui fonde la vraie connaissance sur l'identité de l'intelligence et de l'intelligible.

Maintenant, de ce que l'objet intelligible n'est point extérieur à l'intelligence, comme l'objet sensible l'est au sens, il ne s'ensuit pas qu'il soit identique à l'intelligence même. Il est évident qu'ici la conclusion est fausse, ou tout au moins excessive. La communication intime n'implique pas l'identité. Entre le sujet et l'objet de la sensation, la distinction ne peut manquer d'être aperçue, parce qu'elle est saillante et manifeste ; entre le sujet et l'objet de la pensée, elle est tout aussi réelle, mais plus délicate et moins apparente. Ici elle ne se révèle que par une simple différence, tandis que là elle se marque par l'extériorité. Mais il faut prendre garde d'étendre et d'élever indéfiniment la sphère de la conscience ; car on risquerait de la confondre avec la raison, et l'on aboutirait ainsi à la destruction de la conscience et de la personnalité. Sans doute l'objet intelligible, les Alexandrins l'ont profondément senti, n'est point un phénomène extérieur à l'âme, adventice, passager, comme l'objet de la sensation ; il tient à la nature même de l'âme par un lien intime et constant. Mais il faut se garder de n'y voir qu'un acte de l'âme, qu'une forme de la pensée. L'objet de l'intelligence n'est point identique à l'intelligence ; la preuve en est que l'âme n'en a point directement conscience. Conscience et contemplation sont deux termes qui expriment des objets profondément différents. J'ai conscience de ma personne, de mes actes, de mes facultés ; je conçois et comprends le vrai, le bien, le beau, l'infini, Dieu, sans en avoir la conscience proprement dite. Tout ce qui est moi ou de moi est un objet de conscience ; tout ce qui est non-moi, matériel ou métaphysique, sensible ou intelligible, en dépasse les limites. Les Alexandrins ont beau agrandir la sphère de la conscience au point d'y comprendre le monde intelligible tout entier, cette extension arbitraire est contredite par l'expérience. La connaissance rationnelle implique comme la sensation, mais d'une autre manière, un moi et un non-moi, d'une part la conscience de l'activité propre de l'âme, et de l'autre la communication, sinon l'impression d'un objet étranger (θύραθεν), comme dit Aristote, mais non extérieur. Tout en ayant conscience de cette communication qui l'éclaire, l'échauffe, l'exalte, l'épure, l'âme sent que cette lumière, cette flamme, cette force, ne viennent pas d'elle-même ; elle reconnaît là l'influence de quelque chose de supérieur à sa propre nature, et comme on dit, une véritable inspiration. Le monde intelligible n'a pas son siége dans l'âme ; il réside par de là la sphère de la conscience qu'il éclaire en la dominant. Les objets de la raison ne tombent pas dans le for intérieur ; quoi qu'en aient dit les Alexandrins, l'âme ne porte pas dans son sein le monde intelligible[1]. En vain ont-ils prétendu que, si l'âme ne découvre pas en elle-même ce monde merveilleux, c'est qu'elle ne sait point regarder au fond de son essence. La distinction entre l'âme et

[1] Il s'agit du monde intelligible considéré objectivement.

son essence, à l'aide de laquelle le Néoplatonisme essaie de confondre des objets distincts, n'est qu'une vaine subtilité. La sphère de la conscience est la sphère même de l'âme pour toute saine psychologie ; l'âme n'a pas seulement le sentiment de ses actes, mais encore de son essence, de toute son essence. Tout ce qui échappe à la conscience peut être tenu pour étranger à la nature humaine. Or, loin de nous rien révéler des objets du monde intelligible, la conscience nous fait apercevoir nettement la limite qui sépare les actes et les phénomènes du moi des causes qui les provoquent ou des objets qui les inspirent. Si l'idéal du beau, du bien, de toute réalité n'existe que par l'esprit et dans l'esprit, il faut à la pensée, pour le concevoir, l'impression, l'inspiration d'un objet étranger à la conscience et distinct de la nature humaine. Voilà ce que n'ont point parfaitement compris les Alexandrins.

La théorie du beau est étroitement liée à la théorie du vrai dans la psychologie alexandrine. L'objet propre de l'intelligence, l'intelligible étant tout à la fois le vrai et le beau, la logique et l'esthétique se confondent à leur source. Le père de l'esthétique ancienne, Platon, avait déjà proclamé cette identité du vrai et du beau. Dans son langage, idée, essence, vérité, beauté, sont des termes synonymes. La beauté sensible pour Platon n'est pas plus la vraie beauté que la réalité perçue par la sensation n'est l'être véritable. Toute beauté physique ou morale, toute forme de la Nature ou toute action de la vie humaine, à laquelle on attribue ce caractère, n'est belle que par sa participation à la beauté en soi, à l'idée même du beau. La vraie beauté, pas plus que l'être véritable, n'est de ce monde ; elle habite la région supérieure des idées. Telle est la doctrine connue dans l'histoire de l'esthétique sous le nom de théorie de l'*idéal*, et qui, au lieu de chercher dans la Nature et dans la réalité le type du beau et le critérium des jugements esthétiques, remonte à l'idée abstraite, à l'essence même de la beauté, dont elle fait le principe et la règle de toute critique ayant le beau pour objet, soit qu'elle réalise cette idée avec Platon, soit qu'avec Kant, elle n'y voie qu'un concept de l'entendement.

A l'exemple de Platon, Plotin, procédant par la distinction du réel et de l'idéal, cherche la vraie beauté dans le monde intelligible ; comme lui encore, il identifie le beau avec le vrai. Sauf ces deux points où la tradition est manifeste, la théorie de Plotin est d'une profonde originalité. Platon, n'ayant compris que d'une manière vague et superficielle le vrai rapport entre les deux mondes qu'il avait eu le tort de séparer, n'avait pas saisi la correspondance intime qui existe entre la beauté idéale et la beauté réelle. On voit bien que, dans sa théorie, la seconde n'existe que par la première. Mais comment? C'est ce que Platon n'explique pas suffisamment par son hypothèse de la participation. La pensée de Plotin est beaucoup plus explicite. De même qu'il conçoit la réalité sensible comme la forme extérieure de l'âme, et celle-ci comme la puissance de l'idée pure se manifestant par un acte, de même il voit dans la beauté physique un symbole de la beauté morale, et dans celle-ci l'expression immédiate de la beauté idéale. La Nature, l'âme, l'intelligence, n'ont point chacune un type de beauté qui leur soit propre ; c'est au fond une seule et même beauté, considérée dans son essence ou dans ses manifestations ; forme visible dans la Nature, acte intérieur dans l'âme, idée pure dans l'intelligence. Enfin il est un principe propre à Plotin, dans sa théorie esthétique : c'est que la beauté du sujet qui contemple est la condition première de l'intuition du beau. Il n'y a que les hommes beaux qui puissent juger de la beauté : « Rentre en toi-même, dit Plotin, et si tu n'y trouves pas encore la beauté, fais comme l'artiste qui retranche, enlève, polit, épure sans relâche, jusqu'à ce qu'il orne sa statue de tous les dons de la beauté... Alors plein de confiance en toi et n'ayant plus besoin de guide, regarde en ton âme, tu y découvriras la beauté. Que chacun de nous devienne beau et divin, s'il veut contempler la beauté et la divinité. Jamais l'œil n'eût aperçu le soleil, s'il n'en avait pris la forme ; de même, si l'âme ne fût devenue belle, jamais elle n'eût vu la beauté. »

La théorie esthétique de Plotin peut se résumer en quatre points : 1° Distinction du beau réel et du beau idéal. 2° Relation intime entre ces deux sortes de beautés. 3° Identité du vrai et du beau. 4° Explication psychologique de l'intuition du beau.

La distinction du beau réel et du beau idéal n'est pas plus contestable que la distinction plus générale du sensible et de l'intelligible, qui en est le principe. Pour la nier, il faut rejeter tout ce qui dépasse l'expérience et la réalité, tout l'ordre des vérités révélées par la raison. Il y a longtemps que la véritable esthétique a fait son choix, entre cette théorie empirique qui ne reconnaît d'autre beauté que celle que nous voyons, d'autre critérium de nos jugements que la Nature, d'autre règle d'art que la reproduction servile de la réalité, et cette autre doctrine qui va chercher dans un monde supérieur à la réalité et à la Nature, le type de ses conceptions, le principe de sa critique, l'inspiration pour ses œuvres. La théorie platonicienne de l'idéal a des racines trop profondes dans l'esprit humain pour ne pas demeurer dans la science, et survivre au Platonisme, au Néoplatonisme et à toutes les doctrines idéalistes que l'histoire a convaincues d'erreur et d'impuissance.

La relation intime entre le beau intelligible et le beau réel, telle que l'a conçue Plotin, est une vérité non moins incontestable que leur distinction. Toute beauté réelle, physique ou morale, est symbolique, en ce qu'elle exprime telle ou telle idée de la raison. Le beau n'est que la représentation du vrai. L'imagination du grand artiste ne fait que traduire en images les conceptions de sa pensée. Toute réalité sensible est expressive, et la Nature entière est un langage admirable pour qui sait l'entendre. La beauté, la laideur des formes ne représentent pas autre chose que la mesure ou l'excès, la plénitude ou le défaut, le mouvement ou l'inertie des forces invisibles et intérieures, ou, comme le dit Plotin, des puissances de l'âme et des idées de l'intelligence. C'est ce que le Néoplatonisme a merveilleusement compris, grâce au principe général de sa philosophie. Le monde sensible n'étant, dans la doctrine de l'unité, que la manifestation du monde intelligible, en devient par cela même le symbole, ou comme disent les Alexandrins, le verbe extérieur. De là la théorie esthétique de Plotin.

Quant à la doctrine de l'identité du vrai et du beau, elle contient une vérité et une erreur. Plotin a compris admirablement que le beau, quelle qu'en soit la forme, image, sentiment, action, n'a pas son principe en soi-.

même. Quelle est la beauté dont on ne recherche la raison? Quelle est la forme, l'acte, le sentiment, dont on ne se demande pourquoi et comment ils sont beaux? Donc le beau ne s'explique point par lui-même, comme le vrai; donc il a hors de lui sa raison. Mais où l'aurait-il, sinon dans le principe de toute forme et de toute vie, dans la puissance infinie d'abord, et enfin dans l'essence pure dont cette puissance n'est elle-même que l'acte. L'*idée* est donc le principe et même l'essence de toute beauté. Toute explication un peu profonde de la beauté, soit dans le monde physique, soit dans le monde moral, en revient toujours là. Toute beauté est expressive; elle représente nécessairement le développement d'une essence idéale dans un espace ou un temps donné, par le mouvement et l'action des forces qui sont en elle. Le beau n'est pas simple comme le vrai; il suppose un rapport entre l'idée et la forme, entre l'essence et l'acte, entre l'intelligible et le sensible. Et c'est la proportion, la mesure dans les termes de ce rapport, qui fait le degré de beauté, dans les arts de l'homme et dans les œuvres de la Nature. C'est dans le monde intelligible, dans la région de la vérité pure qu'il faut chercher la raison, le principe, la source de la beauté. En ce sens, la théorie qui identifie le vrai et le beau peut se défendre.

Mais prise absolument, elle est fausse et contraire à l'idée même du beau. Le vrai, principe du beau, n'est jamais le beau, en tant que vrai; il ne le devient qu'autant qu'il se produit par une réalité individuelle ou sensible. Toute beauté parfaite ou imparfaite suppose une forme ou un acte: une forme, s'il s'agit de beauté physique; un acte, s'il s'agit de beauté morale. Même la beauté idéale implique une forme ou un acte. Seulement, au lieu d'exister objectivement, comme dans la beauté réelle, la forme et l'acte sont ici des conceptions, non de l'intelligence pure, mais de cette imagination qui, comme le dit Plotin, traduit l'idée dans une réalité correspondante. La beauté idéale ne se comprend point à d'autres conditions que la beauté réelle : la perfection de l'une ne tient pas à l'abstraction de toute forme et de toute individualité ; l'imperfection de l'autre ne vient pas de ce qu'elle est individuelle et de ce qu'elle a une forme. La forme et l'individualité sont, on ne saurait trop le redire, essentielles à la beauté, à toute beauté, soit idéale, soit réelle. L'erreur profonde de Plotin est d'avoir pensé le contraire. Si l'essence du vrai est d'être, l'essence du beau est de paraître. Le beau, c'est le vrai qui prend forme et s'individualise, soit dans l'imagination, soit dans la réalité : c'est, selon la grande parole de Platon, la *splendeur* du bien, ou encore, selon le mot profond de Plotin, la *fleur* de l'être. Le vrai et le beau ne sont point deux objets différents, mais les deux faces d'un même objet ; le vrai, c'est l'être considéré dans son essence abstraite et ses puissances intimes ; le beau, c'est l'être vu dans son développement et sa manifestation. En poursuivant cette distinction et cette opposition, on pourrait dire encore que le vrai est le fond, la substance, la vie intime de l'être, tandis que le beau en est la forme, la lumière, et en quelque sorte la couleur. En ce sens seulement, la doctrine qui identifie le vrai et le beau est raisonnable.

Platon, Plotin et toutes les Écoles idéalistes l'entendent autrement. A leur sens, vérité et beauté sont des termes absolument synonymes. Loin de supposer une forme, la beauté parfaite ne peut se concevoir qu'abstraction faite de toute forme. Le vrai, l'intelligible, l'être pur n'est pas seulement le principe de toute beauté, il est la beauté même, dans sa pureté ineffable. En un mot, le monde intelligible n'est pas simplement la source, mais encore le siége de la vraie beauté. Ici commence l'erreur. La distinction du vrai et du beau, dans l'ordre esthétique, est fondée sur une autre distinction profonde, dans l'ordre métaphysique. Quand la raison cherche le principe de cette réalité contingente et fugitive que l'expérience lui a révélée, elle conçoit *à priori* une puissance active, une force indéterminée dont cette réalité n'est que la forme, c'est-à-dire la détermination corporelle. Sous cette force, elle conçoit une essence, une idée, c'est-à-dire, l'être lui-même réduit par la pensée à son unité abstraite, principe logique de toute force et de toute forme. Or le vrai, c'est précisément cette idée et cette force à l'état d'abstraction ; le beau, c'est l'essence réalisée, c'est la puissance en action. Tant que la raison s'en tient à l'idée pure, à la force invisible, elle ne conçoit ni ne contemple le beau. Lors donc que l'École d'Alexandrie invite l'artiste à ne pas s'arrêter au monde des formes, s'il veut voir autre chose qu'une ombre de la beauté, et à pénétrer dans la vie intime, dans le jeu secret des puissances de l'âme, elle la détourne de l'intuition du beau. Et lorsqu'elle l'entraîne, par delà le monde des formes et le monde des âmes, à la poursuite d'une beauté sans égale, dans la région supérieure des idées, elle l'égare dans une contemplation stérile, loin des vrais objets de la beauté. Dans ce monde supérieur ouvert à ses regards, l'imagination cherchera en vain son objet ; elle ne verra point ces formes d'une pureté transparente, cette lumière ineffable, ces couleurs ravissantes si fortement décrites par l'enthousiasme alexandrin. La beauté n'est point un hôte du monde intelligible ; elle n'habite que le monde des formes et de la vie. C'est un fruit de l'alliance des deux mondes, de l'union de l'idée et de la réalité : c'est la forme, ou, pour parler le poétique langage de Plotin, la fleur de l'essence. Et de même que le beau n'est pas simple comme le vrai, de même la faculté qui perçoit le beau n'est pas simple comme celle qui perçoit le vrai. Tandis que le vrai se révèle à l'intelligence pure, le beau ne peut être contemplé que par l'intelligence aidée de l'imagination. L'intelligence seule ne voit que l'essence ; l'imagination ne saisit que la forme. C'est à l'intelligence imaginative, ou, comme le dit si bien Plotin, à l'imagination intelligible, qu'il appartient de découvrir ce rapport intime entre l'essence et la forme qui fait la beauté.

Un mot maintenant sur l'explication psychologique de l'intuition du beau. Selon Plotin, il faut être beau, c'est-à-dire, posséder la beauté, pour l'apercevoir et en juger. Cette proposition n'est qu'une conséquence particulière de la théorie générale de la connaissance. Plotin, fondant toute intuition du vrai sur l'identité de l'intelligence et de l'intelligible, ne pouvait, sans se contredire, expliquer autrement l'intuition du beau, qu'il identifie absolument avec le vrai. Fidèle à son principe de l'identité, Plotin ne prétend pas seulement qu'il faut être beau pour juger de la beauté, mais que, pour contempler le beau aussi bien que le vrai, l'âme n'a qu'à se regarder elle-même ; car elle porte en soi le monde intelligible, ce monde de la vérité et de la beauté. Il nous suffira, pour toute critique de cette théorie, de renvoyer aux observations dont la théorie générale a été l'objet. S'il est vrai que le beau, de même que le bien et le vrai, soit intime et non point extérieur au sujet qui le contemple, comme l'objet de la sensation, c'est une erreur profonde d'en conclure une véritable identité. Le beau, le vrai, le bien, sont des objets qui dépassent la sphère de la conscience ; l'âme les connaît, non point par le sentiment interne qu'elle a de tous les actes et de toutes les facultés qui lui appartiennent, mais par l'intuition d'une faculté spéciale dont la vertu propre est précisément de franchir les limites de la conscience et d'atteindre un monde supérieur.

Si Plotin s'était borné à soutenir que, pour juger de la beauté, il faut être beau, il n'eût fait qu'énoncer une profonde vérité sous une forme un peu paradoxale. Sans aucun doute, tout homme possède, en vertu de sa nature même, le sens du beau, le sens du bon ; pour en être privé ou pour n'en avoir jamais joui, il faudrait qu'il cessât d'être homme ou qu'il ne l'eût jamais été. Mais tout homme ne possède pas au même degré le sens esthétique ou le sens moral ; c'est ce qui fait que la même vérité esthétique ou morale n'est pas sentie ou comprise au même degré par tous. Et même il est tel genre de beauté qu'un goût vulgaire n'aperçoit pas, de même qu'il est des vertus qu'une conscience supérieure par la nature ou l'éducation peut seule comprendre. Il y a plus : la beauté morale n'est sentie que par l'âme qui en possède le principe en elle-même. On peut, sans être beau, avoir le sens exquis des formes. On ne peut avoir le sentiment intime et vrai des vertus, sans être déjà vertueux. Les grands cœurs peuvent seuls bien juger de l'héroïsme; aux âmes tendres surtout appartient de comprendre tout ce que l'amour a de profondeurs et de délicatesses. En ce sens, il est vrai de dire qu'il faut être beau pour juger de la beauté, et bon pour juger de la bonté.

Théorie de l'amour. — Selon Plotin, l'âme atteint le bien par l'amour, de même qu'elle atteint le vrai par l'intelligence. L'amour est supérieur à l'intelligence de toute la supériorité du bien sur le vrai : c'est l'acte suprême de la nature humaine. La vertu propre de l'amour est d'unir et même d'identifier, de fondre, en une seule et même nature, l'amant et l'objet aimé. L'amour pur se reconnaît, à ce titre, qu'il a pour objet le bien ; par là, il se distingue du désir, de l'appétit, de tous les mouvements passionnés qui ont pour objet le plaisir. On compte des degrés infinis dans l'amour comme dans le bien. L'amour est plus ou moins pur, selon que le bien est plus ou moins parfait. Il y a le faux amour qui s'attache à l'ombre du bien, de même que la fausse intelligence poursuit le fantôme de la vérité. Le suprême degré de l'amour, c'est l'extase, dont l'objet est le Bien en soi, Dieu. C'est ainsi que, toujours fidèle à cette méthode qui ne considère les facultés que dans leur objet, Plotin définit l'amour la faculté par laquelle l'âme possède le bien, comme il avait défini l'intelligence la faculté qui nous fait atteindre le vrai, sans rechercher quelle est la nature intime, l'acte même de l'amour, et son influence sur les autres principes de la vie morale. L'amour est célébré avec enthousiasme par tous les Alexandrins, et à chaque page de leurs livres ; mais nulle part on ne rencontre dans ces hymnes rien qui ressemble à une analyse du phénomène. C'est de l'objet qu'il est surtout question, rarement de la faculté. L'extase est le seul acte de l'amour dont l'École d'Alexandrie essaie une description, entrecoupée d'accents lyriques. Tout ce qu'il est permis de saisir dans la théorie de Plotin sur l'amour, considéré comme faculté, c'est qu'il a pour caractère propre d'unir l'âme à son objet plus intimement qu'aucune autre faculté, en sorte que par l'amour seulement l'âme possède son objet ; c'est encore qu'il est impersonnel, supérieur à l'âme et même à l'intelligence.

Dans cette théorie de l'amour se révèle particulièrement le vice de la méthode psychologique des Alexandrins. La définition de l'amour y repose sur la notion métaphysique du bien, et suppose la distinction radicale du bien et du vrai ; en sorte que, si cette distinction n'est pas réelle, si le bien et le vrai sont identiques, la distinction de l'intelligence et de l'amour, fondée sur la différence des objets, s'évanouit. Or c'est ce qu'il est facile de démontrer. Selon les Alexandrins, le bien, c'est l'unité ; cette unité, abstraite, inintelligible, indéfinissable, ineffable, qu'ils supposent en dehors et au delà de la vie et de l'être, et qui, pour être le sublime effort de l'analyse, n'en est pas moins une suprême erreur. De là cette fausse notion du bien, conçu comme principe supérieur à l'être, et par conséquent au vrai. Si l'on écarte ces abstractions d'une métaphysique chimérique, on verra que le bien ne diffère pas du vrai, du moins objectivement. Toute notion du bien se résout dans la conception d'une fin. **Le bien proprement dit pour un être donné, c'est tou-**

jours l'accomplissement de sa fin. Or qu'est-ce que la fin d'un être, sinon la perfection idéale dont son essence est susceptible. Et qu'est-ce que l'idéal, sinon l'intelligible, le vrai conçu par la pensée, en opposition à cette réalité à laquelle elle sert tout à la fois de fin et de règle. Toute la différence entre le vrai et le bien s'explique par la diversité des points de vue. Le vrai, c'est l'être pris en soi ; le bien, c'est l'être considéré, soit dans l'harmonie des principes qui le constituent, dans le rapport des moyens à la fin, des organes à la fonction, de la nature à la destinée. L'être est le bien ; le bien est l'être. Dire que le bien n'est qu'une qualité de l'être, c'est exprimer une véritable identité sous une différence apparente ; car le bien, en tant que qualité essentielle, est identique à l'essence même de l'être. C'est donc avec une profonde vérité que les Stoïciens identifiaient la nature avec la loi, l'être avec le bien. Seulement, dans cette identité, il faut prendre garde de confondre l'être avec la réalité, ainsi qu'a paru le faire le Stoïcisme. Qui dit être, dit bien ; qui dit réalité, dit tout autre chose. L'être, en tant qu'être, est nécessairement parfait ; toute réalité implique une imperfection, c'est-à-dire le contraire du bien ; et comme toute perfection est idéale, il s'ensuit que le bien absolu, de même que le vrai, n'existe que dans la pensée. La réalité seule est objective, dans la catégorie de la qualité, comme dans celle de la substance. Mais idéal ou réel, concept de la pensée ou objet substantiel, le bien est essentiellement identique à l'être. Cette identité démontrée, la théorie de l'amour, qui repose précisément sur la distinction du vrai et du bien, n'a plus de base.

Et quand la distinction serait réelle, ce ne serait point une raison de croire qu'une même faculté ne puisse percevoir deux objets différents. Quelque opinion qui prévale sur l'identité ou la différence du bien et du vrai, le sens commun en a toujours attribué la double intuition à une seule faculté, l'intelligence. A moins de reléguer le bien dans une sphère inaccessible à la raison, comme l'ont imaginé les Alexandrins, et d'en faire une abstraction inintelligible, il est impossible de refuser à la raison l'aperception du bien comme du vrai. Est-ce que l'intuition des causes finales n'appartient pas à l'intelligence au même titre que l'intuition des autres objets métaphysiques? Est-ce que le rapport des moyens à la fin, qui constitue l'ordre et le bien, ne tombe pas sous la pensée, de même que le rapport de l'effet à la cause, du phénomène à la substance? Donc, même dans l'hypothèse où le bien serait distinct du vrai, c'est une erreur d'attribuer exclusivement à l'amour la communication du bien. Si Plotin se fût borné à attribuer à l'amour seul cette communication intime qui s'appelle le sentiment, il fût resté fidèle à la vérité et à l'expérience. En même temps que l'âme conçoit et comprend par l'intelligence le bon, le beau, le vrai, le divin, elle entre par l'amour, en quelque sorte, en possession de ces objets. L'amour n'a point d'objet qui lui soit propre; ce que l'intelligence perçoit par la pensée, l'amour l'atteint par le sentiment.

Le vice radical de la psychologie alexandrine, dans cette théorie de l'amour, comme dans toutes les autres, est de définir l'acte par son objet et non par son essence même. Si Plotin eût considéré l'amour en soi, il eût compris que ce n'est point par son objet que ce phénomène de l'âme se distingue de la pensée. Il eût vu que, loin d'être l'acte d'un principe supérieur à l'âme et même à l'intelligence, l'amour est ce qu'il y a de plus intime à la nature humaine, aussi intime que le désir et la volonté, bien qu'avec un caractère différent. La pensée, de même que la sensation, naît d'une communication du moi avec le non-moi ; si elle n'est pas adventice, comme la sensation, elle est essentiellement impersonnelle. L'amour, au contraire, a son principe, sa racine, dans les profondeurs intimes de l'âme ; ce n'est qu'un des mouvements de cette puissance active, tantôt fatale, tantôt libre, tantôt instinctive et tantôt réfléchie, qui, sous la forme du désir, de l'amour ou de la volonté, fait le fond et l'essence propre de la nature humaine. En un mot, l'amour n'a d'extérieur à l'âme que son objet. Que dans l'exaltation de cet acte, l'âme ne se sente plus également maîtresse d'elle-même et de ses facultés, qu'elle ait perdu cet équilibre de la volonté qu'on appelle le libre arbitre, rien de plus vrai ; mais ce qui ne l'est pas moins, c'est qu'en cet état elle se sent vivre, agir, penser, dans toute la plénitude et l'énergie de son être. Dans le phénomène de l'amour, l'âme ne s'efface ni ne s'abdique ; sa vraie liberté n'en est en rien diminuée, et sa personnalité n'y perd qu'une tendance à l'égoïsme. Ce qu'il y a de plus intime en elle, de plus excellent, de plus divinement humain, se dégage et se produit en actes sublimes, en élans qui semblent dépasser, aux yeux étonnés du vulgaire, la mesure des forces humaines. L'âme alors ne se transforme point en une nature supérieure, ainsi que l'ont soutenu les Alexandrins; elle ne fait que s'exalter et se développer dans les propres limites de sa nature.

Chose étrange ! le mysticisme n'a jamais compris l'amour. Il fait le vide dans la nature humaine pour la préparer à l'union ; il dépouille l'amant de ses plus précieuses facultés, le sentiment, la pensée, la volonté, pour le rendre plus digne de recevoir l'objet aimé. Le mysticisme chrétien, moins abstrait, moins chimérique, plus conforme à la nature humaine, ne fait pas le vide absolu ; il conserve dans l'amour, la pensée, la sensibilité, la conscience (nous ne parlons pas des mystiques exaltés qui ont suivi la trace des Alexandrins); mais il y supprime toute liberté, toute initiative. L'âme ne peut aimer, à son sens, qu'autant qu'elle est esclave, passive, et en quelque sorte impersonnelle. Ignorance profonde des conditions de l'amour ! Il n'y a pas d'amour sans liberté, sans personnalité, sans conscience. L'âme qui, par l'acte de l'amour, s'unit à l'objet aimé, apporte dans cette mystique union tous les dons de sa nature ; plus elle est riche en sensibilité, en volonté, en intelligence, plus elle est digne de ce saint hyménée. Les mystiques ont toujours confondu deux choses distinctes, la personnalité et l'égoïsme. L'amour, incompatible avec l'un, se concilie facilement avec l'autre. Bien plus, où la personne s'efface, l'amour disparaît. L'objet aimé veut autre chose qu'une abstraction, qu'une ombre, qu'un néant dans l'amant qui aspire à le posséder ; il veut un principe vivant. L'amour n'est-il point partout et toujours l'étincelle électrique jaillissant du contact de deux énergies qui s'attirent et s'unissent, sans se confondre ni s'absorber l'une dans l'autre ?

Pour terminer la critique de la psychologie des Alexandrins, il ne reste plus, après cette revue rapide des facultés, qu'à examiner leur doctrine sur l'âme proprement dite, considérée, soit en elle-même, soit dans ses relations avec le monde sensible et le monde intelligible. Selon le Néoplatonisme, l'homme n'est pas seulement multiple par ses facultés, mais encore par les principes même de son essence ; il comprend le corps, l'animal, l'âme, l'intelligence, l'unité. L'unité est le dernier fond de la nature humaine, l'extrême profondeur que l'analyse ne peut dépasser. Le corps en est la surface la plus extérieure. Entre ces deux pôles opposés, la nature humaine oscille, se fixant tour à tour, selon les influences auxquelles elle obéit, dans l'animal, dans l'âme, dans l'intelligence, pouvant s'élever jusqu'à la vie divine, terme suprême de la perfection, et tomber jusqu'à la vie végétative, dernière limite de la dégradation. Dans cette série de principes, l'âme est le terme moyen, le principe essentiellement humain, le siége de la raison, de la volonté et de la personnalité.

Le vice radical de la théorie alexandrine sur l'âme, c'est de ne point définir d'une manière précise ce qui fait l'essence de notre nature. Dans cette variété de principes dont la vie humaine présente le tableau, où est l'homme ? On voit bien qu'il n'est pas dans l'animal. Mais est-il dans l'âme, ou dans l'intelligence, ou dans l'unité ? S'il est plus particulièrement dans les principes supérieurs, et que, comme le prétend Plotin, l'unité soit le fond même de son essence, il s'ensuit que la personnalité n'est pas le caractère propre, que la conscience n'est pas le signe vrai de l'humanité, et qu'au contraire, plus l'homme rentre dans son essence, plus il perd le sentiment de sa personnalité. Paradoxe cher au mysticisme, mais qu'une saine psychologie ne peut admettre. L'idée de l'homme, dans la psychologie alexandrine, est vague, incertaine, insaisissable ; à force de tout comprendre, elle n'a point d'objet déterminé. Que la nature humaine soit multiple, qu'elle résume et représente dans son riche organisme, tous les principes de la vie universelle, c'est une vérité que la philosophie alexandrine a mise en lumière mieux que tout autre ; mais l'homme est un dans la multiplicité, simple dans la complexité de ses organes et de ses facultés. Il a son essence propre, sa forme spécifique, comme dirait Aristote, d'autant plus une, plus simple, plus définissable, qu'il est un type plus parfait d'individualité. Il est tout à la fois un être très compréhensif et très déterminé. C'est un point indivisible où se résume la vie universelle ; c'est un vrai microcosme, ainsi qu'on l'a dit, mais qui n'en a pas moins sa nature propre et qui réfléchit tout, le monde sensible et le monde intelligible, sous l'angle précis de l'humanité. L'humanité, c'est la seule chose que la psychologie si profonde, si subtile des Alexandrins, oublie dans l'analyse des principes de la nature humaine. Aussi, n'en ayant saisi ni l'essence propre, ni les attributs qui la caractérisent, ni les actes qui en manifestent la vie intime, elle la croit susceptible de toutes les métamorphoses ; elle la montre devenant tour à tour matière, âme, intelligence, Dieu ; comme si, dans la suprême perfection et l'excessive dégradation, l'homme pouvait changer de nature.

Cette erreur a son principe dans une fausse méthode. Si, au lieu d'emprunter à la métaphysique sa théorie des facultés et des principes de la nature humaine, la psychologie alexandrine eût interrogé la conscience, seule autorité compétente en pareille matière, elle en eût recueilli, sur l'essence de l'homme et les facultés qui lui sont propres, une révélation claire et infaillible. C'est la conscience qui discerne ce qui est intime à la nature humaine de ce qui lui est étranger, ce qui est adventice de ce qui est inné ; elle seule peut marquer la vraie limite qui sépare le moi du non-moi sensible ou intelligible. Tout ce que l'âme sait non seulement de ses actes et de ses facultés, mais d'elle-même et des principes les plus intimes de son être, c'est la conscience qui le lui révèle. Par la conscience, elle sait qu'elle est une, simple, immatérielle, libre ; elle a de ces divers attributs de son essence un sentiment aussi immédiat que de sa volonté, de sa pensée, de sa sensibilité et de ses passions. Tous les problèmes qui concernent, soit les actes, soit la nature même de l'âme, appartiennent à l'observation. La spéculation *à priori*, le raisonnement, l'induction, sont autant de procédés impuissants, lorsqu'il s'agit de la science de l'homme.

C'est encore pour n'avoir pas interrogé la conscience que l'École d'Alexandrie s'est trompée sur la nature des communications de l'âme avec les principes qui, d'en haut ou d'en bas, influent sur ses actes. Selon Plotin, l'âme est un être distinct et indépendant du corps, qui en est, non la condition, mais simplement la forme extérieure. Le corps tient tout son être de l'âme ; l'âme ne relève que de l'intelligence et de l'unité. Loin d'être un organe nécessaire, le corps est un obstacle à la vie de l'âme, laquelle tend, en vertu même de son essence, à se séparer de ce vêtement incommode. Car ce n'est qu'après une absolue séparation qu'elle jouit de la plénitude de ses facultés. Plotin répète avec Platon que la mort n'est que l'initiation à la vie véritable. Telle est, pour lui, la différence de nature entre l'âme et le corps, qu'il est impossible d'en expliquer la communication, à moins d'un principe intermédiaire, qui transmette à l'âme les impressions du corps et au corps les sentiments de l'âme. Ce médiateur est l'animal, dont l'acte propre est la sensation.

Hypothèse inutile et d'ailleurs contredite par l'expérience. La conscience atteste que la communication de l'âme avec le corps est directe; c'est l'âme elle-même qui sent. La sensation n'est pas sans doute, comme la volonté ou l'amour, un acte de l'âme; mais elle en est une modification, et par là rentre tout à fait dans la vie psychologique. Que le principe de la vie organique soit distinct du principe de la volonté et de la pensée, il est permis de le penser, en se fondant sur la profonde distinction des phénomènes. Ce ne serait toutefois qu'une conjecture; car il n'y a rien d'absurde à ramener à une même cause des effets différents, et, par exemple, à attribuer à un seul principe, l'âme, même les phénomènes dont elle n'a pas conscience. Néanmoins il est raisonnable d'admettre un principe animal pour l'explication de tous les phénomènes de la vie organique; seulement il faut se garder de lui attribuer la sensation, ainsi que l'ont fait les Alexandrins; car la conscience, en attestant la profonde unité de la vie psychologique, démontre que le principe de la sensation est le même que le principe de la volonté et de la pensée.

Cette hypothèse écartée, la théorie des rapports de l'âme avec le corps mérite un sérieux examen. Si le spiritualisme de Plotin et de Platon, si le spiritualisme en général se bornait à distinguer dans la vie deux ordres de phénomènes, dans l'être humain deux principes, forme et matière, principe vital et masse organique, âme et corps, en tel rapport entre eux que l'âme crée le corps, et s'en serve comme d'un instrument plus ou moins docile, il serait tout à fait dans le vrai, et ne laisserait aucune prise aux attaques des Écoles matérialistes. Cette distinction profonde est le fondement de toute psychologie sérieuse. Bien loin que l'âme s'explique par le corps, la force par la matière, ainsi que le veut le matérialisme, c'est au contraire par la force que s'explique la matière, par la vie que s'explique l'organisme. Ramener la force à la matière, l'âme au corps, c'est renverser l'ordre même de la génération, et se condamner à ne jamais comprendre le phénomène de la vie, ni dans l'homme, ni dans l'animal, ni dans la plante, ni même dans l'être inorganique. Réduite à ces limites, la théorie alexandrine est profondément vraie, et l'on ne saurait trop admirer Plotin définissant le corps, la forme extérieure de l'âme. C'est qu'en effet toute matière, toute étendue, ne peut être conçue que comme l'expansion d'une force intime.

Mais ni Plotin, ni Platon, ni la plupart des écoles spiritualistes ne s'en tiennent là. Au lieu de considérer le corps comme la forme nécessaire et inséparable d'une essence intime, d'une force immatérielle qui est l'âme ou l'esprit, ils en font un vêtement superflu et incommode qui ne peut que gêner les mouvements et voiler la beauté de l'être qu'il enveloppe;

ils font de l'âme un être à part, distinct, indépendant, séparable, dont la vie est d'autant plus active, plus parfaite, qu'il conserve moins de relations avec le corps. Mieux inspiré que Platon, qui conçoit l'âme et le corps comme deux substances d'attributs contraires et fortuitement unies, Plotin rattache le principe matériel au principe spirituel par le lien intime de l'effet à la cause; mais il a le tort de voir dans l'âme un être complet qui, pour retrouver sa liberté et sa perfection primitives, n'a qu'à se retirer dans les profondeurs de son essence, loin de tout contact avec le corps et le monde sensible. « L'âme et le corps, a dit excellemment Bossuet, ne font ensemble qu'un tout naturel, et il y a entre les parties une parfaite et nécessaire communication [1]. » Considérée à part du corps, l'âme n'est qu'une abstraction, au moins dans la vie actuelle de l'homme, tout comme la force séparée de la matière, dans la vie universelle : l'esprit peut la concevoir comme le principe interne du système organique, non comme un être réel qui se suffit à lui-même. La séparation à laquelle aspirent les Alexandrins est la destruction et non l'affranchissement de l'être humain, ce *tout naturel* qui n'a de réalité que par l'union des parties.

Autre erreur. Le principe de la vie, l'âme, doit être conçu comme une puissance qui contient virtuellement toute la perfection compatible avec son essence, et dont la forme extérieure, le corps, n'est qu'une représentation très incomplète. En un mot, l'âme, conçue en regard du corps, est une force infinie qui se réalise dans une forme finie, une essence idéale qui se localise dans un

---

[1] *De la connaissance de Dieu et de soi-même*, ch. VI.

organisme déterminé. Et comme cette forme finie, cette réalité si imparfaite réagit nécessairement sur la puissance infinie qui l'a créée, soit par les impressions extérieures qu'elle lui communique, soit par la défaillance ou l'exaltation fâcheuse des principes organiques et physiologiques, il s'ensuit que l'énergie intérieure de l'âme se trouve arrêtée, suspendue, affaiblie dans ses actes. L'expérience démontre qu'à chaque instant de la vie le corps, en raison de son infériorité, fait obstacle au libre essor, au complet développement des facultés infinies que l'âme possède. En ce sens, l'École d'Alexandrie a raison de dire que le corps est pour l'âme un obstacle, une entrave, une prison. Mais il n'en faut nullement conclure, ainsi que le font Platon, Plotin et presque toutes les Écoles spiritualistes, que le corps n'est qu'un vêtement incommode que l'âme n'a qu'à secouer, pour agir dans toute la plénitude de son être. Le corps est l'organe nécessaire, bien qu'imparfait, de l'âme ; et même, à vrai dire, il est mieux qu'un organe, il est la forme substantiellement inséparable de l'âme, laquelle, prise à part, ne peut se concevoir autrement que comme une essence abstraite et purement logique. L'erreur profonde du spiritualisme néoplatonicien est de concevoir l'âme comme une essence pure, qui vit, agit, veut, pense, en dehors de toute réalité sensible, de toute forme extérieure.

Platon et les Alexandrins imaginent une vie primitive dans laquelle l'âme jouit d'une absolue liberté, loin de tout contact avec la matière. L'âme ne serait devenue imparfaite et esclave qu'ultérieurement et par un simple accident : c'est une doctrine qu'il faut reléguer parmi les romans de la psychologie métaphysique. La vie primitive de l'âme n'est point parfaite ; le progrès, pour elle, n'est pas un retour à la perfection. L'âme tend à la perfection, elle n'en vient pas ; elle part du mal pour aller au bien. Son perfectionnement n'est point une simple réhabilitation. Par l'effort, par la vertu, l'âme ne retrouve point sa nature primitive, de même que l'or reprend son éclat, après avoir été purifié de la rouille qui le recouvrait ; elle revêt comme une forme nouvelle et supérieure. On ne saurait trop le redire, l'âme n'est point un être parfait, primitivement immobile dans sa perfection : c'est une puissance qui se perfectionne, c'est-à-dire qui réalise et produit successivement toutes ses perfections virtuelles. L'âme ne vit, n'agit que dans le corps et par le corps. L'expérience atteste, et tout idéalisme raisonnable reconnaît que la sensation est non pas le principe, mais la condition nécessaire du développement des facultés propres à l'âme. La raison pure a besoin de la sensation pour entrer en acte ; il n'est pas une de ses conceptions, même celle qui a Dieu pour objet, dans laquelle une analyse exacte ne retrouve la trace de la sensibilité.

En retranchant la sensation de la vie humaine, l'École d'Alexandrie croit ne supprimer qu'une entrave ; c'est la condition même de la vie qu'elle détruit. Sans la sensation, plus d'action, plus de sentiment, plus de pensée, plus de vie morale pour l'âme. En croyant ainsi conduire l'âme à la perfection, elle la plonge dans le vide, dans l'immobilité du néant, ou du moins elle l'y plongerait, si la nature ne résistait à la théorie. Toute vraie psychologie proclame sans doute la supériorité infinie de la vie morale sur la vie sensible, de l'âme sur le corps. Toute vraie morale recommande la lutte entre l'âme et les passions animales, non pour les détruire, mais pour les réduire au rôle qui leur convient, dans l'économie générale de la vie. Au début, les instincts aveugles, les appétits grossiers parlent haut, tandis que la volonté est faible encore et la raison peu sûre d'elle-même. La lutte alors devient une condition de la vie morale; mais elle a pour fin la discipline et non la ruine des passions. « Il n'y a rien de vil, a dit la sagesse antique, dans la maison de Jupiter. » De même, rien n'est à retrancher de la nature humaine. Il ne se trouve en elle ni mauvais instincts, ni mauvais penchants; elle ne contient que des principes qui, selon la direction qu'ils reçoivent, deviennent des vertus ou des vices. La nature humaine ne possède primitivement ni vices, ni vertus, quoiqu'elle tende instinctivement au bien. C'est la volonté qui est le principe du bien ou du mal moral. Comme fait la divine Providence pour le monde, l'âme conserve tout dans la vie humaine, épurant, transformant, sanctifiant tout. Jusqu'à ce que, par un long et pénible effort, elle soit parvenue à gouverner les principes qui lui sont inférieurs, tous les rôles sont confondus, la vie est livrée à l'anarchie, la destinée de l'homme reste obscure et incertaine. Peu à peu l'âme s'empare de ces forces désordonnées qui agissaient sans règle, sans mesure et sans frein, remet chaque principe à sa place, ramène les appétits et les passions à n'être que des instruments passifs et dociles pour une destinée qui est tout entière dans la pensée, le sentiment et l'amour du vrai, du beau et du divin. Quand le principe animal est mis en rapport avec la vraie fin, la fin morale de l'homme, il participe, quelle que soit sa fonction, de la grandeur, de la sainteté de cette fin, pourvu qu'il reste un moyen, et qu'il n'usurpe pas un rôle supérieur à sa nature. Ainsi, l'appétit sensible reste une passion honteuse et indigne de l'homme, tant que la raison ne lui a point assigné sa fin ; ne cherchant alors que la volupté, il poursuit son objet avec une ardeur frénétique, et en jouit sans mesure, sans discernement, sans dignité, sans prévoyance de l'avenir, sans souci de sa propre conservation. Mais lorsque la raison en a révélé la véritable fin, et que l'âme s'en est emparée pour le diriger vers cette fin, l'appétit perd ce caractère d'ivresse et de délire qui en faisait une passion ignoble ou dangereuse, et devient une simple loi de la Nature, nécessaire à l'accomplissement de notre destinée. Voilà comment l'âme, en ramenant chaque principe animal à sa fin et à sa fonction légitime, purifie la vie entière, et aux grossières influences de la chair substitue partout son souffle divin. Avec le sentiment profond de ces vérités, la psychologie alexandrine n'en a pas moins eu le tort de faire de la séparation absolue de l'âme et du corps la condition de la vie parfaite. Sa théorie des rapports de l'âme avec le corps est un mélange de vérité et d'erreur.

De même que le Néoplatonisme a séparé à tort le principe de la vie animale du principe de la vie morale, en se fondant sur la distinction réelle des phénomènes, de même il se trompe, lorsqu'il attribue les actes de pensée et d'amour à des principes substantiellement distincts de l'âme, bien que compris dans la nature humaine. Que les objets de l'intelligence et de l'amour soient en dehors de l'âme et de la conscience, rien n'est plus évident ; mais l'intelligence et l'amour ne sont que des actes ou des facultés de l'âme. C'est l'âme elle-même en relation avec l'intelligible et le divin. Parce que l'amour et la pensée ne sont pas des actes propres à l'âme, comme la volonté, il n'en faut pas conclure qu'ils appartiennent à des principes étrangers, pas plus qu'il ne convient de rapporter la sensation, autre phénomène adventice, à un principe à part. Il est hors de doute que la sensation, la volonté, la pensée, sont trois phénomènes psychologiques d'un caractère fort différent. La volonté seule est un acte pur de l'âme ; la sensation et la pensée n'en sont que des modifications. La volonté s'explique entièrement par l'activité intérieure ; la sensation et la pensée supposent un monde, en dehors de la conscience. L'âme est en même temps le sujet et le principe de la volonté ; elle n'est que le sujet de la sensation et de la pensée. Leur principe est ailleurs, pour la sensation dans le corps, pour la pensée dans le monde intelligible. Mais de cette différence, il n'y a pas lieu de conclure, ainsi que l'ont fait les Alexandrins, que la sensation, la volonté, la pensée appartiennent à trois principes substantiellement distincts. Il y a un *criterium* infaillible en psychologie pour réunir les phénomènes sous un même principe ou les rapporter à des principes différents : c'est l'unité de la conscience. Tous les phénomènes dont l'âme a conscience lui appartiennent, soit comme actes purs, soit comme modifications. A ce titre, la sensation, la volonté, la pensée, l'amour appartiennent également à l'âme, quelles que soient d'ailleurs les différences qui les caractérisent. Les Alexandrins ont trop oublié que l'âme a la même sphère que la conscience, et que rien de ce qui tombe sous celle-ci n'est étrangère à celle-là.

En résumé, la psychologie alexandrine, en reconnaissant dans l'homme divers principes, l'animal, l'âme, l'intelligence, le divin, exprime une vérité incontestable, à savoir, la distinction de plusieurs ordres de phénomènes ayant pour origine, les uns l'activité pure de l'âme, les autres la relation de l'âme, soit avec le monde sensible, soit avec le monde intelligible; mais elle exagère cette vérité, en concluant de la distinction des phénomènes à la distinction substantielle des principes. Par là elle méconnaît l'indivisible unité de la nature humaine, laquelle réside tout entière dans un principe unique, l'âme, cause ou sujet de tous les phénomènes dont elle a conscience, depuis la sensation jusqu'à l'extase.

CHAPITRE V.

Morale.

Vie pratique. Vertus qu'elle comporte. Vie contemplative. Extase. Théorie du bonheur.

La morale des Alexandrins, rigoureuse déduction de leur psychologie, est, de même que cette partie de la doctrine générale, un reflet de leur métaphysique. La fin de l'homme, comme de tout être, est le souverain bien, c'est-à-dire, l'unité; le point de départ est le multiple, le monde sensible, dans lequel la nature humaine plonge par en bas; la transition est une série de principes intermédiaires, comme l'âme sensible, l'âme rationnelle, l'intelligence pure, par lesquels elle parvient à la suprême Unité. Autant de principes dans la vie universelle et dans l'homme, autant d'états correspondants dans la vie humaine. A la Nature proprement dite répond la vie sensible, à l'âme la vertu pratique fondée sur la volonté et la raison, à l'intelligence la vie contemplative, à l'Unité l'extase.

C'est avec une profonde raison que la philosophie morale de l'Antiquité a débuté constamment par la définition du souverain bien ; car de ce problème dépend la solution de tous les autres. Le devoir, le bonheur, la vertu, toutes les notions morales ne sont que des déductions immédiates de l'idée suprême du bien. Selon l'Ecole d'Alexandrie, le bien en tout, c'est l'unité ; le souverain bien, c'est la suprême unité. La Nature, l'Ame, l'Intelligence, unités relatives, ne sont que des formes plus ou moins expressives du bien : c'est dans l'Unité absolue qu'il faut en chercher le type et le principe. L'Unité en soi est la fin dernière de la nature humaine. La sensation, la raison, la pensée ne font que préparer l'acte suprême qui a pour but la possession même de l'unité, l'amour.

Cette théorie fort logique du souverain bien repose sur une abstraction. L'unité, nous l'avons démontré ailleurs, n'est pas le type ni le principe de l'être ; elle n'en est qu'une condition. Tout être est un, sans quoi il ne serait pas. Quant à l'axiome métaphysique sur lequel les Alexandrins fondent leur définition de l'être et du bien par l'unité, à savoir, que plus un être est un, plus il est éminent, et que l'unité est la mesure même de l'excellence des êtres, il n'est vrai qu'en un sens. S'il s'agit de l'unité interne, organique, telle que l'entend Aristote, rien de plus exact et de plus profond que cet axiome. A mesure que la science qui embrasse la vie universelle s'élève dans l'échelle des êtres, elle découvre une unité plus forte, plus individuelle, dans l'organisation des êtres supérieurs ; mais cette unité n'a rien de commun avec l'unité abstraite de l'analyse alexandrine, avec l'unité dont le caractère propre est la simplicité. Au contraire, dans l'être supérieur, l'unité organique est en raison directe de la complexité des éléments qui le constituent. Plus la Nature avance, plus son œuvre se complique. L'homme, terme suprême de ses progrès dans le monde que nous habitons, est tout à la fois l'organisation la plus individuelle et la plus complexe. L'unité mathématique est le signe des organisations élémentaires, et partant inférieures : plus on descend dans le système de la vie universelle, plus on découvre de simplicité dans les êtres. Par suite de cette confusion, l'École d'Alexandrie, ne comprenant pas le vrai type de l'être, s'égare dans la définition du bien, et, dans la sphère morale, ne peut proposer à l'activité humaine qu'un faux idéal. Si l'unité est le bien, il faut tendre à l'unité par la simplification de la nature humaine, par l'élimination successive de toutes les facultés. Par le développement de ses puissances, l'âme s'est écartée de l'unité ; elle ne peut y rentrer que par la concentration, et la suspension de ces mêmes puissances. Pour que la nature humaine possède le souverain bien, l'unité, il faut qu'elle en contracte la forme, c'est-à-dire qu'elle se fasse une. L'unité, ainsi entendue, n'est pas la suprême perfection ; c'est le vide, le néant. Pour avoir voulu dépasser l'être, la métaphysique néoplatonicienne tombe dans le non-être.

Pour avoir tenté d'élever la nature humaine au delà de la vertu et de la pensée, la morale alexandrine l'anéantit.

C'est dans la catégorie de l'être qu'il faut chercher le bien ; au delà il n'y a que chimère et abstraction. Plotin l'a dit avec une profonde raison : en toute chose, l'être est la mesure du bien. Le bien absolu, le bien proprement dit ne se rencontre pas dans la réalité ; il n'habite que le monde intelligible : c'est l'essence, l'*idée* même des choses conçues par la pensée dans leur perfection idéale. Ainsi, pour l'homme, le souverain bien, c'est l'idéal, l'exemplaire même de sa nature. Or l'essence de la nature humaine n'est pas l'unité abstraite, mais l'unité harmonique des divers principes de la vie, sensibilité, amour, intelligence. Sentir, aimer, penser, tel est l'acte même de la vie, acte triple et un, triple par la distinction des facultés qui concourent à le produire, profondément un par la connexion intime de ces facultés, en sorte qu'aucune n'entre en acte sans les deux autres. Mais l'homme est double dans son unité, âme et corps ; la vie humaine est double, spirituelle et animale. Il y a la sensibilité, l'amour, la pensée de l'animal, qui ont pour objet le sensible ; il y a la sensibilité, l'amour, la pensée de l'âme, qui ont pour objet l'intelligible. Entre les deux vies, entre les deux principes, l'harmonie a pour condition, non le sacrifice absolu, mais la subordination du principe inférieur au principe supérieur, de l'animal à l'homme. Car les facultés animales sont aux facultés spirituelles dans le rapport du moyen à la fin, des fonctions organiques à l'acte final de la vie. L'harmonie parfaite de toutes nos facultés, agissant et se développant chacune, selon le but qui lui est assigné, et selon la mesure qui convient à son importance, tel est le souverain bien de la vie humaine, l'idéal que toute saine morale doit proposer à notre activité. L'action, le développement, la libre expansion de nos facultés, le mouvement, la vie, la variété, la mesure dans le mouvement, la règle dans la vie, l'unité dans la variété, telle est notre destinée. L'idéal de la morale néoplatonicienne, l'unité abstraite, qu'est-ce autre chose que le néant et la mort ?

Le problème du bonheur, dans la morale alexandrine, se confond avec le problème du souverain bien. L'idéalisme de Platon incline à identifier la perfection et le bonheur, et à en retrancher toute affection, tout mouvement de la sensibilité. C'est en regard du souverain bien qu'il veut qu'on juge du bonheur. Pourtant, par une sorte de concession à notre humanité, il admet, à la suite de la science et de la vertu, le plaisir comme élément accessoire du bonheur, dont il fait un certain mélange de raison et de sensibilité. Aristote est un observateur de la vie humaine trop profond et trop exact pour confondre, en dépit de la réalité, la perfection et le bonheur : du reste, sa doctrine morale n'a rien de commun avec ce sensualisme plus ou moins raffiné qui identifie le bonheur et le plaisir. Aristote n'a pas contre le plaisir les préventions des Écoles idéalistes ; il ne le considère point comme un élément impur, un accident regrettable de la vie humaine. Le plaisir, à ses yeux, est si peu contraire à la perfection, qu'il en est le signe certain, en toute chose. C'est le sentiment d'un acte accompli, d'une fin heureusement atteinte ; c'est l'épanouissement de la perfection dans la sensibilité. Sans le plaisir et la douleur, la nature et l'âme atteindraient ou manqueraient leur fin sans en avoir conscience. Théorie admirable que le spiritualisme le plus élevé, pourvu qu'il soit raisonnable, ne saurait repousser! Mais, tout en réhabilitant le plaisir, Aristote ne lui fait pas la part trop large dans sa théorie du bonheur. Le bonheur, selon ce philosophe, n'est pas simplement le plaisir, même le plaisir continu et permanent; c'est l'état de la sensibilité qui correspond à l'accomplissement de la vraie destinée humaine. Tout plaisir est sans doute le signe d'un acte parfait; mais nos facultés n'ont pas toutes la même dignité, ni le même rôle. Tandis que l'une n'est que le moyen, l'autre est la fin. Ainsi, la vie spéculative étant la fin suprême de l'âme, il n'y a de vraie félicité que dans l'accomplissement de cette fin; hors de là, la sensibilité n'est qu'une source de plaisirs qui ne méritent pas le nom de bonheur, quelle qu'en soit d'ailleurs la vivacité ou la durée. Toute vie qui manque sa fin, ne saurait être heureuse, quand il y aurait surabondance de sensations ou de sentiments agréables.

Telle est la doctrine d'Aristote, dans son esprit et dans sa lettre; c'est tout ce qui a été dit de plus profond et de plus vrai sur la question du bonheur. Le Stoïcisme, en identifiant absolument le bonheur avec la vertu, n'a émis qu'un paradoxe, très propre sans doute à l'éducation des âmes fortes, mais contredit énergiquement par l'expérience. Non, l'homme juste n'est pas heureux, par cela seul qu'il est juste. Bonheur et vertu ne sont pas synonymes pour la conscience humaine. Que la justice et la vertu soient la meilleure part de notre destinée, qu'on aille même jusqu'à dire qu'elles sont notre vraie, notre seule fin, rien de mieux ; mais ajouter que le juste est heureux, même alors qu'il souffre, qu'il est heureux par sa vertu, fût-il livré au plus affreux supplice, il y a dans ce sublime précepte une étrange erreur, si ce n'est un abus de mots.

Le Néoplatonisme adopte cette sévère doctrine. A ses yeux, le bonheur n'est autre chose que la possession du bien. Aristote avait dit avec une admirable profondeur : Le plaisir, c'est le sentiment de l'acte ; le bonheur, c'est le sentiment de la vie parfaite. Plotin ne tient aucun compte du sentiment, et fait résider le bonheur dans l'acte même, dans la perfection de l'être. Il ne se borne point à réfuter la doctrine qui place le bonheur dans une affection de la sensibilité, sensation ou sentiment, abstraction faite de toute perfection et de toute fin ; il exclut absolument la sensibilité de la définition du bonheur. A ses yeux, la vertu, la perfection, n'est pas simplement le principe du bonheur, elle en fait l'essence et le caractère propre. En sorte que le bonheur et la perfection ne sont pas seulement deux choses inséparablement unies, mais une seule et même chose : être parfait, c'est être heureux ; être, perfection, bonheur, termes synonymes[1]. Plotin aime à le

---

[1] Il n'est pas sans intérêt de rapprocher de cette doctrine de Plotin sur le bonheur la théorie de Fichte sur le même sujet. « S'il s'en faut de beaucoup que tout ce qui paraît vivant soit heureux, c'est qu'en fait et en réalité, ce qui n'est pas heureux n'est pas vivant, et demeure en grande partie plongé dans la mort et dans le néant. La vie est elle-même le bonheur. » (*Méthode pour arriver à la vie bienheureuse*, 1ʳᵉ leçon, trad. de M. Bouillier.) Assurément

redire après les Stoïciens, le juste, le sage, est heureux jusque dans le taureau de Phalaris. C'est dans le sanctuaire de l'être, dans l'âme, dans l'intelligence, dans l'amour, que réside le vrai bonheur, celui que rien ne peut troubler, que rien ne peut atteindre. Ce bonheur, acte simple, indivisible, immanent, sans degrés, sans succession, comme la vie parfaite à laquelle il est identique, n'a pas d'écho dans la sensibilité, et n'appartient qu'aux êtres impassibles d'un monde supérieur. C'est une lumière, dont l'homme ici-bas ne connaît que de rares et fugitifs éclairs, et qui réserve aux Dieux ses ineffables clartés.

Cette doctrine, si élevée et si austère, est profondément vraie par un côté. Toute morale vraiment rationnelle ne saurait confondre le bonheur avec le plaisir, ni en faire un simple état de la sensibilité, indifférent à la vertu, indépendant de la perfection, à l'exemple des Écoles sensualistes, qui prodiguent ce beau nom aux impressions et aux passions les moins dignes de la nature humaine. Le Néoplatonisme a raison de ne pas prendre pour mesure, pour type, pour principe du bonheur, la sensation, ni même le sentiment, et de chercher la félicité à une source plus haute et plus pure. C'est une fausse et dégradante maxime que celle-ci : Chacun prend son bonheur où il le trouve. Cela n'est vrai que du plaisir. Il y a mille variétés

Fichte n'a point emprunté cette doctrine à la philosophie grecque avec laquelle il semble peu familier. Plus loin, *même leçon* : « Où serait l'élément de la vie et du bonheur, si ce n'est dans la pensée? Serait-ce dans les sensations et dans les sentiments? Mais comment un sentiment, qui est de sa nature accidentel, pourrait-il donner la garantie de son existence invariable et éternelle? »

de plaisir; il n'y a qu'un bonheur véritable, comme il n'y a qu'un goût vrai. Le bonheur, ainsi que le vrai, le beau et le bon, a son idéal unique, immuable, identique pour tous, dans tous les temps et dans tous les lieux. Il n'y a pas deux manières d'entendre la félicité, de même qu'il n'y a pas deux manières de comprendre la perfection. Toute théorie qui ne rattache pas intimement le bonheur à la destinée, qui n'en fait pas un sentiment ou un état inséparable de la perfection, est arbitraire et empirique, si elle n'aboutit à un grossier sensualisme. On n'est pas heureux parce qu'on le croit; on peut se tromper sur l'essence même du bonheur. Le voluptueux qui serait parvenu à se faire illusion sur sa destinée au point de confondre le bonheur avec le genre de volupté auquel il se livre, n'est pas heureux, dans le sens noble et vrai du mot, quoiqu'il le pense et le dise; car le bonheur est incompatible avec la dégradation.

Le Néoplatonisme est-il encore dans le vrai, lorsqu'il prétend que le bonheur est proportionnel à la perfection, dont il est inséparable, comme le sentiment de l'acte? Ici le doute est permis, bien que cette assertion ne soit pas sans fondement. Il y a en effet un phénomène inséparable de la vertu, qui en suit tous les degrés et tous les développements, comme elle faible ou énergique, superficiel ou profond. Toute vertu, toute perfection a son écho fidèle dans la sensibilité. Mais ce sentiment a-t-il toujours toute l'intensité et toute la durée qui sont les conditions du bonheur? N'est-il pas souvent dominé, éclipsé par une impression qui a une autre origine et un autre caractère? Le juste peut souffrir de grandes douleurs, dans l'accomplissement de certains devoirs; le sentiment de satisfaction intérieure n'est-il pas alors paralysé par une sensation? Que devient ce sentiment dans le taureau de Phalaris? A moins d'équivoque, n'est-ce pas insulter le sens commun que de parler de bonheur dans ces situations accablantes pour notre pauvre humanité? C'est bien assez qu'elle y conserve sa vertu. Les Alexandrins nous représentent les divers principes de la nature humaine, ayant chacun leur vie propre et leur centre d'action; ils imaginent la sensibilité, l'âme, l'intelligence, l'amour, comme des principes solitaires et indépendants au plus profond de leur essence, où ils se retirent à volonté. Pure illusion. Il n'y a pas dans l'âme un principe qui sent, un autre qui veut, un autre qui pense, un autre qui aime; c'est un seul et même être, l'âme, qui accomplit tous ces actes, ou éprouve toutes ces affections. Tous ces principes se tiennent intimement dans l'unité indivisible de notre nature; la sensibilité a son retentissement inévitable dans la vie commune et dans la conscience. Le mystique le plus exalté ne peut se délivrer de la sensation que par la mort. Trop souvent les impressions sensibles troublent le juste dans l'accomplissement de son devoir; et quand même sa vertu héroïque parvient à en triompher, il peut en souffrir au point de ne pouvoir jouir du sentiment de cette vertu. Toutes les exagérations de la morale stoïque, toutes les abstractions du mysticisme alexandrin ne peuvent faire illusion sur notre destinée. L'âme, toujours libre, toujours maîtresse de ses actes, n'a point cet empire sur ses sentiments; elle peut tout pour sa perfection, elle n'a qu'un médiocre pouvoir pour son bonheur. L'École d'Alexandrie n'en a pas moins raison de célébrer le bonheur de la vertu. Il y a des destinées qui, loin de réaliser l'accord de la vertu et du bonheur, offrent le contraste le plus parfait ; celles-là sont de sublimes exceptions à la loi commune et vraiment providentielle qui a voulu que les meilleurs fussent en même temps les plus heureux.

Ce qui n'est pas un paradoxe, mais une erreur et une absurdité, c'est d'identifier absolument, comme l'a fait Plotin, le bonheur avec la perfection, au point d'en exclure tout phénomène de la sensibilité. Si tout bonheur digne de ce nom a son principe dans la perfection, il a son siége dans la sensibilité. Le phénomène affectif ne suffit pas à expliquer le bonheur tout entier ; mais il le constitue, à proprement parler. Il en est l'essence, et non une simple condition, comme la vertu. En dépit de tous les paradoxes et de toutes les subtilités, c'est une vérité par trop vraie que le bonheur est une jouissance, et qu'un être impassible, quelle que soit sa perfection, n'est capable ni de bonheur, ni de malheur. Même en admettant que le bonheur est inséparable de la vertu, il faut se garder de conclure à l'identité de ces deux choses. Que le juste soit heureux, qu'il le soit en raison et en proportion de sa vertu, ce n'est pas en tant que juste, mais en tant qu'être sensible qu'il est heureux. Privez-le tout à coup de la sensibilité, la perfection lui reste, mais le bonheur a disparu. Sans doute, le bonheur n'est pas le plaisir comme tel, ni aucune espèce de plaisir ; l'intensité, la durée, même la qualité du plaisir ne peuvent le convertir en bonheur. Ce qui lui communique ce caractère élevé, c'est le rapport avec la destinée. Mais enfin le bonheur n'est ni la vertu, ni la perfection, à quelque degré qu'on la suppose ; c'est le sentiment que l'âme en a, sentiment calme et pur, d'une douceur ineffable, dans lequel toute vertu qui n'est pas un calcul trouve son véritable prix, et qui doit être une anticipation de la divine félicité.

La théorie du souverain bien explique toutes les erreurs du mysticisme alexandrin, sa prédilection pour la vie contemplative, et ses illusions sur l'extase. Les regards sans cesse fixés sur un faux idéal, les moralistes de cette École ne comprennent qu'imparfaitement la vie, la vertu, la perfection.

Ce n'est pas à dire que la morale du Néoplatonisme soit une morale d'ascètes et de solitaires, qui n'ont d'autre souci que le monde intelligible. Le mysticisme de cette École, quelque préoccupé qu'il soit de son idéal, ne délaisse point les vertus pratiques pour la contemplation et l'extase. Le Platonicisme et le Stoïcisme ne professent pas un plus sérieux attachement aux devoirs de la vie ordinaire. Plotin, Porphyre, Proclus, Jamblique, Hiéroclès, n'étaient pas seulement des mystiques exaltés ; malgré leur goût profond pour la vie contemplative, ils enseignaient et pratiquaient admirablement toutes les vertus politiques, au sein d'une société en ruine, qu'ils ont essayé de régénérer, et qu'ils n'ont abandonnée au Christianisme et aux Barbares qu'après les plus héroïques efforts. Dans sa réfutation des Gnostiques, Plotin s'élève avec la plus grande énergie contre ce mysticisme effréné qui, plein de mépris et de dégoût pour cette misérable vie, aspire à en sortir le plus tôt possible. Il veut qu'on se prépare à la vie contemplative par l'exercice des vertus de la vie pratique. Il veut qu'on songe au *Père*, sans oublier le *Fils.* Or le Père, dans son poétique langage, c'est le Bien ; le Fils, c'est le monde, c'est l'Intelligence, l'Ame, le Ciel, toute la série des hypostases qui séparent la nature humaine de son Principe. Plotin ne croit point à ces élévations subites, à ces brusques transformations, à ces ravissements soudains de l'âme en Dieu, dont la Gnose se vantait d'avoir le privilége. Il ne voit point dans le monde sensible l'œuvre d'un démon ou d'un dieu en délire. Il aime à répéter cet axiome de la sagesse antique : « Il n'y a rien de vil dans la maison de Jupiter. » Plein d'admiration pour le Cosmos, il en célèbre avec enthousiasme la beauté, l'harmonie, le plan merveilleux ; il pousse l'optimisme jusqu'à nier l'existence du mal. A ses yeux, tout est bon dans l'univers ; seulement il y a des degrés dans le bien. Et cette doctrine est celle de l'École tout entière. Porphyre, malgré certains accès de mélancolie, Jamblique, Proclus, pensent à cet égard et parlent absolument comme Plotin. Jamais optimiste n'a expliqué d'une manière plus ingénieuse et plus profonde que Proclus les contradictions, les anomalies, les iniquités apparentes du gouvernement de la Providence.

Ce caractère du mysticisme alexandrin ne saurait être trop mis en lumière. Bien différent des mystiques de l'Inde, de la Gnose et même du Christianisme, le mystique néoplatonicien aime et admire le théâtre où la Providence l'a placé ; il prend au sérieux le rôle qui lui a été assigné, et en remplit tous les devoirs jusqu'au bout, sans laisser échapper une plainte ou un cri d'impatience. Cette constance admirable n'est point seulement la résignation d'un malheureux qui souffre en espérant ; c'est l'accomplissement calme et serein d'une destinée qui, pour n'être pas définitive, n'en est pas moins jugée excellente. Le mystique alexandrin aspire à une vie meilleure que la vie actuelle, à une perfection plus grande que la vertu pratique ; mais il n'en trouve pas moins de charme à la vie présente, et de prix à la vertu qu'il y cultive. Intelligent et libéral, s'il en fut, dans son mysticisme, il ne retranche, n'exclut, ne supprime rien, pas plus dans la vie humaine que dans le monde ; il comprend et conserve tout, en faisant à chaque principe dans le monde, à chaque faculté dans l'homme, la place qui lui convient, ou du moins qu'il croit lui convenir. Son ascétisme, si l'on peut donner ce nom à une discipline pleine de sagesse et de mesure, n'a rien de violent ni de forcé ; il ne mutile pas l'humanité, il ne fait que l'épurer, l'affranchir et l'élever. Il n'a rien de commun avec le sombre et implacable ascétisme des *Sophis* de l'Inde ou des solitaires de la Thébaïde. Il ne maudit ni ne tourmente la nature ; il se contente de la subordonner à l'âme et à l'intelligence. Il se défie des influences extérieures, et cherche, par une discipline forte et simple, à en affranchir l'âme ; mais il se garde bien de rompre les liens qui l'unissent soit au monde, soit à la société. Assurément les joies qu'il préfère et qu'il recommande sont celles de l'âme et de l'intelligence ; mais, s'il ne veut pas qu'on abuse des plaisirs des sens, il permet qu'on en use dans une certaine mesure et pour une fin rationnelle. Point de ces macérations de la chair, de ces veilles continuelles, de ces jeûnes sans fin, de toutes ces rigueurs ascétiques qui, loin d'affranchir l'âme et de la fortifier, la livrent sans force et sans défense à toutes les illusions d'une imagination exaltée. C'est le mysticisme le plus calme, le plus spéculatif, le plus pur de toutes les impressions sensibles, de toutes ces passions du corps qui jouent un rôle considérable dans la contemplation et l'extase des sectes mystiques.

Mais enfin c'est le mysticisme, c'est-à-dire, une doctrine morale qui détruit l'harmonie de la vie humaine par la séparation absolue de la vie pratique et de la vie contemplative, qui fait de celle-ci la fin et de celle-là le moyen. Erreur profonde, qui a son principe dans la source même du mysticisme, dans l'idéalisme. Toute École idéaliste ne se borne point à distinguer le monde intelligible du monde sensible, l'idée de la réalité individuelle; elle l'en sépare et par là réalise une abstraction. Le mysticisme ne fait que transporter ce divorce dans la vie humaine, et, de même que l'idéalisme avait brisé la synthèse indissoluble des deux mondes, il brise la synthèse des deux natures et des deux principes dans l'homme. Ces deux doctrines sont donc entre elles dans le rapport de la conséquence au principe; si l'une est fausse, l'autre ne peut être vraie; toutes deux reposent sur la même abstraction, par conséquent sur la même erreur. La vie pratique n'est point une simple introduction à la vie contemplative, seule vie véritable selon les Alexandrins. La vertu n'est pas, dans le développement de la nature humaine, un simple moyen d'atteindre un but supérieur. Rien n'est au-dessus de la vertu. Un poëte l'a dit admirablement : « Le véritable ciel est le cœur de l'homme juste. » *Et cœlum et virtus.* C'est une noble destinée sans doute que de se vouer, dans le silence des passions, à la contemplation solitaire du vrai et du beau. Mais, comme le dit encore la sagesse antique : Est-il un plus noble spectacle, sous le ciel, que celui de l'homme juste luttant contre l'adversité? Qui ne juge la pratique du bien supérieure à la contemplation du vrai? Qui ne préfère la destinée du grand citoyen à celle du penseur illustre? Qui ne place Socrate au-dessus d'Aristote? La science la plus haute ne vaut pas un acte de vertu. La philosophie grecque l'avait bien compris dans les beaux jours de la cité; ce n'est que lorsque le sentiment de la vie politique commence à décliner, qu'elle subordonna la pratique à la spéculation. Après Platon, qui ne voit rien au delà de la vertu politique, vient Aristote, qui fait de la vie spéculative la fin de la nature humaine. Le Stoïcisme, fidèle en cela à la morale platonicienne, malgré la décadence toujours croissante de la société antique, relève la vertu au-dessus de la science : le vers de Lucain n'est qu'une inspiration de cette grande École. Enfin, le mysticisme alexandrin, tout en maintenant avec une admirable fermeté tous les devoirs et toutes les vertus de la vie pratique, cherche en dehors et au delà de la conscience le mot de la destinée, l'idéal de la vie humaine.

Le goût de la vie contemplative chez les Alexandrins s'explique tout à la fois par leur doctrine métaphysique et par l'état de la société au milieu de laquelle ils ont vécu. Ces grands esprits étaient en même temps d'excellents citoyens qui acceptaient stoïquement tous les devoirs et toutes les amertumes de la vie politique. Le vieux monde, dont ils étaient les derniers défenseurs, ne leur faisait point illusion ; ils en voyaient toutes les ruines et toutes les misères. Ils s'y attachaient, non pour lui-même, mais pour les beaux souvenirs dont il était plein ; ils le sentaient mourir d'épuisement, malgré leurs généreux efforts pour le renouveler. Il n'est pas étonnant qu'ils aient professé la supériorité de la vie contemplative sur la vie politique. Quand leur doctrine métaphysique ne les eût pas conduits au mysticisme, la vue de cette triste société eût suffi pour les y jeter. Un idéalisme excessif ne leur permettait pas de comprendre la véritable fin de l'homme ; mais l'eussent-ils comprise, la société dans laquelle ils vivaient les eût empêchés de la poursuivre, et les eût condamnés à la vie contemplative. Quoi qu'il en soit, la fin de la nature humaine ne varie point selon les temps ; l'idéal de la vie morale ne peut changer suivant les situations sociales ou politiques où l'homme se trouve placé. Dans tous les temps et dans toutes les situations, la fin de la nature humaine est l'action, non la pensée ; l'idéal de la destinée humaine est la vertu, non la contemplation. Il y a des époques où la vertu pratique devient difficile ou impossible, faute d'un théâtre où elle puisse se déployer ; elle n'en reste pas moins l'acte par excellence de la vie morale. L'âme le sent profondément, à moins que les abstractions de l'idéalisme ne lui fassent illusion, et alors même qu'elle est vouée à la vie contemplative par une impérieuse nécessité, elle maintient la supériorité morale de la vie politique et des vertus qui lui sont propres.

Il est vrai que les Alexandrins élèvent la contemplation fort au-dessus de la science proprement dite : ils en font un acte de l'intelligence pure, supérieur à la fois à la raison, à la vertu, à tous les actes de l'âme.

Mais ainsi conçue, la vie contemplative n'est qu'une abstraction. L'intelligence n'entre en acte qu'avec le concours des sens et de l'imagination; elle ne conçoit l'intelligible que sous le sensible, l'idée que sous la réalité. De même que l'idée et la réalité, l'universel et l'individuel, l'intelligible et le sensible se confondent dans l'unité de l'être, de même l'intelligence et la sensibilité, la raison et l'expérience concourent à l'acte complexe de la connaissance. L'analyse peut bien décomposer cette synthèse, en distinguer les éléments, la sensation et la pensée pure; mais, dès qu'elle va jusqu'à les séparer et à faire de la sensation et de la pensée deux ordres de connaissances distinctes, correspondants à des objets réels, elle réalise des abstractions. Toute connaissance proprement dite, ainsi que l'a si bien démontré Kant, suppose un élément sensible et un élément intelligible, une matière et une forme. C'est la sensation qui fournit la matière, et l'entendement qui donne la forme. Si vous séparez les deux éléments dont elle se compose, vous détruisez la chose même qui n'existait que par leur synthèse, la connaissance; il ne reste plus que des abstractions. L'acte de l'intelligence, simple, indivisible, éternel, supérieur à la raison, à l'âme, à tout ce qui vit dans le temps, n'est qu'une fiction de l'analyse alexandrine. De même que l'intelligence n'existe pas sans l'âme, dont elle n'est qu'une faculté, de même il n'y a point de vie contemplative à part de la sensation, de la raison et de toutes les autres facultés cognitives de l'âme. En dehors de ces conditions, toute contemplation serait stérile, si elle n'était impossible. Les Alexandrins l'ont prouvé par le résultat de leurs efforts. Leur monde intelligible, tel qu'ils le comprennent, n'est qu'une abstraction, et encore une abstraction qu'ils ne conçoivent que par comparaison avec le monde sensible, et qu'ils ne peuvent exprimer sans recourir au langage de l'imagination. Ce monde supérieur, auquel ils prêtent les formes et les couleurs de la réalité, qu'est-ce autre chose que le monde sensible idéalisé? Ils croient s'élever au-dessus du temps et de l'espace, et ne s'aperçoivent pas qu'ils transportent dans cette prétendue région de l'intelligence pure les représentations des sens. Essaient-ils de s'en affranchir, alors ils se perdent dans des fictions absurdes ou inintelligibles.

Si la contemplation est impossible dans le mysticisme alexandrin, que faut-il dire de l'extase? Ce mot exprime dans l'histoire du mysticisme un double état de l'âme et du corps, résultant de la double influence de causes morales et de causes physiques. L'extase néoplatonicienne est un acte transcendant de la nature humaine, pur de toute influence extérieure, et qui n'a rien de commun avec les passions de la sensibilité. Les vrais représentants du Néoplatonisme, Plotin, Porphyre, Proclus, laissent au mysticisme ordinaire ses artifices, ses procédés empiriques, ses pratiques superstitieuses ; ils ne font jamais appel aux puissances inférieures, aux dieux de second ou de troisième ordre ; ils n'ont point recours aux invocations, encore moins aux évocations ; ils méprisent tous ces moyens magiques qui agissent physiquement sur la nature humaine, soit pour endormir, soit pour surexciter les sens, et qui produisent, tantôt une ivresse magnétique féconde en rêves et en hallucinations, tantôt une exaltation qui va jusqu'au délire. Bien loin de faire intervenir les influences physiques dans le phénomène de l'extase, ils en écartent, ou du moins prétendent en écarter les opérations et les facultés de l'âme proprement dite, la volonté, la raison, la conscience ; ils en excluent jusqu'à l'intelligence pure. Leur théurgie, c'est-à-dire l'art de produire le divin, ou plutôt de convertir l'homme en Dieu, est très simple, et ne cherche point ses effets en dehors de la psychologie et de la morale. Quand la nature humaine, complétement affranchie des passions de la sensibilité et des illusions de l'imagination par la pratique des vertus purificatives, telles que la tempérance, le courage, la prudence, la justice, est parvenue à la vie pure de l'intelligence, elle est prête pour une nouvelle et suprême métamorphose que l'amour seul peut opérer. L'amour, principe supérieur à l'âme, à l'intelligence, voilà le vrai et le seul maître en théurgie, celui qui transforme l'homme en Dieu, qui déifie l'humanité purifiée par la vertu et illuminée par la contemplation. Pour faire ce miracle, le mystique alexandrin n'a d'autre baguette magique que l'amour. Jamais mysticisme ne fut plus sévère que celui des Néoplatoniciens. Il ne conserve absolument rien des impressions corporelles ; il fait de la contemplation et de l'extase des actes abstraits, si dégagés de toute condition physiologique ou même psychologique, qu'il les réduit à des chimères. Le mysticisme chrétien, si élevé, si intime qu'il soit, n'a pas cette sévérité d'abstraction. Sans rechercher les artifices grossiers qui s'adressent aux sens, il mêle le sentiment à la spéculation, les mouvements du cœur aux élans de la contemplation ; il transporte, dans l'amour divin, les affections de l'humanité, et dans l'extase quelque chose des tendresses de la passion. L'extase alexandrine n'a rien d'humain; pure de toute affection, de tout sentiment et de toute pensée, c'est l'acte le plus abstrait auquel la nature humaine ait tenté de s'élever.

Ce genre d'extase se prête difficilement à une description psychologique. Selon la définition qu'en donnent les Alexandrins, c'est un acte de la nature humaine, supérieur à tous les actes de l'âme et de l'intelligence, et qui a pour but la possession du bien suprême : c'est l'amour à son plus haut degré d'énergie et de pureté. Le propre de l'amour est d'unir, d'identifier l'amant et l'objet aimé; le propre de l'extase, ce suprême amour, est d'identifier l'homme avec le Bien absolu, Dieu. Mais cet amour, dont l'extase est le dernier degré, n'est pas le phénomène de l'âme que chacun connaît et pourrait décrire, même dans ses moments de suprême exaltation, et qui, tout en ayant pour but et pour effet d'unir intimement l'amant à l'objet aimé, ne va jamais jusqu'à supprimer la conscience et détruire la personne. C'est l'acte abstrait, s'il en fût, d'un principe supérieur à l'âme et même à l'intelligence, qui dépasse les limites de la conscience, sinon de la nature humaine, acte dont rien ne peut donner la moindre idée, parce qu'il n'a pas d'analogue dans la vie morale, et qu'on ne peut concevoir même comme la crise d'un état réel, comme le type absolu d'un phénomène saisissable dans sa fugitive apparition. L'extase des sens, bien qu'elle soit un accident très rare de la vie physiologique, peut se définir et se décrire; c'est une sorte d'ivresse magnétique dans laquelle l'imagination, usurpant le rôle des facultés de l'intelligence, substitue le rêve à la pensée. Il y a un mysticisme grossier qui promet, par ce moyen, l'intuition directe des choses surnaturelles. L'extase de l'âme s'observe encore et se décrit, bien qu'imparfaitement ; car ce n'est qu'un phénomène psychologique connu, l'amour, dans sa plus haute manifestation, acte rare, rapide comme l'éclair, mais enfin qui n'échappe pas tout à fait au regard de la conscience : telle est l'extase chrétienne. Mais l'extase alexandrine n'a aucun de ces caractères ; elle n'est ni physiologique ni psychologique ; elle se dérobe au sens extérieur comme au sens intime ; ce n'est pas même un acte abstrait, comme la contemplation, laquelle n'est impossible qu'autant qu'elle est tentée en dehors de toutes les conditions de la réalité ; c'est une hypothèse qui ne peut pas plus se concevoir que se réaliser, une pure chimère.

Au fond de tout amour ; quels qu'en soient le degré et l'objet, l'analyse peut toujours découvrir deux phénomènes, un mouvement et un sentiment de l'âme. Que ce mouvement soit libre de toute impression sensible, que ce sentiment soit pur de tout appétit sensuel, tel est en effet le caractère propre de l'amour vrai, qu'il ne faut pas confondre avec ces mouvements de la chair qui s'appellent passions. Mais l'essence de l'amour n'en est pas moins d'être un mouvement et un sentiment de l'âme. En changeant d'objet, il ne change point de nature ; devînt-il parfait, il n'en serait pas moins ce que nous venons de le définir. L'âme aime Dieu sans doute autrement qu'elle n'aime ses créatures ; entre le premier et le second amour, il y a un abîme. Tandis que tout amour qui a pour objet la créature est plus ou moins mêlé de sensation, l'amour qui s'attache à Dieu, de même que celui qui a pour objet le beau, le bon, le juste, le saint, est pur et intime ; mais, si pur et si intime qu'il soit, il n'est point l'acte abstrait d'un être impassible, l'acte transcendant d'un principe supérieur à l'âme et à la conscience. C'est l'âme seule qui aime, et elle ne peut aimer que selon sa nature et dans les limites même de sa nature : elle aime avec sentiment et avec intelligence. Un amour impassible est une abstraction qu'il n'est pas raisonnable d'attribuer même à la Divinité. Refuser à Dieu le sentiment, c'est lui refuser l'amour.

L'extase alexandrine n'est pas seulement chimérique comme acte de la nature humaine ; elle l'est surtout dans son objet. Il faut à l'amour, non pas simplement un objet, comme à la pensée, mais un objet déterminé et individuel, une forme ou une puissance dans le monde physique, une âme et une personne dans le monde moral. L'intelligence peut embrasser l'infini, l'universel, l'être en soi ; mais l'amour ne se prend qu'au fini, à l'individuel, à tel être. Il n'est pas dans son essence de saisir l'infini, l'universel, autrement que sous une forme finie et individuelle. Loin d'atteindre au delà du monde intelligible, ainsi que le veulent les Alexandrins, l'amour reste en deçà, dans la sphère des êtres individuels et des choses déterminées. Or le Dieu que poursuit et que prétend posséder l'extase alexandrine est ineffable et inaccessible à toutes les facultés de la pensée. Comment l'amour atteindrait-il ce Dieu dont la nature propre est de n'avoir point d'essence, et qui échappe même à la pure intuition de l'intelligence ? Comment ce qui est supérieur à toute forme, à toute vie, à toute essence, pourrait-il être un objet d'amour ? Abstraction des abstractions, suprême chimère de l'analyse, le Dieu des Alexandrins ne peut être atteint par aucun procédé, puisqu'il est un pur néant. Le moindre défaut de la théurgie alexandrine est de poursuivre l'insaisissable, et de tenter l'impossible.

Non seulement l'amour n'a point prise sur le Dieu du Néoplatonisme, mais il ne saurait même atteindre le Dieu de la raison et de l'intelligence, l'Être universel, infini, nécessaire, principe et substance de tous les êtres finis, individuels, contingents, que contient l'univers. Pour que ce Dieu abstrait puisse être un objet de sentiment et d'amour, il est nécessaire qu'il descende des régions de l'absolu dans le monde des existences individuelles, qu'il se réalise en quelque sorte et se personnifie, qu'il devienne le Dieu de la conscience et de l'humanité. Le mysticisme alexandrin attribue à l'amour une vertu qu'il n'a pas. Si l'amour est supérieur à la pensée, comme faculté de communication avec Dieu, ce n'est point qu'il ait une plus haute portée. Au contraire, c'est l'intelligence qui s'élève, dans la contemplation de la nature divine, à des hauteurs où l'amour ne peut le suivre. L'amour n'atteint l'Être universel que dans sa manifestation individuelle. Mais sous cette forme, il le saisit, l'embrasse, le possède d'une manière bien plus intime et bien plus énergique que l'intelligence ou tout autre faculté. Le Néoplatonisme, toujours prompt aux abstractions, n'a pas vu que toutes les facultés de la nature humaine concourent admirablement à l'œuvre théurgique (à cette mystérieuse extase dont ils ont exclu la pensée), l'intelligence, pour concevoir Dieu dans son essence métaphysique, la sensibilité pour en jouir, l'amour pour le posséder, comme diraient les théologiens de l'Orient, dans son *Verbe* et dans son *Esprit*.

C'est ce que le mysticisme chrétien comprend parfaitement. Son Dieu, tout infini, tout universel qu'il soit par son action, est par nature individuel et personnel ; il sent, il veut, il pense, il aime, aussi bien que l'homme dont il est l'idéal. Il est par conséquent objet d'amour comme de pensée pour l'âme humaine ; objet de pensée par ses attributs métaphysiques, objet d'amour par ses attributs moraux. Le vrai mystique chrétien ne connaît et n'adore que ce Dieu-là. Je dis le vrai ; car des sectes et des écoles mystiques, dans le Christianisme même, ont essayé, sur les traces de la théologie alexandrine ou d'une théologie analogue, de s'élever, par de là le Dieu de la conscience et de la vie, jusqu'au Dieu impersonnel et abstrait de la raison pure. En suivant cette voie, le faux Denys, Scot Érigène, maître Eckart et toute l'École germanique ont échoué au même écueil que les Alexandrins. Comme Plotin et Proclus, ils se sont perdus dans le vide et le néant. Le véritable mysticisme chrétien, profondément antipathique à cette théologie spéculative, s'en tient au Dieu de la psychologie ; s'il se garde de lui prêter les faiblesses de l'humanité, il lui en conserve tous les attributs compatibles avec ses infinies perfections, la providence, la bonté, la grâce, la pitié, la tendresse, tout ce qui peut en faire un objet d'ineffable amour. Quelle ferveur, quel sentiment, quelle passion même, dans l'extase d'un Gerson, d'une sainte Thérèse, d'un Fénelon ! Quel mouvement et quelle vie en ces âmes qui soupirent dans l'attente de l'objet aimé ! Ce mysticisme supprime les affections, les vertus pratiques, la volonté, la pensée, la conscience même ; c'est là le caractère essentiel et l'erreur inévitable de toute doctrine mystique. Mais au moins il conserve quelque chose de l'humanité ; il en conserve et en exalte la partie la plus intime et la plus excellente, le sentiment et l'amour. S'il fait le vide et le silence dans l'intérieur de l'âme, ce n'est pas au profit de la mort et du néant, c'est pour que l'amour, s'y développant avec une énergie nouvelle, la pénètre et la remplisse tout entière. Voilà le mysticisme chrétien dans ses vrais interprètes. Son écueil n'est pas de se perdre dans l'abstraction de l'extase alexandrine, mais de dégénérer en un sentiment passionné, beaucoup trop voisin de celui qu'éprouve l'amant pour l'objet terrestre de son attachement. Dans presque toutes les écoles mystiques du Christianisme, on retrouve ce langage de l'amour ordinaire, toujours noble et pur chez les grands esprits, parce qu'il est tempéré par une haute intelligence, mais fade et puéril dans ses raffinements, chez les âmes qui n'ont pas rompu tout commerce avec le monde sensible, ou qui, ayant plus d'imagination que d'intelligence, en transportent les souvenirs dans un monde supérieur. Tel est le quiétisme de Molinos et de toute son école. Il en est des mystiques espagnols comme des artistes de ce pays; pleins d'énergie et de passion, les uns et les autres n'ont jamais compris ni le beau, ni le divin dans leur pureté idéale.

Il faut reconnaître que la théologie chrétienne se prête à ce mysticisme sentimental. La seconde Personne de la Trinité, le Verbe incarné dans une nature humaine, la plus parfaite et la plus sublime qui ait jamais existé, objet de pur amour pour les âmes initiées à la distinction des deux natures dans le Christ, devient un objet de véritable passion pour les âmes naïves et ardentes qui ne voient rien au delà de l'ineffable figure de Jésus. Selon qu'elle s'adresse au Dieu ou à l'homme, l'extase du mystique change de caractère ; l'amour du Verbe est calme, pur, idéal, comme son objet; l'amour de Jésus, toujours pur, a toute la tendresse d'un sentiment, et même chez quelques âmes plus fortes qu'élevées, tous les mouvements de la passion. C'est pour prévenir cette invasion de la sensibilité dans l'amour de Dieu que d'austères esprits, parmi les mystiques chrétiens, ont tenté d'atteindre jusqu'au plus profond de la nature divine, jusqu'au Père, laissant le culte du Fils à des vertus inférieures. Mais alors, de même que les Alexandrins, ils ont rencontré le vide et le néant. Le Dieu du Christianisme n'est un objet d'amour qu'autant qu'on l'embrasse tout entier, c'est-à-dire, dans ses trois Personnes; du moment qu'on le mutile et qu'on en retranche la Personne du Verbe, il peut être conçu, il ne peut plus être aimé. Le vrai mystique se garde tout à la fois de l'extase alexandrine et de la tendresse passionnée de l'amour humain ; il comprend dans un même sentiment le Père, le Fils et l'Esprit, Trinité indivisible et indissoluble dont la conscience lui présente la fidèle image dans l'humanité ; il repousse également les abstractions négatives de maître Eckart et les ardeurs de Molinos ou de madame Guyon.

Le mystique chrétien, dans ses spéculations les plus hautes, reste encore bien en deçà du but que se propose le mystique alexandrin. Le premier veut atteindre jusqu'au Père, c'est-à-dire jusqu'à l'Être en soi. Le second prétend franchir l'Être et s'élever jusqu'à l'Un. Or, si l'amour ne peut atteindre l'Être, il est encore plus impuissant à posséder l'Un. Mais le moindre défaut de l'extase alexandrine est de tenter l'impossible. Si elle est sans objet, elle n'est pas sans effet ; si elle manque son but, elle n'en a pas moins un résultat déplorable. Pour préparer l'union de l'homme avec Dieu, elle suspend l'action des plus excellentes facultés de la nature humaine ; elle fait taire la sensibilité, la raison, la volonté, la pensée, la conscience ; elle supprime tous les actes de l'esprit, tous les mouvements du cœur. Et quand elle arrête ainsi le mouvement, la vie dans la nature humaine, est-ce pour y créer une vie supérieure? Quand elle y fait le vide absolu, est-ce pour la pénétrer d'un souffle nouveau? Enfin, quand elle détruit l'homme, est-ce pour *faire un Dieu* ainsi qu'elle en a l'étrange prétention? Loin de là. L'idéal qu'elle poursuit au delà de l'Être, de la vie, de la pensée, de l'amour véritable, n'étant qu'une abstraction inintelligible, c'est-à-dire la pire des abstractions, elle a tout perdu pour ne rien retrouver, tout détruit pour ne rien créer. La vie supérieure à laquelle elle aspire, c'est la mort, la mort avec ses symptômes infaillibles, le silence et l'immobilité ; le Dieu qu'elle poursuit d'abstraction en abstraction est le néant. La mort et le néant, voilà où aboutit l'extase, où du moins elle aboutirait, si elle ne rencontrait un obstacle invincible dans la nature humaine. C'est là ce qui fait la tristesse et le désespoir des mystiques alexandrins. Malgré d'incroyables efforts de concentration et de *simplification* (ἅπλωσις), ils ne peuvent éteindre entièrement la vie, anéantir l'être en eux ; la volonté, la pensée, la conscience, la personne résistent à tous les procédés de la théurgie ; l'être se refuse invinciblement au néant. Trop sages pour faire violence à la nature, pour trancher brusquement une vie où ils ne peuvent parvenir à cette unité parfaite, sans laquelle l'identification avec l'Unité suprême est impossible, ils font, autant qu'ils peuvent, le vide et le silence dans l'intérieur de l'âme, et réduisent la vie à n'être plus qu'une image de la mort, attendant avec une mélancolique résignation l'heure où dans un monde supérieur l'unité étant parfaite et le vide absolu, l'âme pourra enfin recevoir son Dieu et tout entière le posséder tout entier.

Est-ce là toute la vérité sur l'extase alexandrine? Ne serait-elle donc qu'une désastreuse illusion? Comment alors expliquer tant d'amour et d'enthousiasme pour une chimère? Est-il à croire que ces âmes d'élites aient tout délaissé, même la vertu, même la pensée, pour une abstraction? Est-il possible que l'âme, même abusée, cherche sa félicité dans le néant, que le désespoir seul peut invoquer? L'extase des Néoplatoniciens ne serait-elle pas plutôt l'expression abstraite d'un sentiment vrai, d'un état réel de l'âme? C'est ce qu'une critique impartiale doit rechercher. Le mysticisme alexandrin, en faisant de l'amour un principe abstrait et supérieur à l'âme, mais intime à la nature humaine, plus intime que la sensibilité et l'intelligence, mêle à une erreur d'observation une profonde vérité. La distinction alexandrine de l'âme et de l'essence dans l'homme est arbitraire ; c'est l'âme elle-même, l'âme seule qui fait l'essence de la nature humaine ; en sorte que tout acte qui appartient à l'âme fait partie de la vie intime de l'humanité. Donc l'amour est l'acte de l'âme, et non d'un prétendu principe supérieur. Mais, ainsi que l'ont remarqué les Alexandrins, c'est bien le phénomène le plus intime et le plus profond de la nature humaine. La sensation est déjà un phénomène de l'âme, superficiel et en quelque sorte extérieur. La pensée est plus intime, en ce que son objet n'habite pas, comme la réalité sensible, le monde de l'espace; mais enfin, de même que la sensation, elle résulte d'une relation de l'âme avec un principe étranger. L'amour au contraire est un acte pur de l'âme; il a en elle sa racine et son principe, bien que son objet soit ailleurs; et quand cet objet viendrait à lui manquer, il n'en persisterait pas moins à l'état de mouvement vague et d'aspiration stérile, mais incessante.

Maintenant, si l'amour est le plus profond des actes de la nature humaine, il s'ensuit que tout ce qui tombe dans sa sphère pénètre intimement dans l'âme. Ainsi, dans la sensation, l'objet ne fait qu'effleurer la nature humaine; dans la pensée, la communication, bien que plus intime, est encore indirecte : c'est dans l'amour seulement que l'objet s'unit et s'identifie en quelque sorte avec l'âme. Par la contemplation, pour parler le langage des Alexandrins, l'âme voit son objet; par l'amour, elle le possède. Assurément l'âme conçoit et comprend le beau, le bien, le juste, par la raison; mais ce n'est que par l'amour qu'elle en a le sentiment. Plotin l'a dit avec une admirable vérité : « Où a passé l'amour, l'intelligence n'a que faire. » La pensée peut se faire illusion; l'amour jamais. L'illusion se comprend dans la contemplation, non dans la possession. Tant que l'âme ne fait que raisonner, juger, concevoir, en matière de vérité morale, elle n'a point ce sentiment, cette foi intime qui défie tous les doutes, qui dissipe toutes les obscurités, et que les mystiques proclament avec raison la vraie connaissance : l'amour seul donne le sentiment et la foi. L'âme qui aime en sait bien autrement sur l'objet aimé que la science la plus subtile et la plus élevée. L'amour a une vertu admirable qu'il ne partage avec aucun des autres actes de la nature humaine ; il unit et identifie dans une certaine mesure l'amant et l'objet aimé. C'est ce que le mysticisme alexandrin a compris profondément et exprimé dans un langage dont rien n'égale l'énergie et la hardiesse. Sans doute il a, dans la théorie de l'extase, excédé la mesure et abusé de l'abstraction. Mais la mesure était difficile à garder sur un point aussi délicat. L'amour n'est-il pas le principe le plus intime et le plus excellent de la nature humaine, et n'a-t-il pas pour effet de fondre en quelque sorte, en une seule et même nature, l'amant et l'objet aimé, surtout lorsque l'objet aimé est un être moral, le bien ou le beau? Alors l'union est parfaite, et, comme le dit Plotin, si intime, qu'il devient difficile à l'amant de se distinguer de son objet. Dans cette union mystique, l'âme sent en effet en elle, sinon une autre nature, du moins une vie nouvelle.

Le mysticisme alexandrin a pu, sans hyperbole et même sans erreur, attribuer à l'amour la vertu d'identifier l'amant et l'objet aimé. Cette identité, impossible à concevoir dans l'union entre individus et personnes distinctes, s'explique naturellement dans les communications de l'âme avec le monde intelligible. Ce monde, en effet, n'est pas extérieur ni même étranger à l'âme ; il lui est déjà intime par la pensée, sans être l'âme elle-même, et par l'amour il passe en quelque sorte dans la substance de l'humanité. C'est ce qui a fait dire avec tant de raison aux Alexandrins que l'âme devient ce qu'elle aime ; car elle fait mieux que d'atteindre son objet, elle le possède par l'amour. Ainsi elle devient bonne ou belle, en aimant le bien ou le beau. L'erreur du Néoplatonisme n'est pas dans cette identification de l'amant et de l'objet aimé ; tant qu'il assigne à l'amour un objet saisissable, quelque chose que l'âme puisse non seulement comprendre, mais surtout aimer et sentir, il est dans le vrai. L'erreur commence avec l'abstraction : pour avoir voulu franchir les limites de l'être et de la pensée, c'est-à-dire du vrai bien, l'extase alexandrine tombe dans le néant.

La théorie de l'extase contient encore une autre vérité sous un paradoxe. L'extase, état exceptionnel, moment rare et rapide de la vie humaine, ne s'observe point directement. Si elle peut être connue, ce n'est que par l'analogie et l'induction. Or puisqu'elle n'est que le suprême effort de l'amour, il est raisonnable de croire qu'elle conserve, mais à un degré très supérieur, les caractères du phénomène qu'elle ne fait que développer. Que se passe-t-il dans l'amour ? L'âme se sent tout à la fois plus active et moins volontaire, plus énergique et moins étroitement personnelle ; elle a plus le sentiment de son être et moins la conscience de son moi. Elle se communique sans s'abandonner ; elle se possède moins et se développe davantage. Dans l'amour exalté, dans l'enthousiasme, l'âme, autant qu'elle peut rendre compte de ses impressions, sent l'inspiration puissante d'un principe supérieur qui la saisit, l'entraîne, l'enlève à elle-même, pour la jeter dans une vie nouvelle, où toutes ses facultés agissent librement, sans obstacle, sans effort, sans la direction laborieuse de la volonté. Tel est l'état de l'âme dans l'amour, exaltation des puissances de son être, affaiblissement de sa personnalité : tel doit être à un degré supérieur le double caractère de l'extase. C'est en effet ce que nous révèle l'analyse des Alexandrins.

Mais cette analyse ne s'en tient pas là. Selon Plotin, la conscience de notre existence personnelle n'est pas seulement dominée, affaiblie et comme éclipsée par l'exaltation vraiment divine de l'âme ; elle y expire réellement. L'idéal de l'extase, c'est l'absolu silence de la conscience et le complet anéantissement de la personne humaine. L'âme s'oublie dans ce ravissement ; elle ne sent ni son corps, ni sa vie, ni sa propre essence. Elle ne change pas seulement d'état, mais de nature. L'homme disparaît pour faire place au Dieu. Là est l'erreur profonde du mysticisme alexandrin. Dans l'amour, dans l'enthousiasme, dans l'extase, l'homme change d'état, non de nature. Il reste homme en participant à la vie divine ; inspiré d'un Dieu, il n'est pas Dieu. Or la personne est le type de la nature humaine, et la conscience en est le signe. L'humanité commence et finit avec la personne ; tant que l'être humain ne sent pas sa personnalité, il n'est homme qu'en puissance ; quand ce sentiment disparaît, l'homme n'existe plus. Ce qui succède alors à l'humanité, ce n'est pas la divinité, mais la nature. La conscience peut bien être surprise dans l'amour, dans l'extase, par des impressions extraordinaires, par des inspirations qui surexcitent tout à coup toutes les puissances de l'âme ; en ce cas, elle n'est pas anéantie, mais simplement distraite. La personne humaine persiste invariablement à travers tous les états et sous toutes les influences qu'elle subit : soit qu'elle s'élève ou qu'elle s'abaisse, dans le saint enthousiasme de l'amour divin, comme dans la grossière ivresse des sens, elle se maintient, toujours affirmée par la conscience.

Il est vrai que l'École d'Alexandrie, en se fondant sur la distinction de l'âme et de l'essence dans l'humanité, agrandit singulièrement la sphère de la conscience. La conscience, dans son opinion, ne se réduit point au sentiment des actes de l'âme, ou, comme nous dirions, de la personne et du moi ; ce sentiment n'en est que le premier degré. C'est dans la contemplation où il s'efface, c'est dans l'extase où il disparaît entièrement, que l'âme a de son essence intime la conscience la plus claire et la plus énergique. Tant que la nature humaine n'a que le sentiment de son individualité, elle ne se connaît pas en elle-même, mais dans son rapport et son opposition avec le corps. Il ne faut pas oublier que, selon la théologie alexandrine, l'âme n'a eu conscience de son individualité qu'après s'être détachée de ses principes, l'intelligence et Dieu. Donc, à mesure que cette notion du moi s'affaiblit et se perd, l'âme acquiert une intuition plus nette et plus profonde d'elle-même, c'est-à-dire de son essence. Ainsi, le sentiment de notre vraie nature, très obscur encore dans la sensation, se dégage dans la vie de l'âme, s'éclaircit tout à fait dans la contemplation, mais ne devient parfaitement pur et intime que dans l'extase ; en sorte qu'à vrai dire, en Dieu seul l'homme a conscience de sa véritable nature, qui est la Divinité.

Cette théorie subtile repose sur une fausse distinction. Sans doute il ne faut pas confondre dans l'homme la personne et l'être. L'être humain précède la personne et peut momentanément lui survivre. Dans certains états, comme l'idiotisme, la léthargie, l'évanouissement, l'être subsiste encore quand la personne a disparu. Mais si la personne n'est pas le fond de l'être, elle est le type de la vie morale, le caractère essentiel de l'humanité. La disparition de la personne et de la conscience ne peut jamais être considérée comme le signe d'une vie supérieure ; c'est au contraire l'indice infaillible de l'extinction de toute vie morale, de la suppression de l'Humanité, au profit de la Nature. Si l'extase, ainsi que le prétendent les Alexandrins, pouvait avoir cet effet, elle ne serait pas l'exaltation, mais la dégradation suprême de l'humanité.

Tout autre est l'effet de l'enthousiasme sur l'âme. Pour le bien comprendre, il faut distinguer l'humanité et le moi, la *personne* et la *personnalité*. Sans aucun doute, l'enthousiasme, quel qu'en soit le principe, le beau, le juste, le sublime, le saint, diminue ou éclipse une étroite personnalité ; mais c'est pour exalter la vraie personne. Il tend à affaiblir, à effacer le mesquin sentiment du moi dans le sentiment vraiment supérieur d'une vie plus énergique, plus pleine, plus libre, où l'humanité se développe et se transfigure, sans rien perdre des attributs qui lui sont propres. Voilà ce que les Alexandrins ont entrevu dans leur analyse de l'extase ; mais, confondant la personnalité avec la personne, la sensibilité avec le sens intime, ils ont eu le tort d'exagérer l'affaiblissement réel de la personnalité jusqu'à la suppression absolue de la personne et de la conscience. Il est possible que même la conscience et la personne (nous ne disons plus seulement la personnalité) subissent dans l'enthousiasme une éclipse passagère ; mais ce n'est qu'un moment de trouble et de surprise. D'abord ébranlée et comme suspendue par l'action subite d'une puissance infinie, la personne humaine se rassied bientôt et reprend conscience d'elle-même, en même temps qu'elle acquiert le sentiment d'une force nouvelle. Dans cet état supérieur, elle ne disparaît pas, mais se modifie ; elle change de vie, non de nature. Elle n'abdique point en face d'un principe étranger ; elle se pénètre intimement du souffle divin, et y puise une énergie, une vertu inconnue jusque-là.

Ce phénomène merveilleux de la personne, persistant et même se fortifiant, dans le commerce de l'âme avec les principes supérieurs, s'explique par l'essence même de la nature humaine. Quand une cause étrangère, supérieure ou inférieure, agit sur l'âme, si celle-ci se développe et s'exalte sous l'influence de cette cause, ce n'est point seulement parce qu'elle en reçoit une force nouvelle : c'est surtout parce que cette action d'un principe extérieur éveille et provoque au développement des puissances cachées jusqu'alors dans les profondeurs de son essence. L'âme n'est pas une table rase, une surface nue, un vase vide, quelque chose qui n'ait d'autre propriété que de recevoir tout ce qui lui vient du dehors. C'est une essence infinie, inépuisable, riche de qualités invisibles, de vertus latentes qui n'attendent, pour se produire, qu'une excitation extérieure. Ainsi l'inspiration, l'enthousiasme, l'extase, ne sont pas de simples états passifs résultant de l'impression de causes étrangères. Il faut y voir le développement de propriétés, de facultés, de forces qui ont leur principe et leur siége dans l'âme elle-même. Pour vivre d'une vie supérieure, l'humanité n'a pas besoin de changer de nature. Pour entrer dans la vie divine, pour posséder Dieu, comme dit Plotin, il n'est pas nécessaire qu'elle devienne elle-même un Dieu ; elle trouve dans sa propre nature tous les éléments d'une vie supérieure. Les Alexandrins ont parfaitement compris que, pour atteindre à Dieu, l'homme n'a pas besoin de sortir de lui-même. Seulement la nature humaine est, pour eux, quelque chose de vague, d'infini, d'illimité, en quoi ils ont le tort de faire tout rentrer. Ils ne s'aperçoivent pas que la distinguer de l'âme elle-même, lui enlever la personnalité et la conscience, c'est la détruire.

CHAPITRE VI.

Conclusion.

Résumé de la philosophie ancienne. Éclectisme alexandrin. Ses mérites et ses défauts. Résumé de la philosophie moderne. Philosophie éclectique du XIXe siècle. Théorie de la connaissance. Solution des antinomies du scepticisme. Avenir de la philosophie.

En essayant l'histoire du Néoplatonisme, notre dessein n'a pas été seulement de rendre à la lumière une pensée profonde, dispersée dans des monuments incomplets, comme enfouie sous des formules peu accessibles à l'esprit moderne, et qui, objet d'érudition pour la curiosité du savant, est une source féconde et inépuisable d'inspirations et de méditations pour le philosophe. L'histoire ne nous a point fait oublier la science ; en remontant au passé, nous n'avons pas cessé de regarder le présent. C'est en vue des destinées de la philosophie actuelle que nous avons étudié la pensée alexandrine dans toutes les phases de son développement. Sans rien exagérer, sans méconnaître surtout la différence des temps et des sociétés, il est impossible de ne pas remarquer entre l'époque alexandrine et la nôtre de nombreuses et singulières analogies. Alors, comme aujourd'hui, une société vieillie, près de se dissoudre, sans confiance dans ses institutions, sans foi dans ses dogmes, se rejetant dans un passé auquel elle ne croit plus, par peur d'un avenir qu'elle pressent à peine ; une philosophie indécise plutôt que sceptique, prompte à dogmatiser l'histoire à la main, mais impuissante à rien tirer de son propre fonds, riche d'érudition, pauvre de science, aimant mieux reproduire telle doctrine toute faite qu'en créer une par le travail de sa propre pensée, et après l'expérience d'une lutte sans issue et d'une anarchie sans fin, inclinant de guerre lasse vers cet éclectisme léger et superficiel qui, plutôt par indifférence que par impartialité, ne se fixe nulle part, sous prétexte que la vérité est partout, et montre une répugnance invincible pour tout ce qui ressemble à un système.

Le Néoplatonisme, on en peut aisément juger, n'est point une œuvre de ce genre ; c'est une doctrine systématique, s'il en fût, qui n'a rien de commun avec le syncrétisme d'un Plutarque ou l'éclectisme insignifiant d'un Potamon. Toute doctrine ne lui semble point vraie, par cela seul qu'elle existe. Il est des systèmes que l'École d'Alexandrie n'admet pas dans sa synthèse, par exemple l'Épicurisme. Quant à ceux qu'elle croit pouvoir y faire entrer, elle ne les prend point tout faits pour les rapprocher ou les mêler, en laissant subsister les contradictions et les incohérences qui les séparent ; elle veut les réconcilier et les unir dans un principe supérieur, en leur faisant perdre, par une heureuse transformation, ce qu'elles ont de contradictoire et d'exclusif. « Ce fut Ammonius, dit Hiéroclès, qui, purifiant les opinions des anciens philosophes, et supprimant les rêveries écloses de part et d'autre, fit ressortir l'harmonie des doctrines de Platon et d'Aristote, en ce qu'elles ont d'essentiel et de fondamental [1]. »

En prenant pour base de la reconstitution de la philosophie l'alliance entre Platon et Aristote, l'École d'Alexandrie a montré un profond sentiment de la difficulté et de la solution tout à la fois. Platon et Aristote, c'est la raison et l'expérience, c'est l'Idéalisme et l'Empirisme à leur plus haute puissance, dans la philosophie grecque. Or le problème philosophique par excellence est l'accord de l'expérience et de la raison. Il ne suffit point que, fatiguée des doctrines exclusives et de l'anarchie qu'elles engendrent par leurs luttes interminables, la philosophie reconnaisse enfin la nécessité de cet accord ; il faut qu'elle arrive à le réaliser par la solution sérieuse de toutes les contradictions qui s'y opposent. Tant que ces contradictions subsistent, il y a guerre entre les systèmes nés de l'expérience et de la raison ; ou si la guerre cesse, ce

---

[1] Voy. t. I, p. 345.

qui lui succède n'est point une paix solide résultant d'une alliance véritable, c'est la trêve d'un moment ou le silence de l'épuisement. La philosophie alors se fait éclectique, dans le sens superficiel du mot, ou mystique, sauf à recommencer, lorsque la vie et la confiance lui reviennent, une lutte qui ne peut finir que par une réconciliation systématique de l'expérience et de la raison.

Dès le début de la philosophie grecque, la scission éclate. S'appuyant exclusivement sur les rares données d'une expérience grossière et superficielle, l'École ionienne cherche dans le monde sensible le principe des choses, et confond la cause interne et substantielle de la vie avec les conditions qui en accompagnent l'apparition ou en favorisent le développement. Thalès, Anaximandre, Anaximène, Diogène d'Apollonie, Héraclite, Leucippe, Démocrite, Anaxagore lui-même, à part sa conception d'une intelligence ordonnatrice, sont des physiciens qui identifient le principe substantiel des choses avec telle ou telle de ses formes générales, l'eau, l'air, le feu, l'atome, et, ainsi que leur reproche Socrate dans le *Phédon*, demandent aux causes secondes une explication des phénomènes, qu'ils ne pourraient trouver qu'au delà de la Nature, dans le monde de l'intelligence et de la volonté. Faible et confus encore chez les premiers Ioniens, l'Empirisme devient simple, net, systématique, sous la direction des Atomistes, d'autant plus exclusif alors et plus absurde dans ses conclusions, qu'il est plus parfait dans sa forme ; c'est un matérialisme mécanique, s'il en fût, qui explique toutes choses, la vie, la forme, les propriétés intimes ou extérieures des individus, l'harmonie et l'unité de la vie universelle, par une simple agrégation d'atomes qui se meuvent naturellement, omettant ou supprimant l'Être infini, absolu, universel, que la raison conçoit comme la cause première de tout mouvement, le principe de toute vie, la substance de tout être individuel.

D'une autre part, s'enfermant dans certaines notions abstraites de la raison, la dialectique des Éléates ne voit dans le monde que l'Être unique, immuable, immobile qui en fait le fond, et traite de vaine apparence le mouvement, la diversité, la forme, la vie, tout ce qui est attesté par l'expérience. *L'être seul existe*, le *non-être n'existe pas ;* de ces deux propositions dérive tout le système éléatique. Pour cette École, l'être est seulement ce qui est immuable, immobile, indivisible, universel ; ce qui devient, ce qui change, ce qui est multiple et divisible n'est qu'un non-être. Idéalisme singulièrement systématique et hardi, qui, encore indécis et mêlé d'Ionisme dans Xénophane, se produit dans les vers de Parménide avec une précision et une force logique qu'on ne saurait trop admirer.

Entre deux doctrines aussi nettement exclusives, aussi absolument contradictoires, la lutte était inévitable. Dans cette polémique, remarquable par la vigueur autant que par la subtilité des arguments, l'avantage reste aux Éléates. Pendant que les Ioniens et les Atomistes renvoient leurs adversaires à l'expérience, ceux-ci leur démontrent que tout ce que l'expérience atteste, le mouvement, la diversité, le *devenir*, est rationnellement impossible. Mais si, comme ils l'ont surabondamment démontré, la diversité est impossible sans l'unité, le devenir sans l'être, la vie sans la substance, d'une autre part, l'unité sans la diversité, l'être sans le devenir, la substance sans la vie, sont de pures abstractions de la pensée. L'Éléatisme et l'Atomisme devaient donc se détruire réciproquement et laisser le champ libre à la Sophistique.

Avec les Éléates et les Atomistes, l'Idéalisme et l'Empirisme n'ont pas dit leur dernier mot. Chefs-d'œuvre de logique, mais non de science, ces deux doctrines reposent sur la base la plus étroite, l'une n'empruntant à la raison qu'une de ses conceptions les plus abstraites dont elle déduit des conclusions plus hardies que solides, l'autre ne demandant à l'expérience qu'un petit nombre de faits dont elle tire des inductions hasardées sur le principe du monde. La scène change avec la philosophie socratique. La lutte continue, mais en se développant sur un théâtre plus vaste et plus élevé. Avec l'être immobile des Éléates, avec le *devenir* toujours changeant des Ioniens, nulle science n'était possible. En dirigeant toutes les recherches sur l'essence même des choses, Socrate assigne à la science son véritable objet, et l'assied enfin sur une base que la Sophistique ne pourra plus ébranler. Platon et Aristote cherchent leur principe dans une région moyenne, entre les points extrêmes où s'étaient fixés l'idéalisme éléatique et l'empirisme ionien.

L'idéalisme platonicien, moins exclusif et tout autrement profond que celui de l'École d'Élée, découvre par la Dialectique, entre l'unité abstraite des Éléates et l'insaisissable variété des Ioniens, une unité intelligible, l'*idée*, essence et type de la réalité sensible. Le Dieu de la théorie des idées n'est plus cette unité abstraite et absolument inintelligible de Parménide, sans rapport possible avec une diversité quelconque; c'est une unité qui comprend tous les types et toutes les essences des choses sensibles. Par la théorie des idées, la Dialectique rétablit le rapport entre le monde et son principe, mais sans pouvoir l'expliquer. Elle ne peut dire autrement que par de vaines métaphores comment la réalité participe de l'idéal, la chose de l'essence, le devenir de l'être. Elle ne nie pas, ainsi que l'avait fait l'École d'Élée, la diversité, le mouvement, la vie, toutes choses qui lui servent de point de départ pour s'élever au monde des idées; mais parvenue à cette hauteur, elle n'en peut plus descendre. Tout entier à la contemplation des vérités intelligibles, Platon ne semble plus reconnaître, sinon comme une sorte d'illusion, ce monde sensible que l'idée pure n'explique point. C'est par des procédés étrangers à la Dialectique que Platon retrouve cette réalité que sa méthode lui avait fait perdre de vue; l'idéalisme platonicien n'échappe à l'absurde que par l'inconséquence.

L'empirisme d'Aristote, s'il est permis de donner ce nom à la plus admirable philosophie qui soit sortie de l'expérience, n'a de commun avec le naturalisme grossier de l'École ionienne que d'avoir puisé à une source unique tous les éléments de sa science. Du reste, quelle différence dans la méthode, dans les principes, dans les conclusions! Quelle autre manière de se servir de l'expérience! Aristote n'observe point au hasard, superficiellement, sans but, sans ordre, ainsi que l'avaient fait les Ioniens; il scrute toujours à fond la réalité, pour en connaître les propriétés intimes et essentielles; il l'interroge, dans le but d'en tirer une réponse précise à certaines questions qu'il renouvelle sans cesse, dans toute science, à propos de tout objet. Aussi fidèle que Platon à la méthode socratique, aussi convaincu que l'universel est le véritable objet et la seule base solide de la science, il cherche la *forme* essentielle, l'essence de toute réalité, non dans le genre qui ne la contient qu'en puissance, mais dans l'espèce qui seule la contient en acte. Sans s'arrêter aux conditions générales, aux principes externes de la réalité, il pénètre dans l'intérieur des choses, et, par une intuition toujours sûre qui a pour guide la méthode de définition, il atteint les principes internes de l'être, ce qui en fait l'essence propre et l'excellence, à savoir, la forme, la vie, l'âme, l'intelligence. Philosophie incomparable de profondeur et de solidité, tant qu'elle ne dépasse point les limites du monde réel, mais faible et impuissante dans la recherche du Principe suprême de ce monde ! Enfermé dans le domaine de l'expérience, l'Aristotélisme identifie absolument l'être avec l'individuel ; en dehors des individus, il ne voit et ne suppose aucune existence réelle ; s'il conçoit et admet l'universel, c'est comme une forme générale de la science, jamais comme un principe substantiel de l'être, ni même comme une condition nécessaire de la réalité. Il prend la réalité, telle que la lui révèle l'expérience, l'étudie, l'analyse, la définit, la classe, la rattache à sa cause motrice et à sa fin, suivant toujours, le fil de l'expérience à la main, le mouvement ascendant de la Nature, et s'arrêtant à une dernière Cause finale, individuelle elle-même et séparée du monde, principe de direction et de perfection, mais non d'existence ni d'essence pour les êtres de l'univers. La vie universelle conçue comme un système d'êtres individuels possédant par eux-mêmes l'être et le mouvement, et ne recevant d'une Cause supérieure que la direction de leur activité, tel est le suprême effort de la philosophie de l'expérience, même illuminée par le génie d'un Aristote. Quant au principe universel, infini, absolu, de l'existence et de l'essence même de ces êtres individuels et contingents, dont l'harmonieux système forme ce qu'Aristote appelle la Nature, cette philosophie n'en a pas même le soupçon ; pour elle, il n'y a qu'abstractions en dehors des individus.

Voilà donc encore deux doctrines, fort supérieures sans doute à tout ce qui les précède, mais également exclusives, niant ou ne pouvant expliquer, l'une, tout ce qui dépasse la sphère de l'expérience, l'autre, tout ce qui ne rentre point dans l'ordre des vérités intelligibles. Entre l'idéalisme platonicien qui nie ou dédaigne les individus, et l'empirisme péripatéticien qui réduit l'universel à une abstraction logique, la lutte s'engage, d'autant plus vive et plus longue que les doctrines rivales ont plus de force et de solidité. Cette lutte a pour effet de décourager la pensée spéculative et de ramener la philosophie dans le cercle étroit des questions logiques et morales. Là encore la contradiction éclate entre la doctrine du devoir et la doctrine du plaisir, entre la raison et la sensation. C'est alors que la mêlée devient générale parmi les Écoles philosophiques : guerre entre le Platonisme et l'Aristotélisme ; guerre entre la nouvelle Académie et le Stoïcisme ; guerre entre le Stoïcisme et l'Épicurisme. Le Pyrrhonisme survient, qui profite de cette anarchie pour ruiner les bases même du dogmatisme, et pour établir partout le doute comme l'état naturel et normal de l'esprit humain ; scepticisme autrement sérieux que la Sophistique, qui, opposant les facultés de l'esprit les unes aux autres et entre elles, l'expérience à l'expérience, la raison à la raison, mais surtout la raison à l'expérience, démontre tour à tour la nécessité et l'impossibilité du temps, de l'espace, du mouvement, de la cause, de la substance, de Dieu, des genres, des espèces, des individus, enfin de tout ce qui est objet d'affirmation pour les dogmatiques, et prélude ainsi au redoutable système des *antinomies*.

Tel était l'état de la philosophie grecque à l'avénement du Néoplatonisme. Pour faire cesser cette anarchie, une doctrine nouvelle, quelque puissante qu'elle fût, n'aurait point suffi. Aucune de ces Écoles qui se partageaient l'héritage des traditions, n'eût abdiqué devant une pensée supérieure, mais exclusive. Une seule chose était à faire : réunir sous un principe nouveau toutes les doctrines en apparence contraires de la philosophie, et reconstituer par une alliance solide ce grand corps dont les membres épars traînaient dans la poussière des Écoles. La haute intelligence des premiers Alexandrins comprit que le nœud de la solution était dans l'harmonie des deux grandes méthodes éminemment représentées par Platon et Aristote, la raison qui conçoit l'être, l'idée, l'absolu, l'universel, et l'expérience qui perçoit le phénomène, le réel, l'individuel, le contingent ; elle tenta et poursuivit avec une admirable persévérance cette réconciliation difficile, convaincue que, Platon et Aristote une fois d'accord, la paix rentrait facilement dans toutes les Écoles. A cette œuvre éclectique, vraiment digne de son génie, le Néoplatonisme consacra, outre une vaste érudition, une puissance de dialectique, une force d'intuition qu'aucune École n'a surpassée, et en fit sortir le plus complet et le plus profond système que la philosophie ancienne ait produit. Synthèse merveilleuse, où cesse enfin le long divorce entre la raison et l'expérience, entre le monde intelligible et le monde sensible, où l'universel et l'individuel se confondent à tous les degrés de l'être, dans la Nature, dans l'Ame, dans l'Intelligence, dans la suprême Unité.

Cet éclectisme n'est point une simple juxtaposition, un rapprochement forcé de principes contraires; c'est une véritable alliance, la fusion harmonieuse de doctrines dont la contradiction disparaît dans l'unité d'un principe supérieur. Le Néoplatonisme est la première École qui ait compris le vrai rapport du sensible à l'intelligible, de la réalité à l'idée, du monde à Dieu, en concevant l'un de ces termes comme le développement naturel et la forme extérieure de l'autre; la première aussi qui ait su expliquer la mystérieuse coexistence des individus dans l'Être universel. Jusqu'aux Alexandrins, la philosophie avait nié tel ou tel des deux termes ou n'en avait pu expliquer le rapport. Dans le Timée, l'Ame du Tout n'en paraît pas moins individuelle, distincte et séparée des individus, dans la sphère supérieure qu'elle habite et d'où elle gouverne le monde. Entre cette Ame dite universelle et les âmes particulières, Platon ne conçoit pas d'autre rapport que celui de la Puissance qui gouverne aux êtres gouvernés. Les Stoïciens, comprenant bien mieux que Platon et qu'Aristote l'harmonie et l'unité intime de la vie universelle, ont conçu la Nature comme un Être unique dont tous les individus, sympathiques entre eux, sont comme les membres d'un seul et même corps. Seulement, dans leur panthéisme un peu matériel, ils confondent l'Universel avec le Tout, l'individu avec la partie ; ne reconnaissant partout que des principes corporels, plus ou moins subtils, différant de forme et de fonction, mais non de substance, ils ne conçoivent de relation que par le contact, de communication que par le mélange et la fusion. L'École d'Alexandrie eut le difficile mérite, tout en empruntant parfois des analogies au monde matériel pour rendre sensible sa pensée, de saisir la vraie relation des individus à l'Être universel, dans sa pureté abstraite et immatérielle ; elle montra la première comment les individus subsistent, agissent, se développent au sein de la vie générale, sans perdre leur individualité, comment ils conservent leur nature propre, tout en ayant leur commune essence dans l'Être universel.

Voilà les deux grands mérites de la philosophie alexandrine. Plus complète qu'aucune des doctrines antérieures, sans être moins systématique, elle rapproche et concilie toutes les Écoles, en écartant la lettre et en s'attachant à l'esprit ; elle concilie les principes plutôt que les Écoles, les méthodes plutôt que les systèmes, les résultats plutôt que les procédés. C'est ainsi qu'elle parvient à réunir et à fondre ensemble, en les transformant, tous les éléments essentiels de la pensée grecque, le Platonisme, l'Aristotélisme, le Stoïcisme, et jusqu'à l'Éléatisme et au Pythagorisme. Il n'y a que l'Empirisme sous sa forme la plus étroite et la plus grossière, le matérialisme de Démocrite et d'Épicure, qui ne trouve point place dans cette synthèse aussi vaste que savante.

Et pourtant, malgré ces mérites et beaucoup d'autres qu'il est inutile de rappeler, le Néoplatonisme n'a point réussi dans son œuvre principale. Il n'a pas définitivement réconcilié la raison et l'expérience, fermé la voie aux doctrines exclusives, supprimé les causes de lutte et de contradiction, et ouvert enfin à la philosophie une ère de paix et de concorde, où les différences de procédés et de vues, toujours inévitables eu égard à la diversité des esprits et des temps, n'éclatent plus en ardentes hostilités, où l'expérience et la raison, en harmonie et non plus en opposition, poursuivent paisiblement leurs recherches, chacune dans la sphère qui lui est propre, où le concours remplace partout et toujours la lutte dans l'œuvre commune de la science. Système ingénieux, profond, riche de souvenirs et d'intuitions, très complexe, mais très simple dans sa variété, où tout se résume dans un principe, τὸ ἕν, où tout s'explique par un mot, πρόοδος, le Néoplatonisme n'est point une œuvre réellement éclectique. S'il comprend tous les éléments de la connaissance, il ne fait point à chacun la part qui lui convient ; il n'assigne à l'expérience qu'un rôle accessoire, dans la recherche de la vérité, et ne voit pas qu'elle est la condition de tout acte de la pensée pure. Il admet tous les principes de la réalité, l'intelligible et le sensible, l'être et le devenir, l'universel et l'individuel ; mais il fait du second de ces termes un développement superflu, une chute, une dégradation du premier. Bien plus, au-dessus de l'individuel et de l'universel, de la réalité et de l'idée, de la vie, de la pensée et de l'être, il va chercher pour principe suprême l'unité, simple condition de l'être, véritable abstraction où vont se perdre la Nature, l'âme, l'intelligence, tous ces principes de l'être qu'il prétendait conserver et réconcilier. De même, en ce qui concerne la tradition, toutes les grandes doctrines du passé sont représentées dans la synthèse alexandrine, mais non selon leur importance réelle. Aristote n'y est pas seulement subordonné, mais sacrifié à Platon ; la *Métaphysique* n'y est considérée que comme une simple préparation à la *Dialectique*, qui est la vraie science. Dans ce prétendu éclectisme, tous les actes de la vie aboutissent au mysticisme, toutes les traditions de la science à un Platonisme exagéré.

Et comment n'en serait-il pas ainsi ? Le Néoplatonisme a sa méthode, son principe, sa doctrine propre, qu'il applique à l'examen et à l'adoption des doctrines antérieures. Sa méthode est cette subtile analyse qui, poursuivant l'unité d'abstraction en abstraction, ne s'arrête qu'à l'unité absolue, vide de toute forme et de toute essence. Son principe est cette conception orientale qui assimile la génération des êtres à une *émanation*. Sa doctrine est un mélange fort ingénieux d'abstractions provenant de l'analyse et d'images empruntées à la théologie de l'Orient. Dans cette doctrine, tout être sensible ou intelligible est une unité, d'autant plus parfaite qu'elle est plus simple ; toute unité produit une unité plus complexe, par conséquent inférieure, par l'émanation ou l'irradiation de son essence intime. Toute *procession*, πρόοδος, est une chute, et toute *conversion*, ἐπιστροφή, est une réhabilitation ; la procession se réalise par l'expansion, la conversion par la concentration des puissances contenues dans l'essence. Voilà tout le Néoplatonisme. C'est avec cette méthode, ces principes, ces formules qu'il juge, accepte ou exclut les doctrines du passé. Mesure étroite et peu éclectique! Essentiellement idéaliste et mystique par sa méthode et son esprit, le Néoplatonisme n'est pas un cadre assez large pour l'alliance des diverses doctrines de la philosophie grecque ; ces doctrines n'y peuvent entrer que par une mutilation qui leur enlève leur véritable caractère. Le prétendu éclectisme des Alexandrins n'est pas une conciliation impartiale de tous les éléments de la pensée, dans l'intérêt commun de la science et de la vérité; c'est une transformation forcée et artificielle de toutes les doctrines dans une doctrine puissante, supérieure à beaucoup d'égards, mais exclusive elle-même. Toutes les Écoles y figurent en effet, mais au profit d'un mysticisme abstrait ; l'expérience sensible, la conscience, la raison elle-même, y sont subordonnées à un procédé extraordinaire et transcendant, l'extase, qui en supprime les opérations et les actes. Toute cette synthèse s laborieusement organisée avec des éléments si nombreux et si divers repose sur une abstraction ; toute cette science de douze siècles s'écroule par la base, et s'abîme dans le néant. On ne saurait trop le répéter, cette Unité suprême, Principe des principes, source inépuisable des êtres intelligibles et des êtres sensibles, substance première de toutes les hypostases, qu'est-ce autre chose qu'une abstraction, un pur néant? Qu'est-ce que l'unité, en tant qu'unité, sinon une simple condition de l'être. L'analyse alexandrine, en considérant toutes choses, la Nature, l'âme, l'intelligence, Dieu, au point de vue de l'unité, ne s'aperçoit pas qu'elle supprime partout l'être, la vie, la substance, et qu'elle ne laisse dans le monde vide et silencieux que des abstractions. Et si le Néoplatonisme comble ce vide, s'il restitue au monde l'être, la vie, la substance, c'est en sacrifiant sa méthode à un principe étranger, à la doctrine tout orientale de l'*émanation*. Et alors cette unité ineffable, inintelligible, qui contient toute forme, toute essence, sans en affecter aucune, qu'est-ce autre chose que l'être en puissance? C'est sortir de l'abstraction pour se perdre dans le chaos; c'est retomber dans la matière, pour avoir voulu dépasser l'intelligence.

La théorie de l'ἐπέκεινα a une apparence de grandeur à laquelle des esprits chimériques se sont laissé prendre. Assurément on ne saurait trop élever, épurer, grandir la notion de la nature divine; on ne saurait trop la dégager des représentations ou des personnifications empiriques, empruntées soit à la Nature, soit à l'humanité. La raison seule, la raison pure est admise à nous révéler les vrais attributs et la véritable essence de la Divinité. Tant que l'École d'Alexandrie se borne à retrancher de la nature divine tout ce qui tend à la personnifier, à l'individualiser, à la rabaisser aux proportions d'êtres contingents, quelque rang qu'ils occupent dans le système du monde, elle défie la critique, et sa méthode de négations et d'éliminations est la vraie méthode théologique. Ainsi que l'ont si bien dit Plotin et Proclus, ainsi que l'a répété Fénelon avec tous les grands docteurs de l'Église, retrancher de la divinité tous les attributs qui lui répugnent, ce n'est pas la diminuer, c'est au contraire l'enrichir. Mais enfin, si Dieu n'est aucun être individuel, il n'est pas une pure abstraction. Qu'on l'élève au-dessus de toutes les perceptions ou intuitions de l'expérience, rien de mieux; qu'on en fasse, comme toutes les grandes Écoles théologiques, non pas tel être, tel idéal de l'être, mais l'Être en soi, l'Être universel, principe, substance et fin de tous les êtres individuels. Mais du moment qu'on essaie de l'élever au-dessus même de la catégorie de l'être, qu'on en fait un je ne sais quoi qui échappe à la pensée, et qui ne peut être saisi que par un acte tout aussi chimérique que son objet, n'abuse-t-on pas étrangement de la méthode rationnelle? Nous aimons entendre Plotin s'écrier dans son enthousiasme : « Si l'on attribue à Dieu l'essence, la beauté, la vie, l'intelligence, on le mutile et on le rabaisse; car ce n'est pas glorifier Dieu que de lui attribuer des actes inférieurs à sa nature. On n'enrichit pas la nature divine en lui prêtant de tels attributs, on la détruit. Elle n'a pas plus besoin de l'intelligence que de la faculté de guérir; elle n'a besoin de rien. Dieu tire sa dignité de sa propre nature et non de l'intelligence [1]. » Mais nous nous défions d'une méthode qui, à force de simplifier la nature divine, la fait évanouir en abstraction. Il faut maintenir la notion de Dieu dans la sphère de l'être et de la vie, sous peine de ne rencontrer qu'un mystérieux néant. Nous préférons les paroles de Fénelon : « Être une certaine chose précise, c'est n'être que cette chose en particulier. Quand je dis de l'être infini qu'il est l'Être simplement, sans rien ajouter, j'ai tout dit. Sa différence, c'est de n'en point avoir. Le mot infini que j'ai ajouté ne lui donne rien d'effectif; c'est un terme presque superflu, que je donne à la coutume et à l'imagination des hommes. Les mots ne doivent être ajoutés que pour ajouter au

---

[1] Enn. v, l. V, ch. 13. — Ibid., vi, l. VII, ch. 3.

sens des choses. Ici, qui ajoute au mot d'être, en diminue le sens, bien loin de l'augmenter ; plus on ajoute, plus on diminue, car ce qu'on ajoute ne fait que limiter ce qui était dans sa première simplicité sans restriction. Qui dit l'Être sans restriction, emporte l'infini. Dieu est donc l'Être ; et j'entends enfin cette grande parole de Moïse : « Celui qui est m'a envoyé vers vous [1]. » L'Être universel, l'Être en soi, telle est l'extrême limite de la vraie théologie. Il est impossible d'aller plus loin, sans se perdre dans de vaines abstractions.

On croit généralement que l'éclectisme alexandrin s'est prêté à toutes les alliances et s'est assimilé toutes les doctrines, trouvant la vérité partout et l'erreur nulle part, s'accommodant des traditions les plus contraires à son esprit, de l'empirisme d'Aristote, du matérialisme des Stoïciens, même de cette mythologie païenne qui n'était que la Religion des sens et de la Nature. C'est une illusion. Le Néoplatonisme est un système tout à la fois très large et très exclusif, très éclectique et très systématique. Il admet tout dans sa synthèse, mais en tout transformant : loin de se plier aux doctrines qu'il adopte, c'est lui qui les asservit à sa propre pensée. C'est en modifiant, en corrigeant, en épurant, parfois en dénaturant la pensée d'autrui, sous prétexte de l'interpréter, qu'il fait rentrer toutes les Écoles dans son système. Quand il croit simplement commenter Platon, Pythagore, Aristote, Zénon, c'est sa propre pensée qu'il développe le plus souvent. Partout et toujours il se met à la place des doctrines qu'il

---

[1] *Traité de l'existence de Dieu*, 1re partie.

interprète ; par une sorte d'illusion facile à expliquer, dans toutes les pensées d'autrui, il ne voit que la sienne. Il fait de la philosophie de Platon un mysticisme abstrait, du Péripatétisme et du Stoïcisme une simple introduction à la vraie science. Il convertit l'Olympe peuplé de Dieux semblables à l'homme, passionnés et voluptueux comme lui, en un ciel pur qui n'est habité que par des essences immatérielles et impassibles. Pour l'exégèse alexandrine, la plus hardie, la plus libre qui fût jamais, le mythe n'est qu'un symbole dont il faut saisir l'esprit, en abandonnant la lettre à la superstition populaire. La mythologie ainsi transfigurée n'a plus rien de commun avec la religion d'Homère et d'Hésiode; c'est l'idéalisme néoplatonicien tout entier avec sa hiérarchie d'hypostases, avec ses puissances, ses essences, ses unités. Qu'on ne s'étonne plus alors que tous les systèmes philosophiques, que toutes les traditions religieuses de la Grèce et de l'Orient, rentrent dans la synthèse alexandrine ; cette synthèse, au fond fort peu éclectique, ne contient sous des noms étrangers que la pensée propre des Alexandrins, pensée profonde, mais exclusive, qui transforme et absorbe, sans concilier véritablement, tout ce qu'elle touche.

L'éclectisme alexandrin n'est pas seulement exclusif, il est confus. Il mêle et combine d'une façon purement artificielle tous les systèmes et tous les actes de l'entendement. En faisant concourir à l'œuvre générale de la science les diverses facultés de l'esprit, la sensation, la conscience, l'intelligence pure, il ne sait pas conserver à chaque acte de la pensée son caractère propre et sa portée, ni maintenir fermement la limite que, sous peine d'usurpation, chacune de nos facultés ne saurait dépasser. Ainsi, par un mélange vraiment adultère, il transforme les conceptions pures de la raison en intuitions de la conscience ou en représentations de la sensibilité. Il transporte au monde intelligible les couleurs et les formes de la réalité sensible ; il individualise et personnifie les principes abstraits et universels de l'intelligence ; enfin il confond à tout propos la physique, la psychologie et la théologie, prêtant à l'Ame universelle, à l'Intelligence divine, à l'Un, les attributs les plus contradictoires, la pensée sans conscience, la volonté sans liberté, l'action sans le changement, l'être et la vie sans toutes les conditions de mouvement, de temps, de nombre, d'individualité, qu'ils supposent. Le Néoplatonisme n'a pas su éviter l'écueil ordinaire de toute philosophie éclectique, le Syncrétisme. Doctrine essentiellement et même exclusivement idéaliste et mystique, il sacrifie l'expérience à la spéculation, l'individuel à l'universel, la réalité à l'idéal, sauf à réaliser, à individualiser, à personnifier les principes de la spéculation. Chez les philosophes alexandrins, l'expérience et la réalité, méconnues dans la sphère qui leur est propre, s'introduisent dans la science supérieure des vérités rationnelles pour la remplir de fictions et de chimères.

Si la doctrine des Alexandrins a été tout à la fois exclusive et confuse, cela tient à un vice radical de méthode. Toute philosophie qui veut éviter l'exclusion, doit débuter par une revue complète des procédés légitimes de l'esprit. Toute école éclectique en particulier, qui veut éviter la confusion, doit préalablement constater la nature, la portée de chaque faculté et circonscrire avec la plus rigoureuse précision le champ qui lui appartient, dans le domaine de la science. Le tort de l'éclectisme alexandrin n'est pas d'avoir abordé l'œuvre de conciliation avec une doctrine déjà faite; car c'est là une condition indispensable de toute entreprise de ce genre. On ne choisit pas sans jugement, on ne juge pas sans règle. Tout éclectisme sérieux suppose donc une doctrine; mais cette doctrine doit reposer sur une analyse complète des éléments de la connaissance. Pour réunir les doctrines, il faut préalablement concilier les méthodes, les procédés, les facultés de l'esprit; pour rapprocher l'Idéalisme et l'Empirisme, le Spiritualisme et le Sensualisme, il est nécessaire de remonter à leurs sources légitimes, à l'expérience et à la raison, à la sensation et à la conscience. C'est après s'être assuré par une analyse approfondie que les diverses facultés de l'esprit, loin de s'exclure et de se contredire, concourent et se complètent, qu'il est possible de résoudre les contradictions des systèmes exclusifs, et d'opérer une sérieuse réconciliation. Autrement l'Éclectisme manque de base et de mesure; il risque d'exclure ou de confondre; il dégénère infailliblement en une doctrine trop étroite ou en un syncrétisme intempérant. Faute d'une méthode véritablement éclectique, l'École d'Alexandrie n'a point atteint son but. Par l'avénement du Néoplatonisme, la philosophie s'est enrichie d'un système nouveau, vaste et puissant; elle n'a été ni constituée définitivement, ni pacifiée pour l'avenir. Elle a péri, non par l'anarchie, mais par l'épuisement, abandonnant la société et la science au Christianisme. Si depuis le Néoplatonisme, aucune lutte n'a éclaté dans son sein, ce n'est pas l'Éclectisme qui en fut cause, c'est que la vie s'éteignait en elle de plus en plus. La philosophie grecque est morte, après avoir tenté infructueusement de ramener la paix dans la science et l'harmonie dans la pensée. L'Idéalisme et l'Empirisme reparaîtront ennemis sur la scène, à une époque postérieure; la raison et l'expérience se contrediront de nouveau. En reprenant ses forces, l'esprit humain retrouvera ses exclusions, ses affirmations contraires, ses ardentes hostilités, auxquelles un véritable Éclectisme peut seul mettre fin.

Cet accord de l'expérience et de la raison, que le Néoplatonisme n'a pu réaliser, est encore aujourd'hui un problème qui attend sa solution, après les efforts des plus beaux génies qui aient honoré la pensée humaine. La lutte entre l'Empirisme et l'Idéalisme, entre le Sensualisme et le Spiritualisme, recommence sur le berceau de la philosophie moderne. Elle change de théâtre sans changer d'objet; ce n'est plus dans la métaphysique, mais dans la psychologie qu'elle se manifeste, du moins à son début. *Je pense, donc je suis*, telle est la vérité première, évidente, invincible, dont Descartes déduit les principales propositions de sa doctrine, la nature de l'âme, sa simplicité, son immatérialité, son immortalité, son indépendance vis-à-vis du corps, la démonstration de l'existence de Dieu et de ses attributs, la croyance hypothétique au monde extérieur. Je ne suis qu'en tant que je pense; je ne sais si j'ai un corps, ni s'il y a des corps; je ne connais qu'une existence, qu'une essence qui m'est révélée par la pensée, à savoir, mon existence et mon essence d'être pensant. Enfermé dans la conscience de sa pensée, Descartes ne tente pas d'en sortir; il s'y enfonce au contraire et y découvre tout un monde. Qu'est-ce que la pensée? Une chose simple et immatérielle. Or, comme elle est l'essence de l'être pensant, lequel n'existe qu'en tant qu'il pense, il s'ensuit que moi qui pense, je suis un être simple et immatériel, partant substantiellement distinct et différent de la substance corporelle, qu'on ne peut concevoir, si elle existe, autrement que multiple et composée. De même, sans sortir de la pensée, Descartes atteint Dieu et ses attributs. Considérant la pensée non plus en elle-même, mais dans ses actes, c'est-à-dire dans ses idées, il en détache une, l'idée du parfait, dont il conclut l'existence réelle d'un être parfait, par un syllogisme fort simple. L'effet ne peut rien contenir de plus que la cause; or moi, être essentiellement imparfait, j'ai l'idée d'un être parfait ; donc cette idée ne peut me venir que d'une cause au moins adéquate, c'est-à-dire d'un être parfait réellement existant. Voilà l'existence de Dieu démontrée. Quant à ses attributs, il est trop clair que, s'il existe un être dont la perfection soit l'essence, il ne peut manquer d'être parfait dans tous ses attributs, dans son intelligence, sa puissance, sa sagesse, sa bonté, sa providence.

Des trois grands objets de la pensée, Descartes en atteint deux sans difficulté; le troisième, le monde extérieur, se trouvant en dehors de la conscience, lui échappe, et ce n'est que par un singulier artifice qu'il parvient à le ressaisir. Il ne voit pas d'autre fondement sérieux à notre croyance aux corps que la véracité divine. Preuve étrange et vraiment indigne d'un aussi grand esprit, mais qui montre bien l'impuissance d'une doctrine exclusive ! Le *cogito, ergo sum*, est un principe certain, s'il en fût, d'où Descartes a pu déduire, non sans certaines subtilités scolastiques, une psychologie et une théodicée, mais d'où il est impossible de tirer aucune vérité relative au monde sensible. Engagé, dès le début, dans une voie qui n'avait pas d'issue sur le monde extérieur, Descartes n'aurait pu retrouver la réalité sensible sans cet ingénieux, mais puéril détour. Toutes les erreurs de la philosophie cartésienne tiennent au point de départ. La pensée, telle que la pose Descartes, pensée générale, indépendante de son objet et de sa condition sensible, n'est pas un fait réel de conscience, mais une simple abstraction. La pensée réelle et vivante est toujours un acte concret, dans lequel la sensibilité prête son concours à l'entendement. L'esprit ne pense qu'à propos d'un objet senti et perçu. Toute pensée suppose une sensation, toute sensation un objet senti. La pensée, telle que la comprend toute l'École cartésienne, n'est qu'un élément abstrait par l'analyse du phénomène de la pensée réelle et concrète. Cette pensée abstraite n'est qu'un acte simple de l'esprit, tandis que la pensée réelle est le rapport de l'esprit à l'objet. Celle-ci, inséparable de ses conditions, implique un objet extérieur, un non-moi, sans lequel elle serait impossible ; celle-là n'implique que l'entendement et l'activité qui lui est propre. La croyance au monde extérieur, pas plus que la croyance à l'âme et à Dieu, ne se démontre par un raisonnement ; elle n'a d'autre fondement que la perception externe, absolument inexplicable, dans l'hypothèse de l'Idéalisme qui en supprime l'objet.

Mais, appuyée sur ce fait de conscience, elle est inébranlable et défie tous les sophismes des idéalistes. Que si cette base vient à lui être enlevée, il n'y a plus de vérité sur laquelle on puisse l'asseoir solidement. En se plaçant tout d'abord dans l'abstrait, dans la pensée pure, isolée de ses conditions, Descartes s'est condamné à ne pouvoir sortir de la conscience ; il a rompu le seul lien qui rattache l'esprit à la Nature, et rendu impossible toute transition de l'un à l'autre. La démonstration tirée de la véracité divine n'est pas un argument sérieux : aussi n'a-t-elle point arrêté l'idéalisme de Berkeley.

Cartésien par la méthode, Platonicien par la doctrine, Malebranche fonde sa théorie des idées sur la pensée abstraite et dégagée de ses conditions sensibles. Selon lui, l'objet immédiat de la pensée, c'est l'idée, être substantiel, bien que purement intelligible, type éternel, parfait, immuable, incorruptible, à l'aide duquel nous percevons les objets. Lorsque Malebranche dit que nous ne connaissons les choses que par les idées, il n'entend pas simplement qu'il faille un acte de l'esprit pour connaître, ce qui n'a pas même besoin d'être dit ; dans sa théorie, l'idée n'est pas un acte, mais un être, le seul que l'esprit aperçoive directement. Tout ce que l'esprit connaît, il ne le connaît que par les idées. Il ne connaît pas l'âme, dont il n'y a pas d'idée ; il n'en a qu'un sentiment confus. Comme il perçoit les choses par l'intermédiaire des idées, et que les idées ne peuvent exister qu'en Dieu, il s'ensuit rigoureusement que l'esprit voit tout en Dieu. Si toutes les idées sont en Dieu, l'idée de l'étendue y est comprise comme les autres. Or, dans le langage de Malebranche, l'idée de l'étendue, c'est l'étendue intelligible, infinie et universelle, laquelle n'est autre chose que l'immensité de l'Être divin. En ce sens, ce philosophe a pu attribuer l'étendue à Dieu, sans cesser d'être fidèle à son idéalisme. Il aurait pu de même lui attribuer la forme, le mouvement, la vie, la substance, tous les modes de l'être, sans courir le risque de tomber dans ce panthéisme qui identifie l'univers avec Dieu ; car, dans sa doctrine, il s'agit des idées et non des choses, et, tout en parlant de l'étendue, Malebranche ne sort point du monde intelligible.

L'esprit connaît tout en Dieu, puisqu'il ne connaît que par les idées; mais connaît-il Dieu lui-même? A parler rigoureusement, Dieu, l'Être infini et universel, lieu et substance des idées, n'a point d'idée qui lui soit propre; sa nature d'être infini et universel s'y refuse absolument. Donc l'esprit ne le connaît point, du moins à la manière des idées; il n'en peut avoir une notion précise et déterminée, susceptible de définition. Est-ce à dire que Dieu nous soit étranger et inaccessible? Malebranche pense le contraire. La communication de l'âme humaine avec Dieu est tout autrement profonde que la connaissance. Elle le sent et le possède, comme quelque chose qui lui est intime et essentiel. « Je me sens porté à croire, dit Malebranche, que ma substance est éternelle, que je fais partie de l'Être divin, et que toutes mes diverses pensées ne sont que des modifications particulières de la raison universelle. » Voilà notre pensée réduite à n'être qu'un mode de l'Intelligence divine. Il en est ainsi de notre volonté. De même que c'est Dieu qui pense en nous, de même c'est Dieu qui veut aussi en nous. La volonté n'est autre chose que le désir, c'est-à-dire l'inclination constante et irrésistible au bien. Or cette inclination est un mouvement nécessaire et divin : c'est la volonté même de Dieu, appliquée aux actes de la nature humaine. Malebranche conserve la liberté, mais dans une très faible mesure, et avec une fonction singulièrement modeste. Vouloir, aimer, désirer, sont des actes identiques dans sa psychologie. L'âme veut nécessairement le bien; elle peut faire le mal, parce qu'elle est libre; elle ne peut le vouloir. La liberté se réduit, pour Malebranche, au pouvoir de mal faire. Nous sommes nécessités à vouloir et même à faire le bien. En sorte que, dans cette doctrine, Dieu est pour l'homme principe d'être, de mouvement, de pensée, de désir, de volonté. De là au système qui fait de l'individu un simple mode de la substance universelle, il n'y a qu'un pas.

L'erreur de Malebranche n'est pas dans sa notion de Dieu, mais dans sa théorie des êtres créés, et en particulier de la nature humaine. En définissant Dieu l'Être en soi, devant lequel tous les *êtres* contingents perdent ce nom, il exprime une vérité profonde, parfaitement conforme d'ailleurs à la théologie chrétienne la plus orthodoxe. Les plus solides docteurs de l'Église n'ont jamais hésité à prendre pour texte et pour point de départ de leurs explications le mot de la Bible : *Je suis celui qui suis.* Dieu, pour eux, n'est pas simplement l'être par excellence, l'idéal de l'être, mais l'être en soi, l'être proprement dit, dont les êtres créés ne sont que des apparences. Devant Dieu, seul Être véritable, tout le reste est néant : c'est la doctrine de saint Augustin, de saint Anselme, de Bossuet, de Fénelon[1] surtout, auquel Spinosa inspirait tant d'horreur. Certains Pères de l'Église sont allés plus loin encore, à la suite des philosophes alexandrins ; ils ont voulu élever la nature divine même au-dessus de la notion de l'Être, et en ont fait une abstraction inintelligible, à force d'en retrancher tout ce que l'intelligence elle-même en peut concevoir. Mais la théologie orthodoxe n'a jamais suivi les Pères néoplatoniciens dans cette région des chimères ; elle s'en est tenue constamment au Dieu de la pensée, à l'Être universel, à l'Être en soi, sans même bien comprendre toute la portée d'une définition qui conduit irrésistiblement à l'unité de substance.

Descartes avait défini la substance ce qui est en soi et par soi ; il avait considéré comme une création continue la conservation des êtres créés ; il avait méconnu le vrai principe de la vie, dans la Nature et dans l'âme, en faisant de la pensée l'attribut essentiel de l'une, et de l'étendue l'attribut essentiel de l'autre : enfin, il avait, sinon tout à fait méconnu, du moins singulièrement effacé la distinction radicale de l'entendement et de la volonté. Voilà les semences que, selon l'heureuse expression de Leibnitz, développe Spinosa, génie trop original et trop libre d'ailleurs pour se renfermer dans les limites du Cartésianisme. Selon Spinosa, les êtres individuels et contingents n'ont de la substance que l'apparence. A parler rigoureusement, il n'y a de vraie substance que ce qui est en soi et par soi. Il n'existe donc qu'un substance simple, immuable, infinie, universelle, dont les substances dites individuelles et contingentes ne sont que des déterminations, et qui

---

[1] *Traité de l'existence de Dieu*, 1re partie.

possèdent une infinité de modes, dont deux seulement, la pensée et l'étendue, nous sont connus. Conception solide autant que hardie, qui explique avec une incomparable simplicité la relation de Dieu au monde et les rapports de l'âme avec le corps !

Les graves erreurs de la philosophie de Spinosa ne dérivent point, quoi qu'on en ait dit, du principe de l'unité de substance. S'il a méconnu l'individualité et l'activité des êtres contingents, et en particulier la personnalité de l'homme; si, dans sa physique, il supprime toute force vive, et, dans sa psychologie, toute cause volontaire et libre; s'il substitue l'absolue nécessité aux causes finales, dans l'explication du système du monde, cela tient tout à la fois à sa méthode trop abstraite et à l'influence de certaines idées cartésiennes. La méthode de Spinosa, assez analogue à la Dialectique de Platon, s'attache à ce qu'il y a de commun entre des choses diverses pour en faire l'attribut essentiel de ces choses, procédant du particulier au général, du concret à l'abstrait, de la diversité à l'unité, et mesurant la valeur et la dignité des principes sur leur degré de clarté, de simplicité, et par suite de généralité. C'est ainsi que Spinosa parvient à considérer l'étendue comme l'essence de tous les corps, la pensée comme l'essence de tous les esprits, l'être qui leur est commun, comme la substance unique et universelle dont l'étendue et la pensée ne sont que des modes distincts; méthode purement logique qui a faussé jusqu'à un certain point l'admirable conception de Spinosa, comme elle avait égaré Platon. L'étendue, la pensée, la substance elle-même, séparées des individus, ne sont que des abstractions.

Ce qui est réel et vivant, c'est l'étendue dans le sujet, c'est la pensée dans le moi, c'est en un mot l'universel dans l'individu. Il est possible, il est même nécessaire de concevoir toute existence individuelle et finie dans le sein de la substance infinie et universelle; mais il ne faut point, comme l'a fait Spinosa, séparer l'être de l'individualité. Non seulement la substance universelle n'est pas sans les individus; mais elle n'a d'être et de réalité que dans et par les individus. Prise à part, elle n'est ni cause ni principe de l'être; elle n'est qu'une abstraction de l'esprit.

Ce n'est pas, comme on le pense, la métaphysique qui a égaré Spinosa dans ses théories de la Nature et de l'homme, mais l'oubli de l'expérience [1]. La science de l'homme, la science de la Nature, se font avec des observations, et non des déductions ou des conceptions *à priori*. La physique et la psychologie ne sont point

[1] Quand ces lignes sur Spinosa ont été écrites, nous ignorions le jugement de Schelling sur le Spinosisme. Le philosophe allemand, en raison de sa propre philosophie, devait comprendre mieux que personne les mérites et les défauts du système de Spinosa. Voici ce jugement si profond et si vrai : « Ce système n'est pas fatalisme, par la seule raison qu'il place toutes choses en Dieu ; car nous avons montré que le panthéisme peut fort bien se concilier avec la liberté, au moins *formelle*. Si donc Spinosa est fataliste, la raison en est ailleurs. Le défaut de son système, ce n'est pas de placer toutes choses en Dieu, mais de n'y voir que des choses purement abstraites, et de faire de la substance infinie elle-même une simple *chose*. Ses arguments contre la liberté sont plutôt empruntés du déterminisme que tirés du panthéisme. Considérant la volonté comme une chose placée sous la dépendance d'autres choses, il dut la regarder comme nécessairement déterminée par celles-ci. De là cette absence de vie dans son système, ce manque d'âme et de sentiment dans la forme, cette pauvreté des idées et de l'expression; de là aussi cette dureté inexo-

contenues dans la métaphysique ; il n'est pas de logique, si forte et si ingénieuse qu'elle soit, qui puisse les en tirer. La théologie de Spinosa laissait toute liberté à sa philosophie de la Nature et à sa psychologie ; la doctrine de l'unité de substance ne portait sérieusement atteinte ni à l'individualité, ni à l'activité, ni à la liberté des êtres contingents, toutes choses dont la suppression fort arbitraire a ruiné le Spinosisme. La Nature et l'homme, quel que soit leur rapport avec Dieu, n'en sont pas moins ce qu'ils sont : substances véritables essentiellement distinctes de la Substance qui les a créées, ou simples modes d'une Substance unique, ils possèdent les mêmes propriétés et les mêmes facultés que l'expérience seule nous révèle. Si, au lieu de déduire sa physique et sa psychologie de sa doctrine métaphysique, Spinosa eût appliqué à chaque science la méthode qui lui est propre, à la science de Dieu la raison, à la science du monde et de l'homme l'expérience, il

rable des déterminations ; de là enfin sa théorie toute mécanique de la Nature. Le Spinosisme a été essentiellement modifié par la seule introduction du *dynamisme* dans la philosophie de la Nature. Le principe fondamental du système est que toutes choses sont comprises en Dieu ; mais ce principe, pour fonder réellement un système rationnel, a besoin d'être vivifié et arraché à l'abstraction. Quel vague dans ces expressions qui disent que les choses finies sont des modifications ou des conséquences de Dieu ! Quel abîme à remplir et que de questions à résoudre ! On pourrait comparer le Spinosisme à la statue de Pygmalion, qui aurait besoin d'être animée par le souffle de l'amour ; mais cette comparaison n'est point exacte ; car ce système ressemble plutôt à un ouvrage simplement esquissé dans ses contours extérieurs, ou, pour mieux dire, il est semblable aux plus anciennes images des Dieux, qui avaient une apparence d'autant plus mystérieuse, qu'elles offraient moins de traits individuels et vivants. » (*OEuvres philosophiques*, t. I, p. 447-49.)

eût maintenu l'individualité, l'activité, la personnalité, la liberté des êtres contingents, dans l'unité de la Substance universelle; il n'eût pas sacrifié l'individuel à l'Universel, le monde à Dieu, l'expérience à la raison. Quant à la proscription des causes finales, c'est un paradoxe que Spinosa n'a fait qu'emprunter à la philosophie de son temps. Bacon et Descartes avaient relégué ce principe parmi les spéculations chimériques, par opposition au péripatétisme de la Scolastique qui en avait tant abusé. Descartes surtout avait été jusqu'à soutenir que c'est la volonté de Dieu qui fait le bien et le mal. Spinosa, à son exemple, supprime cette distinction, ou du moins la réduit à une simple convenance de la nature humaine; il ne veut rien voir au delà ni au-dessus de l'essence nécessaire et indestructible des choses. C'est encore une erreur dont la conception théologique de ce philosophe est fort innocente.

Le Cartésianisme, dont la dernière conséquence devait être la doctrine de Berkeley, provoque dès le début une protestation de l'expérience. Sans parler de Hobbes, cet esprit vigoureux, mais borné, qui ne sait opposer qu'un grossier matérialisme à la doctrine des *Méditations*, Gassendi arrête l'idéalisme cartésien dès le premier pas, et, dans une critique aussi solide qu'ingénieuse, lui démontre que le phénomène de conscience sur lequel il se fonde n'est qu'une abstraction. En effet, s'il est certain que je pense, il ne l'est pas moins que je ne penserais pas sans la sensation. C'est pourquoi, au principe cartésien : *Je pense, donc j'existe*, Gassendi substitue cet autre axiome : *Je sens, donc j'existe*. Puis vient Locke, qui, appliquant dans ce sens la méthode psychologique de Descartes, arrive à une doctrine tout opposée. Tandis que Descartes et Malebranche n'avaient vu dans la pensée que l'élément intelligible, l'idée pure, Locke n'y veut voir que l'élément sensible, la sensation, et une autre faculté, la réflexion, qui ne tire rien de son propre fonds, et ne fait que travailler sur les données de la sensation. Véritable empirisme que Condillac simplifie encore en supprimant la réflexion, et qui, par l'élimination absolue de l'élément intelligible dans la pensée, retranche du domaine de la connaissance toutes les notions rationnelles, toutes les conceptions qui ont pour objet les vérités universelles, infinies, nécessaires, absolues, les genres et les espèces, le temps, l'espace, la substance, Dieu, le Bien, le Beau, le Vrai, tous les principes, tous les axiomes, toutes les lois des sciences de raisonnement et d'observation.

Voilà l'École de l'expérience et l'École de la raison encore une fois en présence. De là une lutte opiniâtre que le plus grand esprit de ce temps essaie de terminer par une conciliation. Par la grandeur et l'étendue de son intelligence, par la haute impartialité de son jugement, par la variété de son érudition, Leibnitz convenait admirablement à cette œuvre; il était le génie même de l'Éclectisme. Une même pensée, une même méthode se révèle dans toutes les parties de sa philosophie. En psychologie, par sa critique de l'*Essai de l'entendement humain*, il fait justice de l'hypothèse de la *table rase*, restitue à l'entendement les facultés, les principes, les lois, que Locke et son École supprimaient ou réduisaient à de pures transformations de la sensation, et finit la longue querelle du Sensualisme et du Rationalisme par un mot profond : *Nihil est in intellectu quod non prius fuerit in sensu*, « *nisi ipse intellectus* ». En métaphysique, par sa doctrine des *monades* et de l'*harmonie préétablie*, il retrouve, contre le Cartésianisme, les forces vives de la Nature; il rétablit, contre le Spinosisme, l'indépendance et l'activité spontanée des êtres contingents; enfin, sous le nom de *raison suffisante*, il réhabilite, contre toute la philosophie de son temps, le principe méconnu des causes finales. En Théodicée, il concilie la liberté et la nécessité dans les actes de la Cause suprême, maintenant, par les plus ingénieux efforts, la philosophie entre le panthéisme qui soutient l'absolue nécessité de la création divine, et le théisme immodéré qui, assimilant la volonté divine à la volonté capricieuse de l'homme, fait de la création un pur accident.

Malheureusement Leibnitz a plutôt des vues profondes, des aperçus ingénieux, sur les grandes questions, qu'un système parfaitement lié dans toutes ses parties. Sa philosophie est une admirable critique des doctrines antérieures plutôt qu'une doctrine suivie et complète. Il est vrai que Wolf a réuni tous ces fragments en un corps de doctrine; mais le disciple, quelque éminent qu'il fût, n'avait pas le génie du maître; en coordonnant ses idées, il en a fait ressortir les lacunes et les erreurs. Dans cette philosophie d'ailleurs, tout n'est pas également solide et vrai. Quand Leibnitz tombe dans une erreur ou dans une hypothèse, il est très rare sans doute que cette erreur ne recouvre pas une vérité, que cette hypothèse ne contienne pas une grande pensée. Ainsi, il y a beaucoup de vérité dans la monadologie et même dans la doctrine de l'harmonie préétablie. Pourtant on ne saurait nier que cette dernière hypothèse ne contredise l'expérience, laquelle atteste invinciblement l'action réciproque des substances l'une sur l'autre, et la relation sympathique de tous les êtres dont se compose le système de l'univers. La théorie des monades, admirable en ce qu'elle substitue le principe réel et vivant des forces à la substance abstraite, étendue ou pensante, a le défaut de fractionner la vie universelle en une multitude d'unités isolées et indépendantes. S'il est vrai que tout individu a son principe de mouvement et d'action en soi, comme l'a si bien montré Leibnitz, il ne l'est pas moins qu'il fait partie intégrante de la Substance universelle, de l'Être infini, dans lequel il vit et se meut. Sans l'unité de substance, la monadologie est impuissante à rendre raison de l'unité de la vie universelle. D'autre part, expliquer la création du monde par une sorte de rayonnement de la Monade suprême, *fulguratione*, c'est, selon l'expression d'Aristote, se payer de vaines métaphores. Enfin l'éclectisme de Leibnitz nous semble un peu trop large. L'amour de la paix l'entraîne à tenter l'impossible ; comme il veut parfois concilier des choses inconciliables, il tombe dans des distinctions subtiles, et son génie inventif trouve des raisons qui ne paraissent guère que d'ingénieux expédients pour sortir d'embarras.

La grande entreprise de Leibnitz, à cause des lacunes et surtout des hypothèses de sa philosophie, n'eut pas le résultat qu'il s'était promis. La guerre continua entre les doctrines exclusives. Pendant que le Sensualisme se développe et se propage en France sous l'influence puissante de Condillac ; pendant que le scepticisme hardi de Hume en Angleterre ruine le monde des corps et le monde des esprits, ne laissant d'autre objet à la croyance humaine que les perceptions et les actes dont nous avons conscience, la philosophie critique, en Allemagne, s'attaque, non plus à telle ou telle doctrine dogmatique, mais au principe même du dogmatisme. Leibnitz s'était borné, dans le problème de l'origine de nos connaissances, à réserver les principes innés de l'entendement, invoquant seulement, pour exemple, quelques axiomes *à priori*. Kant, dans une analyse complète de l'esprit, d'une sagacité et d'une profondeur incomparables, discerne, avec une précision parfaite, la part de l'expérience et la part de l'intelligence, dans toute connaissance *objective*, distingue, définit, énumère, classe toutes les formes de la pensée, et les rapporte à trois facultés spéciales, la *sensibilité*, l'*entendement* et la *raison*. La conclusion critique de cette analyse, c'est que la pensée n'a d'autre fonction légitime que de coordonner, et, selon la phraséologie kantienne, de *synthétiser* les intuitions confuses de l'expérience, de manière à en faire des représentations, des notions, des conceptions. La preuve décisive, selon Kant, que la raison pure n'a pas d'autre portée, malgré ses prétentions dogmatiques, c'est qu'elle ne peut rien affirmer, quant à l'objet de la connaissance, sans tomber dans une absolue contradiction. De là un système d'*antinomies*, qui, embrassant tous les objets du dogmatisme, Dieu, l'âme, le monde, le temps, l'espace, l'infini, la cause, la substance, etc., oppose partout l'antithèse à la thèse, démontre tout à la fois que le monde est infini et fini, quant au temps et à l'espace, qu'il y a et qu'il n'y a pas de substance simple, qu'il y a et qu'il n'y a pas de liberté, qu'il existe et qu'il n'existe pas un être nécessaire, et trouve ainsi toujours une négation pour contredire une affirmation. Donc tout concept de l'intelligence n'a qu'une vérité subjective : le temps et l'espace ne sont que des formes de la sensibilité; la cause, la substance, l'unité, l'universalité, la nécessité, l'infinité, ne sont que des formes de l'entendement; l'être absolu et parfait, Dieu, n'est qu'une idée de la raison, suprême Unité à laquelle vient de se rallier tout le système des concepts de l'entendement et des intuitions de la sensibilité.

Il est vrai qu'attribuant à la raison pratique la portée qu'il avait refusée à la raison pure, Kant essaie de relever l'édifice qu'il vient d'abattre. Mais ce nouveau dogmatisme est une inconséquence qu'aucune philosophie sérieuse ne peut accepter. Comme l'a si bien dit M. Royer-Collard, on ne fait point au scepticisme sa part; dès qu'il a pénétré dans l'intelligence, il l'envahit tout entière. L'abîme creusé par la critique de Kant est profond; pour en faire sortir l'esprit humain, il faut autre chose que la distinction de la raison pure et de la raison pratique. La solution des antinomies, œuvre déjà difficile, n'y suffit point; car, lors même qu'on aurait rétabli l'accord entre les diverses facultés de l'esprit, il resterait encore à démontrer que l'intelligence perçoit ou conçoit les objets tels qu'ils sont : ce qui semble impossible. Comment, en effet, l'esprit humain pourrait-il garantir sa propre véracité? Comment prouver qu'il est la mesure absolue de la vérité, privilége qui semble appartenir seul à l'intelligence divine? Nous voyons la vérité sous la forme de notre esprit. Avec un esprit différent, ne la verrions-nous pas différemment ? N'est-ce pas là un scepticisme supérieur à tous les arguments de la pensée humaine ? La théorie de la *raison impersonnelle* n'est pas une solution. Sans être, comme la volonté, un acte libre du moi, la raison est personnelle et subjective au même titre que la sensation. Il n'y a d'impersonnel que la vérité aperçue par la raison. La *nécessité* de l'intuition rationnelle est un phénomène certain, mais dont on ne saurait conclure l'*impersonnalité* de la raison.

Le problème ainsi posé, toute solution était impossible. La philosophie allemande le comprit, et, par un prodigieux effort de dialectique, supprima la difficulté, en déplaçant la question. Voyant bien qu'il est rationnellement impossible au dogmatisme de franchir le cercle dans lequel l'avait enfermé la critique de Kant, elle s'y établit et en fit le siège même de la vérité. Pour Fichte, et surtout pour Schelling et pour Hégel, l'idéalisme de Kant, obstacle invincible au dogmatisme ancien, devient le principe et la base d'un dogmatisme nouveau, singulièrement hardi. A leur sens, c'est dans l'esprit qu'il faut chercher la vérité et non ailleurs ; l'être véritable est dans la pensée ; les formes de l'entendement et de la raison sont les principes substantiels des choses. En dehors de l'esprit et de la pensée, il n'y a que des représentations plus ou moins obscures de la vérité. L'idéal seul est vrai ; la réalité objective n'est qu'une image imparfaite de la vérité et de l'être. Loin que la pensée réfléchisse l'objet, que l'esprit représente la Nature, c'est la Nature qui représente l'esprit, c'est l'objet qui réfléchit la pensée. La logique n'est pas une science purement formelle, comme on l'a cru longtemps; elle est la science de l'être véritable; elle a une portée ontologique. Quant aux antinomies, Schelling et Hégel ne les contestent point; seulement ils les résolvent dans le *principe de l'identité*, renouvelant sous une forme supérieure le panthéisme de Spinosa. En vertu de ce principe, la pensée et son objet, l'Esprit et la Nature, l'idéal et le réel, l'infini et le fini, ne forment point deux mondes à part, ainsi que l'a imaginé le dogmatisme, impuissant à passer de l'un à l'autre : ce sont les deux faces de l'*Absolu*, les deux moments de l'*Idée* dans son évolution.

Chose remarquable ! cette doctrine de la connaissance, si nouvelle dans la philosophie moderne, semble une réminiscence de la philosophie alexandrine, tant l'analogie est grande ! Déjà, pour échapper à la même difficulté, Aristote et Plotin avaient fondé la connaissance sur l'identité de l'intelligence et de l'intelligible, de la pensée et de l'être. Et en effet, le problème de la vérité n'est pas aussi simple qu'il le paraît au premier abord. C'est une opinion accréditée dans la plupart des Écoles, et qui a passé en quelque sorte à l'état de sens commun, que l'idée est une image de la réalité, et l'esprit un miroir plus ou moins fidèle de la vérité. Cette doctrine fait beau jeu au scepticisme. Car, comment s'assurer que l'image est exacte et le miroir fidèle, à moins de connaître directement la réalité ? En détruisant cette illusion, la critique de Kant n'a ruiné qu'un dogmatisme faux et impuissant. L'esprit n'est point un miroir, ni l'idée une image de la réalité; c'est au contraire la réalité qui est une représentation plus ou moins claire de la pensée. Platon, Aristote, Plotin, Malebranche, Schelling, Hégel, tous les grands idéalistes ont profondément raison en cela. Sans la pensée, pas de vérité. Ce n'est pas à dire que l'esprit constitue la réalité. Supprimez par hypothèse l'humanité, et par suite l'esprit, la réalité n'en subsistera pas moins; mais elle n'aura plus cette unité, cette forme, ce caractère intelligible qui en font la vérité. Que la réalité subsiste, abstraction faite de l'esprit qui s'en fait une idée, il serait absurde de le contester; mais qu'elle existe avec tels caractères, telles propriétés, telles formes, indépendamment de l'entendement qui la perçoit ou la conçoit, c'est une illusion à laquelle il faut prendre garde, et dont le sens commun est facilement dupe. En supprimant par hypothèse la pensée et ses formes, nous en conservons à notre insu les perceptions et les représentations. La réalité existe en dehors de l'esprit; mais ce n'est que par l'esprit qu'elle devient intelligible, qu'elle est vérité.

Cette doctrine de la connaissance nous semble la vraie solution du problème de la vérité, la seule base solide du dogmatisme. Le tort de l'idéalisme est d'en avoir abusé pour mettre en doute l'existence des choses. Toute vérité est dans la pensée; mais la pensée a pour condition la réalité. L'esprit n'agit pas dans l'abstrait et dans le vide; il n'y a pas de pensée sans une intuition de l'expérience, ni d'intuition sans un objet extérieur, distinct de l'esprit. L'intelligence n'agit que sous l'impression d'une cause; la pensée sans objet n'est qu'une faculté, une simple puissance, comme dirait Aristote; ce n'est pas même une forme vide. Toute idée est un acte de l'esprit; mais tout acte de l'esprit suppose un objet. Quand l'esprit conçoit une vérité abstraite, idéale, c'est toujours à propos d'une réalité perçue par l'expérience; la notion toute subjective de l'idéal implique elle-même indirectement un objet.

Du reste, plus éclectique dans ses résultats que dans sa méthode, la philosophie allemande réunit sous un même principe le monde sensible et le monde intelligible; elle réconcilie dans une science supérieure le Réalisme et l'Idéalisme jusque-là ennemis. A-t-elle définitivement résolu le problème de la vérité, et réalisé l'accord de l'expérience et de la raison? C'est la prétention de ses plus illustres penseurs, et l'opinion générale de l'Allemagne philosophique. Pour en juger, une étude approfondie des procédés et des démonstrations de cette philosophie serait nécessaire. Jusqu'à ce jour, l'esprit français répugne invinciblement aux méthodes et au langage de la pensée allemande, lors même qu'il en admire la grandeur et la fécondité.

La philosophie française a compris, dès le début de ce siècle, l'impuissance des doctrines exclusives, et la nécessité de chercher désormais la vérité dans une alliance de l'expérience et de la raison. L'*Éclectisme* a été son premier mot, parce que la conciliation était son premier besoin. La connaissance exacte, précise, complète des doctrines philosophiques du passé, ne pouvait que la confirmer dans ce sentiment. Aujourd'hui toutes les Écoles contemporaines sont *éclectiques*, aussi bien celles qui ont horreur du nom, que celles qui l'ont adopté pour drapeau[1]. Mais l'Éclectisme

---

[1] *Éclectisme* est un mot malheureux dont on hésite à se servir, alors même qu'on adopte la chose qu'il exprime. Historiquement et grammaticalement, il signifie un choix entre des doctrines toutes faites. En supposant ce choix parfaitement judicieux, ce serait de la pure critique, non de la philosophie. Il serait injuste sans doute

n'est encore qu'une disposition des esprits, une tendance invincible de la pensée moderne ; il n'est pas une doctrine, ni même une méthode. Ce n'est pas que la philosophie actuelle manque de méthodes et de doctrines ; elle est même beaucoup trop riche à cet égard. Mais elle se fait illusion, si elle croit posséder autre chose que des traditions qu'elle a su rajeunir, en y mêlant quelques aperçus qui lui sont propres. L'essor dogmatique, dont l'exemple avait été donné par d'éminents écrivains et d'excellents esprits, s'est arrêté tout à coup devant le mouvement historique ; le culte de l'érudition a succédé au culte de la science. Les problèmes philosophiques, posés avec autorité et discutés avec éclat au début, ont été bientôt délaissés pour les recherches purement historiques.

En ce moment, au milieu de toutes les doctrines et de toutes les méthodes que lui a léguées le passé, et

---

de condamner, comme on l'a fait, une doctrine sur son nom. Il n'en est pas moins vrai qu'il prête à une interprétation sévère ; si nous l'employons, c'est faute d'en trouver un autre, et pour ne pas avoir fréquemment recours aux périphrases. Pour nous, l'*éclectisme* est synonyme de synthèse ; une méthode éclectique est celle qui réunit tous les procédés légitimes de l'esprit humain ; une doctrine éclectique est celle qui comprend tous les éléments de la réalité. Quant à réunir toutes les doctrines (même en les épurant et en les dégageant de leurs erreurs), pour en composer une doctrine complète, c'est une méthode qui peut convenir à l'histoire, mais non à la science. Toute œuvre vraiment philosophique ne se compose point avec des éléments choisis çà et là dans les doctrines du passé : c'est une pensée originale et personnelle, une véritable création de l'esprit, tout au plus provoquée ou inspirée par la tradition. Toute philosophie s'engendre plus ou moins du passé ; mais elle n'en peut être un simple résumé.

entre lesquelles elle essaie vainement de faire un choix, la philosophie contemporaine n'a ni doctrine, ni méthode qui lui soit propre. Semblable à la philosophie qui a précédé le Néoplatonisme, elle est très riche en traditions, et très pauvre en conceptions originales. Indépendamment de son érudition, elle possède sans doute sur la méthode, le critérium, la nécessité d'une nouvelle doctrine, des maximes très judicieuses, mais qu'elle applique peu et dont elle n'a jusqu'à présent tiré qu'un faible parti. Ainsi, c'est avec grande raison que la philosophie actuelle recommande à tout propos et sous toutes les formes l'analyse psychologique, comme point de départ et comme base de toute science. Mais il serait temps de se servir de cette analyse et d'en faire pénétrer la lumière dans les profondeurs de la conscience. A l'heure qu'il est, il n'est pas une faculté, pas un principe de la nature humaine qui ait été sérieusement et complétement étudié : quant à une théorie générale des facultés et de leurs rapports, la science n'en possède pas même les éléments. Analyse et synthèse, tout est à refaire dans la science de l'homme. Il est bien aussi de répéter que toute doctrine exclusive est fausse; mais il serait mieux de songer à rétablir l'accord entre les diverses facultés de l'esprit, et à résoudre les antinomies au moins apparentes qui suscitent les doctrines exclusives d'abord, puis le scepticisme. Tant que cette œuvre de conciliation ne sera pas accomplie, non seulement l'Éclectisme ne pourra être une doctrine, mais il ne sera pas même une méthode; il restera à l'état de sentiment vague, de tendance irrésistible, si l'on veut, mais impuissante. Enfin, le *sens commun*, tant célébré par la philosophie actuelle, est un excellent guide à suivre; mais il faut se garder d'en abuser, sous peine de sacrifier la science aux préjugés. Le sens commun n'est pas toujours le signe de la vérité; il couvre bien des erreurs, dans la science surtout. Si les sciences exactes, la physique, l'astronomie, avaient toujours obéi au sens commun, c'est-à-dire à l'opinion générale et à la tradition, combien de préjugés n'eussent-elles pas respectés, combien de vérités n'eussent-elles pas écartées? La tradition, plus légitime sans doute, dans le domaine des vérités morales que dans celui des vérités physiques, n'est jamais un guide infaillible. La conscience du genre humain, immuable sur un bien petit nombre de points, se développe, se transforme perpétuellement; le sens commun change, grâce aux progrès de la science et de l'humanité. Soumettre à tout propos la science au sens commun, c'est l'enchaîner à la tradition, c'est en gêner l'indépendance et l'initiative, c'est provoquer la paresse de l'esprit, trop enclin à se reposer dans la croyance commune, c'est dispenser la pensée des efforts qui lui sont nécessaires pour atteindre la vérité à ses risques et périls. Le signe toujours infaillible de la vérité, est l'évidence : telle est la seule autorité qui convienne à la pensée libre. La philosophie éclectique fera bien d'en revenir au critérium de Descartes, si elle veut rendre à la pensée individuelle, esclave des traditions, sa liberté et sa spontanéité.

L'histoire est une admirable introduction à la science. La philosophie a bien fait de s'y arrêter; mais il est temps de reprendre, avec une force nouvelle puisée dans les études historiques, la solution des grands problèmes de la pensée, et de rentrer dans la voie dogmatique ouverte par des maîtres illustres. Le véritable Eclectisme est une œuvre qui a encore plus besoin de critique que d'érudition, de psychologie que d'histoire. Pour qu'il soit réellement ce qu'il doit être, non pas simplement un choix entre les systèmes, mais une conciliation sérieuse entre les diverses facultés de l'esprit, et les divers points de vue de la vérité, il lui faut pour base et pour point de départ une théorie de la connaissance, dans laquelle la nature, la fonction et le rôle de chaque faculté de l'intelligence soient rigoureusement définis, et où soient enfin résolues les antinomies qui naissent de la contradiction de l'expérience et de la raison. Les éléments de cette théorie se trouvent dans la psychologie contemporaine ; il suffit de les résumer.

L'esprit humain, origine unique de toute doctrine vraie ou fausse, a ses facultés et ses lois, dont on peut contester la portée, mais non la nécessité et l'universalité. Toute saine critique, sans s'inquiéter des objections soulevées par le scepticisme contre la véracité de notre intelligence imparfaite, accepte *à priori* tout produit légitime de nos facultés. Toute perception de la sensibilité est vraie : ce n'est pas le sens qui se trompe, mais l'esprit, en attribuant à tel sens une portée qu'il n'a pas. Tout sentiment de la conscience est également vrai ; les erreurs de la psychologie s'expliquent par des confusions ou des exclusions. On peut ne pas embrasser toute la réalité, quand on s'applique à en discerner les éléments ; on peut n'en pas distinguer tous les éléments, quand on l'embrasse d'un seul regard. Mais, s'il est possible de ne pas voir tout ce qui est, il est impossible de voir ce qui n'est pas. De même toute conception de la raison a nécessairement un objet : les erreurs de la métaphysique et des sciences purement rationnelles proviennent toujours de définitions vagues, de fausses déductions et surtout d'abstractions réalisées. Cela posé, tout ce que l'esprit peut connaître, il ne le connaît que par le sens, la conscience ou la raison. En vertu de l'activité qui lui est propre, il peut décomposer, abstraire, mêler, combiner les notions qu'il a puisées à cette triple source ; mais dans ses constructions les plus hardies, dans ses hypothèses les plus ingénieuses, dans ses plus subtiles abstractions, il ne pense rien qui ne puisse s'y ramener. Aussi est-ce une règle infaillible de critique, que de remonter toujours, dans l'examen des systèmes, à ces notions élémentaires de la pensée, dont toute théorie n'est qu'une induction ou une déduction. Tout système, vrai ou faux, a pour base, la sensation, la conscience, la raison, séparées ou réunies.

De cette diversité de facultés naît la diversité des points de vue, dans la contemplation de la réalité. L'objet de la connaissance est immuable et présente toujours les mêmes faces ; mais la perspective change, selon la position du spectateur. Réduit à l'expérience sensible, l'esprit ne reconnaît d'autres réalités que les corps. Le monde lui apparaît dans le temps comme une succession de mouvements sans connexion et sans harmonie, dont la loi ne saurait être que l'aveugle fatalité ; il lui apparaît dans l'espace comme une simple juxtaposition de parties étendues, sans organisation véritable, sans unité intime, n'ayant pour principes que des éléments simples ou du moins physiquement indivisibles, dont les diverses agrégations expliquent toutes les formes et toutes les propriétés des choses sensibles.

Éclairée par le flambeau de la conscience, la scène change. L'esprit, trouvant en soi une cause simple, active, vraiment individuelle, transporte au monde extérieur les notions d'unité et de force qu'il a puisées dans le sentiment de sa propre nature. C'est alors qu'il devine l'action des causes sous la succession des mouvements mécaniques, l'unité organique de l'individu sous la juxtaposition des parties, la vie sous l'étendue, l'âme sous la forme. A ce point de vue, la Nature n'offre plus le spectacle de formes inertes, mais de forces vivantes, de *monades* actives dont le principe, individuel lui-même et personnel, est la cause motrice plutôt que la substance première des individus dont se compose l'univers.

Ce double aspect des choses ne peut suffire à l'esprit. Qu'elle s'offre aux sens comme forme inerte, corps et matière, ou à la conscience comme force vivante, âme ou esprit, la réalité n'est toujours qu'une chose contingente, finie, relative. A la lumière de la raison, la scène change encore. L'univers considéré jusque-là comme une agrégation d'atomes, ou un simple concours de forces divergentes, se transforme en un système organique, où tout se tient, où toute action, toute communication, toute harmonie a pour principe l'unité de la vie universelle, où les individus ne sont que les manifestations infiniment diverses d'une Substance unique, où la profonde inégalité des êtres n'est que le progrès continu, dans le temps et dans l'espace, d'une seule et même activité créatrice, dont l'œuvre va se développant graduellement, à travers les règnes et les espèces, de la simple existence à la vie, de la vie à la sensibilité, de la sensibilité à l'intelligence, terme suprême de ses créations. A cette hauteur, l'unité de fin, l'unité de vie, l'unité d'être se révèlent à l'esprit, dans la contemplation de la vérité, et le ravissent au point de lui faire perdre de vue les existences individuelles. *In ipso vivimus, movemur et sumus.*

La vraie méthode philosophique emploie ces trois procédés également légitimes ; la vraie science concilie ces trois points de vue également essentiels de la vérité. Le véritable sens commun, auquel la philosophie ne saurait trop faire appel, comprend tout dans sa confuse synthèse, la raison, la conscience, la sensation, Dieu, l'esprit, la matière. Mais les Écoles sont exclusives ; elles s'attachent à un seul principe et s'obstinent à chercher toute la vérité à une source unique. Si cette exclusion tenait seulement à une prédilection particulière, il n'y aurait qu'à remettre sous les yeux des Écoles le tableau de la réalité complète. Mais la diversité et la lutte entre les doctrines ont une cause plus difficile à détruire, à savoir, l'antinomie au moins apparente entre les facultés de l'esprit et les divers principes de la vérité. Ces trois aspects divers de la réalité, également vrais, puisqu'ils correspondent à des facultés également légitimes, semblent se contredire absolument. En quel rapport est l'âme avec le corps, l'esprit avec la matière ? En quel rapport est le fini avec l'infini, l'individuel avec l'universel, le monde avec Dieu ? C'est ce que la métaphysique a rarement défini et expliqué d'une manière satisfaisante. De là les systèmes, doctrines exclusives qui, s'appuyant, soit sur l'expérience sensible, soit sur la conscience, soit sur la raison, se réfutent et se nient réciproquement, dans une polémique incessante, interminable, qui ne s'interrompt que pour reprendre avec plus de force, sous l'impulsion d'une philosophie nouvelle. Entre le Sensualisme qui veut que tout soit matière, et le Spiritualisme qui soutient que tout est esprit ; entre l'Idéalisme qui nie *à priori* la possibilité logique des existences individuelles, et l'Empirisme qui nie l'Être universel, l'accord est impossible.

Si cette contradiction absolue et radicale des systèmes résidait aussi dans l'esprit humain et dans la nature des choses, le scepticisme serait invincible et toute philosophie serait une illusion. Heureusement qu'il n'en est rien, et qu'une analyse sérieuse démontre l'admirable harmonie des divers principes de la réalité, et la profonde unité de l'esprit humain. Non seulement la sensation, la conscience et la raison ne s'excluent pas, mais elles s'impliquent réciproquement dans toute connaissance. On ne saurait trop le redire, l'acte de la pensée n'est pas simple, mais complexe ; il n'est pas seulement une perception de la sensibilité, ou un sentiment de la conscience, ou une conception pure de la raison ; il est tout cela à la fois. La pensée, dans sa réalité concrète et vivante, est une synthèse indivisible de la sensation, de la conscience et de la raison. Elle est triple dans son unité, quel que soit son objet ; que l'esprit pense la Nature, Dieu ou lui-même, ces trois termes se retrouvent toujours comme éléments inséparables de la pensée. Si l'on essaie de les séparer et d'en briser la synthèse, il ne reste plus que des abstractions sans réalité et sans vie. Supprime-t-on la sensation, ainsi que le fait l'Idéalisme, la conscience et la raison ont perdu leur condition nécessaire d'activité. Supprime-t-on la raison, la réalité perçue par le sens, ou sentie par la conscience, devient inexplicable et même impossible. Quant à la conscience, on ne peut la supprimer, sans détruire l'acte même de la pensée, ce qu'aucun système n'a jamais été tenté de faire. Sans la sensation, la pensée est impossible; sans la raison, elle est incomplète; sans la conscience, elle est comme si elle n'était pas. La sensation, la conscience, la raison ne sont pas des modes divers de la pensée, distincts et indépendants entre eux, mais les principes constituants et inséparables de toute pensée. La réflexion peut bien décomposer cette synthèse, et en abstraire tel ou tel élément, une intuition de conscience, une conception pure de la raison ; elle peut, comme l'a fait de tout temps la science, y distinguer, par une analyse sévère, l'élément sensible et l'élément intelligible. Rien n'est plus légitime, pourvu qu'elle ne sépare point ce qu'elle a distingué, qu'elle n'isole pas ce qu'elle a abstrait. Autrement elle ne fait que réaliser des abstractions dans l'esprit, aussi bien que dans les choses. La suppression d'un seul élément de la pensée entraîne la destruction de la pensée tout entière. Toute science, toute doctrine qui retranche un seul terme de cette synthèse indissoluble, mutile la pensée et se condamne à l'impuissance et à l'erreur; on n'arrive à la vraie connaissance que par la vraie pensée, la pensée riche de tous ses éléments et de toutes ses facultés.

Même synthèse, même unité dans la réalité que dans l'esprit. Prises dans un sens trop absolu, ainsi que l'entendent les Écoles exclusives, les perceptions sensibles, les intuitions de la conscience, les conceptions de la raison impliquent entre elles contradiction.

Elles ne sont vraies qu'autant qu'elles se combinent et se fondent ensemble. Au fond, il n'y a pas une vérité pour les sens, une vérité pour la conscience, une vérité pour la raison ; il y a la vérité. La réalité ne se laisse pas ainsi diviser et fractionner ; car elle n'est qu'autant qu'elle est tout entière ; ses éléments pris à part ne sont que des abstractions. L'analyse peut et doit décomposer la vérité, pour en mieux saisir les principes constitutifs ; mais il n'y a qu'une intuition synthétique qui en puisse atteindre l'intime et vivante réalité. La vérité ne se livre point partiellement à telle ou telle faculté spéciale de l'esprit, soit le sens, soit la conscience, soit la raison ; elle veut être embrassée dans son indivisible unité par l'esprit humain tout entier. En ne considérant la vérité qu'avec les sens, ou avec la conscience, ou avec la raison, on n'arrive qu'à une vue fausse, je ne dis pas seulement incomplète. Le monde des sens n'est pas plus le vrai monde que le Dieu de la raison pure n'est le vrai Dieu. Le sens, la conscience, la raison, loin de s'exclure, se corrigent, se modifient, se complètent réciproquement. Ainsi, par les intuitions de la conscience, l'esprit est conduit à voir dans la forme matérielle, dans le corps, le développement d'une force ; par la lumière supérieure de la raison, il arrive à comprendre que les individus, corps ou âmes, formes inertes ou forces vives, ne sont que les manifestations d'un seul et même Principe infini et universel.

Ce n'est donc que par une synthèse indissoluble que les divers aspects de la réalité, correspondant aux facultés de l'esprit, forment la représentation complète de la vérité. En sorte que la suppression d'un seul point de vue conduit à l'absurde et à l'impossible. Toute forme corporelle ne peut être conçue que comme l'expansion nécessaire d'une force vive intérieure; tout organisme ne peut être compris que comme le développement d'une unité indivisible, simple principe vital pour la plante, âme pour l'être vivant, esprit pour l'homme. Une force sans la forme qui la réalise est une abstraction; une forme sans force qui l'engendre et l'anime intérieurement est un effet sans cause. D'une autre part, si la réalité qu'atteste l'expérience, le monde des êtres finis et individuels, a sa condition logique, son principe, sa substance, son être véritable dans l'Être infini et universel, cette autre vérité que conçoit la raison, l'Être infini et universel, ne se manifeste, ne s'exprime, ne se réalise que dans les êtres finis et individuels. Il est donc tout aussi difficile de concevoir l'infini sans le fini, que le fini sans l'infini, l'Être universel sans les individus, que les individus sans l'Être universel, Dieu sans le monde, que le monde sans Dieu. Impossibilité ou abstraction, telle est l'alternative à laquelle doivent se résigner les Écoles qui font exclusivement appel, soit à l'expérience, soit à la raison. Synthèse indivisible dans la nature des choses, de la forme et de la force, de la diversité organique et de l'unité vitale, de l'individuel et de l'Universel, du fini et de l'infini; synthèse non moins indivisible dans l'esprit des trois fonctions de l'intelligence, sensibilité, conscience, raison, voilà le principe de toute vérité et la loi de toute pensée.

Quant aux antinomies dont le Scepticisme a fait grand bruit dans tous les temps, il n'est pas impossible de démontrer qu'elles sont plus apparentes que réelles. En y regardant de près, on s'aperçoit que la contradiction n'existe pas entre les produits d'une même faculté, mais seulement entre les produits de facultés diverses. Ce n'est point entre la sensation et la sensation, entre la conscience et la conscience, entre la raison et la raison, que l'antinomie se déclare, c'est entre la sensation, la conscience et la raison. Or, pour que la contradiction fût réelle, absolue, invincible, il faudrait qu'elle éclatât entre des notions de même nature, entre des vérités de même ordre. Si la sensation, si la conscience, si la raison affirmaient le oui et le non, chacune de son côté, au sujet d'une chose qui tombe dans sa sphère, c'est alors que l'esprit humain pourrait être convaincu d'impuissance. Mais il n'en est rien. On aurait beau chercher dans le domaine de la pensée, on ne trouverait pas un exemple d'une telle opposition. Ce qui est vrai, c'est que, prises absolument et abstractivement, les conceptions de la raison, les intuitions de la conscience, les perceptions de la sensibilité, se contredisent dans une certaine mesure. L'âme, telle que la comprend certain spiritualisme, se concilie difficilement avec le corps, dans l'unité de l'être humain ; la matière, telle que l'entendent les écoles matérialistes, exclut tout principe simple, toute force et toute âme, dans l'explication des phénomènes de la vie et de l'organisme. L'existence des individus attestée par l'expérience semble si peu conciliable avec l'Être universel conçu par la raison, que de grandes Écoles ont de tout temps sacrifié, soit Dieu au monde, soit le monde à Dieu. Et, en admettant l'existence des individus, au sein de l'Être universel, n'est-il pas impossible d'attribuer une indépendance absolue, même à ceux chez lesquels la conscience témoigne invinciblement de la liberté ?

Mais les perceptions de la sensibilité, les intuitions de la conscience, les conceptions de la raison, contradictoires et même fausses quand on les isole, se concilient parfaitement et sont vraies dans le rapport harmonique qui les unit. Le principe de la vie et le principe de la forme, l'âme et le corps, s'impliquent mutuellement, loin de s'exclure ; l'Universel sans les individus n'est qu'une abstraction ; l'individu sans l'Universel est une impossibilité logique. Tous les points de vue de la réalité, vrais dans leur synthèse, sont absurdes dans leur isolement. Voilà pourquoi tous les systèmes sont faux et contradictoires. Mais si la guerre est la loi des systèmes, l'harmonie est la loi de la pensée; si le Sensualisme, le Spiritualisme, l'Idéalisme ne peuvent vivre en paix, le sens, la conscience et la raison peuvent très bien s'entendre. Pour s'en convaincre, il suffit d'examiner quelques unes des antinomies les plus redoutables que le scepticisme a mises avant.

Première antinomie. — *Le monde a un commencement quant au temps, et il est limité quant à l'espace. Le monde est infini quant au temps et à l'espace.* En effet, le monde, tel que nous le révèlent les sens, présente un double aspect : au point de vue du temps, c'est une série d'êtres qui se succèdent; au point de vue de l'espace, c'est une collection de choses étendues, c'est-à-dire de corps juxtaposés. Or toute succession, quelque longue qu'on la suppose, a une limite; toute étendue ou toute collection de choses étendues a des bornes, si loin que la prolonge l'imagination. Voilà la thèse de l'expérience. Mais, d'une autre part, il n'est pas possible de concevoir le monde autrement qu'infini dans le temps et dans l'espace : car, si on le suppose fini dans le temps, c'est admettre qu'il existe une durée en dehors de l'être qui dure; si on le suppose fini dans l'espace, c'est également reconnaître un espace au delà de toute étendue. Or la durée sans l'être qui dure, l'espace sans l'être étendu ou le vide absolu, ne sont que des abstractions de la pensée, *objectivement* inintelligibles. Donc, au delà du corps, il ne peut y avoir que le corps; au delà de l'être qui dure, il ne peut y avoir que l'être qui dure. Donc le monde est infini dans le temps et dans l'espace. Voilà l'antithèse de la raison. La contradiction s'évanouit devant le plus simple examen. Il est bien vrai que toute succession de mouvements, que toute juxtaposition de corps perçus par l'expérience est finie. Mais de là à conclure que le monde est limité quant au temps et à l'espace, il y a un abîme. L'expérience, infaillible dans sa sphère, ne peut rien affirmer au delà de ce qu'elle voit; ce n'est jamais impunément qu'elle usurpe le rôle de la raison. Or c'est évidemment ce qu'elle fait, en étendant au monde une mesure qui n'est applicable qu'à l'objet immédiat de ses perceptions. Il faut toujours se défier des inductions, et surtout des *conceptions* de l'expérience. Il n'y a donc pas ici deux thèses contradictoires en présence, comme l'a pensé Kant, mais seulement deux vérités incontestables, chacune dans sa sphère. En même temps que l'expérience atteste que toute succession de mouvements, que toute juxtaposition de formes est finie, la raison affirme que le monde, c'est-à-dire ce en quoi tout mouvement s'accomplit et toute forme subsiste, n'a pas de limites dans sa durée ni dans son étendue. Où est la contradiction ?

Autre antinomie. — *Toute substance composée l'est de parties simples. Aucune substance composée ne l'est de parties simples.* En effet, le corps, tel que le perçoit l'expérience, étant étendu, est nécessairement composé de parties ; mais en divisant et en subdivisant ces parties, il faut bien arriver à des éléments simples absolument indivisibles. Il y a pour les physiciens un principe qui a toute l'autorité d'un axiome : c'est que tout composé suppose des éléments simples. Mais la raison ne peut accepter cet axiome de l'expérience. En effet, tout élément est étendu ou inétendu. Le supposer inétendu, c'est faire une pure abstraction, absolument inintelligible ; s'il est étendu, il est divisible : donc, la matière étant divisible à l'infini, il n'y a pas d'éléments. Ici la contradiction n'est qu'apparente. La matière est mathématiquement divisible à l'infini, comme étendue ; physiquement, elle peut être considérée comme indivisible, c'est-à-dire réductible à certains éléments simples, principes intégrants de tout composé. Il faut bien distinguer les parties des éléments. La partie n'est que le résultat abstrait d'une division mathématique ; l'élément est le principe dynamique qu'aucune action ne peut décomposer, et qu'on ne peut diviser par la pensée, sans le détruire. Métaphysiquement divisible, puisqu'il est étendu, l'atome est indivisible dans sa *forme* et sa propriété. Sur ce point, l'expérience et la raison ne sont donc pas en désaccord. D'ailleurs, l'indivisibilité de la matière et la composition des corps ne sont que des conséquences d'une notion empirique, qui, étant un produit d'une simple faculté de la pensée et non de la pensée elle-même, ne possède qu'une vérité relative. Qu'est-ce que cette notion, sinon une représentation toute relative de la réalité, qui, dans une doctrine métaphysique de l'être, fait place à une conception supérieure? La théorie des atomes, déjà reconnue insuffisante même pour l'explication des phénomènes chimiques, ne peut dépasser les limites de la physique la plus mécanique; elle n'a rien à faire dans une vraie philosophie de la Nature. Quant à la conception rationnelle de l'indivisibilité infinie de la matière, elle est *hypothétiquement* incontestable, c'est-à-dire qu'il est impossible, étant donné le corps comme chose étendue, de ne pas le concevoir divisible à l'infini; mais elle disparaît dans la théorie des forces, vrai principe de la constitution des corps.

Autre antinomie. — *Il y a une cause première à la série des mouvements qui se succèdent dans l'univers. Il ne peut y avoir de cause première à une série infinie.* L'expérience, en effet, percevant toute succession comme finie, s'arrête à un anneau de la chaîne qui devient alors le premier moteur du système. Mais la raison, concevant comme infinie la succession des mouvements dont se compose la vie universelle, ne peut s'arrêter dans la série des causes. La contradiction n'est pas réelle sur ce point, entre l'expérience et la raison; elle n'existerait qu'autant que l'expérience dépasserait sa sphère. Il ne lui appartient pas de rien affirmer au delà de ce qu'elle voit. De ce qu'elle ne perçoit toute succession, et en général toutes choses, que sous la loi du fini, elle n'a pas le droit de conclure que tout est fini. Elle voit ce qui est, sans préjuger ce qui doit être ; elle ne peut, sans usurper, anticiper sur les conceptions de la raison. Or la fonction de la raison est précisément de dépasser l'expérience, et d'affirmer *à priori* des vérités qui sont au delà de la portée de l'observation. Au lieu de s'en tenir à la succession finie que lui révèle l'expérience, la raison fait plus que de l'étendre indéfiniment ; elle la juge *à priori* infinie. Ici rien de plus facile à concilier que l'intuition empirique et la conception rationnelle.

Mille exemples analogues de l'opposition de l'expérience et de la raison conduiraient à la même conclusion. Entre les perceptions de la première et les conceptions de la seconde, la contradiction n'est pas réelle ; les vérités empiriques, n'ayant rien d'absolu, ne peuvent contredire les vérités rationnelles. Les nombreuses antinomies que contient le domaine de la connaissance peuvent se résumer toutes dans une seule, l'antinomie première de l'expérience et de la raison. D'un côté, la vérité finie, individuelle, contingente, passagère, attestée par l'expérience ; de l'autre, la vérité infinie, universelle, nécessaire, immuable, révélée par la raison. Séparez ces vérités, considérez le fini et l'individuel à part de l'infini et de l'Universel, et réciproquement, il ne restera que des abstractions ou des mystères. De même que la pensée réelle n'est que dans la synthèse de l'expérience et de la raison, de même la vérité ne réside que dans la synthèse des deux objets de la pensée, dans le rapport harmonique du fini à l'infini, de l'individuel à l'universel, du monde à Dieu. L'analyse, par ses distinctions et ses abstractions, engendre toutes les contradictions et toutes les antinomies de la pensée ; la synthèse les fait disparaître. Les sens, la conscience, la raison, n'ont d'autre fonction que de fournir les éléments de la vérité ; il n'appartient qu'à la pensée tout entière de donner la vérité elle-même.

Voilà ce que la philosophie ne doit jamais perdre de vue. L'éclectisme sérieux et efficace ne consiste pas à recueillir çà et là, comme ont fait tant de faux éclectiques, des lambeaux de doctrines, à les coudre ensemble avec plus ou moins d'art, et à les offrir à la science, en les déguisant sous une forme quelque peu nouvelle. Quand on mettrait au service d'une telle entreprise tout l'esprit et toute la sagacité possibles, quand on serait assez heureux pour laisser l'erreur et choisir constamment la vérité dans les systèmes du passé, on ne ferait pas une œuvre vraiment philosophique, une œuvre vivante et durable. La critique n'est pas la science. La philosophie est une science qui se renouvelle et se tranforme sans cesse en se développant, comme tout ce qui vit. Aujourd'hui que l'histoire de la pensée, non moins que notre expérience personnelle, nous a éclairé sur le danger et l'impuissance des doctrines exclusives, il ne s'agit point de scruter la tradition pour en extraire la science de l'avenir par des procédés ingénieux ; l'histoire, excellente pour guider, enrichir, fortifier l'esprit, ne contient point la philosophie, quoi qu'on en ait dit. Ce n'est pas de la juxtaposition, ni même de la combinaison ou fusion intime des systèmes corrigés et épurés, que sortira la philosophie nouvelle, mais bien de l'alliance systématique, de la synthèse des facultés, des procédés, des méthodes et des principes de l'esprit humain, appliqués jusqu'ici exclusivement, et de manière à n'aboutir qu'à des résultats faux ou contradictoires. L'histoire n'est qu'un auxiliaire, très utile il est vrai : le principe générateur, l'âme de toute philosophie, qu'on ne l'oublie pas, c'est la pensée. Où la pensée décline et périt, la philosophie végète et meurt sur les trésors d'érudition qu'elle a laborieusement amassés.

Si l'exclusion a été le défaut des doctrines antérieures, la confusion pourrait être l'écueil de la philosophie éclectique. Ne supprimer aucune des facultés de la pensée, aucun des points de vue de la réalité, est aujourd'hui chose facile, après l'expérience des erreurs et des dangers de l'exclusion. Qui voudrait recommencer des tentatives que le génie lui-même n'a pu mener à bonne fin? Qui chercherait encore dans l'expérience seule ou la raison seule la solution d'un problème que l'empirisme d'un Aristote, que l'idéalisme d'un Platon ou d'un Malebranche n'ont pu résoudre? L'esprit humain n'a ni cette confiance ni cette audace ; il a trop vécu pour tenter naïvement l'impossible ; il a vu trop de ruines pour essayer de construire sur une base aussi fragile. Ce qu'il faut craindre maintenant, c'est l'excès contraire. La philosophie éclectique n'aime pas la guerre ; il ne faut pas qu'elle recherche la paix à tout propos et à tout prix. Le goût de la conciliation a aussi son danger, s'il dépasse les limites du vrai et du possible. A force de tout concilier, on peut tout confondre ; l'esprit de synthèse, s'il n'est dirigé et contenu par une méthode précise, s'il n'est inspiré par une intelligence ferme et vigoureuse, tombe aisément dans l'anarchie. Le syncrétisme n'est que l'abus de la philosophie éclectique.

Ainsi, par exemple, il faut se garder, tout en les réunissant dans l'unité synthétique de la pensée, de confondre les diverses facultés de l'esprit et les divers ordres de vérités qui leur correspondent. La sensation, la conscience, la raison ont chacune leur domaine à part, que la science ne peut étendre ni resserrer, selon ses convenances ou ses desseins. Rien ne serait plus faux et plus funeste qu'une sorte d'amalgame des produits de la pensée. Il faut maintenir dans leur intégrité et dans leur portée les perceptions de la sensibilité, les intuitions de la conscience et les conceptions de la raison, en ne les considérant toutefois que comme les divers éléments de la pensée, seul juge compétent en matière de vérité. Chaque faculté nous fait sa révélation sur la réalité; nulle autre faculté ne peut suppléer à cette révélation spéciale. Quand, par l'induction, la science essaie de remplacer le témoignage direct d'une faculté, elle entre dans la voie de l'hypothèse et de l'erreur. La conscience ne peut suppléer la sensation; la raison ne peut suppléer la conscience. On sait que la source la plus féconde de nos erreurs est l'habitude d'invoquer l'analogie, pour expliquer des phénomènes différents. Le Sensualisme explique la vie morale par les principes et les lois de la matière; le Spiritualisme explique les phénomènes de la vie naturelle par les lois de l'esprit. La théologie envahit la science de l'homme, et soumet la conscience à ses spéculations : de là ce panthéisme qui abîme l'homme en Dieu. La psychologie, en mêlant ses intuitions aux conceptions rationnelles, corrompt la théologie; de là cet anthropomorphisme qui fait Dieu à l'image de l'homme. Il importe donc à toute philosophie, à la philosophie éclectique surtout, de maintenir les fonctions, les lois, les limites des diverses facultés de la pensée, si elle veut arriver à une vraie synthèse, et non au chaos.

Ne rien exclure, ne rien confondre, voilà les deux règles que la philosophie de notre temps doit constamment suivre, soit dans la recherche directe de la vérité, soit dans la critique des systèmes, sans jamais sacrifier l'une à l'autre. L'exclusion et la confusion sont deux écueils entre lesquels la pensée trouvera une route sûre et sans naufrage. Ces deux règles résument toute notre conclusion.

Le jour où la philosophie entrera sérieusement dans cette voie, elle ne sera point finie, mais elle sera constituée. La philosophie est immortelle comme son principe, la pensée ; révélation progressive de l'immuable vérité, elle se fait chaque jour et ne sera jamais faite. Mais jusqu'ici elle n'est pas seulement une science incomplète dans ses résultats, ce qui est inévitable ; elle est incertaine même dans ses principes et dans ses bases. Divisée en un certain nombre de doctrines exclusives qui se contredisent d'une manière absolue, la philosophie est encore la proie du scepticisme qui triomphe de son impuissance. Il s'agit de la constituer définitivement, en lui donnant pour base la synthèse de tous les éléments de la pensée et de tous les principes de la vérité. On ne supprimera point, par cette méthode, toute lutte, toute polémique, toute divergence de vues. La polémique et la diversité sont les conditions du développement de la pensée. La lutte est la vie ; la philosophie, pas plus que toute autre science, ne peut s'en passer. Mais, devenue radicalement éclectique, elle ne perdra plus son temps à démontrer perpétuellement le principe même de son existence sans cesse mise en question ; elle marchera d'un pas ferme et assuré dans la grande voie ouverte devant elle, à la conquête de la vérité, à l'exemple des autres sciences, qui, parfaitement sûres de leur base, ne se voient point forcées de détacher sans cesse leurs regards de la réalité pour les reporter en arrière sur leur point de départ. Toutes les sciences bien faites, les mathématiques, l'astronomie, la physique, la chimie, l'histoire naturelle, ont assurément leurs divergences, leurs contradictions, leurs incertitudes, leurs mystères, signe inévitable de l'imperfection de l'esprit humain ; mais, divisées sur beaucoup de faits et surtout de théories, ces sciences n'ont qu'une opinion sur la méthode, les principes et les grands résultats. Elles sont et resteront toujours imparfaites et incomplètes, parce qu'ainsi le veut la nature même de l'intelligence ; mais elles n'en ont pas moins passé à l'état de sciences définitives. La philosophie, malgré les plus beaux travaux et les plus heureux efforts du génie, malgré les progrès réels que nous révèle son histoire, est encore aujourd'hui une aspiration à la vérité, une recherche, une tentative, en France du moins. Il appartient à notre siècle d'en faire une science, en la fondant sur la pensée tout entière, seule base que le scepticisme ne puisse renverser. Il est temps que la philosophie construise enfin sur des assises inébranlables. L'œuvre de la science est un monument auquel l'esprit humain travaille sans cesse, sans jamais l'achever ; ce ne peut être une toile de Pénélope qu'il faille toujours détruire, après l'avoir faite. En conservant les bases de son travail, la pensée fera encore assez de ruines. Il n'en sera jamais de la philosophie comme des sciences mathématiques, dont le progrès régulier et continu ne fait qu'ajouter une vérité de plus à la somme des vérités acquises. Les problèmes de la philosophie sont trop élevés, trop complexes, trop profonds, pour qu'aucune solution, même supérieure, les épuise. Dans ses développements futurs, comme dans ses essais antérieurs, cette science est destinée à se renouveler et à se transformer incessamment. Ce n'est pas seulement le génie des penseurs, c'est la nature même des questions qui produit ces changements de scène merveilleux, dans l'histoire de la philosophie. La science de l'être et de la vie sera toujours, en raison même de l'excellence de son objet, bien autrement difficile que les sciences spéciales, lesquelles ne traitent que des propriétés abstraites de l'être, ou des conditions extérieures et des organes de la vie : même avec les méthodes les plus rigoureuses, avec les principes les plus solides, elle est beaucoup plus exposée à l'erreur. Mais, grâce à l'histoire, le temps des systèmes est passé ; nous ne reverrons plus ces écoles exclusives, dont l'impuissance égale l'intolérance. Il n'y a plus qu'une École possible aujourd'hui : c'est celle qui, ne divisant l'esprit que pour le mieux connaître, ne décomposant la réalité que pour en voir plus clairement les éléments, ne se sert de l'analyse et de l'abstraction que pour arriver à une intuition plus nette et plus profonde des choses, et comprend que la science de l'être et de la vie ne s'obtient que par la synthèse de toutes les facultés de la pensée et de tous les principes de la réalité.

Un tel éclectisme (si l'on peut donner ce nom à une entreprise qui a pour but d'en finir avec tous les systèmes, au lieu d'en poursuivre vainement la conciliation) tend à la constitution définitive de la philosophie, non par l'alliance impossible des doctrines du passé, mais par la conciliation systématique de toutes les méthodes légitimes de l'esprit et de tous les principes vrais de la science. Loin de considérer l'antagonisme des systèmes comme une loi éternelle et indestructible du développement de la pensée, il n'y voit qu'une nécessité transitoire, dont le progrès de la science doit infailliblement amener le terme. Si nous ne nous faisons illusion, l'histoire de la philosophie bien comprise nous révèle clairement que le moment est venu de mettre fin à cette lutte qui donne si beau jeu au scepticisme, et qu'il appartient à notre siècle de clore définitivement l'ère des doctrines exclusives. Depuis trente ans, la philosophie nouvelle élève au-dessus des vieilles Écoles le drapeau de la concorde et de la paix. *In hoc signo vincet!* Mais il ne suffit pas de parler d'alliance, il faut en poser nettement les conditions. La paix est désirable assurément ; mais est-elle possible ? La lutte ne serait-elle pas une loi nécessaire du développement de la pensée ? n'aurait-elle pas pour principe la contradiction radicale des diverses facultés de l'esprit ? ou bien l'antagonisme des systèmes ne serait-il pas, malgré sa durée, un pur accident causé par l'inexpérience, l'ignorance ou la passion ? C'est ce que l'analyse de la pensée peut seule nous apprendre.

La plupart des sciences, après avoir erré de méthode en méthode, de principe en principe, ont enfin trouvé leur vrai point de départ, ce *quid fixum ac inconcussum* que cherchait Descartes, pour y asseoir sa doctrine. Sur ce terrain, elles ont pu construire un édifice qu'elles exhaussent et agrandissent chaque jour, sans être condamnées à détruire et à reconstruire perpétuellement. La philosophie sera-t-elle seule vouée à l'œuvre de Pénélope? La métaphysique est-elle une toile qu'il faille recommencer sans cesse, sauf à en varier et à en raffiner indéfiniment le tissu? Ce n'est point dans l'histoire, mais dans la psychologie qu'il faut chercher la solution de ce grand problème. L'histoire a ses nécessités plus ou moins transitoires, qu'elle est toujours tentée de prendre pour des lois éternelles, pour peu qu'elles durent. Le philosophe qui veut appliquer au monde mobile de la pensée l'induction des Naturalistes, exclusivement propre au monde immuable de la Nature, s'expose à convertir les accidents en lois, et à conclure de ce qui a été à ce qui doit être. Méthode dangereuse en philosophie aussi bien qu'en politique! De même que l'expérience historique ne doit jamais faire perdre de vue à l'homme d'État l'idéal de la société humaine, de même le philosophe ne doit point, dans la contemplation des systèmes, oublier les lois éternelles de la pensée, telles que les lui révèle l'analyse. Remonter tout d'abord à la source des systèmes et des traditions, à l'esprit humain, et le soumettre à un sérieux examen, voilà la première chose à faire. Quand nous connaîtrons bien la nature de l'esprit, ses facultés, ses lois, nous résoudrons *à priori* et facilement tous ces problèmes sur lesquels l'histoire de la philosophie nous laisse incertains.

Mais, dira-t-on, cela est fait depuis longtemps. Après tant de travaux psychologiques ayant pour but la connaissance de l'intelligence, après les profondes analyses de Kant, est-il bien à propos de recommander à la philosophie de revenir à son point de départ? Nous pensons que, malgré tout ce qui a été fait, l'analyse de l'esprit humain est loin d'être épuisée, et que rien n'est plus urgent que de la reprendre, dans l'état actuel de la science, si la philosophie veut faire autre chose que reproduire le passé. La pensée aujourd'hui est l'esclave de l'érudition ; elle plie sous le fardeau des traditions qui l'étouffent au lieu de l'inspirer, qui la déconcertent au lieu de la diriger. Il se dit et s'accrédite partout que la science est faite, que le domaine de la métaphysique est complétement exploré. Il y aurait tout au plus à glaner dans ce champ moissonné tant de fois par la main du génie. Que faire alors, puisque la science est faite, sinon s'y établir et s'y orienter, en laissant aux aventuriers de la pensée la mission chimérique des découvertes nouvelles? Déplorable tendance! D'abord ce domaine, où l'esprit humain irait chercher le repos, n'est pas une retraite commode pour qui est las d'entendre les controverses des Écoles. On n'a pas encore trouvé le secret d'y ramener la paix. On l'a si peu trouvé, qu'on s'y est résigné à la guerre, comme à une loi nécessaire du monde de la pensée. Et puis, comme l'ont tenté les Alexandrins, eût-on réussi à tout concilier, on n'aurait fait que reconstituer le passé. Or il s'agit de l'avenir. La philosophie, nous le reconnaissons, n'a pas perdu son temps à recueillir ses souvenirs ; mais si riches qu'ils soient, ils ne peuvent suffire à la vie de la pensée. Dans sa féconde activité, l'esprit humain crée et détruit sans repos ni relâche.

D'ailleurs le moment est mal choisi pour nous prêcher la résignation à la science faite. Quelle est, à cette heure, la doctrine qui ait résisté aux coups de la critique? Sans remonter jusqu'à Platon et Aristote, dont l'esprit humain a secoué le joug, après l'avoir porté si longtemps, est-ce Descartes, est-ce Malebranche, est-ce Locke, est-ce Kant, que la critique a laissés intacts? Sans doute il y a du vrai, beaucoup de vrai dans toutes ces doctrines, et la vérité est immortelle. Mais, en faisant la plus large part à chacune, est-ce qu'elles ont résolu tous les problèmes, répondu à toutes les difficultés, supprimé toutes les hypothèses? D'ailleurs, un système tient par ses erreurs comme par ses vérités; du moment que la critique en a fait le départ, le système est dissous; il n'en reste plus que des éléments qui, dépouillés de leur forme originale et transformés par une pensée vivante, peuvent prendre place dans une synthèse supérieure. C'est même en cela que consiste le progrès de la philosophie. Les systèmes meurent comme systèmes; mais les vérités restent, non pour grossir, en s'accumulant, le trésor de la philosophie, comme dans les sciences exactes, mais pour servir de point de départ et souvent de germe à de nouvelles doctrines.

Aujourd'hui aucun de ces systèmes, naguère pleins de vie et d'autorité, n'a résisté à l'épreuve du temps; aucun ne répond aux besoins nouveaux de la philosophie contemporaine. Objets éternels d'admiration pour les philosophes de tous les siècles et de tous les lieux, ils ne règnent plus sur le monde des vivants. Avec beaucoup de science, la philosophie n'a pas de doctrines; elle périt sous la tradition. Faut-il jeter tout ce bagage d'érudition pour marcher plus librement? Non. Nous ne sortons pas de la Scolastique, et aujourd'hui la tradition n'est pas un obstacle dont il faille se débarrasser à tout prix. Il ne s'agit pas plus de recommencer l'œuvre de Descartes que celle des Alexandrins. L'éclectisme néoplatonicien professait que toute vérité est dans la tradition. On sait par quelles interprétations il essayait de l'en dégager. Dans son ardeur de conciliation, l'Ecole d'Alexandrie réunissait et confondait tous les systèmes, toutes les croyances, tous les mythes, Pythagore et Platon avec Aristote et les Stoïciens, la philosophie avec la religion, la Grèce avec l'Orient, s'embarrassant peu des contradictions manifestes et des alliances contre nature. On connaît les excès, les misères, l'impuissance d'une pareille méthode. Si le Néoplatonisme a été une grande philosophie, c'est que, chez ces profonds esprits, une pensée vivifiante et créatrice se cachait sous l'érudition. Aujourd'hui l'esprit alexandrin est de mode : chacun aime à mettre sa propre pensée sous le patronage d'une tradition. Nous interprétons, nous corrigeons, nous restaurons les idées, les dogmes, les institutions du passé, sans mettre toujours dans cette œuvre autant d'érudition et d'intelligence que les Alexandrins. Entreprise ingrate, s'il en fut ! Le Néoplatonisme n'a fait revivre ni la philosophie grecque, ni le Polythéisme, qui avaient fait leur temps, et s'il a été lui-même vivant et vivifiant, c'est qu'il avait en soi le principe de la vie et de l'inspiration.

L'inflexible histoire n'entend rien à cet ingénieux éclectisme ; elle ne se prête pas aux résurrections, et, si elle permet les restaurations, c'est pour mieux montrer l'impuissance des vieilles institutions et la misère des vieilles idées, du moment qu'on veut les implanter de force sur un sol nouveau. Gardons-nous de ces commentaires subtils qui faussent la science. Ne cherchons dans la tradition que ce qui s'y trouve, et usons avec la plus grande discrétion de la méthode interprétative. Les institutions, les systèmes, les dogmes doivent être vus et jugés en eux-mêmes d'abord, puis dans leurs conséquences et leurs développements historiques. Une logique ingénieuse peut soutenir que tout est dans tout, et qu'il n'y a rien de nouveau sous le soleil. Mais, en histoire, dans le monde du réel et du *devenir*, c'est le contraire qui est vrai : Rien n'est dans rien, et tout est nouveau dans la perpétuelle génération des faits et des idées. La vraie science historique se préoccupe beaucoup plus des différences que des identités. D'ailleurs à quoi sert cette méthode d'interprétations subtiles et arbitraires? A corrompre la science, sans profit pour les doctrines qu'elle veut sauver. Comme dit l'Apôtre : *On ne met pas du vin nouveau dans de vieux vases.* On n'inocule pas la vie à ce qui l'a perdu. La vie est la seule chose qui ne se communique point, dans le monde de la Pensée, comme dans celui de la Nature. C'est un don de Dieu, que l'art le plus habile ne peut dérober. Quand une doctrine a fait son temps, la philosophie doit l'étudier, la juger, avec le respect et la sympathie qui lui sont dus, et lui marquer impartialement sa place et son rôle dans le développement de l'esprit humain. C'est à ce pieux devoir que le xviie et surtout le xviiie siècle ont manqué, par ignorance, et par horreur des traditions qui avaient si longtemps pesé sur la libre pensée.

La philosophie du xixe siècle n'a pas les mêmes raisons de sévérité. Il ne lui en coûte pas d'être juste envers la science du passé, et elle doit lui être d'autant plus bienveillante qu'elle la connaît mieux. D'ailleurs elle en sent tout le prix. En effet, la tradition, qui ne peut jamais être le principe de la science, en est la condition indispensable. La philosophie, ainsi que l'atteste son histoire, forme une chaîne non interrompue de doctrines qui s'engendrent, soit par assimilation, soit par opposition. Reprendre sans cesse la science *a novo* serait d'abord une œuvre impossible, parce que chaque esprit est de son temps, et a plus ou moins subi l'influence de la tradition, quoi qu'il ait fait pour y échapper. Et si elle était possible, le génie lui-même ne suffirait pas à la rendre féconde. L'enchaînement des idées, dans l'histoire de la pensée, est bien autrement rigoureux que l'enchaînement des faits, dans l'histoire de l'humanité. Tout s'y succède, tout s'y déroule, par un mouvement logique irrésistible. Aristote s'explique par Platon, et l'École d'Alexandrie par l'un et par l'autre. Sans Descartes, il est impossible de rien comprendre à Malebranche et à Spinosa. L'éclectisme de Leibnitz répond tout à la fois au Cartésianisme, au Spinosisme et à l'empirisme de Locke. La critique de Kant est suscitée par le dogmatisme impuissant de Descartes, de Leibnitz, de Locke, et par le scepticisme triomphant de Hume.

Et non seulement les idées s'enchaînent logiquement ; mais cette logique a pour loi une invincible nécessité. Platon, Aristote, Plotin, Descartes, Spinosa, Leibnitz, Kant, Schelling, Hégel, représentent, chacun, il est vrai, selon son génie et l'esprit de son temps, les diverses situations intellectuelles que la pensée humaine traverse forcément, dans le cours fatal de son développement. Tout esprit individuel retrouve ces moments nécessaires, dans le travail de sa méditation solitaire, et c'est parce qu'il les retrouve qu'il arrive à comprendre la succession des systèmes. L'esprit a ses lois, qui sont les mêmes pour l'histoire de la pensée universelle que pour l'histoire de la pensée individuelle. Seulement les actes fugitifs, indécis, insaisissables de la pensée individuelle, se retrouvent dans le tableau de la pensée universelle, sous la forme nette, éclatante, durable de grands systèmes, où la vérité et l'erreur prennent les plus larges proportions, où les simples distinctions deviennent des exclusions, où les diversités éclatent en contradictions. C'est ce qui fait pour le philosophe la haute importance de l'histoire de la philosophie. Il y retrouve sa propre pensée, mais à un tel degré de précision, de grandeur, de lumière, qu'il lui est impossible, après une étude sérieuse des systèmes, d'oublier aucun des éléments de la conscience et de la réalité. L'histoire de la philosophie n'enrichit pas seulement la mémoire du penseur; elle agit directement sur son esprit qu'elle élève, agrandit, féconde par le magnifique tableau de la pensée universelle. En montrant à chaque génération de philosophes ce qui a été fait, elle indique clairement ce qui reste à faire. Bien comprise et suivie dans l'admirable progrès de ses doctrines, elle inspire en même temps la réserve et la foi, le dégoût des systèmes exclusifs et une confiance sans bornes dans les efforts de cette raison humaine que recommandent de si grands et de si beaux résultats. Les détracteurs de la pensée n'en connaissent pas les œuvres. L'histoire de la philosophie, qu'ils n'étudient pas sérieusement, est pour eux un tableau dont certaines ombres leur voilent la beauté, un concert dont quelques sons discordants étouffent l'harmonie. On ne saurait trop répéter pour la philosophie ce que Bacon a dit de la religion : Peu de science en éloigne, beaucoup y ramène.

FIN.

ERRATA

DU TROISIÈME VOLUME.

TEXTE.

Pag. 5, lig. 18, *au lieu de* : dans, *lisez* . de.
  12,   22,   métaphysique, *lisez* : psychologique.
  23,   20,   Innocentin, *lisez* : Innocentius.
  42,   30,   un dernier effluve, *lisez* : une dernière effluve.
  51,   8,   la scolastique, *lisez* : la science de ce temps.
  203, 20,   monument, *lisez* : mouvement.
  263, 21,   et vivimus sumus, *lisez* : vivimus et sumus.
  384, 25,   supprimer, *lisez* : supprimez.
  399,   5,   elle, *lisez* : il.
  399,   9,   soit, *supprimez*.
  431, 14,   correspondants, *lisez* : correspondant.

NOTES.

Pag. 7, lig. 7, *au lieu de* : ἐφανέρωσε, *lisez* : ἐφανέρωσαι.
  14,   4,   ξώης, *lisez* : ζώης.
  17,   7,   μᾶλλων, *lisez* : μᾶλλον.
  29,   2,   φοτίζεσθαι, *lisez* : φωτίζεσθαι.

TABLE DES MATIÈRES

DU TROISIÈME VOLUME.

Avant-propos 1

TROISIÈME PARTIE.

Histoire du Néoplatonisme.

LIVRE PREMIER.

Chapitre Ier. Règles de critique à suivre dans l'histoire du Néoplatonisme. Origine douteuse des livres hermétiques. Influence du Néoplatonisme sur la théologie de l'Église d'Orient. Eunomius. Athanase. Grégoire de Nysse. Synésius. Denis l'Aréopagite. Jean de Damas. Église latine. Saint Augustin. Boèce. Scot Érigène et ses disciples . . 4

Chapitre II. Influence du Néoplatonisme sur la philosophie des Arabes. — Livres néoplatoniciens traduits par les Arabes. *Théologie* d'un néoplatonicien des derniers temps. *Liber de Causis*. Emprunts faits au Néoplatonisme par les docteurs arabes en théologie, en cosmologie, en psychologie. Conclusion. 85

Chapitre III. Influence du Néoplatonisme sur les mystiques du moyen âge. — Bernard de Chartres. Mystiques français. École de saint Victor. Hugues et Richard. Saint Bonaventure. Gerson. Imitation de Jésus-Christ. Mystiques allemands. Maître Eckart. Tauler. Suso. Ruysbrock. Différences des deux Écoles mystiques, quant aux doctrines et aux traditions. Comment le mysticisme allemand se rattache au mysticisme alexandrin. Antipathie de la théologie chrétienne pour les mystiques spéculatifs. 147

CHAPITRE IV. Influence du Néoplatonisme sur la philosophie de la renaissance. — Invasion de la philosophie grecque en Italie après la prise de Constantinople. Gemistus Pletho. Georges de Trébizonde. Bessarion. Néoplatoniciens des xv° et xvi° siècles. Première période d'imitation. Marsile Ficin. Patrizzi. Deuxième période. Bruno. Double caractère de la philosophie de Bruno. Érudition et originalité. Où finit l'influence du Néoplatonisme. 177

QUATRIÈME PARTIE.
Critique.

CHAPITRE Ier. Méthode. — Méthode de Platon, la Dialectique. Méthode d'Aristote, la définition. Méthode des Alexandrins, l'analyse. Mérite et défauts de cette méthode . . . 220

CHAPITRE II. Théologie. — Théorie de l'âme. Théorie de l'intelligence. Théorie de l'Un. Mérites et défauts de cette théologie 246

CHAPITRE III. Cosmologie. — Hiérarchie des Hypostases. Théorie de la Triade. Ordre de procession des êtres. Origine du mal. Théorie de la Providence. Eternité du monde. . . . 293

CHAPITRE IV. Psychologie. — Origine et nature de l'homme. Théorie des facultés. Analyse et synthèse des facultés. Sensation. Imagination. Mémoire. Désir. Volonté. Intelligence. Amour. 350

CHAPITRE V. Morale. — Vie pratique. Vertus qu'elle comporte. Vie contemplative. Extase. Théorie du bonheur 414

CHAPITRE VI. Conclusion. — Résumé de la philosophie ancienne. Eclectisme alexandrin. Ses mérites et ses défauts. Résumé de la philosophie moderne. Philosophie éclectique du xixe siècle. Théorie de la connaissance. Solution des antinomies du scepticisme. Avenir de la philosophie. 450

FIN DE LA TABLE DES MATIÈRES DU TROISIÈME VOLUME.

A la même Librairie :

COURS D'HISTOIRE DE LA PHILOSOPHIE MODERNE DE 1815 **A** 1820; par Vict. COUSIN; 5 vol. in-12, *format anglais*, 1846.   17 fr. 50 c.
— le même, 5 vol. in-8, 1846.   30 fr.

> Tome Ier. Histoire des principaux systèmes de philosophie moderne sur la question de l'existence personnelle. — Histoire des principaux systèmes de philosophie moderne, particulièrement du système de Kant sur la nature, l'origine et la légitimité de nos connaissances dans l'ordre intellectuel et dans l'ordre moral; fragments divers relatifs aux leçons précédentes.
>
> Tome II. Histoire des derniers systèmes de philosophie moderne sur les idées du vrai, du beau et du bien. — Fragments divers relatifs aux leçons précédentes.
>
> Tome III. Histoire de la philosophie morale au XVIIIe siècle. — École sensualiste.
>
> Tome IV. Histoire de la philosophie morale au XVIIIe siècle. — École écossaise.
>
> Tome V. Histoire de la philosophie morale au XVIIIe siècle. — École de Kant.

ABÉLARD, par M. Ch. DE RÉMUSAT, membre de l'Institut, 2 vol. in-8. 1845.   15 fr.

ESSAIS DE PHILOSOPHIE, par Ch. DE RÉMUSAT, membre de l'Institut, 2 vol. in-8. 1842.   15 fr.

DE LA PHILOSOPHIE ALLEMANDE, rapport à l'Académie des sciences morales et politiques, précédée d'une introduction sur la doctrine de Kant, de Fichte, de Schelling et de Hegel, par M. Ch. DE RÉMUSAT. 1 vol. in-8. 1845.   6 fr.

CRITIQUE DE LA RAISON PURE, par Emm. KANT. *Deuxième édition en français*, traduite sur la première édition allemande: contenant tous les changements faits par l'auteur dans la deuxième édition, des notes et une biographie de Kant, par J. TISSOT, professeur de philosophie à la faculté des lettres de Dijon. 2 vol. in-8. 1845.   15 fr.

CRITIQUE DU JUGEMENT, suivie d'un essai sur le beau, par Emm. KANT, traduite en français, par M. Jules BARNI, professeur de philosophie au collége Charlemagne, avec une introduction du traducteur. 2 vol. in-8. 1845.   13 fr.

VIE DE JÉSUS, ou Examen critique de son histoire; par le docteur Frédéric STRAUSS, traduit de l'allemand sur la dernière édition, par M. Émile LITTRÉ, de l'Institut, 4 vol. in-8. 1840.   24 fr.

DE LA PHILOSOPHIE POSITIVE, par Emile LITTRÉ, membre de l'Institut. 1 vol. in-8. 1845.   2 fr.

NOUVELLE THÉOLOGIE PHILOSOPHIQUE, avec un examen critique des dogmes du christianisme, de son histoire et des principes de toute la philosophie contemporaine, par M. Émile HANNOTIN. 2 vol. in-12, 1846.   7 fr

DOCTRINE RELIGIEUSE ET PHILOSOPHIQUE, fondée sur le témoignage de la conscience; par le même. 1 vol. in-8. 1842.   3 fr. 50 c.

www.ingramcontent.com/pod-product-compliance
Lightning Source LLC
Chambersburg PA
CBHW051356230426
43669CB00011B/1665